「満洲国」の治安維持法

荻野富士夫

治安維持法の歴史 Ⅵ

六花出版

「満洲国」
(1942年)
ソビエト連邦
黒河省
興安北省
黒河
満洲里
ハイラル
興安東省
孫呉
ハバロフスク
ノモンハン
北安
北安省
三江省
チチハル
チャムス
虎頭
東安省
モンゴル
龍江省
綏化
浜江省
呼蘭
林口
虎林
鶏寧
東安
白城子
ハルビン
平房
牡丹江
興安南省
牡丹江省
四平省
長春
(新京)
吉林
敦化
興安西省
吉林省
四平
ウラジオストク
赤峰
熱河省
奉天
通化省
間島省
錦州省
撫順
通化
承徳
錦州
奉天省
営口
安東省
北京
山海関
天津
日本海
旅順
関東州
平壌
渤海
大連
京城
黄海
朝鮮

治安維持法の歴史Ⅵ

「満洲国」の治安維持法

◉目次

はじめに——1

Ⅰ 関東庁・関東局の治安維持法の運用——一九二五〜一九四五年 17

一 関東庁・関東局の高等警察・思想検察——18

Ⅳ　暫行懲治叛徒法運用の全開――一九三六～一九四〇年

三 「満洲国」治安維持法の運用―――262

四 西南地区粛正工作と特別治安庭の活用―――281

五 在満日系共産主義運動の弾圧―――310

◉凡例

一、原則として常用漢字を用いた。

二、史料の引用にあたっては、旧字旧かなは新字新かなとし、カタカナ表記はひらかな表記にあらためた。また、適宜、句読点を付した。

三、史料引用中の〔　〕は引用者による注記である。

四、本文中の難読の語・人名にはルビ（振りかな）を付した。

はじめに

「満洲国」総合法衙
最高検察庁・高等法院／画・細川清和

「満洲国」治安維持法——日本近代史上、最悪の治安法

一九二五年に公布・施行された治安維持法は日本国内だけで運用されたのではなかった。植民地の朝鮮・台湾・樺太、租借地の関東州、委任統治領の南洋群島、そして領事裁判権を有する中国においても施行・運用されていた。しかし、これらをすべて合わせた以上の「法の暴力」が吹き荒れたのが暫行懲治叛徒法・暫行懲治盗匪法、そして治安維持法の発動された「満洲国」であった。それらの猛威は、「満洲国」と大日本帝国の体制存続のための反満抗日運動の弾圧取締において十二分に発揮された。「満洲国」治安維持法は、台湾領有時の征服戦争における匪徒《ひと》刑罰令と並んで日本近代史上、最悪の治安法となった。

一九三二年三月、傀儡《かいらい》国家として建国された「満洲国」は独立国家としての体裁を整え、近代的法治国家を標榜するために、かたちだけは日本とは異なる国家体制・法体系をつくりあげた。ただし、それは法制にとどまらず警察・検察・裁判・行刑に至るまで実質的に日本に範をとったものであり、人的にも関東軍および日系官僚によって構築・運用されていた。とりわけ治安体制において顕著であった。

関東軍の下、関東憲兵隊は建国から崩壊に至るまでの「満洲国」の治安体制の要としてもっとも中心的な役割を占めた。「満洲国」警察権力は、関東憲兵隊のほかに「満洲国」警察・外務省警察（領事館警察）・関東庁警察・鉄路警護軍が存在するという錯綜ぶりである。法制面においては四一年一二月末になって「満洲国」治安維持法が公布・運用されていくが、それ以前は日本の治安維持法とともに暫行懲治叛徒法・暫行懲治盗匪法が運用されていた。

「満洲国」では国家体制存続のために治安維持が一貫して最大の急務であり、治安機構・法制面の整備が急がれた。反満抗日運動に対して、当局側からみると「匪賊」「兵匪」「共匪」討滅のために関東軍の軍事力ととも

に上記の警察権力と「満洲国」司法権力が最大限に発揮され、一九三〇年代半ば過ぎにはそれらをほぼ一掃し、逼塞させた。軍事的討伐による「匪賊」の交戦死や捕虜とされたあとの「厳重処分」という名の処刑人数は、日本の治安維持法と暫行懲治叛徒法・暫行懲治盗匪法・「満洲国」治安維持法などによる処罰をはるかに上回る。だからといって、こうした「満洲国」の重層的な治安体制について検証することを無意味とすることはできない。

「満洲国」は近代的法治国家となるべく、警察権力・司法権力にもとづく治安の維持確立をめざした。その内実は日本の治安体制に準じつつ、ある面で日本のそれを先取りするものもあった。そして、全体として「(大)東亜治安体制」の一角を構成していた。

なぜ、「満洲国」の治安維持法を主題とするか

本書で「満洲国」の治安維持法を主題とする大きな動機は、そのあまりにもけた外れな猛威ぶりを知ったときの衝撃にある。かつて『治安維持法関係資料集』全四巻(一九九六年)を編集する際、不十分ながらも植民地における治安維持法運用の延長線上で「満洲国」の治安法」に関する史料を収録したが、「満洲国」治安維持法の発動状況の一端に触れた際の衝撃は忘れられない。

この震源となったのは、具体的には日系司法官であった飯守重任《いいもりしげとう》の「カトリック教徒たる親友に宛てた手紙」と題する撫順《ぶじゅん》戦犯管理所において書かれた「手記」である。飯守は「満洲国」治安維持法を「立法する事によって、僕は所謂《いわゆる》熱河粛正工作に於てのみでも、中国人民解放軍に協力した愛国人民を一千七百名も死刑に処し、約二千六百名の愛国人民を無期懲役その他の重刑に処している。僕の立法した治安維持法の条文は愛国中国人民の鮮血にまみれている。この法律により愛国中国人民は一万数千名も逮捕された」と記していた。

飯守については一九七〇年前後、青年法律家協会に対してはげしい非難をつづけていたことに加え、鹿児島地裁・家裁所長としておこなった思想調査的な公開質問状により最高裁の解職を受けて辞職した人物として私の記憶にも残っていたが、上記の「手記」によってそれらの言動と「満洲国」司法官として治安維持法立案と運用に深くかかわっていたことが結びついた。もっとも、飯守は起訴免除となって釈放・帰国後にこの「手記」を方便と全否定し、戦後の裁判所に復帰していた。

『治安維持法関係資料集』に収録した他の史料からは、飯守「手記」の具体的数値に信憑性があると判断できた。その一七〇〇人という死刑数は熱河省の西南地区粛正工作に限られているため、「満洲国」治安維持法が運用された四一年末から四五年八月までの全「満洲国」での死刑数はおそらく二〇〇〇人前後になるのではないかと推測された。とすれば、「満洲国」において治安維持法という「法」の暴風の吹き荒れかたは、日本国内はもとより植民地朝鮮・台湾と比較してもはるかに猛烈で徹底的であったことになる。治安維持法の「悪法」性を突き詰めていくためには、この猛威の実態を明らかにしなければならない。

本シリーズの原点である能勢克男の言葉を再び借りれば、「満洲国」治安維持法の「そのいわれいんねんの、いちぶしじゅうを、みなもとにさかのぼって」(「国家と道徳」『人民の法律　現代史のながれの中で』、一九四八年)考え抜くことが本書の主題となる。

山室信一『キメラ　満洲国の肖像』に触発されて

「満洲国」の治安維持法を主題とする観点から山室信一『キメラ　満洲国の肖像』(一九九三年)を読み直してみると、「おわりに」で引用されている一九三六年四月二六日の東北人民革命第四軍のビラ「抗日救国のため群衆に告ぐるの書」の次の一節に目がとまる。

この五年間、日賊の血腥《なまぐさ》き統治下に、我らが父母と兄弟と幾人彼らに屠殺されたか知らず……中国人は毎日諸所において屠殺の上、大江に流され、焼死・生埋《いきうめ》・扼《やく》死・獄死等、種々の危害、数うるを得ず、さらに貧死・凍死・餓死の現象あり、尚これに日賊は甘んぜず、兵士を徴して中国人を殺戮《さつりく》せしめ、集団部落としては、これを一網打尽的に屠《ほふ》る（満洲国軍政部軍事調査部編『満洲共産匪の研究』、一九三七年）

焼死や生埋は反満抗日運動に対する軍事的討伐によってもたらされたはずである。獄死は憲兵や警察による取調中の留置場における拷問による虐殺死を、あるいは検察・予審・公判中の拘置所や実刑有罪判決後の監獄などの非衛生的・非健康的な処遇に起因する病死などを意味するだろう。あえて「扼死」とするのは、死刑判決後の執行を指していると思われる。貧死・凍死・餓死の多くも土地・住居や食料などの生きるすべを強奪されたために、不可避的に追い込まれた末の死といえる。このビラでは、傀儡国家「満洲国」建国後五年間の反満抗日運動に対する苛烈な司法処分も「屠殺」として告発されていると読むことができる。そして、その「屠殺」は日中戦争全面化とアジア太平洋戦争下においてさらに加速されて、膨大な犠牲者を生み出した。

ついで山室は「道義性や仁愛さらには文明に基づく法治が唱えられながら、軍隊や警察官に「臨陣格殺」という権能が認められていた」とし、それが暫行懲治盗匪法から「満洲国」治安維持法に引き継がれたことに論及して、「「法匪」と悪罵されるほどに大量の法を制定し、司法制度の整備をもって文明的統治と誇示した満洲国のもう一つの顔がここに紛れもなくあった」と鋭く指摘する。

本書でもこの「臨陣格殺」について検討するが、それは確かに「満洲国」統治の暗黒部分を象徴するものの一つといえるが、四一年の治安維持法施行下においては実際に発動された事例は少なく、飯守が記すように治安維持法そのものの発動による多数の死刑を含む厳罰が断行されたとみるべきである。その治安維持法による処断の主役は日系の検察官と審判官（裁判官）、すなわち思想司法部門であった。憲兵や警察は司法機関に送り込むまでの内偵捜査・検挙・取調を担った。

山室が「法匪」に言及したのは、「満洲事変」当時は奉天総領事代理として、その後ハルビン総領事として「満洲国」建国初期の実相を直接見聞した外交官森島守人の『陰謀・暗殺・軍刀――一外交官の回想』（一九五〇年）の「いたずらにイデオロギーにとらわれた画一的行政や、法規万能の行政に堕し、内地においてすら非難の的だった属僚政治を満洲に移植し、ここに「土匪」に配するに「法匪」の新熟語をさえ産むに至った」からの連想である。「満洲国」に関連して「法匪」が用いられるのは、たとえば弁護士の猪股淇晴《きせい》が「「土匪」や「兵匪」が民を苦しめるのと同じ様に、役人が煩瑣《はんさ》な法律を作って民を拘制して苦しむることを指す」（『法曹公論』第四三巻第一号、一九三九年一月）というように、一般的には「満洲国」日系官吏全般を指しているが、「満洲国」治安体制に絞れば暫行懲治叛徒法・盗匪法および「満洲国」治安維持法の運用の直接の担い手たる日系司法官こそ文字通りの「法匪」と呼んでもよいだろう。

奥平康弘『治安維持法小史』岩波現代文庫版「あとがき」に触発されて

奥平康弘『治安維持法小史』（一九七七年）は自らが「治安維持法の全貌をうかがわしめる概説」と述べるように、現在においてもなお治安維持法がどのようなものであったのか、その悪法性を考えるための最良の書である。岩波現代文庫版刊行に際して付した「あとがき」（二〇〇六年）では「考察の対象は日本内地に限定していて、植民地での同法のありようが全然無視されている」という同書に寄せられる批判に対して、次のように弁明をしている。

私は私で、あくまでも「日本」という特殊な国家の法制研究者であるにとどまりたいという、個人の側の事情がある。（「日本」というくにには〝変な〟くにですよ。その〝変な〟ありようを、生きているうちに勉強してみたいのです）という想いである。この想いは、結局のところ、私の治安維持法の勉強を日本内地に限らせてしまう。いや、これを徹底して日本内在的・集中的に向かわせてしまうのである

このあとで奥平は朝鮮における治安維持法の適用について言及しているが、「満洲国」治安維持法については触れていない。奥平の「〝変な〟くに」日本に固執して、その根源を明らかにしたいとする気持ちはよく伝わる。とはいえ、その「〝変な〟くに」日本こそ植民地や傀儡国家を最終的には「大東亜共栄圏」構築のために動員し、日中戦争からアジア太平洋戦争の大きな加害と被害をもたらした「〝変な〟くに」そのものであった。

そうであれば、その推進力の一つとなった治安維持法について奥平のいう「関わる万事」、すなわち「いわれいんねんの、いちぶしじゅう」が明らかにされねばならない。さらに奥平の言葉を借りれば、「この法領域の概観を試み、そのけったいな変遷過程の全過程を追及」するうえでも、日本国内に限定することなく、植民地朝鮮・台湾、そして傀儡国家「満洲国」での治安維持法の運用を視野の内側に組み込んだかたちで「〝変な〟くに」日本を考え抜くことが必要である。

本書の目的

能勢克男は先に引用した箇所のすぐ前で、治安維持法などの法律が「どうして、どんなにして、つくられたか。どんなに法律としての力をふるって、人民を苦しめたか」と書いていた。本書の目的の第一は、この能勢の問題提起にそって「満洲国」の治安法の全体像を現時点で可能な限りできるだけ克明に、具体的に描きだすことにある。

その際、複数存在した「満洲国」治安法を腑分けして検討しなければならない。暫行懲治盗匪法と暫行懲治叛徒法は「満洲国」建国まもなくの一九三二年九月に制定・施行され、一九四一年一二月末に治安維持法に移

行される。これが太い基軸となるが、日露戦争後から租借地としてきた関東州（ほぼ遼東半島）においては、二五年から四五年まで日本の治安維持法が運用されていた。満鉄が行政権をもつ鉄道付属地（満鉄線路一一九二キロメートルの両側六二メートル程度の範囲〔百瀬孝編『事典昭和戦前期の日本』〕）においては、三七年一一月末で治外法権の撤廃によって行政権が「満洲国」に移るまで、関東庁（局）警察が日本の治安維持法を運用していた。

さらに、この治外法権撤廃まで在満日本人（ここに在満朝鮮人も含まれる）の保護取締を名目に中国東北部各地に外務省警察（領事館警察）が存在し、治安維持法を発動していた。この錯綜した治安法の関係を図式化したものが**図1**である。

本書の目的の第二は、これらの治安法の運用の担い手について全体像の提示を試みることである。内偵捜査・検挙・取調という「現場」においては関東憲兵隊の存在がもっとも大きいが、ほかに「満洲国」警察、「満洲国」軍憲兵、さらに鉄路警護軍も視野におさめなければならない。司法処分においては憲兵や警察から「送致」を受けると、起訴・公判・行刑という「現場」で「法匪」と呼ぶべき「満洲国」検察庁・法院・監獄が配置・機能していた。それらの位置関係を図示したものが**図2**である。

しかも、一九三七年一一月末の治外法権の撤廃までは領事裁判権とそれに付随するとして既成事実化された領事警察権により日本外務省直属の外務省警察が、また満鉄付属地の行政権行使にともない関東庁（のち関東局）の警察が存在し、それらにおいては「満洲国」内で日本の治安維持法を含む治安法令を運用していた。

掘り出された焼却文書

本書の主役級というべき関東憲兵隊は司令部・各憲兵隊ともに自らの罪責の証拠を隠滅するために、「満洲国」崩壊時に文書の徹底的な焼却を図った。この結果、「満洲国内では、ソ連参戦直後から文書廃棄が開始され、

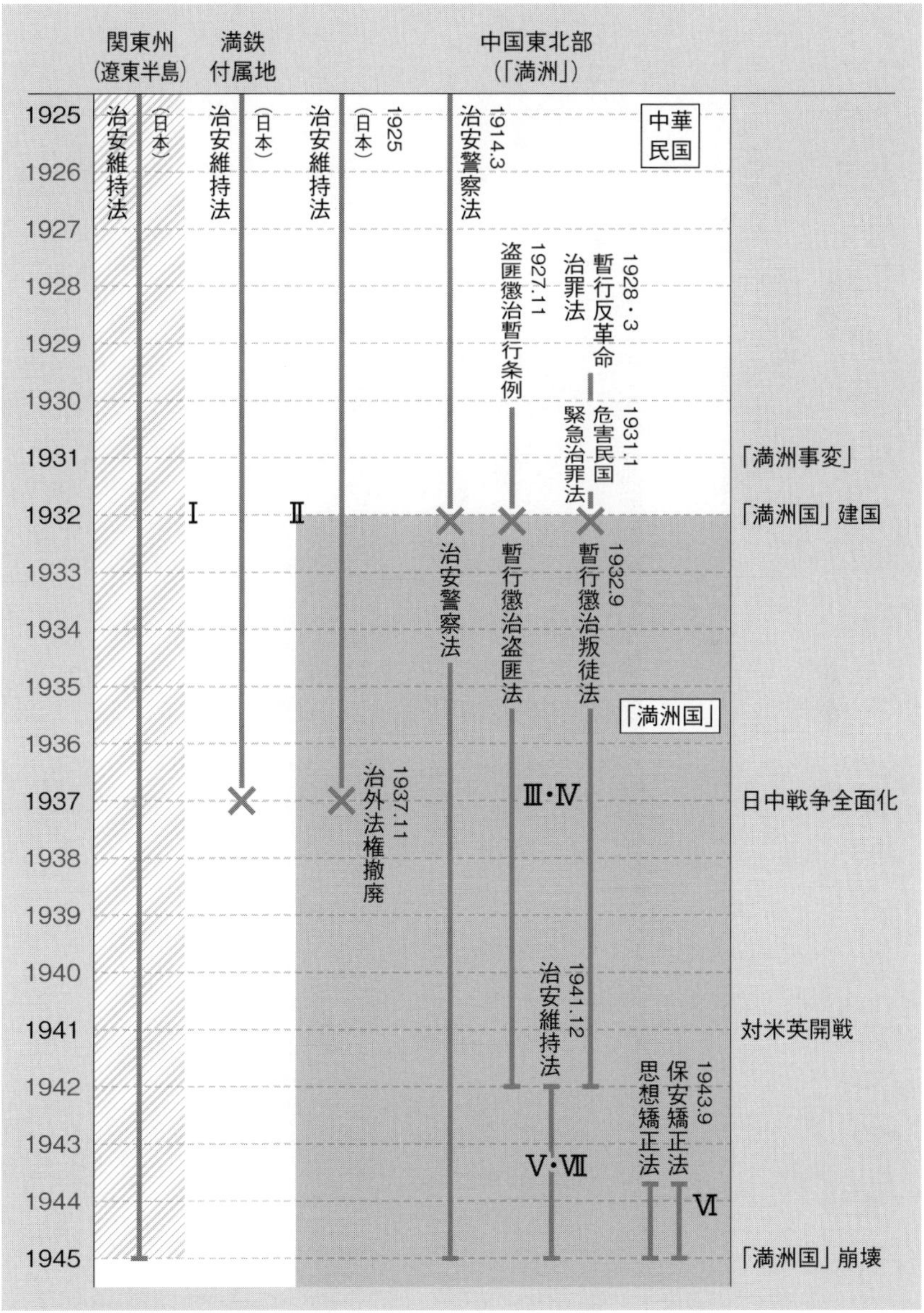

図1　「満洲国」の治安法制の流れ

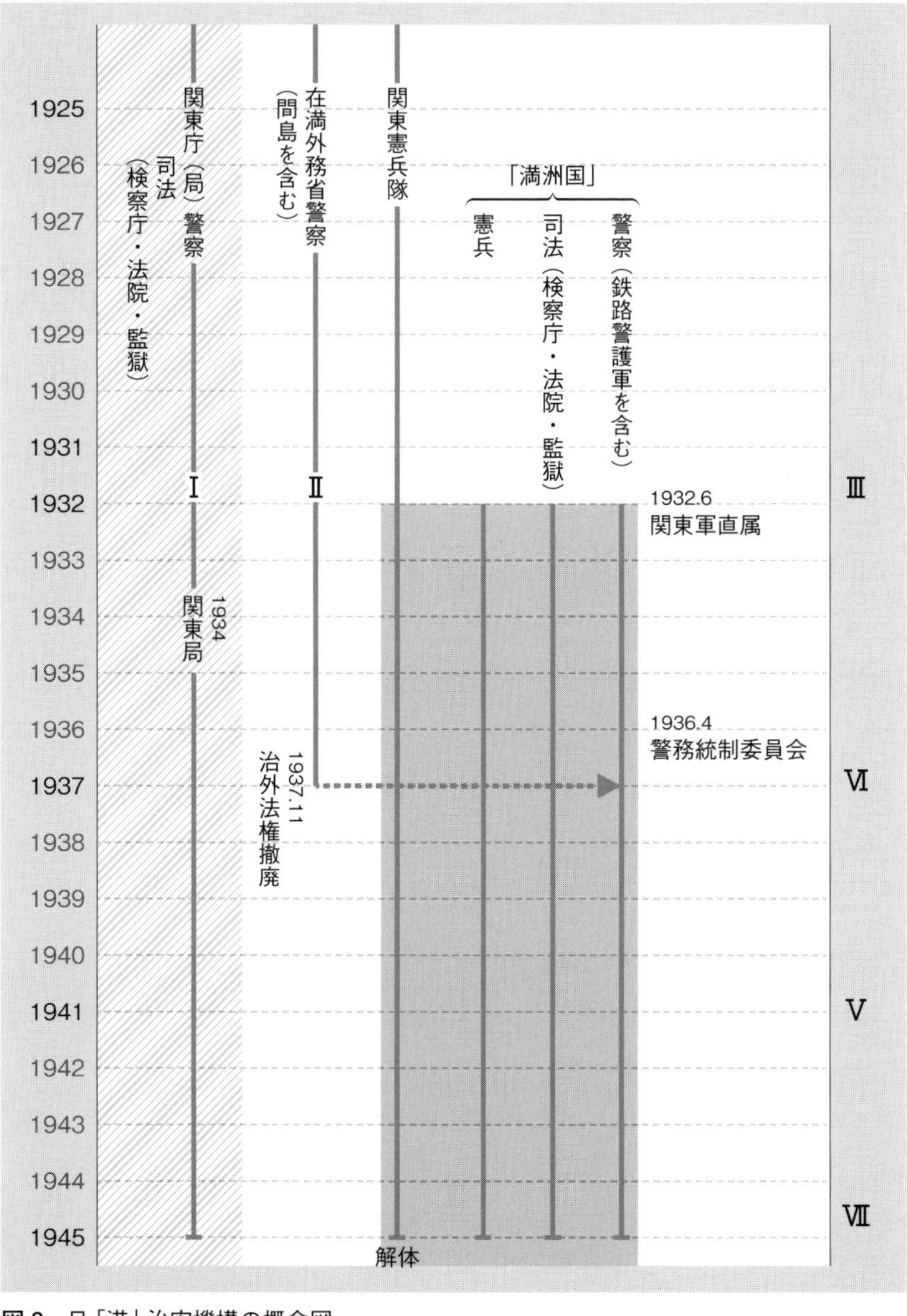

図2　日「満」治安機構の概念図

敗戦前後の焼却と敗戦後に起きた大規模な略奪によってほとんどの文書が失われた。そのため現在中国東北にある档案館《とうあんかん》では満洲国および在満日本機関に関係する文書は僅かしか存在しない」（加藤聖文「敗戦と公文書廃棄――植民地・占領地における実態」『史料館研究紀要』第三三号、二〇〇二年三月）という状況になっている。

しかし、あまりに膨大な量の文書を短時間で処分する大慌ての作業だったため全部を焼却することはできず、一部が焼け残った。なかでも新京の関東憲兵隊司令部跡から文字通り「発掘」された焼け残りの資料群は約三〇〇〇点にのぼり、それらは補修・整理のうえで吉林省档案館に収蔵された。その一部は『日本関東憲兵隊報告集』（第一輯～第四輯、全八四冊、二〇〇五年）として刊行されている。このなかから本書では関東憲兵隊司令部や憲兵隊の各『思想対策月報』『思想半年報』『防諜要報』などを参照している。

同様に焼け残った資料が掘り出され収蔵されている事例は、ほかに大連市档案館、遼寧省档案館、延辺市档案館にもある（加藤前掲論文）。

また、中央档案館・中国第二歴史档案館・吉林省社会科学院合編の『東北「大討伐」』『偽満憲警統治』『東北歴次大惨案』『細菌戦与《と》毒気戦』（日本帝国主義侵華档案資料選編）などには、撫順戦犯管理所における検察の訊問取調および瀋陽軍事法廷における審判のために中国東北部全域から集められたと推測される関東憲兵隊作成の文書の一部が収録されている。在満外務省警察や関東憲兵隊が作成した文書・報告の一部は日本・外交史料館にも所蔵されている。

もう一つの主役級の「満洲国」司法関係の資料は全般的に乏しいのが現状である。膨大な量であったはずの暫行懲治叛徒法や「満洲国」治安維持法違反事件に関する「訊問調書」・起訴状・判決などの原本はまだ見出さていない。わずかに暫行懲治叛徒法違反事件のいくつかの判決文が法曹会編『最高法院刑事判決例集』に収録されているほか、日本司法省刑事局『思想月報』に叛徒法違反事件や「満洲国」治安維持法違反事件の判決などを見出すことができる。

満鉄調査部事件に先行する合作社事件のうち、「中核体」とされるグループについては新京憲兵隊や新京高等検察庁による各「訊問調書」などが出現したほか（復刻版として刊行）、「浜江コース」事件の佐藤大四郎についての判決が司法省刑事局『思想月報』に収録されている。

前掲の『日本関東憲兵隊報告集』には刑事司思想科『思想月報』『思想特報』の一部も収録されている。『東北「大討伐」』『偽満憲警統治』『東北歴次大惨案』にも司法関係の資料が含まれている。

撫順戦犯管理所における「供述書」と「手記」

以上は断片的ながら通常の文献資料として利用できるものであるが、本書が依拠するもう一つの資料群は「満洲国」崩壊から九年が経過した一九五四年以降、撫順戦犯管理所において「認罪」の認識過程で作成された「供述書」および「手記」である。

ソ連がシベリア抑留者のなかから新中国に引渡した九六九人は、一九五〇年七月に撫順戦犯管理所に収容された（山西省の軍閥閻錫山《えんしゃくざん》の求めで「残留」し、捕虜となった日本軍人を中心に、中国各地で共産党軍によって検挙された人を含めて一四〇人が太原戦犯管理所に収容されていた）。

撫順戦犯管理所では最終的に陸軍関係八人、「満洲国」関係二八人が戦犯として起訴され、瀋陽軍事法廷において全員が有罪（懲役二〇年から一二年）となる（太原戦犯管理所では九人を起訴、有罪〈懲役二〇年から八年〉）。この「満洲国」関係のなかに四人の司法関係者、一〇人の関東憲兵隊関係者、三人の鉄路警護軍関係者、八人の「満洲国」警察関係者が含まれる。いずれも佐官や高等官以上という指導層を構成していた人物だけに、それぞれの「供述書」は分量的にもかなり多く、内容も重要なものとなっている。残る収容者は起訴免除となり、日本に帰国するが、ここに司法官の飯守重任も含まれていた。

張宏波《チャンホンパ》によれば、撫順戦犯管理所の収容者たちは反抗期、学習期、取調期、表現活動期を経て「認罪」に至った。一九五四年半ば頃から「表現活動期」に入り、何度も書き直しを繰りかえしつつ「供述書」、そして個人と集団による「手記」が執筆される（「「認罪」はどのように行われたのか」『中国侵略の証言者たち――「認罪」の記録を読む』、二〇一〇年）。当初、戦犯四五人の「供述書」が公開されたが、現在では『日本侵華戦犯筆供選編』（第一輯・第二輯、全一二〇巻）が公刊され、全体の約八割にあたる八四二人の「供述書」を読むことができる。残る二割の未公開「供述書」のなかに、飯守重任を含む司法関係者の多くが含まれている。前述の『東北「大討伐」』『偽満憲警統治』『東北歴次大惨案』などには飯守らの「供述書」の一部のほか、検察官の戦犯被疑者に対する訊問の一部が「口供書」として収録されている。

「供述書」で憲兵隊や警察関係者は反満抗日運動の

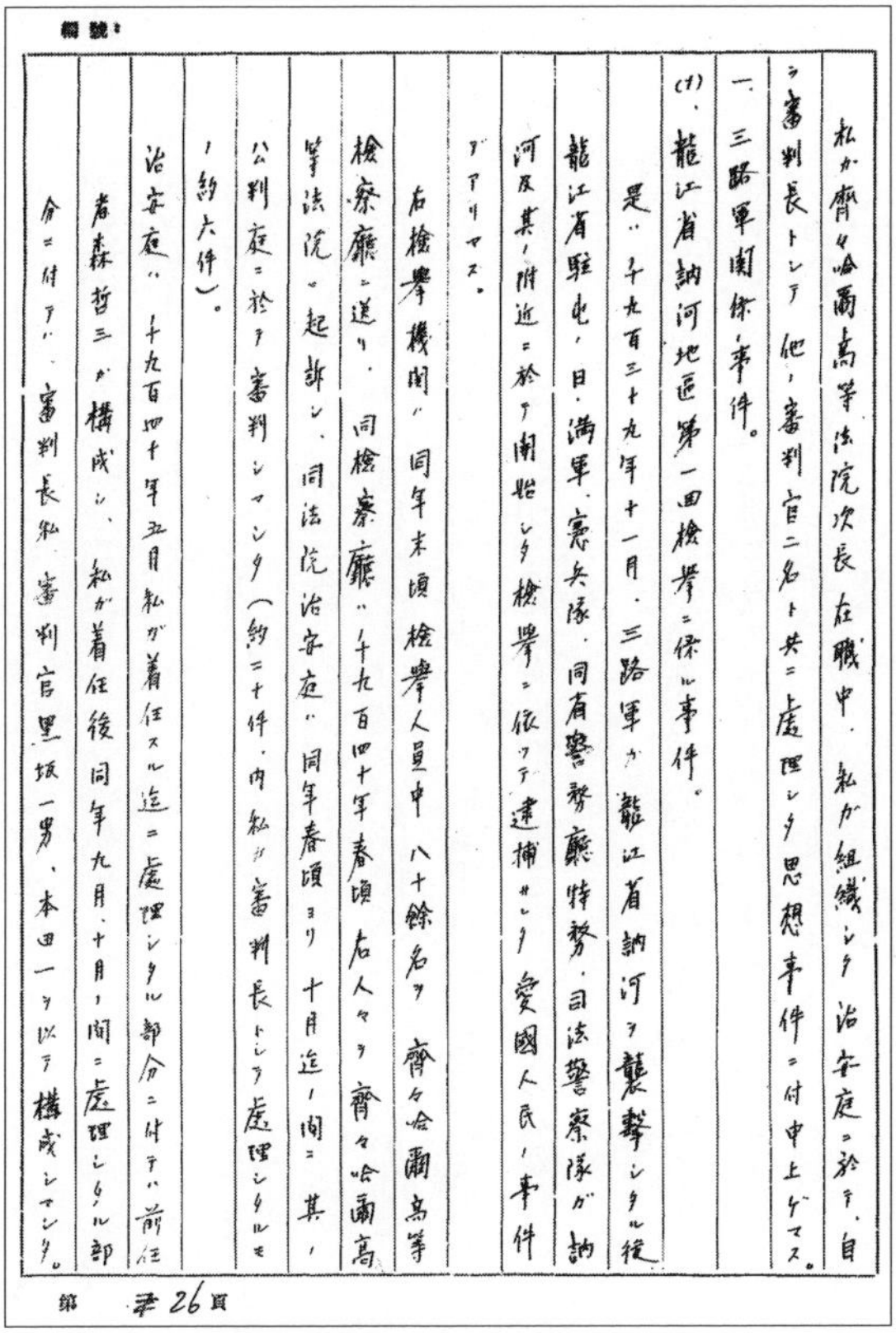
編號：

私カ齊々哈爾高等法院次長在職中、私カ組織シタ治安庭ニ於テ、自ラ審判長トシテ他ノ審判官二名ト共ニ處理シタ思想事件ニ付申上ゲマス。

一、三路軍関係ノ事件。

(イ)、龍江省訥河地区第一回検挙ニ係ル事件。

是ハ千九百三十九年十一月、三路軍カ龍江省訥河ヲ襲撃シタル後龍江省駐屯ノ日・満軍・憲兵隊・同省警務廳特務・司法警察隊ガ訥河及其ノ附近ニ於テ開始シタ検挙ニ依ッテ逮捕サレタ愛國人民ノ事件デアリマス。

右検挙機関ハ同年末頃検挙人員中八十餘名ヲ齊々哈爾高等検察廳ニ送リ、同検察廳ハ千九百四十年春頃右人々ヲ齊々哈爾高等法院ニ起訴シ、同法院治安庭ハ同年春頃ヨリ十月迄ノ間ニ其ノ公判庭ニ於テ審判シマシタ（約二十件、内私カ審判長トシテ處理シタルモノ約六件）。

治安庭ハ千九百四十年五月私ガ着任スル迄ニ處理シタル部分ニ付テハ前任者森哲三カ構成シ、私ガ着任後同年九月、十月ノ間ニ處理シタル部分ニ付テハ、審判長私、審判官黒坂一男、本田一ヲ以テ構成シマシタ。

第 26 頁

横山光彦「供述書」三路軍関係事件

『日本侵華戦犯筆供選編』9

取締について、日時・検挙人員・検挙状況などを具体的に叙述する。また、日系検察官や審判官も暫行懲治叛徒法や「満洲国」治安維持法違反事件の司法処分について、日時・起訴ないし判決内容・事件の概要などをやはり具体的に叙述している。

この「供述書」が執筆される状況について、石田隆治・張宏波『新中国の戦犯裁判と帰国後の平和実践』(二〇二二年)は次のように説明をしている。

一九五四年三月から戦犯への取り調べが開始された。この期間に戦犯たちは供述書を執筆した。それは一度で書き上げられたものではなく、何度も書き直した末に完成した。下級の軍人や公務員らは数ヶ月で書き上げたケースが多いが、特に有期刑判決を受けた者のなかには、一年以上かけて繰り返し書き続けた者もいる。

特徴的なのは、供述書が、検察官との間で証拠事実の確認などのやり取りを経て作成されたものではない点である。検察官は書き直す必要の有無だけを伝え、どこをどのように書き直すかは、戦犯自身が考えて対処する対応が採られた。この反復作業を経て、ほとんどの戦犯たちは全面的に加害事実を認めて記すようになったのである

このような理解の上にたって、石田・張は「罪はいかに見出されたか」という難問に対して、「強制」や「洗脳」でも「奇跡」でも「その場しのぎの自白」でもなく、「罪行認識がまだ不十分だという管理所からのシンプルなメッセージの意味だけを考え続け、自己のあり方を見つめるしかない「環境」」のなかで、深部におよぶ記憶が思い起こされたという答えを導き出した。戦犯たちの多くは自己の行動の一つひとつを長い時間をかけて思い起こすことを通じて、自らの罪行を認識し、自らの責任も自覚するようになったという。それらの思い起こしの過程では同じ部隊にいた者同士の、相互の供述内容の検討作業が大きな役割を果たした。

反満抗日運動の討伐や検挙に部隊の一員として参加した下級の憲兵や警察官にとっては、それらの報告書に自らの名前や行動が記載されることはない。「供述書」執筆にはひたすら記憶を呼び起こすのみであり、文書記録に頼ることはできない。一方、憲兵隊長・警察隊長は自らの名前を明記した事件の報告書を作成し、司令部や治安部警務司に送付する。ときには「功績調書」が作成されることもある。法院の審判官や検察官は「訊問調書」や判決文などに名前が明記される。

したがって、何らかの理由で焼却処分を免れた文書類や焼け残った文書類が出現すれば、それらは有力な犯罪事実の証拠となった。ただし、戦犯管理所では検察官はそれらを戦犯被疑者に突き付けて「供述書」を書かせたわけではなかった。一部に「頑固」に供述を拒む場合の例外的な措置としてそうした文書の提示がなされることがあったが、それは「一番まずい方法」とされていた。「満洲国」警察官だった島村三郎にその「功績調書」を提示してせまった際に、検察官は「君はあまりにも頑固に、罪の事実を認めることを怖れている。だから一番まずい方法をとらざるを得なかったのだ」と述べたという（島村三郎『中国から帰った戦犯』、一九七五年）。

こうした「供述書」や「手記」の作成状況を踏まえたうえで、本書においてはこれらを資料として数多く用いて論述している。それはこれらの詳細かつ具体的な内容が信憑性をもつと判断するからである。起訴免除となって帰国した者や有罪判決を受けつつも刑期が短縮されて帰国した者の多くが参加した中国帰還者連絡会（一九五七年結成）の活動が、社会的には批判や冷たい視線を浴びつつも粘り強くつづいたのは、撫順戦犯管理所における「供述書」執筆によって到達した「認罪」と日中友好・反戦平和の強い信念が揺るがなかったからである。

「供述書」での「認罪」や反戦平和の誓いから帰国後は疎遠になった古海《ふるみ》忠之、「供述書」を帰国するための方便だったとして全否定する飯守重任らと比較して、中国帰還者連絡会に主体的に参加した人々の「供述書」

を原点とする生き方こそ敬服に値する。それゆえに、これらの人々が書き残した「供述書」や「手記」を、本書では他に代えがたい資料として活用している。

I

関東庁・関東局の治安維持法の運用
——一九二五～一九四五年

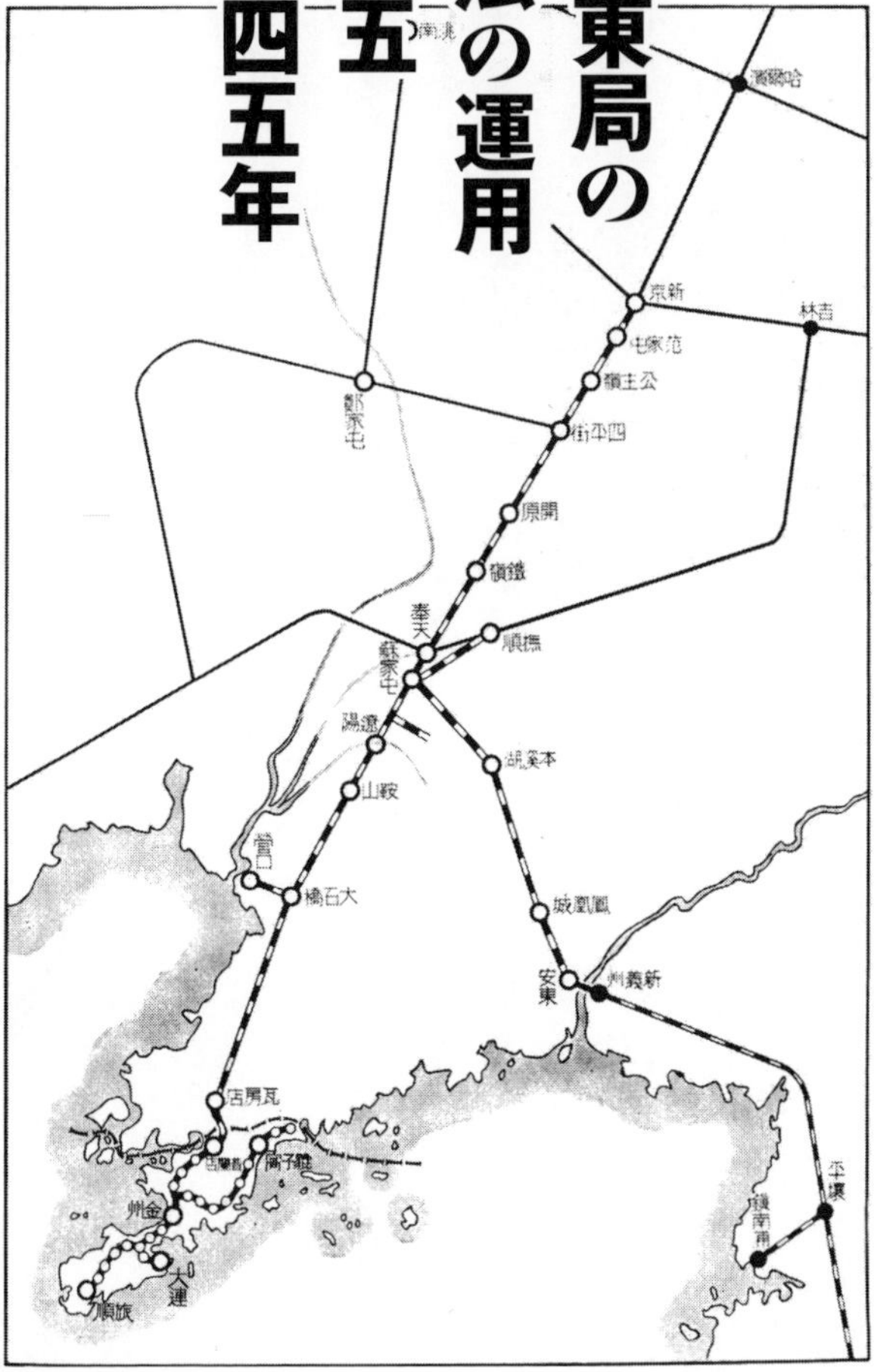

『関東州と付属地：関東局施政概観』、1936年

一　関東庁・関東局の高等警察・思想検察

高等警察の始動

ロシアが有していた遼東《りょうとう》半島先端部の旅順や大連地域の租借権は日露戦争後、日本に移った。ほぼ鳥取県と同じ面積で、「満洲事変」後になると人口は一〇〇万人を超える。この租借地を日本は「関東州」と呼んだ。一九〇六年から関東都督府がおかれていたが、一九年にその民政部が独立して関東庁となり、軍政部は関東軍として分離された。「満洲事変」後の三四年、関東庁を廃止し、関東軍司令官が「満洲国」特命全権大使の名で統治することになり、関東局（新京）とその下部機関である関東州庁（大連）を置いた。

まず、関東庁警察の高等警察について概観しよう。朝鮮・台湾と同様に治安維持法などの運用にあたる部門を「高等警察」と称するが、実際には特高警察機構・機能にほかならなかった。

警察全体の人員からいうと「満洲事変」直後の一九三一年末時点で朝鮮が約一万九〇〇〇人、台湾が約八〇〇〇人（他に「警手」三二〇〇人）なのに対して、関東州は約三六〇〇人（関東州内が約一五〇〇人、州外の鉄道付属地が約二一〇〇人（外務省警察官と兼官）、他に「巡補」一七〇〇人）という規模である。朝鮮・台湾と比べて規模は小さいとはいえ、大陸進出の根拠地としてその治安確保は一貫して重視された。三七年一一月の治外法権撤廃による鉄道付属地の「満洲国」移譲後、関東州は「祖国の前衛として重大性愈々《いよいよ》倍加」（「関東局部内臨時職員設置

関東局（新京）
『関東州と付属地：関東局施政概観』、1936年

制改正」、「公文類聚」第六二編・一九三八年・第四一巻、国立公文書館所蔵）の存在となった。

一九一九年四月の関東庁発足時、警務局には警務課に「高等警察」と「出版物著作物」の担当の警部が一人ずつ配置されていた。二三年七月には保安課より高等警察課を分離独立させたが、二四年六月の行政整理のため再び保安課内の一係となった。二六年七月、警部三人で担当する保安課高等係に「近時高等事務激増、殊に日露修交恢復《かいふく》と共に露人の往来、出版物輸入の増加に伴い」として警部一人を増員する。同時に同様な理由から、すでに高等係を有する大連・奉天・安東・長春各警察署にも警部ないし警部補を増員した（「関東庁官制改正」、「公文類聚」第五〇編・一九二六年・第一二巻）。

二五年一一月一八日、関東州および鉄道付属地において日本の治安警察法が施行される。大連などでの労働運動の高まりへの対応で、「従来関東庁管内には治安警察法を欠きたるが為、集会結社の取締其の他に関し、不便尠《すくな》からざりし」という理由による（「関東州及南満洲鉄道付属地の治安警察に関する件を定む」、「公文類聚」第四九編・一九二五年・第三三巻）。これらからは二〇年代になって高等警察の活動が本格化しつつあったことがわかる。

なお、二三年八月には「近来、関東州界方面に於ける匪賊の被害甚しき」として専任の警視一人、翻訳生一人、警部補四人が新たに配置されていた。「州内匪賊の横行悪化は一に警備の薄弱なるに起因すと雖《いえども》、其の主因は奉直戦〔奉天派の軍閥張作霖と直隷派の軍閥呉佩孚との戦争〕後解放したる兵士の賊団に投じ、其の勢力の増大せる結果なり」とする。増員は匪賊出没の多い貔子窩《ヒシカ》を支署から署に昇格（警視を署長）させるほか、巡査も全体で約一五〇人を増員する計画だった（「関東庁部内臨時職員設置制改正」、「公文類聚」第四七編・一九二三年・第九巻）。

朝鮮・台湾と同様に、日本国内の三・一五事件の余波を受けて二八年六月に保安課より高等警察課が再分離した。「最近共産主義運動を中心とする各種の社会運動漸《ようや》く抬頭の徴あり」として事務官一人、警部三人、警部補一〇人が増員された。後述するように労働運動の活発化や中国共産党大連地方委員会事件のように確かに「抬頭の徴」はあったが、まだそれほど強い緊迫感があったわけではなく、関東庁側の拡充要求というより「内地の施設と相並行」した予防的な措置であった（「関東庁部内臨時職員設置制改正」、「公文類聚」第五二編・一九二八年・第八巻）。高等警察課は課長以下、二〇人の規模となった。各警察署には高等係が置かれた。二八年七月の時点で定員は一三四人だったが、実際には一八八人が配置されていた。

二八年七月に高等警察課が作成した「高等警察概要」では民族独立を掲げて活動する「所謂不逞鮮人」の出没を警戒する一方、「共産主義を夢想する支那人の跋扈《ばっこ》」も活発になりつつあると警戒し、「之等の徒が労働者を使嗾《しそう》して健実《ママ》なる産業の発展を沮害《ママ》し、秩序を紊乱《びんらん》せんとするもの相踵《あいつい》で出でんとするの傾向あり」（「関東庁警務局資料」R.25）とみている。

二九年一〇月の「高等警察概況」は前年の「高等警察概要」とほぼ同じ記述であるが、新たに「要視察人種別人員表」が加わっている（八月末現在）。特別要視察人は四〇人（「甲号」二八人、「乙号」一二人）で、その内訳は「内地人」七人、「朝鮮人」七人、「支那人」六人、「外国人」二〇人（内「露国人」一七人）である。労働要視察人として「内地人」三人、「支那人」一三人が対象となっている。総じて中国人とロシア人に警戒が向けられている（以上、「関東庁警務局資料」R.25）。

「満洲事変」後、三二年初め頃と推定される「高等警察」と題する文書には特別要視察人三二人、思想要注意人三七人（朝鮮人を除く）、「思想容疑者として注意中の者」三〇余人とある（要視察外国人は二四人、要注意外国人は七六人）。「無産政党、極左思想団体等」はなく、一般居住者の思想もおおむね堅実としつつ、中国共産党関係の再三の検挙にもかかわらず、「恰《あたか》も飯上蠅を追う如く、其の跡を絶たざるのみならず、逐次頻発、巧妙となり、此の脅威を加重しつつあるの情況」とする。それでも「満洲事変」前までは、日中の官憲による数次の検挙に加えて中国共産党中央部の内訌問題などによって、治安状況は「一時小康を得るに至れり」という（「関東庁警務局資料」R.52）。

「匪賊討伐」を中心に

関東州外の鉄道付属地には関東庁警察（一九三四年以降は関東局警察）と外務省警察という二系統の機関が設置されていた。たとえば、奉天には総領事館の外務省警察署と関東庁警察署が置かれていた。

「満洲事変」後、関東庁警察の活動は鉄道付属地内から付属地外に広がった。その主な取締対象は排日から反満抗日に展開していった「匪賊又は敗残兵」である。一九三二年七月、「最近に至り旧東北軍閥は此等匪賊兵匪を使嗾煽動し、密かに兵器弾薬の類を供給して南満一帯の攪乱《かくらん》を企図するに至り……今や東辺一帯の秩序は蹂躙せられ、管外一歩将《まさ》に無警察状態を出現し、管内の脅威は日に切迫しつつあり」と危機感を強調し、「管内警備の充実」を求めた（「関東庁部内臨時職員設置制改正」、「公文類聚」第五六編・一九三二年・第一三巻）。「管内警備」の実態は警察隊による武力討伐にほかならない。その活動について、関東局『関東局施政三十年史』は「軍事行動の進展に伴い時局は益々混乱に陥ったが、一面には支那側の使嗾煽動を受けて各種抗日匪賊蜂起し、又軍警の匪化する者等があって賊勢俄《にわか》に猖獗《しょうけつ》を極め、昭和七年の高粱《こうりゃん》繁茂期には未曾有の大集団匪賊の跳梁を見るに至った」と記述する。現地の情勢に応じて応援警察官を関東州内から派遣するとともに、朝鮮総督府にも警察官の派遣を求めた。これらにより三回にわたって二三二二人を増員し、移動警戒班や「遊撃隊」を編成するほか、列車の移動警察も実施した。また、重軽機関銃や歩兵砲、鉄兜類の購入、警察無電、飛行班の設置、伝書鳩や警備犬の飼育、馬匹の増配あるいは関東軍や満鉄会社側からの銃器弾薬の借用などによって警備施設の充実を図ったという。

「警察官の討匪」
『関東州と付属地：関東局施政概観』、1936年

この間の「匪賊討伐」の交戦回数は三四年三月までに七五四回におよんだ。殺害二七二七人、負傷二二八〇人を数えるほか、九六〇人を検挙した。

関東庁警察が主体となって排日「匪賊」の武力的討伐に打って出ることもあった。たとえば、三一年一一月二八日、鞍山警察署では歩兵砲や機関銃などで武装した七五人（大連署などから応援二五人）をもって、中華民国側公安隊と「共同討伐」を実行した結果、「爾来《じらい》山中に賊影を認めず、民心の安定を図ることを得たる」という（遼陽領事代理宛鞍山署長「匪賊討伐出動旅費請求の件」、一九三二年一月二九日「満洲事件費関係雑纂」、外交史料館所蔵）。これらによる検挙者は中華民国側の司法機関に送致されて処罰がなされたと推測される。

この新たな任務のために、関東庁警察官の増員が三一年一二月に二〇〇人、三二年三月に一五三〇人、七月に五九二人と三度おこなわれている。主に軍隊からの除隊者中から試験を経て採用されたもので、「匪賊討伐」のために即戦力たる武装警官隊の編成が必要とされた。一九三二年秋をピークとする「全満の匪賊数は無慮二十五万と称せられ」た。そうした「情勢下の治安維持は到底尋常一様の警察手段と、姑息なる防禦的警備にては其の完璧を期し得ざるを以て、軍隊的統制と武力に依り断乎積極的攻撃に依って掃討する外なく、終《つい》に壮烈なる討匪行を開始するに至った」とする（『関東局施政三十年史』）。

対満事務局『第六十七帝国議会答弁資料』第三輯（一九三五年一月）の「関東局管内外匪賊の現状に関する件」では、「満洲事変」後の三年間におよぶ「日満軍警の徹底的治安工作に依り、大集団匪賊は殆んど潰滅」状態となり、「治安の確保されたるを認む」としている（外交史料館所蔵）。

「満洲事変」後の高等警察

一九三二年一月の中谷政一から林寿夫への警務局長交代にともなう「事務引継書」には、関東庁高等警察の使命が「帝国存立維持の生命線たる満洲に在りて、一は思想的侵犯を国外に制し、一は我国策の円満なる遂行を保障せんとするもの」と明記されていた。すなわち、共産主義運動・思想の波及を関東州で食い止めるとともに、日本の大陸への国益拡大に障害となるものを排除することにあった。「一時沈黙」状態であった中国共産党の活動が「満洲事変」後に「俄然」活発となったと警戒を向けるほか、「支那の排外運動と取締」、「朝鮮人の保護取締」に言及している（『関東庁警務局資料』R.35）。

三二年七月、関東庁警察は「満洲事変」後の「時局の収拾」にともなう増員（全体として警視一人、警部一三人、警部補二二人、通訳生〔翻訳正を変更〕四人）をおこなっている。「政治、思想的陰謀の視察取締」のほか、管内の治安の攪乱を図る「在満不逞鮮人」の動向に注目する。新たに進出してきた中国共産党に「在満鮮人共産党」が合流し、コミンテルンに支援を求め、農民や労働者に働きかけるなど、「満洲赤化を画策し、近時漸く尖鋭化しつつあり」とするが、高等警察にどれだけ振り向けられたかは不明である（「関東庁部内臨時職員設置制改正」、「公文類聚」第五六編・一九三二年・第一三巻）。

三四年初めの拓務省「外地に於ける共産主義運動の概況」には「関東州に於ける共産党運動は満洲共産主義運動の一部分でありまして、其の地理的関係から非常に複雑なる現象を呈して居ります」とある。州内には日本共産党の影響を受けていた「全協系の満洲労働組合協議会、日本赤色救援会大連地区委員会、日本プロレタリア文化連盟大連地区委員会」などがある一方で、ハルビンにはロシア共産党北満委員会や中国共産党満洲省委員会などがあり、「其等は事変後コミンタンの指示に依りまして匪賊の赤化、在満鮮人の赤化等を画策し、其の影響が州内又は付属地にも及んで居」るとする（「外務省茗荷谷研修所旧蔵記録」「治安維持法改正問題一件／拓務省関係資料」、外交史料館所蔵）。これらに対する検挙事件については後述する。

三七年七月の関東州庁「関東州治概況」によれば、六月時点での関東局の高等警察の陣容（州外を含む）は二〇九人であり、三〇年代を通じて高等警察の規模に大きな増減はなかった模様である。

外事警察の拡充

一九三〇年代後半、日中戦争の全面化のなかで関東局警察は外事警察の拡充に力を注いでいる。三七年七月、三八年一〇月、三九年八月といずれも関東局部内臨時職員設置制改正による増員がなされた。

三七年七月の拡充についての説明では、日本および「満洲国」の急速な発達に脅威を感じた各国は「常に巧妙なる方法手段を以て我が国在満軍事諸施設の偵知、産業、交通、政情其の他に対する広汎なる調査に努めつつあり」としたうえで、なかでもソ連と中国の「暗躍」——「我が国と根本的に相容れざる蘇連邦《それんぽう》の赤化政策を初め、満洲国覆滅を企図する中国国民党一派は所有《あらゆる》機会を利用し満洲に潜入し、在満共産匪又は土匪と通じて其の不軌を完《まっと》うせんとする実情に在り」——に警戒を強めて、外事警察機関拡充は「刻下の急務」とする（「関東局部内臨時職員設置制改正」、「公文類聚」第六一編・一九三七年・第三〇巻）。

三八年一〇月の説明では平素からの「容疑者に対する徹底的査察取締と防諜」によって「暗躍の余地」を与えないことが肝要として、五人の増員を不可欠とする（「関東局部内臨時職員設置制改正」、「公文類聚」第六二編・一九三八年・第四一巻）。

つづく三九年一〇月の説明ではさらに外事警察の重要性が増し、事務分量も増加しているとして、高等警察課の外事係・防諜係・特別班を分離して外事警察課を新設するとする（第一係・第二係・特別班となる）。また、「最近五ヶ年間に於ける謀略並に抗日容疑事件比較表」を掲げ、それらの事件の三七年度からの急増を強調する（三七年度：四〇件四五人、三八年度：五一件九九人）。なかでも、八路軍によって「共産軍遊撃分子」が関東州内に潜入し、「工場破壊、抗日宣伝、不穏文書の流布、抗日分子の獲得等凡有《あらゆ》る後方攪乱工作」をおこなう事態が生じていることを「憂慮に堪えざる現況」とみている。

外事課分離後の高等警察課は、情報係・思想係・検閲係から構成された。三七年八月の中国共産党大連地方委員会事件の刑期満了者らによる党再建運動に対する警戒や、労働争議の増加傾向などから「労働警察の重要化」などを当面の課題にあげている（以上、「関東局部内臨時職員設置制改正」、「公文類聚」第六三編・一九三九年・第四八巻）。

表1　関東局の外事警察拡充

	警視	警部	通訳生	警部補	合計
1937年7月	―	3	5	5	13
1938年10月	―	2	1	2	5
1939年8月	1	2	3	1	7

各年「公文類聚」（国立公文書館所蔵）による

この前後、大連で倉庫などの放火事件が頻発し、容疑者検挙などに奔走することについては後述する。

「八路軍対策強化」

アジア太平洋戦争末期の段階で、防空・防諜などの非常警備対策として特別警察隊を設置するとともに、「八路軍対策強化」のための拡充がなされる。四五年一月の関東局部内臨時職員設置制の改正によるものだが、これらが実際にどこまで実現をみたかは疑わしい。ここではそうした最終的な高等警察の拡充を必要とする状況に注目したい。

特別警察隊は米空軍の空襲などにともなう暴動蜂起に対処するための設置で、警視一人、警部二人、警部補八人を幹部に、四中隊二七九人で編成する計画である。「関東州に於ける労働紛議の発生状況」では州内「満支人の思想動向は漸次悪化の兆候」や労働紛議の悪質化、「集団的暴力を以てなす直接行動へ移行する傾向」などを指摘している。生産阻害行為についても四四年一月から八月までに一三件が発生しているとして警戒を強めている。さらに企業の生産阻害容疑者として約一七〇〇人が「内偵に依り捕捉」されているという。それらは「確度甲」と認められて「特別視察圏内に在るもの」で、中国共産党からの派遣と認められる者が九六九人にのぼるとする。日本共産党関係者も一四八人とされるが、この多さは思想前歴者を網羅した数値だろう。「八路軍対策強化」では警察部外事警察課に「対八路軍工作班」を新設し、警部一人と巡査四人、巡補八人を配置し、「潜入企図策動、八路軍取締」などをおこなう。ほかに各警察署に合わせて五四人を配置する計画である。

対岸の山東省に根拠地を置く八路軍について「其の勢力甚だ猖獗を極め、今や同地一帯は党、軍、政治一体となり、強大なる赤色行政地区の出現を見るに至れり」としたうえで、それらは関東州の治安に直結し、「幾多の外患事犯、経済攪乱、悪質謀略等有害事実の発生は枚挙に遑《いとま》なき有様」とする。しかも戦局悪化にともない、「今や対関満総進攻の好期と称して益々諸種の不逞工作を強化し来り」と観測し、管内在留の山東出身者間では密かに抗日組織を拡充して「空襲其の他、日本戦力の減退時に乗じ一斉武装蜂起を企図し居れる等」の徴候がみられるとする。そのため、「緊急に之が確固たる防衛を樹立し、之が急速実施の要ある」とされた。

具体的な対策は明記されていないが、工場などの抗日秘密組織に対する「偵線の強化」、すなわちスパイ網の活用とともに、「戎克船《ジャンク》」（木造帆船）による密輸の防止・摘発などが想定されていた。

思想検察官の配置

関東州の司法制度は長く高等法院と地方法院の二審制であったが、一九二四年に高等法院に上告部と覆審部を設置し、地方法院とあわせて三審制となった。法院検察局も同様で、高等法院検察局と地方法院検察局に各二人の検察官が配置されている。高等法院・高等法院検察局は旅順に、地方法院・地方法院検察局は大連に置かれた。鉄道付属地における「日本人」の司法処分もこれらでおこなわれている。

具体的な内容は不明だが、「思想に関する犯罪」の司法処分が二四年からあつかわれている。不敬事件と傷害事件（おそらく労働運動関係）の各一件で、合わせて三三人が検察局に受理され、三二人が起訴、二二人が有罪となっている。その後も検察局の受理は毎年数十人規模でつづき、二八年には一八二人となった。二七年から治安維持法違反事件の受理があるが、ほかに殺人・騒擾・恐喝・脅迫・業務妨害・証拠隠滅などの刑法犯罪や軍機保護法違反も思想犯罪とされている。

日本国内・朝鮮・台湾では二八年の三・一五事件を機に思想検事を新たに配置していたが、関東州の場合はやや遅れた。二九年六月、「近時思想的犯罪頻出の傾向あれば之が捜査、取締と其の研究を為さしめ、以て治

表2 「思想に関する犯罪事件調査表」（関東庁地方法院検察局）

年＼人員	検察局受理		起訴		不起訴		有罪（第一審）	
	総数	治安維持法	総数	治安維持法	総数	治安維持法	総数	治安維持法
1924年	33	—	32	—	1	—	22	—
1925年	89	—	87	—	2	—	2	—
1926年	36	—	30	—	6	—	17	—
1927年	62	56	27	21	35	35	25	19
1928年	182	79	103	59	79	17	51	8
1929年	113	20	97	16	22	4	不明	不明
1930年	35	不明	32	不明	1	不明	不明	不明
1931年	65	不明	32	不明	28	不明	不明	不明
1932年	73	不明	53	不明	14	不明	不明	不明
1933年9月	76	不明	54	不明	22	不明	不明	不明

「関東州裁判令中改正案廃案」、「公文雑纂」1929年・第17巻、「公文類聚」第58編・1934年・第46巻、国立公文書館所蔵

安維持に任ぜしむるの必要ある」として検察官一人の増員を図ろうとしたが、内閣更迭にともない、中止となった（「関東州裁判令中改正案廃案」、「公文雑纂」一九二九年・第一七巻）。

三〇年六月になって、地方法院検察局に思想検察官一人と書記一人が増員された。思想問題に関する事件が頻出する傾向に対応して、治安維持を確保するとともに逐年増加しつつある検察事務を迅速に処理させるためという理由である（「関東州裁判令中改正」、「公文類聚」第五四編・一九三〇年・第二九巻）。この検察官には京都地方裁判所検事局などに勤務していた井関安治が転官して赴任する。実際には思想事件の専任ではなく、一般事件も担当している。

さらに三四年四月、地方法院検察局に思想検察官と書記が各一人増員される。松本区裁判所検事局の西海枝《さいかち》隆が就く。専任の思想検察官の配置であったが、思想事件そのものは際立って増加しているわけではない（「関東州裁判令中改正」、「公文類聚」第五八編・一九三四年・第四六巻）。

一九四〇年前後の思想事件は田中魁《かい》（広島地方裁判所検事局検事など）が担当しており、関東州保護観察所長も兼務していた。その後、敗戦までの間、思想検察官の増減はなかったと思われる。

なお、井関や西海枝、田中に限らず、関東庁の法院の判官、検察局の検察官の人事は規模が小さいことから独自のものではなく、台湾と同様に日本国内の司法人事に組み込まれていたようである。

二 関東庁・関東局の治安維持法の運用

治安維持法の運用状況

一九二五年五月八日の「関東州及南洋群島に於ては治安維持に関し治安維持法に依る」という勅令第一七六号により、日本国内などと同時に五月一二日から関東州でも治安維持法が施行された。関東庁の警察や法院・検察局が治安維持法発動の対象としたのは、中国共産党、日本人の共産主義運動、「在満朝鮮人」の民族独立運動である。

関東庁を管轄する拓務省管理局では一九三四年の治安維持法「改正」案の参考資料として、「関東庁治安維持法違反事件累年別人員表」を作成している（**表3**）。関東州内だけでなく州外の鉄道付属地での検挙を含み、二六年から三三年の検挙総数は四二〇人、起訴者一六五人にのぼる。二七年・二八年と三一年から三三年にか

表3　関東庁治安維持法違反事件累年別人員表

種別／年次	検挙総数	左欄の内				
		起訴	起訴猶予	起訴中止	不起訴	朝鮮其他に送致
1925	1	―	―	―	―	1
1926	3	1	―	―	―	2
1927	62	26	1	―	29	6
1928	80	58	―	5	16	1
1929	19	9	―	―	4	6
1930	11	4	―	―	1	6
1931	93	34	1	―	53	5
1932	47	6	―	―	8	33
1933	104	27	―	19	42	15
計	420	165	2	24	153	75

『治安維持法関係資料集』第2巻

けて二つの山がある。同時に作成された朝鮮の場合は検事局受理一万一六七〇人、起訴者三四八三人と圧倒的に多いが、台湾では検挙者総数五五八人、起訴者一一七人であることから、人口・面積に比して関東庁の検挙・起訴の割合が高い（『治安維持法関係資料集』第二巻）。

検挙者の「罪状別」でみると、結社組織二六人、結社加入三三四人で、目的遂行その他六〇人となっている。さらに「民族主義のみを指導理論とする思想犯罪」での検挙者六〇人のうち起訴が一二人で、残る四八人が朝鮮の新義州地方法院へ送致されている。また、「共産主義的思想犯罪にして治安維持法以外の法規に擬律したるもの」として、出版物取締規則違反や刑法の証拠隠滅罪での検挙・起訴もあった。殺人罪で検挙され、新義州地方法院に送致された事例は朝鮮人である（「外務省茗荷谷研修所旧蔵記録」A門「治安維持法改正問題一件／拓務省関係資料」）。

関東州管内で「不逞鮮人」として検挙されると朝鮮の新義州地方法院に送致され、朝鮮側での司法処分となるルートが確立していた。「朝鮮其他に送致」が全体の約二割となっている。一方、関東州内で司法処分がおこなわれることもあった。その具体的な事例については後述する。

量刑の特徴として二六年から三〇年にかけて、禁錮刑（禁錮一〇年から八月）が一一人にのぼったことがあげられる。それは日本国内・朝鮮・台湾での治安維持法違反の科刑がわずかを除いてすべて懲役刑に偏重されていることからすると、かなり多い数値である。運用の初期段階において、関東庁の法院は相対的に日本国内などとは異なる独自の運用をおこなったといえる。ただし、三一年以降はすべて懲役刑に平準化されていく（「外務省茗荷谷研修所旧蔵記録」A門「治安維持法改正問題一件／拓務省関係資料」）。

なお、鉄道付属地における関東庁警察の治安維持法の発動数自体は、「匪賊討伐」に重点がおかれていたためそれほど多くない。関東庁編『関東庁統計書』によれば、鉄道付属地における検挙は一九二五年から二八年の間はなく、二九年に二件三人（日本人）、三〇年に二件二七人（日本人三人、中国人二四人）、三一年に一〇件一四人（日本人）、三二年に四件三人（日本人）、三三年に八件一九人（日本人八人、「満洲国人」一一人）となっている。

大連の中国共産党組織への発動

一九三二年の関東庁警務局「関東州内外に於ける共産党活動概況」（『治安維持法関係資料集』第一巻）は、「関東州内外に於ける中国共産党運動」「在満蘇連邦共産党運動」「在満日本人の共産主義運動」の順で叙述される。「在満蘇連邦共産党運動」を除き、中国共産党と日本人共産主義運動に治安維持法が発動された状況からみよう。

「概況」では中国共産党に関して州内の「関東州を中心とする第一期的運動」と、州外の「奉天を中心とする第二期的運動」に分けている。中国共産党満洲省委員会は多くの労働者の集まる大連にまず設立され、二八年に奉天に移り、全満的な指導機関となった。

「第一期的運動」で「中国共産党運動の先駆」となったのは、二六年四月から六月にかけての大連市郊外福島紡績工場における中国人労働者約六〇〇人のストライキである。これは「騒擾事件」としてあつかわれ、首謀者として一九人が司法処分に付された（量刑など不明）。ここでは治安維持法は発動されなかった。

関東州において治安維持法の最初の発動となったのは、二七年七月の中国共産党大連地方委員会事件である。「先の福島紡績事件以降、一時運動は影を潜めていたが、「大連方面に於ては中華工学会同人間に頻りに主義の宣伝を試み、各所に過激なる不穏印刷物を散布せる者あり、其手段策謀従来の労働運動と其の趣を異にするものあり」として内偵を進め、鄭和高を首班とする組織を探知したという。七月下旬に鄭ら五三人を検挙し、八月五日に治安維持法違反事件として地方法院検察局に送致、一八日に二三人が起訴となった。この関係者として奉天で検挙された元中華工学会夜間部教師揚志雲ら二人は、すでに中国側に引き渡されていた（警務局高等警察課『高等警察概要』、一九二八年七月）。

大連の地方法院（判官安住時太郎、検事三谷銀蔵）における一〇月一〇日の判決は、被告一八人全員を有罪とした。量刑は鄭和高に禁錮一〇年、丁文礼らに懲役七年から懲役三年を科し、罰金刑が二人いる。鄭の場合、「工人の団結力を以て現在の資本家を打倒し、一切の土地、鉱物、鉄道、工場、水道、電気等を社会の共有と為し、私有財産制度を否認することを目的として共産党大連地方委員会と名づくる秘密結社を組織し、自ら書記（委員長）として党務全般を総攬するの任に膺《あた》」ったことが、治安維持法第一条の「私有財産制度」否認に該当するとされた。禁錮刑が選択されたが、理由は付されていない（『法律新聞』第二七五九号）。検挙から判決まで、かなり早いペースで進んでいる。

「関東州内外に於ける共産党活動概況」には、ついで「中国共産党員杜継会事件」と「中国共産党関東州委員会事件」が記述される。前者は二八年三月、旅順で中国共産党の関係文書を所持していた杜継会の検挙を契機に一一人が検挙され、四人が起訴された事件である。後者では「共産主義の宣伝、打倒日本帝国主義、日本軍警の滅殺及曩《さき》に検挙せられ収監中なる杜継会一派の救出等」の宣伝印刷物の頒布から捜査が開始され、四月に大連・奉天・営口などで曲文秀ら四七人が一斉検挙となり、四五人が起訴された（『高等警察概要』）。

この二つの事件は合体され、二九年四月一七日に大連の地方法院（判官長島卯十郎、検察官池内真清）で判決が言い渡された。杜継会が禁錮八年、曲文秀が禁錮六年、起幼柏が懲役三年六月となるほか、四七人が有罪となり、三人は無罪となった。中心人物と目された杜継会・曲文秀が、先の鄭和高と同様に重い量刑ながら禁錮刑となっていることが注目されるが、その理由は記されていない。この判決内容は四月二二日、関東庁警務局長から朝鮮総督府警務局長、内務省警保局長らに通報された（『朝鮮共産党関係雑件』3）。

三七年七月の関東州庁「関東州治概況」は、満洲省委大連委員会の「壊滅後は爾来団体的策動として見るべきものなし」としている。

共産党取締における中国官憲との協調の慣行

警務局「関東州内外に於ける共産党活動概況」は奉天を中心とする「第二期的運動」として、一九二九年四月の中国共産党撫順特支部検挙事件、三〇年一一月の第二次撫順特支部検挙事件、三一年三月の中国共産党反幹部派結社事件、三一年一一月の憲兵隊が検挙した中国共産党満洲省委員会事件をあげる（**表4**）。

「第一期的運動」の事件とは異なり、これらの「第二期的運動」の事件は「反幹部派事件」を除き、関東庁警察による検挙後、中国側に引渡され、その司法処分に委ねられている。「満洲国」建国まで、鉄道付属地で検挙した中国共産党関係者は中国側、つまり中華民国側の官憲に引き渡される慣例が成立していた。三〇年一一月の高等警察課「帝国議会説明資料」（「関東庁警務局資料」R.39）から、この間の事情をみよう。

表4　関東庁警務局「関東州内外における中国共産党事件」

事件別	関係者数	処置	平均年齢
大連地方委員会事件（1927）	53	起訴19、釈放32、中国側引渡2	26.6強
杜継会事件（1928）	11	起訴4、釈放7	26.7強
関東州委員会事件（1928）	47	起訴45、死亡1、釈放1	22強
撫順特支部事件（1929）	11	（全部中国側引渡）起訴6、釈放5	28.9強
第二次撫順特支部事件（1930）	29	（中国側引渡24）起訴5、釈放24	29.7強
反幹部派事件（1931）	3	全部起訴	29.6強
憲兵隊検挙省委員会事件（1931）	4	中国側高等法院送致	28
計	158		

『治安維持法関係資料集』第1巻

二八年一二月、張学良の東三省（奉天・吉林・黒龍江の三省）「易幟《えきし》」によって中国国民党の中国統一が実現すると、「政治的経済的のみならず東北省当局としては共産党の害毒に懲り」、厳重な取締を実行する姿勢をとりつつあった。二七年七月に第一次国共合作は崩壊しており、共産党弾圧に活用するために中華民国は日本の治安維持法に匹敵する暫行反革命治罪法を二八年三月から施行していた。しかし、「近時在満思想運動が中国共産党と鮮人共産主義者との合流に依り辛辣なる直接行動を以て猖獗を極めん」とする状況に、関東庁側は「支那側の態度に隔靴搔痒《かっかそうよう》の感なき能わず」と不満をもち、取締の徹底を督励していた（「帝国議会説明資料」）。

三一年一月、中華民国政府は暫行反革命治罪法に代わって危害民国緊急治罪法を公布し、共産党対策を厳重化した（102頁参照）。このことについて、のちに「満洲国」治安部警務司編『満洲国警察史』上巻（一九四二年）は「党の機構・方針・任務を確立して活発な行動に移った中共党の暗躍に因って、随所に暴動・騒擾、或は同盟罷工が惹起するに至った」ため、「従来取締に比較的緩慢であった支那官憲も不祥事態の頻発に驚いて、急に各地に於ける之等の取締を強化する」に至ったと記している。

共産党に対する取締と弾圧という点では、関東庁も中国側も歩調を合わせていた。たとえば、三一年四月、メーデーに向けた「大暴動計画」の端緒をつかんだとする関東庁奉天警察署による検挙を機に、中国側憲兵偵緝処長雷恒成が主となって「奉天に於ける各団体学校等に対し共産党の一斉検挙を行」うなど、「日支官憲」の連絡協調がおこなわれていた。「新生活影片公司の共産党被疑事件」「中華全国総工会満洲弁事処の共産運動と陰謀の検挙」として具体例が記されるが、関東庁側はそうした「支那側の比較的共産党取締に真剣なる機微を捉え、其の連絡と査察警戒に努め来れり」（前掲「帝国議会説明資料」）という。

こうした関東庁警察と中国側官憲の協調体制の下、撫順特支部事件などでの被疑者の引渡し（送致）が実現した。その後、中国の司法当局においてどのような判決・量刑となったのか不明だが、暫行反革命治罪法や危害民国緊急治罪法を適用して厳罰が科せられたと推測される。

中国共産党撫順特支部事件

一九二九年九月二四日、関東庁警務局長心得は内務省警保局長・関東憲兵隊長らに第一次中国共産党撫順特支部事件について報告している（「撫順に於《ママ》て支那共産党員検挙に関する件」、「関東庁警務局資料」R.35）。これによれば、撫順警察署は撫順炭鉱に潜入した共産党員の活動が活発になっているという「聞込み」を得て厳重視察をおこない、容疑者に「密偵を接近せしめ」るなどして八月三〇日に王振祥ら一一人を検挙したという。取調の上、王ら五人を九月七日に中国側官憲に引渡した（証拠不十分で四人を釈放）。その犯罪事実は中央党部から撫順に派遣された党員が賃金増額・労働時間短縮を目的とする秘密結社「撫順工会」を組織させ、会員を募集・訓練し、「団体力を以て之が実行に進み、亜《つ》いで罷業、暴動等の闘争に依り資本家に対抗し、漸次本来の目的たる革命を期せん」としたというものである。中国側では六人を起訴し、五人を釈放している。その後の判決・

量刑などは不明である。

この検挙について警務局「関東州内外に於ける共産党活動概況」は、多数の中国人労働者を有す撫順炭礦において「党組織運動として有識者には主義を宣伝し、無智なる華工等には赤色工会を組織せしめ、逐次党勢力を扶植せんと為し居たる」ところ、初期の段階で検挙できたと評している。

「概況」では、次に三〇年四月の中国側による中国共産党満洲省委員会の検挙を記述している。「反帝国主義運動の一端」であることに警戒を強め、党員や中国共産青年団員・反帝青年同盟員二九人を検挙したもので、五月一日のメーデーに奉天や撫順で「政治的総罷工、総罷業及総罷操」による暴動化の計画があるとして日中官憲は厳重な警戒にあたっていたという。

第一次検挙に警戒を緩めなかった撫順警察署では第二次の「赤色工会」結成の動きを探知すると、「十二箇所の採炭所、発電所、機械工場、製油工場及三箇所の火薬製造所其の他、苟《いやしく》も労働者を使役する方面並支那官憲に至るまで相当広範囲に亘り諜報勤務員を配置し」、調査内偵を進めた。協調関係にある中国側官憲のなかにまでスパイ網を張り巡らしている。予定よりやや早まった三〇年一一月一一日の一斉検挙では「支那側の諒解」を得たうえで、二四人を検挙し、家宅捜索も共同で実施している（高等警察課「帝国議会説明資料」）。

この第二次検挙については、三〇年一二月四日付で関東庁警務局長が「中国共産党撫順特支部及中華全国総罷工会撫順炭礦工会検挙に関する件」という詳細な報告をしている（「撫順共産党事件」、一橋大学図書館所蔵）。党幹部陳士英の検挙を発端に二九人が検挙され（五人釈放）、中国側に二四人が引渡された事件（起訴五人、釈放一九人、その後の公判・判決については不明）については、次のように概括されている。

本件検挙は満洲に於て中国共産党が其の鋒鋩《ほうぼう》を集中せし撫順に於ける運動が特支部設立後三ヶ月を警戒したるに過ぎずして其の運動漸く緒につきたる時に於て其の本拠を覆《くつがえ》したること、最近共産党の組織方針の顕著なる事実と称せらる「下層よりの組織」、殊に労働者を重視するの方針は満洲に於ても現実に実施しつつありたるを判明せること、其の他撫順炭礦当事者初め一般在満企業者に異常なる注意を与えたる等、当庁思想取締上の収穫は決して鮮少に非らざるを思料す

また、一二月一一日に各地で計画されていた「暴動計画」を未然に防止しえたとする。

この事件報道が解禁となった三一年三月二一日、朝鮮の『京城日報』が「満洲の主要都市を／暴動化の大陰謀／撫順を中心とする中国共産党二十四名検挙さる」「戦慄すべき大暴動／地方蘇政府樹立、主力官民暗殺等官公衙の破壊陰謀」と報じている。

「関東州内外に於ける共産党活動概況」では、三一年一一月の関東憲兵隊による中国共産党満洲省委員会検挙についても記述している。「満洲事変」後、積極的な運動を展開しはじめた党満洲省委員会の再組織に対する奉天憲兵隊による弾圧で、四人を検挙後、中国側（関東軍の統制下にある現地警察・司法機関か）に引渡している。この弾圧は「相当大なる損害」を与えた結果、満洲省委員会のハルビン移転の要因の一つになったとする。

一方、関東庁警察が三一年三月に検挙した中国共産党反幹部派結社事件は舞台が大連だったため、中国側には送致されていない。コミンテルンの批判に発する中国共産党内部の対立により、大連漢字新聞『泰東日報』編集長らは党反幹部派の秘密結社を組織し、「言論機関を利用して党員の誘致獲得及赤色思想の普及を画策為し居りたるものなる」とされて三人が検挙された（「関東州内外に於ける共産党活動概況」）。

関東庁警察による中国共産党員検挙では、大連の場合は関東庁地方法院での司法処分へと進むのに対して、奉天・撫順などの鉄道付属地での検挙の場合は中国側に引渡す慣行があった。三二年三月の「満洲国」建国まで、その慣行は存続したと思われるが、起訴後の司法処分の結果については不明である。

ケルン協議会事件

関東庁警務局「関東州内外に於ける共産党活動概況」（一九三二年）は在満日本人について「一般に思想穏健」としつつ、「母国に於ける周密なる取締を避くる為、若《もしく》は蘇連邦を憧れ入露の機会を得べく来満するもの、又当地方に出産成長せる青年層にありては徒《いたずら》に新きを追い、共産主義思想に耽溺《たんでき》せんとする傾向なきにあらず」として、ケルン協議会事件と日本共産党満洲地方事務局事件をとりあげる（『治安維持法関係資料集』第一巻）。

一九二九年一二月二〇日、関東庁警察は満鉄従業員に頒布された不穏文書捜査のなかで、満鉄営口駅勤務の松田豊と旅順工科大学生広瀬進ら一八人を検挙した。これらは「ケルン協議会事件」と一括され、治安維持法違反・普通出版物取締規則違反事件として全員が起訴され、予審を経て公判に付された。三〇年六月二六日、関東庁地方法院（判官森本豊治郎、検察官岡琢郎・池内真清）は広瀬ら全員に無罪の判決を下した。

旅順工科大学内の思想研究会は「理論偏重、哲学的傾向」から「実践的方面」に進出し、「現在の吾国に於ける国家組織、社会組織はマルクス主義の主張に照して其自体に大なる矛盾を包蔵せるを以て、階級闘争の形式に依り之をプロレタリア（無産階級）の団結力を以て根本的に打破すべきもの」とし、研究会は理論と実践の統一をめざして全満洲学生連盟会の設立を図ったことが犯罪事実の一つとされた。これに対して判決は研究会の会合は「マルクス主義の研究に関する利便と同主義研究の普及とを企図し、併せて労働運動の為め或は失職し、或は検挙せられたる等の人々及び其家族の為め若干の救援資金を募集出捐《しゅつえん》すべき事を協定したるに止ま」るとして、治安維持法や他の刑罰法令の違反とは認めがたく、罪にはあたらないとした（『法律新聞』第三一四四号）。

第一審が旅順工科大学の研究会を「マルクス主義の研究に関する利便とその普及」をめざした団体とし、ケルン協議会を労働運動犠牲者の救援団体とみなしながらも、治安維持法の適用を認めず、完全無罪としたことは注目される。「単なる学究」（『朝鮮新聞』、一九三〇年六月二七日）という思想的な萌芽の段階にあるものに対して、条文を厳密に解釈した結果だろう、日本国内や朝鮮での同種事件ではありえない無罪判決となった。

この無罪判決に対して検察が控訴した。三一年四月二〇日の関東庁高等法院覆審部（判官筒井雪郎、検察官岡琢郎）の判決が朝鮮総督府高等法院検事局思想部『思想月報』第一〇号（一九三二年一月）に収録されている。

高等法院（旅順）
『関東州と付属地：関東局施政概観』、1936年

ここでは治安維持法第一条第二項（私有財産制度の否認）を適用し、広瀬進を懲役二年（普通出版物取締規則違反により罰金五〇円）、佐藤一男と田中貞美を各禁錮一年（罰金三〇円）、松田豊ら四人を各禁錮一年六月（罰金五〇円）、秀島嘉雄を禁錮一年とし（いずれも執行猶予五年）、五人を罰金刑に科した。残る九人は無罪となった（一人死亡）。佐藤や松田らに禁錮刑を選択した理由は記されていない。「全満傭員諸君に檄す」などのパンフレットや宣伝ビラについては未届出や発行所・印刷人の不記載を理由に、普通出版物取締規則違反として罰金刑を科した。同時期の中国共産党事件では禁錮八年などの重い量刑だったことと比べると、有罪とはいえ広瀬らはいずれも執行猶予付の比較的軽い量刑となっている。

第二審に対して被告が上告した。三一年一一月二五日、高等法院上告部（判官土屋信民、検察官安岡四郎）も治安維持法第一条第二項を適用し、上告を棄却した。田中貞美の弁護人大内成美は「治安維持法はマルクス主義の思想を罰するものにあらず、其の思想の研究、若《もしく》は研究の勧誘を罰するものにもあらざるなり」と論じたが、判決ではその弁論を「被告人等は要するに単なるマルクス主義の思想の研究、又は其の思想の解説批判、若は研究の勧誘のみに止まらずして、前叙の如く私有財産制度を否認することを目的とする結社を組織したるものに外ならざる」として一蹴した（『法律新聞』第三三九一号）。

日本共産党満洲地方事務局事件

一九三一年一〇月から一一月にかけて、大連・撫順で三七人が検挙された日本共産党満洲地方事務局事件をみよう。この満洲地方事務局事件に関しては兒嶋俊郎「日本人共産主義者の闘い」（『「満洲国」における抵抗と弾圧』、二〇一七年）が詳しい。

ケルン協議会に対する弾圧にもかかわらず、執行猶予となった広瀬進・松田豊らは運動を継続し、三・一五事件で検挙されたのち保釈となって大連に戻っていた松崎簡を中心に、日本共産党中央の指示により三一年九月中旬、日本共産党満洲地方事務局を創設した。指導部の責任者は松崎で、組織部・技術部・アジプロ部・労働組合対策部を置いた。警務局「関東州内外に於ける共産党活動概況」には「満洲事変勃発するや数回に亘り会議を開きて機関紙たる満洲赤旗、パンフレット及檄文を作成し、党の外廓機関たる満洲労働組合協議会関係者、其の他の赤色分子に頒布し、党の拡大強化を図り居りたる」とされる。

関東庁地方法院での予審が終結し、二〇人が公判に付されることになったのを機に記事が解禁された。三三年五月一〇日の『神戸又新《ゆうしん》日報』（神戸大学新聞記事文庫）は当局発表を受けて、「満洲事変勃発に際しての混乱に乗じて大連、旅順において共産主義運動の拡大強化を図り、満洲事件《ママ》は資本主義諸国対立の現状においては

天皇を中心とした
社會主義の建設へ
轉向被告、異口同音の陳述
滿洲共產黨併合公判

天皇を
支持を
建設は
河村丙午保釋

「天皇を中心とした社会主義の建設へ」
『満洲日報』1934年4月6日（神戸大学経済経営研究所新聞記事文庫所蔵）

必然的に発生すべき帝国主義戦争の一形態であって、日本帝国主義の立場より資本家の利益増進のためにのみなさるるものなりと称して反戦闘争を行わんとし、又十一月七日の労農革命記念日を期して労働者より大衆への宣伝、大工場のゼネスト、更に進んで全満の赤化を画策中発覚し」と報じた。予審訊問調書は七千余頁、終結決定書も二百余頁にのぼるという。

関東庁地方法院の公判は三四年四月四日に始まった。その様子を四月六日の『満洲日報』（神戸大学新聞記事文庫）は「天皇を中心とした社会主義の建設へ／転向被告、異口同音の陳述」と報じた。この転向表明がどこまで影響をしたかは不明だが、五月二日の判決では松崎が禁錮五年、他は三年となった。判決文には、結成からまもなくの一斉検挙だったため政治テーゼの決定に至らず、党員数とその質、細胞やフラクションの組織率においても「見るべきものなく、反戦闘争の影響せるところは極めて局部的」であり、「結局、事務局は萌芽の形態に於て崩壊した」と断じている（朝鮮総督府高等法院検事局思想部『思想月報』第四巻第五号、一九三四年八月）。控訴審・上告審でも量刑は変わらなかった。

兒嶋は前掲「日本人共産主義者の闘い」の論文の結びで、「地方事務局メンバーは、日本帝国主義の権益に拠点を築き、中国共産党やその労働運動と連携して闘うことが共産主義者のなすべきことだと考え実行した。日中の共産主義者は同じ方向を向いて同じ場所で闘ったのである」としたうえで、「地方事務局の活動が壊滅したことは、満洲において帝国主義と闘う側に日本人がいなくなったことを意味した」と論じている。兒島によれば、広瀬と出口重治は出獄後、満洲国軍政部編『満洲共産匪の研究』（一九三七年）の編纂執筆にかかわった。

この満洲地方事務局事件の捜査に関連して、三一年一一月、奉天・長春で「満洲合同労働組合」の阿部正一ら四人が検挙されたが、「何れも初歩的のものなりし」として起訴猶予となった（「関東州内外に於ける共産党活動概況」）。

また、三二年一〇月二五日、日本赤色救援会満洲地方大連地区委員会のメンバー一七人が検挙されている。満洲地方事務局事件で保釈されていたメンバーが獄中メンバーへの支援活動をおこなっていたもので、河村大三郎、金子保、英清次が起訴となった。この記事が解禁になると、三五年一月二八日の『満洲日報』は「満洲最初のモップル／十七名検挙さる　本部の指導下に活発なる活動」と報じ、「本格的実際運動に入った満洲最初のモップル事件として世上の注目を惹いたが、満洲事変後、左翼団体の影全く大連から消失し、今日では彼等の勢力は根本的に掃滅された」（神戸大学新聞記事文庫）と報じた。その後の判決・量刑は不明である。

三七年七月の関東州庁「関東州治概況」には、赤色救援会満洲地方委員会を「最後として其の影を没し」とある。

在満朝鮮人への発動

「在満朝鮮人に対する保護取締は大正十年の植民地会議に於て朝鮮総督府及外務省に於て主として之に当ること」になっていたが、一九二〇年代、「現下南北満洲は至る処、馬賊の横行するあり、其の馬賊中多くの不逞鮮人を混ぜりとの情報あり」(関東庁『関東庁要覧』、一九二五年)として、関東庁にとって治安上の重要課題となっていた。一九二一年の「植民地会議」については不詳である。

一九二八年七月の警務局高等警察課「高等警察概要」(「関東庁警務局資料」、R.25)では「移住鮮人の思想的概観」という項を立て、「智識階級」「帝国統治を遁《のが》れたる不平党」「無学階級」と「不逞の徒」に分けて記述している。「不逞の徒」たる「団員等は殆んど職業的不逞者……要は喰わんが為め其の利に走るの徒」と蔑すむ一方で、「満洲在住鮮人に及ぼす思想上の影響は蓋《けだ》し鮮少にあらず」として厳重視察警戒中とする。三一年末頃の「高等警察」(「関東庁警務局資料」、R.52)には「不逞思想運動の尖鋭化は管内の治安を脅すのみならず、延《ひ》いては鮮内に及ぼす影響尠《すくな》からず」として、「先づ不逞者の絶滅を期す」ことに努めているとある。同時期の「在満不逞団体の現状」は、「今や民族独立運動より共産主義運動に方向を転換せんとし」ととらえられていた(「満洲に於ける不逞鮮人団体の近状」〔上奏資料参考書類〕、「関東庁警務局資料」R.39)。

前述のように、関東州管内で「不逞鮮人」として検挙した民族独立・共産主義者を朝鮮の新義州地方法院に送致し、朝鮮側での司法処分に委ねるというルートがある一方、関東州内での司法処分の事例もあったが、その振り分けの基準はわからない。治安維持法の運用では朝鮮の法院と異なっているところもある。

二八年五月一七日、新民府事件に対して関東庁地方法院(判官安住時太郎、立会検事三谷銀蔵)は治安維持法第

一条に殺人・強盗罪などを併合して黄徳煥《ファンドクファン》を無期懲役とするほか、五人全員に懲役一〇年以上の厳罰を言い渡した。吉林省石頭河子に本拠を置く新民府について「韓国の独立を期成せんが為め、中国領土内に僑居《きょうきょ》する革命的韓族を以て民衆的議会機関を組織し、管内一般韓族を統治し、韓国独立に供する実力を準備することを綱領」とし、日本の「国体」変革を目的とした結社とする。「其の統治に服せざる者、又は日本官憲に通ずる者は反逆者として刑罰に処する等の名目の下に同胞鮮人に対し殺人、強盗、恐喝等を常業とせるものなる」ことを知りながら加入し、活動したことなどが被告らの「犯罪事実」とされた。

強盗や恐喝などの罪が加わってはいるが、朝鮮における新民府事件公判に比べてはるかに重い量刑となった（二七年八月一二日の新義州地方法院の新民府事件に対する判決では懲役三年から一年〔執行猶予三年〕）。新民府について「韓国の独立」により「日本の国体」変革を目的とする結社とするが、朝鮮ではすでに常套句となっていた「日本帝国の羈絆より離脱せしめ」は用いられていない。朝鮮側ではこの事件を、自らに深くかかわる「民族主義」の代表的事例ととらえて、朝鮮総督府高等法院検事局『朝鮮治安維持法違反事件判決（一）』に収録した。

三四年九月一七日の関東庁地方法院検察官の徐万誠《ソマンソン》ら六人に対する予審請求（起訴状）をみると、金元鳳《キムウォンボン》を団長とする義烈団について「朝鮮独立を目的とする朝鮮民族団体にして、一九三五、六年には日蘇開戦を契機として世界戦争勃発し、日本は世界的孤立に陥り疲弊困憊《こんぱい》すべきを以て其機に乗じ朝鮮民族を動員し、武装蹶《けっ》起《き》せしめ、日鮮要人の暗殺、官衙、鉄道其他重要施設の爆破等の暴力手段により朝鮮に於ける日本の統治権を転覆し、朝鮮民族を解放せんとし」という犯罪事実をあげている（司法省刑事局『思想月報』第五号、一九三四年一一月）。三六年一月三一日、関東庁地方法院の予審が終結（予審判官小田基衛）し、徐万誠ら七人が公判に付されることになった（『思想月報』第二二号、一九三六年四月）。その後の判決・量刑は不明である。

義烈団に加入し、南京の軍官学校で訓練を受け、「東京市方面に於ける主義宣伝並に同志獲得の任務」を受けて大連港で検挙された安淳永《アンスニョン》は、三六年五月一四日、関東庁地方法院で懲役二年・執行猶予三年の刑を科せられている。治安維持法第一条第一項後段の適用である（『思想月報』第二五号、一九三六年七月）。この事件に関しては安淳永が大連水上署から関東庁地方法院検察局へ治安維持法違反として送致されたあと、三六年三月二二日の『満洲日日新聞』が「南京民族革命党の奇怪な内面暴露／国民政府が不逞鮮人を糾合《きゅうごう》／反日満の政治的訓練」と報じている。

なお、三九年二月二〇日の関東庁地方法院の朴允瑞《パクユンタン》・金道煥《キムドファン》ら六人に対する判決（裁判長中里竜、検察官西海枝信隆）では、騒擾や殺人などにより朴・金には死刑が科せられたが、公訴事実のうち私有財産制度否認を目的とする結社農民協会に加入したとする治安維持法違反（第一条第二項）については認めなかった。農民協会について「中国及満洲に於ける私有財産制度を否認し、共産主義社会を樹立せんことを窮極の目的とする秘密結社なること」は認められるも、それが「我が国の国体又は私有財産制度の否認を目的とする結社なる事実は肯任するに足らず」と認定した（『思想月報』第五九号、一九三九年五月）。これは、朝鮮の公判において中国共産党とともに農民協会も日本の「国体」変革・「私有財産制度」否認を目的とする結社と認定する処断と異なっている（『朝鮮の治安維持法』参照）。

大連抗日放火団

日中戦争全面化の前後から大連は兵站《へいたん》基地としての重要性を増し、軍需物資が集積されていた。これに対して「コミンテルンの情報機関の指揮下に活動していた抗日秘密組織」である大連抗日放火団の闘争が展開された。一九三七年四月から四〇年六月の間に大連地区では五七回の放火活動があった（東北全体では七八回）。三八年五月の関東局司政部長の関東軍・関東憲兵隊宛報告では三七年四月から三八年五月までに未遂を含め一三回の放火があり、関東軍被服倉庫・埠頭八号倉庫（石油）・満石会社野積石油などが時限発火装置によって消失させられた（李力「蜂起」、松村高夫・解学詩・江田憲治編『満鉄労働史の研究』、二〇〇二年）。

なお、平田清次郎（関東憲兵隊大連隊本部）は三四年八月から四〇年五月までに八九件の謀略放火事件があったとして（ほかに青島で三件、天津で一九件の謀略放火があったという）、三六年の一二件とともに五四件と急増した四〇年に注目する。これらは「割合に手薄な埠頭及会社、工場を謀略工作の目標に指向した」とする（「大連に於ける謀略放火事件の概況と其の教訓」、憲兵隊司令部『憲友』第三七巻第九号別冊、国立国会図書館所蔵）。

李力の引用する関東地方法院「対日諜報工作による放火事件判決結果通報」（一九三九年九月七日、中央档案館所蔵）によれば、三八年四月一〇日の事件は運搬工李境ら四人によるもので、満洲石油の露天石油備蓄場に時限発火装置を仕掛けて炎上させ、さらに倉庫にも引火爆発したため、三三万五千円余の損害を与えたという（判決については不明）。さらに四〇年六月、福昌華工労働者王有佐による周水第一倉庫保管の軍服の焼失では一〇〇万円の損害があったという。

これに対して、関東州の警察や憲兵は躍起となって捜査にあたった。関東庁警察部では三八年四月、抗日組織の破壊に特化した一三〇人以上からなる特殊警察隊を設立し、放火薬品の化学検査や捜査方法の研究もおこなっている。同年六月には各警察署に防諜委員会、工場などに愛護連絡委員会を設置した。前述の度重なる外事警察の拡充もこの謀略放火の捜査のためであった。また、大連と青島・威海衛・上海・天津などと結ぶ航路には移動警察官を配置し、往来する労働者や旅客の捜査を強化した。

関東憲兵隊は大連憲兵分隊を改編し、三九年には大連憲兵隊本部として兵力を増強し、特高科も設置した。また、無線探査を任務とする「八六部隊」の分隊も配置された。

放火事件が発生すると、警察や憲兵は現場付近で働いていた中国人労働者や住民を検挙した。三七年から四〇年の間に二〇〇〇人以上を検挙し、拷問をともなう取調をおこなったが、実態をつかむことはできなかった。

さらに警察・憲兵が力を注いだのが、スパイ網の拡充であった。先の外事警察課がその運用の中心となった。公安部档案館編『史証』(二〇〇五年)は「関東局の罪行」のなかで、「外地との連絡から容疑者を発見するため、中国人民の短波ラジオ、無線所有者、技師などを調査した。各警察署のスパイたちは郊外の中国人の自宅に公然と入って強制捜査をしたり、偽装して秘密偵察をしたりしている。捜索された家は沙河口警察署だけで一万戸以上に達した」、「密偵の数は何倍にも増え、大連市内はさらに暗くなり、憲兵は警察の密偵を逮捕し、特高は司法の密偵を容疑者として逮捕した。捜査や弾圧が頻繁になるにつれ、平和な罪のない人々が密偵によって勝手に逮捕されたり、監禁されたり、恐喝されたり、脅迫されたり、略奪されたり、殴られたりして市民の心はますますパニックになっている。しかし、火災はその影響を全く受けず、大連の空を焼き続けた」と叙述する。

大連放火団の検挙の端緒となったのは、四〇年八月、関東州庁外事課のスパイの通報による。外事課が中心となり、憲兵隊が協力した。李論文には「ある埠頭の工頭が裏切って当局に手掛かりを与え、その結果放火団のメンバーは相次いで逮捕されることになった」とある。大連にとどまらず上海、天津にまでひろがり、検挙者数は七一人となった(『史証』によれば約一二〇人)。平田「大連に於ける謀略放火事件の概況と其の教訓」では「本検挙の成功と認むる点」として「責任者を先づ逮捕」し、その後「芋蔓式に検挙」したことをあげている。

四一年二月、謀略放火事件の容疑者として紀守先、黄振林、趙国文ら五〇人が関東地方法院検察庁に送致された。思想検事の田中魁や西海枝信隆らの取調により七月、三五人が起訴された。九月に旅順刑務所に収容された被告らは「日本帝国主義を打倒せよ」と叫び、自作の抗日歌や詩を歌った。これらの歌は日本降伏後、小中学校に広まり、広く歌われたという（中央档案館など編『東北歴次大惨案』「日本帝国主義侵華档案資料選編」8、一九八九年）。

> 国も家も滅び民族の恨み、不倶戴天《ふぐたいてん》／起き上がって反抗し、革命の大波を巻き起こせ／数百万の武装した労働者と農民、強敵に立ち向かうこと五、六年／生き抜くため、どれだけ闘っても、決死の戦いも怖《おそ》れない／身は獄にいるがこの志はより強くなり、この首を切られても志は変わらない／敵の進退窮まったのを見てやろう／鉄血は自由の道を切り開き、勇敢に勝利の関門を打ち破る／中華ソビエトを建設したことに、たとえ死んでも後悔しない

一〇月から関東地方法院での公判がはじまり、四二年三月一五日、一二人に死刑を、一七人に有期懲役刑を言い渡した。適用されたのは外患罪や放火罪であった（拷問などにより三六人が取調中に死亡していた）。一二月九日の旅順刑務所における死刑執行に田中検事や刑務所長が立ち会った。執行前の刑務所長の「放火団は何人いるのか」という問いに、紀守先は「何人かはわからない。一人は一〇人に、一〇人は一〇〇人に、一〇〇人は一〇〇〇人に、一〇〇〇人は一〇〇〇〇人に広がる。現在、彼らは至るところに無数にいる」と答え、最後に「日本の帝国主義が中国を侵略した、だがおまえたちはすぐにくたばるだろう！」と言い残したという（『東北歴次大惨案』）。

Ⅱ

在満外務省警察の治安維持法の運用——一九二五〜一九三七年

間島総領事館・延吉分館警察署葦子溝分署
外務省『警華帖』(『外務省警察史』第6巻、不二出版)

一　電拳団事件から間島共産党事件まで
——在間島外務省警察の治安維持法の運用

電拳団事件

日本国内における治安維持法の最初の発動は、一九二六年一月一五日に一斉検挙となった京都学連事件である。「国内」という限定を外した場合、植民地朝鮮において施行後まもなくの二五年六月頃から治安維持法の適用がはじまっていたことについては、すでに『朝鮮の治安維持法』（「治安維持法の歴史」Ⅳ）で論じた。ほぼ同時期、朝鮮と国境を接する中華民国東北部の間島《カンド》地方（現在の中国・吉林省延辺朝鮮族自治州）においても治安維持法が発動された。八月二七日、間島地方の龍井村における電拳団の検挙である。

なぜ植民地ではなく、中華民国主権下の間島地方でその発動が可能だったのだろうか。それは日清戦争の勝利によって獲得した領事裁判権を強引に拡張解釈した外務省警察（領事館警察ともいう）が上海・北京などとともに中国東北部にも配置され（中国側からの主権侵害との非難にもかかわらず）、在留「日本人」に対する保護と取締を既成事実化していたからである。とりわけ、間島と呼ばれる地域では日本の植民地支配に抵抗する朝鮮人の民族独立運動・共産主義運動が根を張っており、それらを「日本人」として取締ることが外務省警察の最大の役割となっていた。この間島および東北部での朝鮮人取締については『朝鮮の治安維持法』でみたが、重複をいとわず再論する。

間島総領事「昭和三年間島、琿春地方及同接壌地方治安概況」（一九二八年六月、復刻版『外務省警察史』第二三巻）によると、二五年までは「露支領朝鮮人共産主義運動の混沌時代」であったが、二六年以降は「過渡期より運動の方向転換に移り、宣伝及実行の諸準備に入りたる」という。二五年九月一日付の各分館主任宛の訓達で間島総領事は「朝鮮人匪賊の行動及共産主義の不逞鮮人の蠢動は一時鎮静の状ありしが、最近に至り再び擡頭《たいとう》し来れるの情況」と述べていた。

この「運動の方向転換」に対応してなされた弾圧が二五年八月二七日の「電拳団事件」である。外務省「大正十四年中に於ける間島、琿春及接壌地方治安概況」（一九二六年二月二三日、『外務省警察史』第二三巻）には「日韓併合記念日を期し、龍井村に於て不良学生等は共産主義的結社を組織し過激行動を企て居りたるを探知し、十六名を検挙す」とある（その後、さらに四人を検挙）。共産主義宣伝への警戒が強まるなかで、外務省警察の一画を占める間島総領事館警察署は学生らの動静を視察中、「朝鮮独立及共産主義に関する宣伝文」撒布を機に検挙に踏み切り、押収した文書のなかから「電拳団」の組織が判明したとする。「直接行動を目的とする兇暴団体にして、高麗共産党と連絡して目的の達成を期したるものの如き」とされ、次のような「綱領」をもつという。

一、我等は現社会の不合理なる一切の制度を破壊し、大衆本位なる歴史的必然の新社会建設を目標とす

二、我革命事業に障害を与え、民衆に害毒を与うる者等を根本的に直接撲滅せんことを盟約す

六月二一日、五人が龍井村外で創立会議を開き、綱領・規律と組織などを決めたという。「我革命事業に障害を与え、民衆に害毒を与うる者等」とは親日朝鮮人団体「光明会」を指すとみられ、「電拳団」という名称が示すようにその「直接撲滅」をめざすことを結成の第一義的な目的としたと推測される。「CK団」の名で八月二七日に撒布された「日韓併合記念宣伝文」には「同胞よ知るや、此日を忘るる勿《なか》れ、朝鮮の革命よ、強

盗日本の軍閥派を世界の総て軍閥派と共に吾等が人類社会より埋葬せよ――吾三千里江山《こうざん》より倭賊の軍閥資本家を撲滅し、無産階級の新社会を建設せんとするにあり」とあった。

この検挙は共産主義化した「不逞鮮人」の活動への威嚇的な弾圧と思われるが、おそらく「電拳団」がそれまでの運動と異なって綱領・規律などを備え、「現社会の不合理なる一切の制度を破壊」という綱領を掲げていたことが、五月一二日に施行されたばかりの治安維持法の適用となったと推測される。

検挙者の処分の内訳は訴追四人、「朝鮮警察機関引継」五人、残りは「放遣」となっている。四人の訴追者が治安維持法の適用を受けたと推測される。日本語新聞『間島新報』によれば、間島総領事館の司法領事によって九月一八日に起訴され、三〇日に総領事館で公判が開始された。領事裁判では一年未満の刑期とみなされる事案があつかわれる規定となっていた。中学生の方昌洛《パンジャンナク》は一一月の判決で懲役五月、首魁とされた金璟漢《キムギョンハン》の判決は二六年四月と遅れて禁錮八月となった。判決や適用条文は不明である。まだ初発の適用のため量刑は軽く、禁錮・懲役も安定していない。

なお、九月二日付の間島総領事の検挙報告「間島に於ける赤化鮮人検挙に関する件」は『外務省警察史』編纂（一九三七年～四四年）において、誤って二三年九月のこととされている。この事件が事件当時、当事者の間島総領事館警察署において、また外務省においても、記念すべきほとんど最初の治安維持法発動という意味が十分に理解されていなかったためと思われる。検挙後の処分で訴追者が四人にとどまり、多くは「放遣」されたことや量刑の軽さも、治安維持法事件としての画期性を十分に理解していなかったことをうかがわせる。治安維持法案の審議過程において紛糾し、施行後の運用において国内では慎重な配慮が必要とされるという事情に間島の外務省警察が疎かったことも考えられる。

それでも二六年五月、管内の警察署長及分署長事務打合会議で末松吉次間島総務領事館警察部長は「電拳団事件」が治安維持法によって「初めて処分せられたるもの」という認識を示したうえで、「共産主義的思想の実行犯」に対する「根拠ある取締」の武器を獲得したことを強調し、今後の積極的な活用を求めた（『外務省警察史』第二三巻）。この直後に開かれた各分館主任事務打合会では「馬賊不逞鮮人の外、一般鮮人青年の濃厚なる赤化運動は最も重要なる性質を帯ぶるに至れり」として、とくに「暴力運動」の「首領者と目すべき者」に対して「治安法の適用」を指示している（「領事会議関係雑件　在満領事会議」「外務省文書」マイクロ・フィルム）。

間島共産党事件の朝鮮側への移送

一九二六年一〇月、龍井村に朝鮮共産党支部として満洲総局東満区域局が設立された（同時に高麗共産青年会東満区域局も設立）。当初、この動きを把握できていなかった在間島外務省警察では青年・学生層への宣伝活動が活発になると「極力内査」を進め、二七年一〇月になって「東満道幹部党員」の検挙を断行した。ここで司法処分をめぐり、領事裁判ではなく、朝鮮側に移送し、朝鮮側で処断することに転換した。この移送については間島総領事館・外務省と朝鮮総督府側の協議がなされたはずだが、いずれにとっても間島を根拠地とする民族独立をも掲げる朝鮮人共産主義運動の取締上、この措置が現実的で効果的と考えられたはずである。

末松吉次
『外務省警察史』第27巻、不二出版

「党員として犯罪の証憑《しょうひょう》確実」とされた二八人が朝鮮側に移送された（その後、追加）。これは「第一次間島共産党事件」と呼ばれ、翌二八年一二月、京城地方法院で一人に懲役六年、二八人に五年以下の懲役という判決が

第一次間島共産党事件の検挙者（1927年10月）
李洪錫『日本駐中国東北地区領事館警察機構研究』、2008年

下った。判決文では「我日本帝国は私有財産制度の謳歌国なりを以て、朝鮮に於て該制度を否認し、共産制度を実現せしむることは到底容認し得られざることなるに依り、之が実現を期せんとせば朝鮮を我日本帝国の羈絆より離脱せしめ、朝鮮の独立を図るに如《し》かず」とされた（韓国歴史研究会編『日帝下社会運動史資料叢書』第一一巻）。朝鮮民族独立運動を「日本帝国の羈絆《きはん》より離脱」ととらえることはその後も同様だが、この時点では「国体」変革ではなく「私有財産制度」否認を論拠としていることが注目される。

「昭和二年中に於ける間島、琿春及同接壌地方治安概況」（外相宛間島総領事代理報告、一九二八年二月三日付、『外務省警察史』第二三巻）中の「昭和二年中検事取扱事件罪名表別表」をみると、治安維持法違反は四件五二人となっている。先の満洲総局東満地域局事件以外にも治安維持法を適用された事件があったことがわかる。二八年にも弾圧がつづき、「昭和三年間島、琿春及同接壌地方治安概況」では「彼等の心胆を寒からしめ、因て党（朝鮮共産党）、会（高麗共産青年会）両翼の運動に抜本的打撃を加え、満洲総局をして遂に跳梁の余地なからしむるを得たり」（同第二三巻）と豪語した。すべてが治安維持法の適用ではないが、「不逞鮮人」の検挙人員は二六年が三七人、二七年が八六人、二八年が一〇七人と増えている。これらを間島総領事館で司法処分することは物理的に困難であることに加えて、領事裁判そのものが一年未満の刑期

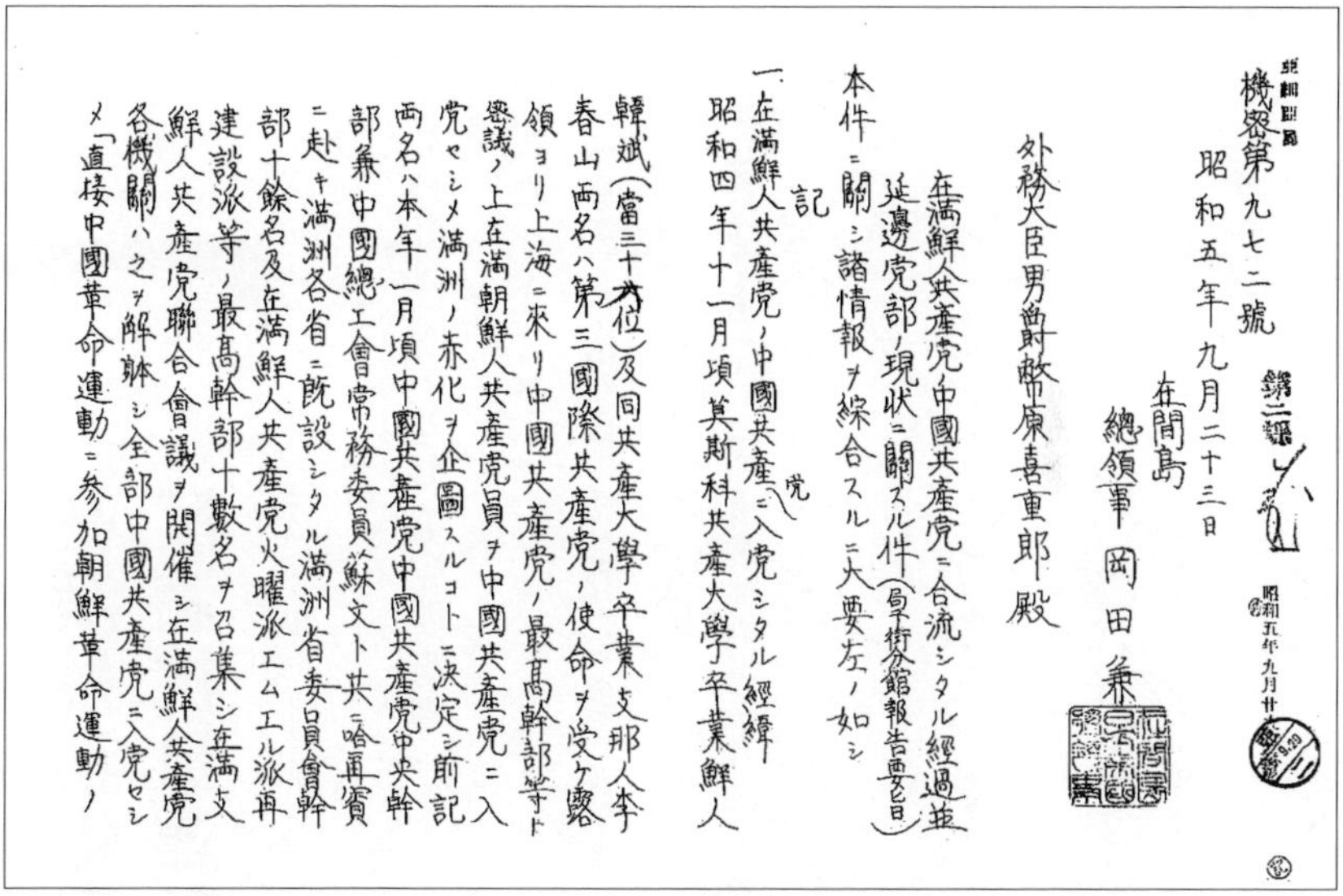

機密第九七二號
昭和五年九月二十三日
在間島
總領事 岡田兼
外務大臣男爵幣原喜重郎殿
在滿鮮人共產党ノ中國共產党ニ合流シタル經過並延邊党部ノ現状ニ關スル件（局子街分館報告要旨）
本件ニ關シ諸情報ヲ綜合スルニ大要左ノ如シ
記
一、在滿鮮人共產党ノ中國共產党ニ入党シタル經緯
昭和四年十一月頃莫斯科共產大學卒業鮮人韓斌（當三十六位）及同共產大學卒業支那人李春山両名ハ第三國際共產党ノ使命ヲ受ケ露領ヨリ上海ニ來リ中國共產党ノ最高幹部等ト密議ノ上在滿朝鮮人共產党員ヲ中國共產党ニ入党セシメ滿洲ノ赤化ヲ企圖スルコトニ決定シ前記両名ハ本年一月頃中國共產党中國共產党中央幹部兼中國總工會常務委員蘇文ト共ニ哈爾賓ニ赴キ滿洲各省ニ既設シタル滿洲省委員會幹部十餘名及在滿鮮人共產党火曜派エムエル派再建設派等ノ最高幹部十數名ヲ召集シ在滿支鮮人共產党聯合會議ヲ開催シ在滿鮮人共產党各機關ハ之ヲ解躰シ全部中國共產党ニ入党セシメ「直接中國革命運動ニ參加朝鮮革命運動ノ

「在満鮮人共産党の中国共産党に合流したる経過並延辺党部の現状に関する件」
「日本共産党関係雑件／朝鮮共産党関係」第8巻 「戦前期外務省記録」（外交史料館所蔵）

となる事案に限定されることもあり、これらの間島での治安維持法事件はより厳重な処断が可能となる朝鮮側への移送が慣例となった。

その後、一九三〇年の第五次間島共産党事件とされる間島五・三〇事件まで間島から朝鮮側に七二六人（朝鮮共産党員三二七人、中国共産党員三九九人、大半は五・三〇事件関係）が移送されたが、朝鮮側の司法処分において不起訴や免訴、無罪を多く出したため、外務省・間島総領事館側が強く反発し、この移送という慣行は中止された（詳細は『朝鮮の治安維持法』参照）。ただし、間島五・三〇事件の大弾圧で運動は逼塞させられたため、三三年以降の間島において治安維持法の発動はわずかとなった。三七年一一月末で治外法権が撤廃されるため、間島を含む中国東北部の外務省警察は終焉を迎え（多くが「満洲国」警察などに移譲された）、同時に日本の治安維持法の運用も終わった。

二　在満外務省警察の反満抗日運動取締

治安維持法「施行区域」外での発動

間島以外にも「日本人」の在住する中国各地には在留民保護取締を名目に外務省警察が配置されており、その活動のなかには治安維持法の発動もあった。上海や天津での発動もあるが、ここでは大部分の発動を占める在満外務省警察の場合をみていこう。

外務省条約局第二課『領事裁判関係統計表』によれば、「本邦人の犯罪事件」中、治安維持法違反事件は一九二八年と二九年はまだないが、三〇年になると七人を数え、三一年二四人、三二年に一一人、三三年に二一人、三四年に一九人、三五年に一八人、三六年に一八人、三七年に四人となっている。三三年までは上海での検挙があるほか、間島における人数が含まれるが、残りは吉林・ハルビン・奉天・長春（新京）などがほとんどを占める。

間島や上海などを含む外務省警察による治安維持法の発動人数はおそらく全体で二〇〇人に満たない。それは朝鮮での発動はいうまでもなく、台湾や関東州での発動に比べても小さな数字ではあるが、三つの意味で数字以上の意味をもっている。

まず、植民地でもない場所において、つまり日本の主権の外でも治安維持法が発動されていたという歴然とした事実である。傀儡国家として「満洲国」が建国されてからも在満外務省警察は一九三七年一一月末の治外法権撤廃までそのまま存続し、領事裁判権を根拠に日本の治安維持法の発動をおこなった。数字は小さいとはいえ、日本の治安維持法の発動がここまでおよんでいたことは明記しておかねばならない。この二〇〇人とは主に在満朝鮮人であり、三七年まで「日本人」として治安維持法「施行区域外」での行動がその発動対象となった。

二つめは、在満外務省警察は関東憲兵隊や関東庁警察とともに反満抗日運動への取締をおこなうにあたり、「満洲国」制定の暫行懲治叛徒法（三二年九月施行）も発動していたことである。暫行懲治叛徒法は中華民国時代に施行されていたものを継承し、暫定的に施行することになったが、それは日本の治安維持法同然の、あるいはそれ以上の威力をもって運用された。暫行懲治叛徒法の主対象は中国人であり、「満洲国人」である。暫行懲治叛徒法についてはⅢ・Ⅳで詳説する。

ここでも在満外務省警察は暫行懲治叛徒法による検挙を既成事実化したわけだが、その発動件数・人数は日本の治安維持法の発動を大きく上回る。暫行懲治叛徒法の司法処分は関東軍や「満洲国」軍の軍法会議あるいは「満洲国」法院によってなされることになるが、起訴や公判を進め、判決を下したのは日本人軍人・司法官（審判官の一部は「満洲国人」）であった。「満洲国」の司法機構による司法処分を活用して、反満抗日運動の弾圧を断行した。

三つめの意味は、日本の治安維持法から「満洲国」治安維持法への継承である。三七年一一月末の治外法権撤廃により外務省警察とともに日本の治安維持法発動は消えて、暫行懲治叛徒法に統一・継承されていたが、四一年一二月末には暫行懲治叛徒法の廃止のかたちをとって「満洲国」治安維持法が制定・施行となった。その運用の担い手には、治外法権撤廃を機に「満洲国」警察などに移譲されていた元外務省警察官も加わっていた。このようにみると、日本の治安維持法は「満洲国」治安維持法に実質的につながっていたことになる。しかも、「満洲国」治安維持法は日本の治安維持法（一九四一年の新治安維持法）を母法として制定された。

在満外務省警察の共産主義運動取締の始動

中国東北部＝「満洲」での在満外務省警察による共産主義運動への警戒と取締は一九一〇年代末からはじまっていた。この問題の初出と思われるのが、一九一九年三月一八日付の外相宛チチハル領事のロシア「過激派」に関する報告である。その後、満洲里派遣の外務省警部やハルビン総領事からの同種の報告が散見する。七月一四日付の外相宛ハルビン総領事「過激派宣伝運動取締に関する件」は、五月末の日本国内への過激派宣伝運動取締にあたる内務省からの情報提供の依頼にもとづくもので、「過激派」が中国側警察力の弱体に乗じて「哈爾浜《ハルビン》を根拠地として各種の宣伝に力《つと》めつつあること」などを報告する（「過激派其他危険主義者取締関係雑件　社会運動状況　支那」第一巻、外交史料館所蔵）。

これらがまだロシア「過激派」の一般的な情報収集にとどまっていたのに対し、二〇年九月の鉄嶺管内署長会議における在鉄嶺領事の訓示は外務省警察の関与が直接的なものになってきたことを示している。「自由平等公平の美名の下に共産主義、社会主義等の過激思想が漸次瀰漫《びまん》し、殊に満洲は西比利亜《シベリア》に接近して此れに感染する機会多く、現に朝鮮人は過激派と気脈を通じ、独立不羈を図らんとする傾向がある」（「在支帝国外務省警察署長会議関係雑件」）と述べて、「思想問題」に対する警戒と監視を求めたのである。

訓示前半の「満洲は西比利亜に接近し」という点では、ソ連国境に近い満洲里や黒河に領事館や出張所を新設する理由の一つに「過激思想」対策があげられることになった。外務省では二二年六月一七日に満洲里に領事館を開設し、警部一人と巡査四人による警察署も同時に開館した。黒河の場合、未開放地を理由に外務省は出張滞在形式とした。

先の鉄嶺領事の訓示の後半にあった「不逞鮮人」への「過激思想」の影響に注意が向けられるのは、間島地方でその兆候が見えはじめたのを受けたもので、予防的な警戒が必要とされた。

一九二一年一二月開会の第四五回帝国議会に向けて外務省亜細亜局第三課が作成した「説明資料」のなかには、「鮮人と過激派との関係」という詳細な報告がある（「外務省文書」マイクロ・フィルム）。ワシントン会議後、「独立運動者等は勢い益々《ますます》露国過激派に拠りて事を為さんとするの傾向を呈し来れり、従て今後過激派と鮮人との関係に付ては深刻なる注意を払うの要あり」と述べて関係在外公館を督励している。ついで、二三年一二月の亜細亜局「最近支那関係諸問題摘要」第一巻（第四八議会用）では日本軍のシベリア出兵の撤兵後、「鮮人亦露国の手先となりて盛んに過激共産の宣伝を為し、或は間島の赤化を以て朝鮮赤化の第一歩なりとし」という状況を指摘する。衰退気味の上海の大韓民国臨時政府に代わり、ウラジオストック方面を拠点に「鮮内及帝国内の赤化運動並朝鮮の独立を企図せんとする運動」に注意を払うようになった。

間島地方では一九二〇年一〇月の琿春事件の前後から「不逞鮮人」と「露国過激派」の連係に警戒を強め、独立運動の共産主義化の事態に弾圧を加えていったが、ハルビンにおいても二三年五月に初めて「過激派並に高麗共産党」に関する検挙事件があった。姜元益《カンウォンイク》（ニコライ姜）を中心とする数人の「高麗学生団」が、「当地に共産党宣伝部を設置して露国共産党より宣伝費の支給を得、一面に於て朝鮮革命運動を起すべき計画を建て」、宣伝文の配布や資金獲得の脅迫未遂などがあったとする容疑である（外相宛ハルビン総領事報告「共産主義宣伝員姜元益の検挙と露支官憲の態度に関する件」、一九二三年五月一六日付、「過激派其他危険主義者取締関係雑件　社会運動状況　支那」第二巻）。どのような取締法規が用いられたのか、その後の司法処分がどうなったのかは不明である。

ただし、これは「過激派」宣伝の中心地ハルビンゆえの事件にとどまり、「満洲」全般ではまだ独立運動の共産主義化という緊迫感は生まれていなかった。その一端は二三年一一月に京城で開かれた「在満洲朝鮮関係領事官打合会議」で、田中繁三海龍領事館分館主任が「第五項の赤化防止に関する件、之に関して私の方では殆どそう云う虞《おそれ》はありませぬですが、樺甸、磐石に居る朝鮮人、幾らかかぶれて居るのではないかと思います、何故そうなるかと言うと最下級の内地の労働者が共産主義に共鳴し易いのと同じ意味に於てだろうと思います、それは先程申上げた通り露領方面から這入って来る連中が盛んに宣伝致します、或る者は可なりの運動費を貰って来て豊かにやって居る者もあります」（金正柱《キムソンジュ》編『朝鮮統治史料』第八巻「不逞鮮人」）という発言にうかがうことができる。

それでも二七年春以来、「中国共産党員入満及大連に於ける日支共産主義者跋扈《ばっこ》」の情報が飛び交うと、関東庁・関東軍・在満外務省警察などの諸機関は「対策研究の必要上、定期に情報交換会」を開き、共産主義取締の態勢を整えはじめた（外相宛奉天総領事代理電報、三〇年八月一八日付、「在満共産主義者情報交換会関係」「外務省文書」マイクロ・フィルム）。二七年五月の会議では「赤化宣伝取締問題」について、「目下の処は顕著なる赤化宣伝の形跡を認めざる」としつつ、時局の推移に伴って「特に取締の為、必要なる手配を講ずること」を打合せている（「領事会議関係雑件　在満領事会議」「外務省文書」マイクロ・フィルム）。二八年八月の領事会議では、各領事館が「今後一層本運動の取締諜報に留意する事」（諜報費の配分を要請）や奉天総領事館への専任事務官の配置要求などを決定した（外相宛奉天総領事電報、二八年八月二五日付　同前）。

こうした警戒の強化に比例して、二八年一二月の亜細亜局第二課『最近支那関係諸問題摘要』第五巻「朝鮮人問題」の「不良鮮人状況　（一）満洲方面」では、正義府・参議府・新民府などの団体が不振打開のため、「赤露共産党及支那国民政府に接近し、相互利用の関係に於て所期の目的を達せんと努むる傾向あり、漸次共産主義的色彩を帯びるに至り」（「外務省文書」マイクロ・フィルム）と観測するようになった。

ところが、二九年四月の亜細亜局第二課作成の「在支朝鮮人の民族運動と共産運動との関係」では、朝鮮共産党満洲総局（二六年創設）の主力「東満区域局」に対する間島総領事館警察部の二度の弾圧により「共産党の満洲運動は殆ど影を没するに至った」とする（これが楽観的にすぎたことは、三〇年の間島五・三〇事件によって明らかになる）。そうした楽観視と結びついて、「結論」では「共産主義系の者と雖《いえども》、共産主義に依って終始せんとするものでなく、結局は民族本位の運動に主力を注がんとして居ることを想察して疑わざるのみならず、国際的協同戦線等は一の利用方便であると称する者があるが、正に之が彼等の心底の実際であると思われる」（『外務省警察史』第一三巻）と述べていた。

このように一九二〇年代を通じて間島を除く中国東北部において共産主義運動に対して外務省警察は警戒を怠らなかったものの、実際には運動自体が十分に展開していなかったこともあり、まだその特高機能の発揮は一部にとどまっていた。

制令第七号発動から治安維持法発動へ

一九二九年四月に亜細亜局第二課の作成した文書では、ハルビンや満洲里などで共産党関係の情報収集にあたっている内務省や朝鮮総督府派遣の事務官は「検挙取締の権限を有せざるのみならず、支那官憲との連絡なきを以て、日支共同の措置を執るを得ざるの憾《うらみ》あり」と指摘する。そのうえで領事館員や同警察官に「赤化対策」にあたらせるのが「最も効果を挙げ得る所なるべき」（「在支共産党運動状況の調査及取締施設に関する件」『外務省警察史』第七巻）だが、現状では手不足のため代替策としてハルビンと間島、上海に「領事館特別警察機関」の設置を要求することになった。しかし、この段階の拡充計画は上海を除いて実現せずにおわる。緊急にその拡充を迫るほど、共産主義運動の広がりという状況にまだ一九二〇年代の中国東北部（間島を除き）は至っていなかったというべきだろう。

それでも二〇年代末からは共産主義運動取締は新段階に入った。「不逞鮮人」に対する軍事的討伐の場面では交戦現場において射殺・斬殺などの「処断」をおこなっていたが、そうした機会が減り、スパイの情報や謀略による検挙などが中心になってくると、朝鮮の制令第七号や治安維持法を用いた司法処分がなされるようになったのである。

二八年一二月、上海で開催された第二回司法領事官会議にハルビンと奉天から「治安維持法、新聞紙法を領事裁判区域に適用するの要否」という協議議題が提出された。審議の経過は不明ながら、「中合事項」として治安維持法は「取締上極めて必要なる規定なるのみならず、刑法に対する特別法規たる司法法規なりとも解せらるるを以て、之を適用するを相当とす」と定められた（新聞紙法については保留。「司法会議関係雑件　在支司法領事会議関係」）。すでに在間島外務省警察においては電拳団事件や間島共産党事件などに積極的に発動されていたが、ここでは在満外務省警察が一体となって治安維持法の運用を図るという意思統一がなされたことが注目される。

前述した外務省条約局第二課『領事裁判関係統計表』で一九三〇年から治安維持法の運用についての数値があらわれるのは、この「中合事項」の実践といえる。

具体的にみてみよう（以下、本項は『外務省警察史』第一〇巻による）。間島を除く在満外務省警察において治安維持法が発動されたのは、奉天総領事館海龍（現在の吉林省梅河口市）分館警察署による二八年一二月一一日の正義府幹部二人の検挙が最初と思われる。「正義府幹部安善国《アンソングク》、崔炳春《チェビョンチュン》の両名は配下を引連れ常に各地を徘徊し、義務金、教育費等の名義にて在住鮮人に対し不当なる要求を為し、応ぜざれば人質拉致、虐殺等を擅《ほしいまま》にし、惨忍甚しきものあり」として検挙に至ったという。取調の結果、二人は奉天総領事館を経由して二九年一月二七日、朝鮮の新義州地方法院検事局に送致された。七月一九日、新義州地方法院は「殺人、強盗、治安維持法違反」という罪名で安に死刑、崔に懲役六年の判決を言い渡した。

一二月一〇日、海龍分館主任はこの捜査にあたった朝鮮人巡査と通訳の「奏功」に対して警察賞与授与を申請した。一二月二四日付で外相はそれぞれ一五円の賞与を授与している。

ただし、まだこの時点では治安維持法の発動が確立していたわけではない。やはり海龍分館主任から二九年一一月一二日、二五日、一二月一〇日、三〇年三月二五日、七月一四日付で奉天総領事宛に検挙した「不逞鮮人」の朝鮮側への送致が求められているが、それらはいずれも「国外に於ける犯罪に適用ある大正八年朝鮮総督府訓令制令第七号を以て処分すること、最も適当なりと思考せらる」とされている（その後、朝鮮側の司法処分においては治安維持法の適用となったと思われるが、適用条文や量刑は不明）。

それでも三〇年一〇月二日、七日、一一月一三日、一二月一一日付の奉天総領事宛海龍分館主任の「不逞鮮人の送致」となると、「法律の適用」は制令第七号および治安維持法とされている。一〇月二日付の報告をみると、被疑者金龍出《キムリョンチュル》の場合、高麗共産青年会員となって「共産主義及社会学等の研究を重ね、高麗共産青年会の目的たる朝鮮政治の変革又は私有財産制度否認等の不逞行動を敢行」するほか、「日支官憲の内情及土地有資産階級者の内査等を為し」たことが犯罪事実とされた。

こうした制令第七号と治安維持法適用の混在状況は、三〇年の「在海龍分館警察事務状況」に反映している。その「犯罪検挙件数並に同人数」によると、制令第七号及治安維持法違反が一〇件一〇人、制令第七号違反が二件二人、殺人及強盗未遂・治安維持法違反、殺人、殺人・強盗・放火・制令第七号違反が各一件一人となっている（すべて朝鮮人）。

三一年の「事務状況」では殺人及治安維持法違反が二人、殺人及制令第七号違反が一人、治安維持法違反が六人となった。そこでは「管内治安状況」として、「朝鮮独立運動民族派の行動」と「共産派不逞朝鮮人の行動」に分けて叙述される。前者については「彼等は支那官憲と通謀し、其の都度《つど》所在を晦《くら》まし逮捕を免れ居れり」とし、後者については「満洲事変」後、海龍県に四方からなだれ込み、「主義の宣伝及国民府系の者を殺害又は傷害する等の兇暴を敢てするに至れり」という。三二年では治安維持法違反が三四人、制令第七号違反が二人となっており、優勢となった「共産派不逞朝鮮人」に対する治安維持法の適用が一般的になったことがわかる。これらの被疑者が奉天総領事館検察事務取扱に押送されたところまで「事務状況」は記載する。その後の司法処分は移送された朝鮮側においてなされたはずだが、判決や量刑などは不明である。

また、海龍分館において三一年以降に治安維持法発動が過半を占めるようになるのも、「共産派不逞鮮人」に対するより厳重な処断が求められたからだろう。

中国共産党満洲省委員会の検挙

「満洲国」建国後、一九三二年一〇月に関東軍が召集した第一回警務会議の席で、在満外務省警察の中心的人物だった末松吉次（大使館警務部第一課長）は「共産主義運動の真相を明にし、之に対する措置を講ずることは今後に於ける重要なる仕事」（『外務省警察史』第八巻）と述べていた。「昭和七年在吉林総領事館警察事務状況」では「救国軍たる匪賊、共産党員及民族主義不逞鮮人」を「三大癌腫」（同第一三巻）と呼んだ。こうした警戒感にもとづき、各外務省警察署には「高等係」が置かれ、大使館警務部の設置に際しては主に特高警察領域をカバーする「第二課」を置いた（ただし、第二課長は関東憲兵隊が独占した）。外務省警察を統括する外務省亜細亜局第二課では『一九三三年に於ける支那及満洲の共産主義運動』（三三年一二月調、東洋文庫蔵）をまとめ、以後、年報形式で刊行していく。

三四年になると、「匪賊」跋扈の状態は軍事的討伐により沈静化しつつも、反満抗日運動のなかに占める共産勢力＝「共匪」の割合が増大し、ゲリラ化した行動の捕捉困難が痛感されるようになってきた。「不逞鮮人」は大部分が民族主義派から共産主義派になった。これに加えて新京からハルビンに移っていた中国共産党満洲省委員会が地表下で組織の根を深く下ろし、各地に支部・県委員会を設立しつつあったことは、外務省警察をはじめ日満軍警に衝撃となった。

経緯は不明ながら満洲省委員会の端緒をつかむと、大使館警務部の指揮のもと、ハルビン総領事館警察署は三四年四月から六月にかけて、四次にわたり四四人におよぶ中国共産党幹部の検挙をおこなった。検挙の範囲はハルビンがほぼ半数で、奉天・新京・東部沿線などにおよんだ。外務省警察が中心的役割を担ったほか、憲兵隊や「満洲国」警察も参加しており、『満洲国警察史』には一九三四年「四月、満洲省委以下隷下組織並に吉東局を一斉検挙、人員二百余名」とある。

これは在満外務省警察における最大の弾圧事件であったにもかかわらず、共産党組織は「直に再建に着手、執拗なる努力を続けつつありて、之が殲滅《せんめつ》は容易ならず」（「昭和九年満洲国治安状況」『外務省警察史』第九巻）という状況がすぐに明らかとなった。このため外務省警察は特高警察機構の不備を痛感し、拡充を計画する。一九三五年度予算案では「満洲に於ける共産運動は或は反日満軍事的工作となり、或は民族運動となり、其の淵源遠く、其の根底深く、而《しか》も背後には有力なる国際共産党並に蘇聯邦の指導及援助ある」として、「特高警察機関」の強化を訴えた。なかでも運動の中心地であるハルビンの特高機関の拡大を求めるほか、大使館の統制下に「全満外務省警察の特高機能」を最高度に発揮することを急務とした（東亜局第二課『最近支那及満洲関係諸問題摘要』第六七議会）。

大使館警務部の第二課（課長は憲兵中佐）は発足以来一一人という陣容で「治安維持に関する事項」や「高等警察に関する事項」を担当していたが、ここに書記官・理事官ら一八人を一挙に増員しようした。「全満外務省警察の特高機能」については人員拡充の策定が間に合わないとして応急的に「特高会議の開催、特高警察月報の発行」などを通じて、その発揮に努めるとする。ただし、実際にはこの拡充案を大蔵省は認めず、陽の目を見ずにおわった。

特高警察態勢の整備

特高警察の機構的拡充が早急には実現できない現状をおぎなうために、態勢の整備が急がれた。そのなかでもっとも注目されるのは、一九三五年二月二三日付で制定された「高等警察服務内規」である（四月一日実施）。全七一条と附則から成る（『外務省警察史』第九巻）。第二条は「外務省警察の高等警察に関する服務は領事裁判に伴う警察務の外、居留民保護取締の任務を達成する為、渉外乃至《ないし》治安に関する警察務の成果を収め、以て国策遂行に寄与するを主眼とす」である。この「渉外乃至治安に関する警察務」こそ外務省警察ならではの特高機能であった。それが集中的にあらわれる部分は「第八節　赤化反満抗日運動」と「第九節　匪賊情報」であり、それぞれ次のような条文となっている。

第五十二条　蘇連領及支那方面よりする赤化乃至反満抗日運動は治安維持上速《すみやか》に之を内偵し報告を要す、殊に各種の宣伝煽動の為の文献は之が入手に努め、以て犯人検挙の端緒に利用するを要す

第五十三条　満洲国内に於ける匪賊の情報は治安対策上最も重要なる資料なるを以て、左記事項は特に毎月成る可く速に報告を要す

一、匪賊出没度数人員

二、被害（被殺、負傷、被拉致、物件価格）

三、匪賊に与えたる損害（射殺、過傷逮捕、人質奪回、鹵獲《ろかく》等）

さらに第五七条では「満洲国民心の動向」についての査察と年二回の報告が規定された。この「内規」には「要視察人」「要注意人」「団体」などに対する視察取締も規定していた。日本国内の「特別要視察人制度」をそのまま踏襲したもので、「特別要視察人・甲号」の編入基準は「共産主義者」などのほか、「苟《いやしく》も国体及政治を変革し、又は私有財産制度を否認せんとする主義を抱持する者」とされた。治安維持法と制令第七号の規定が念頭に置かれている。

ついで、この「内規」の趣旨の徹底も兼ねて、三五年三月、大使館警務部は新京・ハルビン・間島でそれぞれ三日間の日程で初めての各警察署の高等主任会議を開催した（同第九巻）。あらかじめ諮問されていた事項は「管内の情勢に即応する高等警察の着眼」と「高等警察刷新の為採りつつある手段」であり、各警察署からの答申は「一般に概して良好」と評価された。植木鎮夫第二課長（関東憲兵隊中佐）の講演では「治安」面での「反満抗日或は共匪等、所謂政治匪は寧ろ増加の傾向を示しある」ことにあらためて注意が喚起されるほか、共産主義運動ではコミンテルンの策動と「満洲に於ける中央運動」への警戒が呼びかけられた。ここでも「満洲国民心の動向」への周到な査察が求められている。

反満抗日運動の基軸が共産主義運動にあるという認識は、ソ連・コミンテルンへの警戒を強めさせた。「国際共産党の対満赤化の新路線は従来の如き漠然たる反帝運動を排し、各民族共通の反日思想を挑発して民族革命統一戦線に向わしめんとするに在り」と観測している（「昭和九年満洲に於ける共産党運動及之に対する外務省警察官の活動」同第九巻）。

三六年五月末、大使館警務部から『満洲に於ける中国及蘇聯共産党用語彙輯《いしゅう》』が出されている。ハルビン署の高等主任小池房治が蒐集したもので（染宮彦市通訳生らが協力）、「序」には「共産運動取締の徹底を期せんが為には、単に表面的動態のみの観察に止まらず、彼等策謀の真相を究明暴露し、以て抜本的弾圧を要する処」とあり、共産党各種文献の理解がその行動把握にとって不可欠とする。

三六年一二月一日に改正された「在満洲帝国大使館警務部規程」は、これらの特高警察態勢整備の総仕上げともいうべきものとなった。第二課の分掌事務が実態に即して大幅に増加され、外務省警察の「本然の特性」に相当するものとして「二、匪賊及反満抗日分子の討伐及鎮圧に関する事項　三、治安諜報及警察情報に関する事項　四、思想対策及治安維持並に消匪工作に関する事項」（同第九巻）と明記されたのである。

三五年七月段階ですでに「在満中共運動は最近著しく拡大激化し来り」とみて、それが「都市工人乃至一般住民の赤化」や「満洲国軍警の赤化」（大使館警務部『最近満洲に於ける共産運動の現況検討』）にまで及びつつあるという危機感が生まれており、「本然の特性」を自覚した外務省警察を取締に駆り立てた。

「思想工作」による検挙の本格化

「満洲事変」後、反満抗日運動に対して在満外務省警察も軍事的討伐に主力を置いていたが、共産主義勢力＝「共匪」が増大傾向を示してきた一九三四年以降、特高警察機能の整備とともに「思想工作」に比重が移っていく。

間島警察部長を経て大使館警務部第一課長となっていた末松吉次はその退任を前に三四年一〇月、田尻愛義東亜局第二課長に提出した「警務部機構改正要綱」のなかで外務省警察の新たに向かうべき方向を示した。そこには「在満外務省警察は其任務を消極的に居留民保護取締に制限することなく、満洲の現状に即応し、治安維持に関する警察に任ずる外、諜報及反間諜勤務等、軍の行動に策応する警察勤務に服せしむること」、「主要都市（奉天、新京、哈爾浜）及特殊地方（間島、綏芬河、黒河、満洲里、海拉爾（ハイラル）、赤峰、承徳及山海関）に於ける特高機関の拡充を図ること」(「在満帝国警察機関統制関係雑件」「外務省文書」マイクロ・フィルムS677)などがあった。

末松の指し示した方向は、翌三五年九月の「昭和十年関東軍秋季治安粛正計画に基く在満外務省警察行動要綱」において具体化される。すなわち、「外務省警察は其の本然の特性を以て軍の粛正行動に協力す、之が為一部を以て軍の討伐及治安諸工作に随伴協力せしめ、主力を以て思想対策計画の実施に協力す」とされる。なかでもハルビン・吉林・間島・奉天・安東管内の「共産分子及反満抗日分子(特に鮮人)の思想的存在の絶滅」を期するために、「積極的に本然の特性を発揮」することが求められた(『外務省警察史』第九巻)。この「要綱」では二度も「本然の特性」という表現が用いられる。それは「思想対策計画の実施」、すなわち特高警察機能の発揮を意味していた。

圧倒的な関東軍の軍事力や関東憲兵隊、関東庁警察および「満洲国」軍警の量的優位さのなかで埋没しがちだった外務省警察は、存在感を取り戻すのに腐心していたが、ここに「本然の特性」を自覚することによって存在意義を獲得しようとした。「軍の治安維持の性能には自ら限界あり、殊に思想運動の如きものに対しては軍の力は全く微力」、「良民と共産党との識別等の如きは一に警察機関の働きに俟《ま》たざるを得ざる」(井上益太郎「間島及磐石共産運動視察感想記」、三四年八月、同第九巻)という発言にみられるように、関東軍に対しては「共産分子及反満抗日分子」への監視・捜査・取調能力において、また「満洲国」警察に対しては特高警察に関する能力と経験において、外務省警察は優っているという自負がこの「本然の特性」という表現に込められている。「本然の特性」といっても、それが領事裁判権・領事警察権から導かれる本来の機能ではないことは当事者にも意識されていた。やや後だが、三七年五月の全満外務省警察署長会議における「我が外務省警察は本来領警の有する権限と共に、治安警察及思想対策並に防諜勤務に関し、関東憲兵隊司令官の区処（実質的な指揮命令権）に依り賦与せられたる権限を併せ行使し」（同第九巻）という警務部第二課長の発言に、それは明らかである。ここに外務省警察は「本来領警の有する権限」＝在留民保護取締から、「日本人」以外の「共産分子及反満抗日分子」の取締に比重を移した。「本然の特性」の積極的な発揮は外務省警察の性格を変えた。

警務統制委員会活動中の「思想工作」

一九三五年六月、外務省警察はその「本然の特性」を発揮するために関東軍の主導する特別治安工作に積極的に参加した。実は外務省警察は前年の八月以来、「東辺道特別治安工作」（奉天省・鴨緑江対岸地域）や「東及東南防衛地区内治安工作」（吉林省）に参加していたが、それらは従来どおりの出動軍隊への随行だったり、「宣撫班」として主に「鮮人に対する指導」などを担当したりするものだった。前年以来の「東及東南防衛地区内治安工作」を継続した「昭和十年度関東軍秋季治安粛清計画」は、新たに「共産運動の粛正」を重点目標に追加することになり、これに外務省警察が呼応することになったのである。

外務省警察のうち一部は「軍の討伐及治安諸工作」に従事するが、主力は「思想対策計画の実施」の協力に向けられた。各地の治安状況に応じた「思想対策計画」の策定にあたり、特に留意すべきこととして次のような点があげられた（同第九巻）。

1．外務省警察本然の特性に鑑み、特に共産匪及反満抗日分子（特に鮮人）の根本的芟除《さんじょ》を目的とする諜報及捜索検挙に万全を期するを要す

2．通匪者（兵器弾薬糧食其の他密売者を含む）の探知警防排除に遺憾なからしむるを要す、特に邦人に対しては之が絶滅を期すべし

3．良民と不逞分子との判別に対しては特に明確なる資料を蒐集することに努むるを要す、特に鮮人に関するものに於て遺憾なきを期すべし

この「思想対策」は、一〇月になって関東憲兵隊司令部が「全満一斉思想対策実施計画大綱」を策定することで実行に移された。「本季軍隊の剿匪《そうひ》行動開始に先立ち、全満一斉に容疑箇所及不逞分子を検索、検挙し、匪賊勢力培養の根源を覆滅す」（同第九巻）という方針のもとに、外務省警察も動員された。こうした「思想対策」を連絡統制する機関として「警務連絡委員会」が設けられたが、これは各警務機関の連絡調整という役割にとどまったため、「思想対策」に対する実効性に乏しく、まもなくより強力な指揮命令系統を備えた「警務統制委員会」に変更される（詳しくはⅣ参照）。

関東憲兵隊司令官の東条英機を委員長とする中央警務統制委員会が決定した「昭和十一年第二期日満警務機関治安粛正要領」の一翼を外務省警察も担った。これは「満洲国」東部地区を主要地域とし、八・九月の前半期は「治本、思想両工作」をおこない、一〇・一一月の後半期は「治標工作」をおこなうという。「治標工作」とは軍事的討伐を意味し、「治本工作」とは集団部落の建設、民間銃器の回収、交通通信施設の完備などによる一般民衆の把握策で、間接的に「匪賊」の孤立化・解消をねらう。外務省警察は「思想工作」に重点を置くが、そこでは「本期の特性たる徹底的治標工作に緊密に連繋し、重点を共匪の検挙及共産党指令中枢機関の弾圧に指向するものとす」とされ、次のような留意点があげられた（各公館長宛在満大使「第二期日満警務機関治安粛正要領の件」、三六年八月五日付　同第九巻）。

二、共匪の検挙は概ね昨秋来の順領に準じ、本期の特性たる大討伐を利用して地方憲警は討伐隊と協同し都邑地に潜入する共匪を、又都会地に於ける憲警は冬季都会地に潜伏する共匪を検挙する等、更に創意工夫を凝《こら》し、又努めて匪首を索出して之が捕捉に努むるを要す

三、共産党団の検挙に於ては尚一段の研究創意に依り十分なる偵諜《ていちょう》を必要とす、特に教育関係者中の党員、旧北鉄〔東清鉄道〕従業員中の党員、北支より潜入する党員の策出、検挙に努むると共に、釈放者に対する査察も亦忽諸《こつしょ》にすべからず

これに連動して、関東軍では恒久的思想対策として三六年四月から「治安粛正三箇年計画」を実行に移した。第一年度は「治本並に思想工作」に重点が置かれ、特に「共産党・団を徹底的に弾圧すると共に、住民に対し建国精神・日満不可分関係の真義を認識せしむる」ことに力を注いだ（『満洲国警察史』上巻）。

外務省警察でもこれに呼応する三カ年計画をたてている。その方針中では再び「本然の特性」の発揮が用いられ、「各領事館警察は常に特高警察力を強化傾注」することが求められた。「思想工作」の要諦として、「国内既存有害思想団体、就中《なかんずく》共産党団、反満抗日団等の策動及国外よりの各種思想的攪乱行為を警防弾圧し、之が根源的絶滅を期する」ことが強調された（「昭和十一年満洲国治安状況及粛正」同第九巻）。なお、「満洲国」軍警でも工作の重点を「共産匪・団・政治匪並に外廓団体の徹底的弾圧、匪賊、特に潜伏匪の検挙、隠匿銃器の発見」（『満洲国警察史』上巻）においており、当然のことながら外務省警察、さらに関東庁警察、関東憲兵隊の活動と重なる。関東憲兵隊が主導し、各警務機関に対して「区処」権を有する一方で、協同の工作の実施において分担がなされた。そこでは競合や齟齬という事態も生じたと思われる。

検問検索による検挙と「厳重処分」

「思想工作」に外務省警察はどのように関わったのだろうか。

外務省警察が中心となった中国共産党支部の検挙については次項でみることとし、粛正計画の一環としてなされた検問検索の状況をみると、吉林総領事館管内の敦化地区の警務連絡委員会では「特別検索班」を組織し、

「軍の討匪行動」と連係して連日「随時検索」をおこない、警察官の出動も一九三五年一〇月以来四二回、延人員一四六人に達したという（「在満帝国警察機関統制関係雑件」）。吉林署では「粛正の重点を共匪、政治匪、中枢指導機関の破壊並に其の背後関係の究明強圧」に置き、九月から一二月にかけて「一斉検束、検問、検索等連続的に実施」した結果、検索度数一八九七回、検索人員四万四八一〇人、従事警察官延人員五二七人で、九一人を検挙した（「昭和十年吉林総領事館警察事務概況」、同第一四巻）。

吉林総領事館警察署
外務省『警華帖』（『外務省警察史』第6巻、不二出版）

また、吉林総領事館管内の磐石分署では、三六年上半期の検索回数二二回、従事延人員一七七一人という活動により、「共匪及容疑者」四五人を含む一八五人を検挙している（これとは別に警察署単独で七名〔うち「共匪」三名〕を検挙。同第一四巻）。

検問検索などにより検挙した「共匪及容疑者」に対して、その後どのような措置がとられただろうか。管見の限りそれに関する史料は見当たらないので推測の域を出ないが、警務統制委員長の判断により軍法会議や「満洲国」法院への送致という司法処分のほか、「厳重処分」という名の殺害がなされたと推測される。

司法処分については暫行懲治叛徒法によるが（後述）、「厳重処分」の場合、形式的には暫行懲治盗匪法（一九三二年九月公布施行）による「臨陣格殺」「裁量措置」という名目で殺害されることが多かったと思われる。すなわち、同法第八条には「高級警察官の指揮する警察隊、部隊を為す盗匪を剿討《そうとう》するに当り、其の臨陣格殺し得るの外、現場に於て盗匪を逮捕し、事態急迫にして猶予を許さざる事情あるときは該高級警察官、其の裁量に依り之を措置することを得」と規定されている。三二年から四〇年までに「討伐」した「匪賊」の死者数は六万五九四三人におよぶとされるが（『満洲国警察史』）、過半は戦闘行為中の交戦死としても、捕獲された後、あるいはここでみるような検問検索後の「臨陣格殺」「裁量措置」も多く含まれていると推測される。

その推測の根拠となるのは、「匪賊並に反抗分子」に対しては「極刑主義の採用」（中央治安維持委員会「治安維持に関する宣伝方針」、三三年七月『外務省警察史』第八巻）が徹底しており、「積極的誘導的帰順工作」（各公館長宛在満大使電報、三六年一一月二七日付　同第九巻）は弊害が多いとして厳禁されていることである。すなわち、無条件帰順者を除き、「共匪及容疑者」とみなされて検挙された場合は「臨陣格殺」「裁量措置」を名目とする殺害となるケースが多かっただろう。

共産党地下組織の検挙

外務省警察は警務統制委員会の粛正工作に参加して「共匪」の検問検索などを実施するとともに、他の日満軍警機関と合同して中国共産党やその外廓団体・支援団体などの地下組織の摘発・検挙に参加する一方、その「本然の特性」を発揮して独自の内偵・検挙にも力を注いだ。

前述の一九三四年のハルビンにおける満洲省委員会の検挙についで、ハルビンのほか海拉爾・満洲里などに発展した三五年一二月から三六年六月にかけての「中共党員、国際工作班員、中共系農民委員会及民衆郷政府関係者五十三名」の検挙がある。これは、コミンテルン「直隷下に暗躍中なりし国際工作班の全貌」究明や「浜洲沿線〔満洲里とハルビン間の鉄路〕に於ける共産組織と其の潜行運動」の暴露などの点で「功績顕著」と称賛された（以上、外相宛ハルビン総領事稟請、三六年一〇月二六日付、『外務省警察史』第一六巻）。

ハイラルでは大使館警務部の丸田五百蔵《いそぞう》らの応援も得て、三六年四月と六月に「中共海拉爾支部、反帝同盟、蒙古共産党並に満蒙委員会」関係者二〇人を検挙するほか（外相宛ハイラル領事稟請、三六年一二月八日付、同第一八巻）、七月にも「通「ソ」容疑者」として七人のソ連人を検挙している（外相宛ハイラル領事稟請、三六年一二月二六日付、同第一八巻）。

吉林総領事館管内の磐石分署では三五年三月、中国共産党磐石中心県委員会に所属する「吉海鉄路工人工会」の一一一人を検挙し、さらに三六年八月から一二月にかけて磐石・海龍県下の共産党幹部五〇人を検挙している（外相宛吉林総領事稟請、三七年二月四日付　同第一四巻）。三六年六月にはチチハルで中国共産党チチハル支部の関係者三九人が検挙された（外相宛チチハル総領事稟請、三七年一月一四日付、同第一七巻）。

共産主義派が大勢を占めるようになっていた「不逞鮮人」＝「鮮匪」の組織にも弾圧が加えられた。間島の北東にあたる東寧地区の警務統制委員会では「反日会員の動静内査中の処、愈々《いよいよ》中共党積極幹部及団員の地下運動持続し居ること判明した」として、三六年五月に一四人を検挙した。これにあたった「合同検挙班」は憲兵三人、外務省警察一人、「満洲国」警察二人から編成されており、警務統制委員会の協同行動のなかで外務省警察の分担具合の目安となる（同第九巻）。

これらの検挙の端緒は、磐石分署の場合でみると「予《かね》て買収せる中心県委組織幹事」の「内報」によるもので、この人物については分署長らの「燃《もゆ》るが如き熱意と卓越せる創意工夫とを以て有らゆる困苦と戦い、漸く」懐柔したという。磐石分署が「当署に於ては本然の特性を発揮し、有力なる諜者を使用、他の機関の入手困難とする共匪内部情況を探知し、断然他の機関の追従を許さざる」（「磐石警察分署管内状況報告」、三六年六月末、同第一四巻）とスパイの活用を誇るのは、このことと関連があるだろう。「他の機関」とは、「満洲国」警察や関東憲兵隊などであろう、強い競争意識がうかがえる。チチハルでは教育界方面に「内査の歩」を進め、ある端緒をつかむと「諜者をして同志に接近せしめ、党関係事実の直話を聴取する等の方法」をとった（同第一七巻）。

　スパイの使用は常套手段だったと思われるが、三七年五月の全満外務省警察署長会議で、第二課長が「密偵諜者使用」について注意を喚起したことがある。諸刃の剣に近い危うさをもちつつも、「共匪内情を探知」するためには最も有効な方法であるがゆえに、スパイ方策を厳禁することはありえない。不良諜者による金品の恐喝的収受やそれらを黙認するなどの「実例なしとせず」とし、そうした弊害のもたらす影響の大きさを強調し、慎重な使用を求めた（同第九巻）。

　スパイからの情報や日常的な視察取締により、中心と目した人物には徹底した内偵や尾行をおこなう。たとえば、ハルビン署では高等主任（染宮彦市通訳生・警部）らの捜査班の場合、「犯人の上海より青島へ、或は済南に、又上海へと機敏なる自己警戒と無軌道極る潜行を尾行し、此間排日的支那官憲の弾圧に遭い、幾度か絶望の深淵に臨み、或は単身虎口に入りて屢々《しばしば》危険に晒《さら》されつつ、不撓不屈全く休養の暇なく活躍月余に及び、遂に上海に於て逮捕」（同第一六巻）したという。

　その後は最初の検挙者への厳重な取調を糸口に、連鎖的な検挙がつづき、事件が立件される。ハイラル署においてなされた、「共産党員の死しても談《かた》らずの主義の為、頑として口を緘《かん》して語らず、遂に魂比《こんくら》べ主義を採る等、有《あ》らゆる手段方法を尽して連日夜を徹する取調数日を費し」、ようやくその一端を突きとめると、「逐次峻烈なる追求取調の結果、大要を糾明し」（同第一八巻）という状況には、明らかに苛酷な拷問がともなっている。そして、それはすべての共産党事件においてなされたはずである。

　これに関連して想起されるのは、三七年二月五日付の「警務機関の犯人取調に於ける不法行為防遏《ぼうあつ》の件」（同

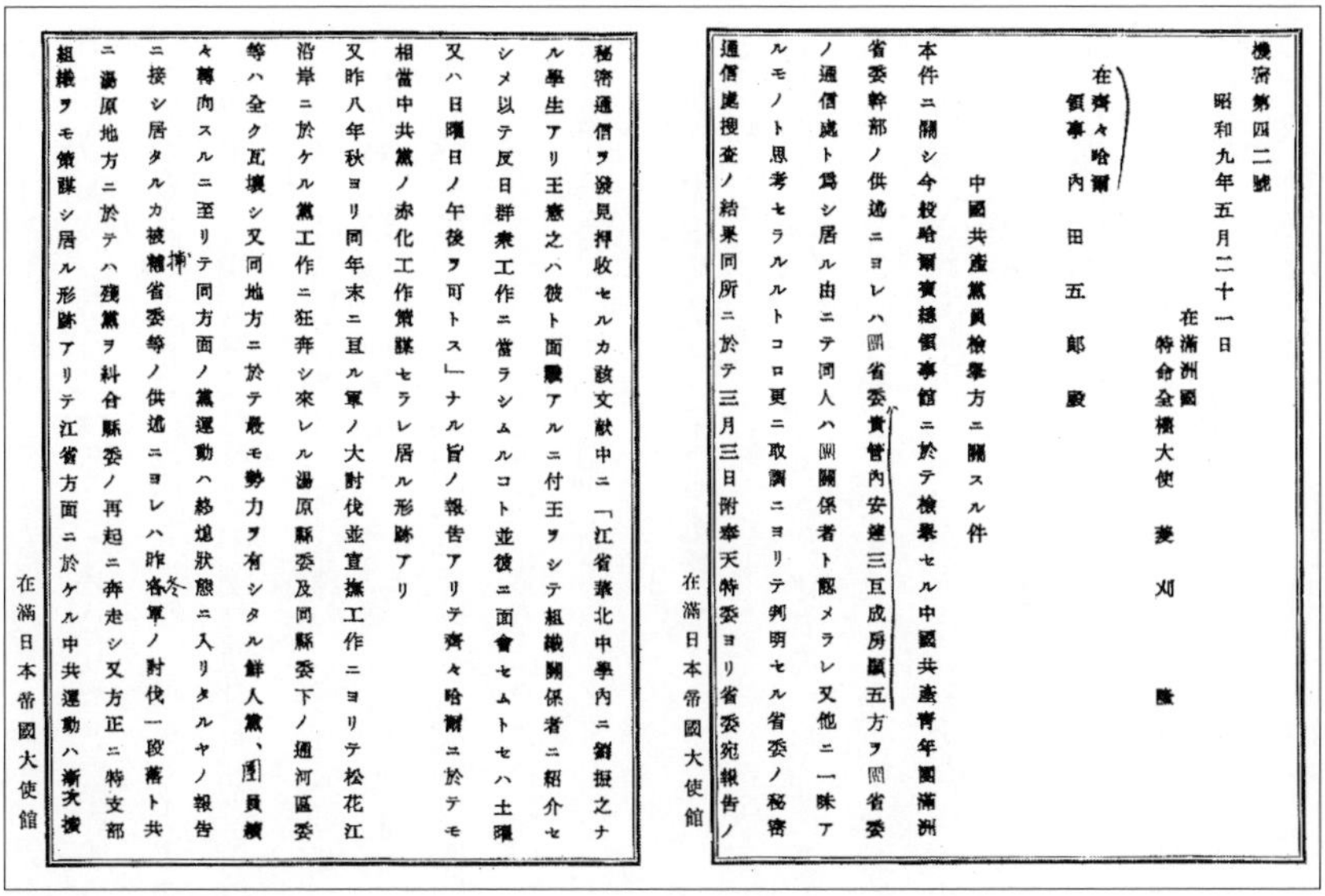

機密第四二號

昭和九年五月二十一日

在滿洲國特命全權大使 菱刈隆

在齊々哈爾領事 内田五郎殿

中國共產黨員檢擧方ニ關スル件

本件ニ關シ今般哈爾賓總領事館ニ於テ檢擧セル中國共產青年團滿洲省委幹部ノ供述ニヨレハ黑省委貴管内安達三巨成房贏五方ヲ黑省委ノ通信處ト爲シ居ル由ニテ同人ハ關係者ト認メラレ又他ニ一味アルモノト思考セラルルトコロ更ニ取調ニヨリテ判明セル省委ノ秘密通信處搜査ノ結果同所ニ於テ三月三日附奉天特委ヨリ省委宛報告ノ

在滿日本帝國大使館

秘密通信ヲ發見押收セルカ該文獻中ニ「江省華北中學内ニ劉振之ナル學生アリ王憲之ハ彼ト面識アルニ付王ヲシテ組織關係者ニ紹介セシメ以テ反日群衆工作ニ當ラシムルコト並彼ニ面會セムトセハ土曜又ハ日曜日ノ午後ヲ可トス」ナル旨ノ報告アリテ齊々哈爾ニ於テモ相當中共黨ノ赤化工作策謀セラレ居ル形跡アリ

又昨八年秋ヨリ同年末ニ亘ル軍ノ大討伐並宣撫工作ニヨリテ松花江沿岸ニ於ケル黨工作ニ狂奔シ來レル湯原縣委及同縣委下ノ通河區委等ハ全ク瓦壞シ又同地方ニ於テ最モ勢力ヲ有シタル鮮人黨、團員續々轉向スルニ至リテ同方面ノ黨運動ハ終熄狀態ニ入リタルヤノ報告ニ接シ居タルカ被捕省委等ノ供述ニヨレハ昨冬軍ノ討伐一段落ト共ニ湯原地方ニ於テハ殘黨ヲ糾合縣委ノ再起ニ奔走シ又方正ニ特支部組織ヲモ策謀シ居ル形跡アリテ江省方面ニ於ケル中共運動ハ漸次擡

在滿日本帝國大使館

「中国共産党員検挙方に関する件」「各国共産党関係雑件／満洲国の部」
「戦前外務省記録」外交史料館所蔵

第九巻）である。中央統制委員会幹事長名で外務省警察を含むすべての取締機関に発せられたもので、「犯人取調の際に於ける違法行為」、すなわち拷問などを厳禁する。「従来往々取調に当り暴力を用い、或は非法の取扱を以て自白を強要し、又は見込判断を以て之が承認を強制する傾向なしとせず」とするが、おそらくそうした違法行為が各地・各警務機関で頻発し、治外法権撤廃を控えて対外的にも悪影響が出つつあるという判断が、この時期の通達となった。「思想工作」遂行にあたって必然的に派生するともいうべきこの「通弊の根絶」を求め、「捜査能力の指導向上」を強調するが、第一線の取調の現場においてそれが空念仏に終わりがちであったことは疑う余地がない。

「満洲国」軍政部最高顧問の佐々木到一は「満洲統治の深憂（続々編）」（三六年二月、「佐々木到一中将史料」、防衛省防衛研究所図書館所蔵）のなかで、「満洲国人」に対して「総《すべ》て日系官吏と云わず皇軍将兵、殊に憲兵、領事館警官其他の日人全部が優越感、干渉癖、横車、理由なき凌辱、無実の嫌疑」などをもって接しており、このまま放置すれば「下部建築より破壊せらるるに至ること必せり」と警告する。そのような優越感・蔑視感を背景に、反満抗日運動の関係者とみなされた場合の捜査・取調・処分がどのように苛酷で乱暴なものであったかは容易に想像できる。

三四年のハルビンにおける中国共産党満洲省委員会の大検挙に関連して、大使館警務部ではチチハルにおいても「相当中共党の赤化工作策謀せられ居る形跡あり」として検挙励行方を領事に指示した（五月二一日付）。注目されるのは、検挙について「満洲国官憲側には党又は団の一部潜在する」などの理由をあげ、「我方に於て憲兵隊長に連絡し、其の区処に依り日満警察機関とも協調して我警察主導するの形」をとり、検挙被疑者の拘留や取調も外務省警察がおこなうように指導していることである（「各国共産党関係雑件　満洲国の部　満洲省委関係検挙及び逮捕関係」「外務省文書」マイクロ・フィルムＳ386）。協同捜査とはいっても、一枚岩ではなかった。

暫行懲治叛徒法による処断

上記した事件の多くは各警務統制委員長宛に送られ、統制委員長（中央は関東憲兵隊司令官、地方では各憲兵隊長）の名による「厳重処分」、すなわち殺害となる場合と、関東軍および「満洲国」軍の軍法会議や「満洲国」法院に送致されて起訴・判決が下される場合に分かれる。一九三六年一月のハルビンの第二回目の大検挙では一四人が関東軍の軍法会議に送致され、三六年一〇月一一日の判決では五人中二人が死刑に、一人は無期徒刑、一人は徒刑一五年、一人のみが「言渡」の「猶予」となった。いずれも暫行懲治叛徒法の適用で、被告人らは中国共産党満洲省委員会がコミンテルンの指揮下にある中国共産党の一支部であり、「不法手段により現時の資本主義下にある満洲国政府を転覆し、且私有財産制度を否認し、無産者独裁に依る「ソヴエート」共和国を樹立し、以て国憲を紊乱《びんらん》し国家存立の基礎を危殆ならしむる目的を有する結社なることを認識せるもの」と認定する（『外務省警察史』第一六巻）。

死刑判決を受けた二人はハルビンの中学校教師で、中国共産党ハルビン党部を組織し、それぞれ「総務部及財政部の責任者」と「中学校支部代表」であり、「同党の拡大強化及目的達成の為活躍し居たるもの」とされる。

三六年六月のチチハルの共産党事件では三一人が検挙され、五人が死刑に、二人が無期徒刑に、一六人が徒刑一〇年以上などの判決となった。ハイラルの共産党事件の場合、八月五日の興安北省警備軍軍法会議の判決は「死刑二名、無期徒刑一名、有期徒刑七年以上十五年以下八名、有期徒刑七年」という厳罰であった（四人は執行猶予五年、二人は不起訴）。三六年七月の「通「ソ」」事件では日満軍警の協力により五〇余人を検挙し、二九人が暫行懲治叛徒法違反として興安北省警備軍軍法会議に送致され、八月二〇日、死刑九人、無期徒刑三人、有期徒刑二〇年三人、同一五年五人などを言い渡された（以上、同第一八巻）。

しばしば「満洲国」治安上の「癌腫」とされた共産党組織は徹底的に殲滅・根絶されねばならなかったから、これらの軍法会議における死刑を筆頭とする苛酷な判決は意外なものではないが、それにしても暫行懲治叛徒法という法の名を借りた残虐な処置というほかない。三二年九月公布施行の暫行懲治叛徒法についてはⅢで論じるが、その第一条は「国憲を紊乱し、国家存立の基礎を急殆若《もしく》は衰退せしむる目的を以て結社を組織したる者は、左の区別に従って之を処断す　一　首魁は死刑　二　役員其の他の指導者は死刑又は無期徒刑　三　謀議に参与し又は結社に加入したる者は無期徒刑又は十年以上の有期徒刑」という規定である。先の判決理由はコミンテルンの指揮や私有財産制度否認、「国憲」紊乱や「国家存立の基礎」の危殆化など、明らかに日本の治安維持法を下敷きにしている。しかも、これらの軍法会議の審理・判決はごく短期間でなされており（ハイラルの場合は七月二四日に軍法会議に送致、起訴手続きを経て八月五日に判決）、司法処分としての体裁が整えられたにすぎない。

上記の弾圧事件は警務統制委員会のもとで各憲兵隊長の「区処」権が行使されたものだが、これらとは別に外務省警察が単独で捜査・検挙したものは日本の治安維持法違反として処断されている。おそらく中国共産党関係の大部分には暫行懲治叛徒法を適用し、中国共産党関係者でも朝鮮人に対しては治安維持法が適用されたと思われる。

在満外務省警察全体での治安維持法事件についての統計は不明だが、各年の各警察署「事務状況」（『外務省警察史』に収録）中の統計表のなかにいくつかの記載がある。すでに奉天総領事館海龍分館警察署についてみたが、ハルビン署の場合では一九三一年の「事務報告」から治安維持法違反が登場し（二件）、三二年・三三年をピークに、三六年までつづく（三二年・三三年には朝鮮総督府「制令第七号」違反がより多い）。これらは朝鮮独立を志向するいわゆる「不逞鮮人」の取締の数値である。そして、間島地方においては多数の治安維持法適用があった（前述）。これらの司法処分の過程も不明のところが多いが、間島では朝鮮総督府地方法院に移管されるルートが確立していた。

こうした司法処分に関連して注目されるのは、大使館警務部の井上益太郎書記官による「間島及磐石共産運動視察感想記」（三四年八月）の次の一節である。共産党の影響下に「男女老幼民族の別なく細胞的組織により農民、学生、兵士、苦力《クーリー》、車夫、醸造、油房等各方面に潜入し、反日的民族運動を起し、満洲に革命軍及革命政府を樹立することを目的とする」反日会が勢力を伸ばしているとして、井上は「大部分は共産党の傍系機関たることを知らずして加入せる者多き為、治安維持法に依り取締り得るや否やに付き疑問」を持っていたが、非公式に朝鮮総督府法院側の意見をただしたところ、反日会の規約には「朝鮮の国土恢復を目的とせるものなるを以て、国体の変革を目論むものと看做《みな》さるる」という示唆をえたとする（『外務省警察史』第九巻）。こうして反日会員に対する治安維持法適用が強まり、検挙後に朝鮮総督府地方法院への送付がおこなわれたと思われる。

なお、ハルビン・吉林・ハイラルなどにおける以上の共産党事件については、どれも検挙担当者への「警察賞与」授与を外務省に求める「功績調書」として概要が判明する。ハルビンでは「満洲国治安国策に裨益《ひえき》する処《ところ》甚大」（同第一六巻）、磐石では共産党の「禍根を芟除《さんじょ》し、治安粛正に貢献したる功績、特に顕著」（同第一四巻）という具合である。これらに応えて外務省では署長級には二五円、巡査級では一〇円などの「警察賞与」を与えた。また、重要幹部の検挙や「武器弾薬等多数鹵獲」などについては、「功労抜群、一般警察官吏の亀鑑」として「功労記章」の授与もなされた。

ハルビン署のコミンテルン「直隷下に暗躍中なりし国際工作班」に関する捜査に従事した染宮彦市警部らの場合、外務省からの警察賞与・功労記章授与に先立ち、三七年八月、中央警務統制委員長名で表彰を受けている。「満洲の治安確保並に将来の対策上偉大なる功績を揚げたり、之全く職務熱心の証左にして、其の行為は全満警察官の範とするに足る」（同第一六巻）と絶賛された。在満外務省警察官の士気を高揚させるためのほか、治外法権撤廃に伴う「満洲国」への移譲が間近に迫るということも、この「警察賞与」申請ラッシュの背景にあるだろう。

三七年一一月末の治外法権の撤廃により「満洲国」内の外務省警察は消滅した。ただし、多数の外務省警察官は「満洲国」警察に移譲された。

III

暫行懲治叛徒法・暫行懲治盗匪法の制定
——一九三二〜一九三五年

集家工作の実行　1935年
加藤豊隆編『満洲国警察重要写真文献資料集成』、1982年

一 「満洲国」治安体制の概観

関東憲兵隊と各警務機関の統制

一九三一年九月一八日の柳条湖事件の謀略を発端に一挙に中国東北部＝「満洲」を軍事占領した関東軍は三二年三月一日、「満洲国」の建国へと突き進んだ。ここからは傀儡《かいらい》国家「満洲国」そのものの治安体制を主題としていく。その中心となったのは、関東憲兵隊である。

関東憲兵隊は日露戦争後の一九〇五年に創設された。関東軍の軍紀風紀の監察という軍事警察業務を中心としつつ、一九二〇年代以降になると日本の権益拡充と排日運動排除の尖兵の役割を果たした。二四年には憲兵隊長は大佐から少将に格上げとなる。

関東憲兵隊は柳条湖事件直後の九月一九日に司令部を旅順から奉天に移すとともに兵力を奉天に集中し、反満抗日運動に対して情報収集をおこない、討伐の先導役となるなど関東軍による軍事行動に協力した。憲兵隊兵力は「満洲事変」前の二〇〇人程度から三二年五月には五〇〇人を越え、三四年末には一〇〇〇人へと急増した。これらは朝鮮や日本国内の憲兵隊からの補充や補助憲兵の採用によってまかなわれた。三二年六月、関東憲兵隊はトップを隊長から司令官に変更する（朝鮮憲兵隊と同等）一方で、日本国内の憲兵司令官から離れて関東軍司令官に直属することになった（軍令憲兵）。八月には関東軍参謀長橋本虎之助が関東憲兵隊司令官に就任する。こうして実質的に関東軍憲兵隊となった。

三四年八月、関東憲兵隊司令官から憲兵司令官となった田代皖一郎は昭和天皇に関東憲兵隊在職中の状況について上奏した。九七カ所に隊・分隊などを配置して「全満洲に威力警察網」を敷き、「日満両国警務諸機関の骨幹となりて匪賊、反満抗日策動分子の検索、外国、就中《なかんずく》接壌国の諜報謀略に対する警防、要人及要警備物件に対する保護、満洲国官民の動向に対する査察並諜報業務等各種の保安警察」をおこなっているとする。さらに全般的に「満洲国」をめぐる治安状況は「最近著しく良好となりつつあり」としつつ、「一部の地方には匪賊の跳梁尚《な》お相当猖獗《しょうけつ》なるあり、或は国外より治安攪乱の目的を以て此等匪賊を操縦するあり」とした（「満受大日記（普）」、防衛省防衛研究所図書館所蔵）。

関東憲兵隊司令部では三二年七月に『満洲共産主義運動の近情』をまとめ、コミンテルンの働きかけを受けた中国共産党満洲省委員会の「満洲赤化の画策」に警戒を向けるなど、早くも日本国内の特高警察機能に相当する「高等警察務」を強く志向していた。

軍事的な抵抗運動がつづく三五年頃までは、憲兵の活動の重点はその討伐への協力にあった。東辺道討伐の旅団に配属された松浦克己憲兵大尉は『軍事警察雑誌』（一九三三年二月）誌上で「支那語を解し密偵使用に経験ある憲兵が、行軍、戦闘、駐軍の各期間共、常に率先前線に進出して自らは勿論各種密偵を使用し、為し得る限りの方法を尽して相当確実なる敵情を偵知し、之を所属長に提出したることは指揮官の決心に有力なる資料を与えたる」と報告している。しかし、三三年秋の状況として「匪賊はその捕捉すこぶる困難にして、巧《たくみ》に各処に集合し、依然横行する」（関東憲兵隊司令部『警務旬報』、『日本関東憲兵隊報告集』第二集第一六巻、以下Ⅱ—⑯と表記）とあるように、ゲリラ戦に翻弄されていた。

日露戦争後、日本は租借地である「関東州」や鉄道付属地に関東庁警察を、中国東北部各地に外務省警察（領事館警察）を配置していたことはⅠ・Ⅱで述べた。それらは「満洲事変」に際してそれぞれ在留日本人保護取締や権益擁護の名の下に活動していたが、関東憲兵隊も含めて、競合対立する場面があった。こうした事態に関東軍では一九三二年一〇月、第一回警務会議を召集し、在満外務省警察と関東庁警察に対して関東憲兵隊司令官による治安警察業務における「区処」（実質的な指揮命令）をおこなうことを指示した。三四年二月には在満日本大使館に警務部を設置し、部長を関東憲兵隊司令官が兼務するという在満警務機構の一元化を断行した。警務部第二課長（特高課長）に関東憲兵隊中佐が就くように、主導権は憲兵が握った。新京・奉天などの各地区警務機関も各憲兵隊が「区処」することになったが、まだ実質的な統制には至っていなかった（詳しくは荻野「関東憲兵隊史」、荻野・兒嶋・江田・松村『「満洲国」における抵抗と弾圧』〔二〇一七年〕、荻野『日本憲兵史』〔二〇一九年〕）。

民政部警務司と軍事的討伐

張学良が実権を握っていた時期の中華民国東北部の警察制度は「統制ある指揮系統を欠き、極端なる地方分権の弊に陥れる」とみなされたため、「満洲国」建国後、「中央行政組織の確立と共に民政部警務司に於て国内治安の対策及旧制度の改善、新施設の計画実施」などを急ぐことになった（在満大使館「満洲国警察制度調査（未定稿）」、一九三三年一二月、外交史料館所蔵）。

一九三二年三月、「満洲国」建国とともに民政部警務司を最高機関とする警察組織が創立された。同時に奉天・吉林・黒龍江の各省には警務庁がおかれ、六月には新京に首都警察庁のほか、主要都市には省直轄の警察庁がおかれた。七月には各県公署に警務局を設け、その下に警察署をおいた。また、特殊警察隊として営口に海辺警察隊、満洲里・綏芬河などの国境地帯に日系職員を主体とする国境警備隊、首都やハルビンには游動警察隊が配置された（治安部警務司『満洲国警察史』上巻、一九四二年）。また、別組織として満鉄線路の警備にあたる路警があった。

三二年一一月時点で、警察機関職員は総計で一〇万人強という規模となり（興安省を除く）、その後もほぼこの水準が維持されていく。これは「建国」前の東北四省（遼寧・吉林・黒龍江・熱河省各省）の合計六万人弱から大幅に増員されていた。

甘粕正彦（左）、長尾吉五郎（右）
『満洲国警察史』上巻

初代警務司長にかつて東京麹町憲兵分隊長として大杉栄・伊藤野枝・橘宗一を殺害した甘粕正彦が、第二代司長に憲兵大佐の長尾吉五郎が就くように、憲兵出身者が中枢を占めた。

三二年一〇月以降、警察業務に経験のある日系警察官を採用し、「之に建国精神及び満洲国一般事情、其の他必要なる教育を施した上、警務指導官として各県に配属し、県警務局長を補佐せしめ、警察隊の鞏化《きょうか》を図ると同時に一般警察務の指導、満系警察官吏の教養訓練に当らしめた」（『満洲国警察史』上巻）。三四年一二月末時点で警務指導官は四一四人におよんだ。これとは別に日系警察官として三四年度に九三二人が採用となっている。内訳は憲兵から一四七人、警察官としては内務省から一〇六人、朝鮮から四六人、台湾から三四人などとなっており、約一六％が警正・警佐という幹部クラスとなる（拓務省管理部警務課「満洲国警察制度概要」、一九三五年五月、「種村氏警察関係資料」第二〇集、国立公文書館所蔵）。

警務司は総務・特務・保安・外事の四科と督警《とくけい》室・偵緝《ていしゅう》室から成る。

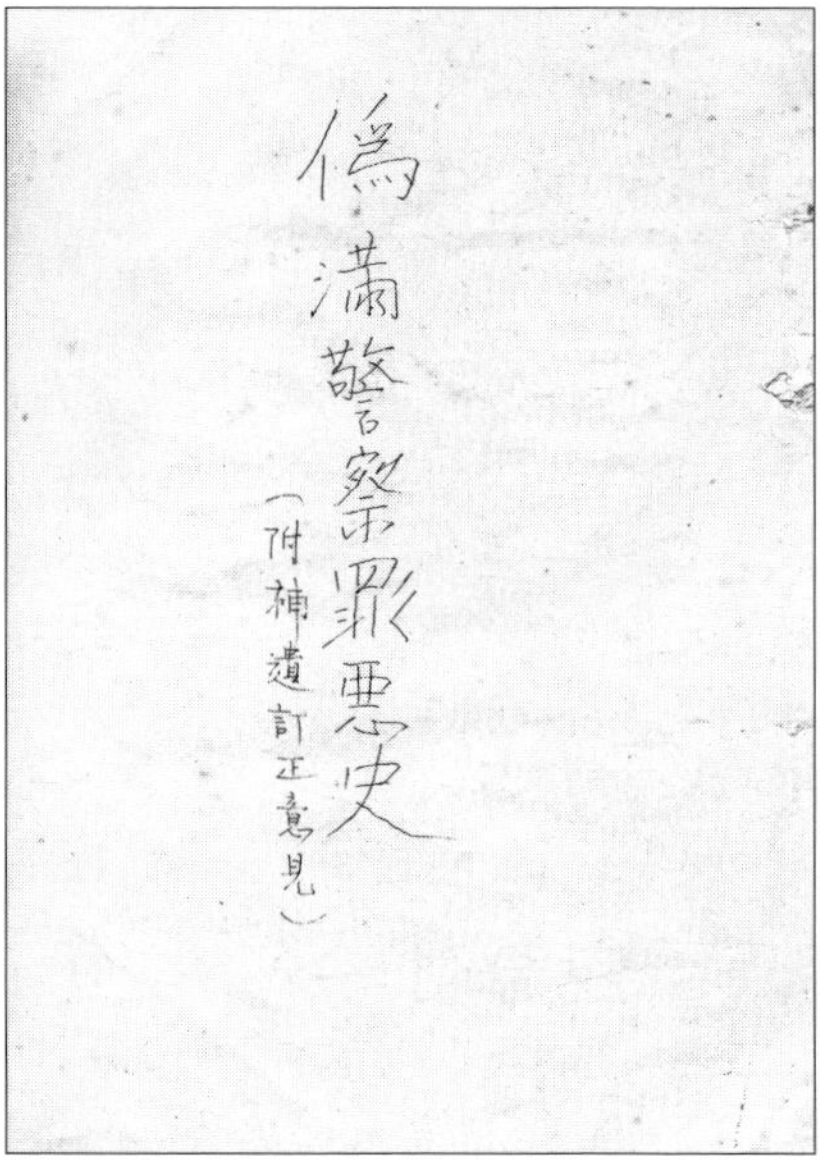

偽満警察罪悪史
（附補遺訂正意見）

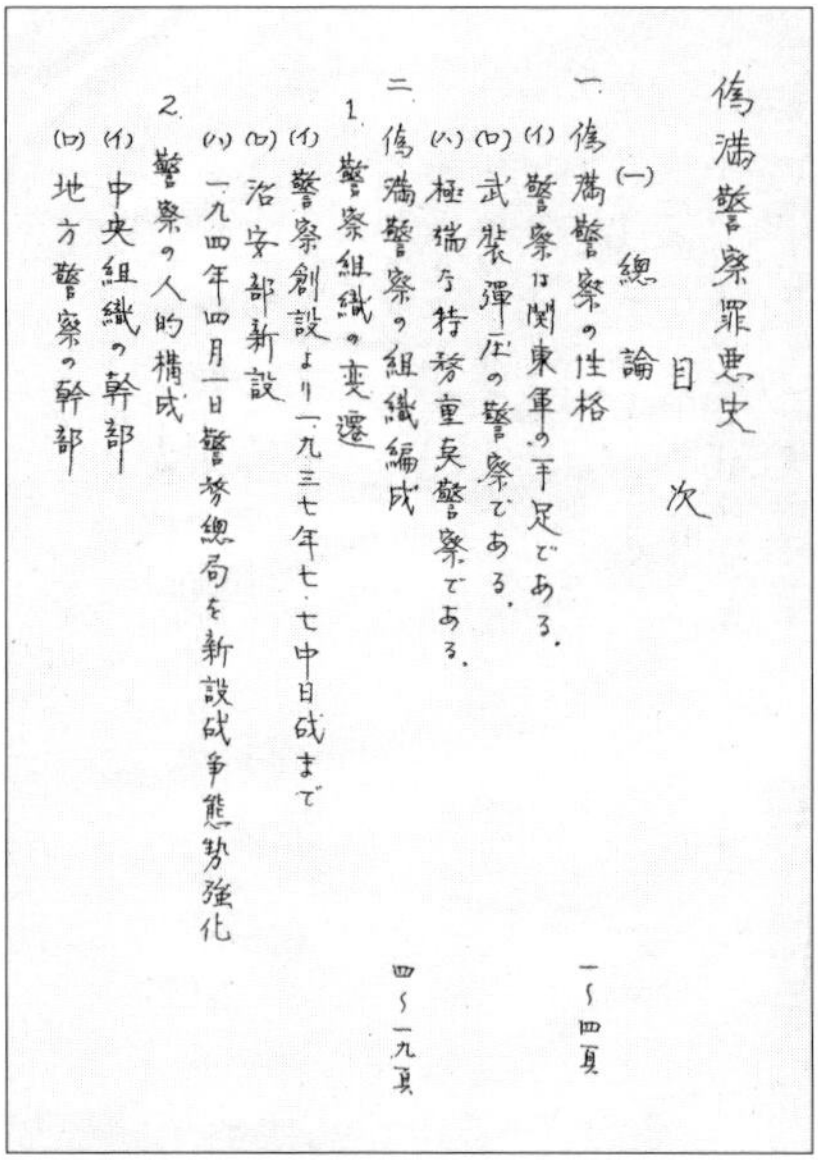

偽満警察罪悪史　目次

手記「偽満警察罪悪史」表紙・目次
中帰連平和記念館所蔵

特務科の職掌は「集会結社の取締に関する事項」「図書出版及著作に関する事項」「思想労働及社会等の運動の取締に関する事項」となっている。主要都市の警察庁や首都警察庁にも特務科がおかれている。

一九五四年頃、撫順戦犯管理所に収容されて「認罪」した「満洲国」警察関係者によって書かれた手記「偽満警察罪悪史」は、「満洲国」警察の性格を「警察は関東軍の手足である」「武装弾圧の警察である」「極端な特務重点警察である」（『季刊中帰連』第三九号、二〇〇九年一月）と規定するが、それらの基本的な性格は「満洲国」警察の創設から解体まで貫かれていたといってよい（「特務」とは特高警察を指す）。

『満洲国警察史』上巻が紹介する創建当時の警務司首脳の回想――「彼《か》の頃の警察は全く深く研究する等と言う余裕はなかった。当面せる治安の粛正に関し、字義通り臨機応変、事態即決の方法を採る以外処置はなかった」――が、三五年頃までの状況を言い当てている。これにつづけて同書は「近代国家に於ける所謂《いわゆる》行政警察的部面は第二義的に置かれ、強力なる武力が警察を組織して、治安警察の任に当る事が我国初期に於ける警察の重大使命であった」と述べる。同書第三篇「治安」冒頭には「我が国が建国当初その第一工作として、国家の存立とその生成発展の為に治安第一主義を最高目標」としたとあり、「建国日尚《なお》浅き我が国は独力を以て国内の治安を維持確保する力に乏しく、当初より日本の絶大な協力と支援の下にこの工作を進めた」とする。「満洲国」警察は関東軍・関東憲兵隊の傘の下にあった。

司法制度の整備

周到な国家体制の構築準備を経ての「満洲国」建国ではなかったため、総務司・法務司・行刑司からなる司法部を設置したものの、法院や検察庁の機構については中華民国以来の過渡的な体制がつづいた。司法部総長となったのは弁護士馮涵清で、総務司長に満鉄出身の医師阿比留乾二が就くように応急的なものだった。

地方法院・高等法院・最高法院とそれぞれに対応した検察庁という態勢をとるが、法院の設置がない県においては県公署内に県司法公署がおかれた（審判事務は審判官〔裁判官〕がおこなうが、検察事務は県長〔実質的には警察官〕がおこなう）。さらに地方法院・県司法公署の未設置の県には兼理司法公署がおかれ、第一審の審理を県長に委任した。

日本弁護士協会録事『法曹公論』の三三年一二月号は「満洲国訪問記念号」を特集するが、その「満洲国裁判状況一般」には「新式司法機関たる法院及検察庁の外、過渡的司法機関たる県司法公署又は承審処〔熱河省に設置〕あり、更に蒙古に於ては旗《き》公署が司法裁判の事務を掌る等未だ統制完《まった》からず」とある。この時点では司法部総長馮涵清のほかの司法部幹部は日本人であったが、いずれも満鉄関係者であった。また、法院・検察庁には推事（裁判官）に一人の日本人が任命されているだけだった。奉天・新京・吉林などの法院・検察庁の庁舎は「旧清朝時代の建物」で「古色蒼然」としていた。「裁判所の用語は原則として満洲語を用い、日本語、露西亜語等は総て翻訳官を経て翻訳せしめ、調書は満洲語を以て作製」されていた（『法曹公論』、一九三三年一二月）。

三三年一二月の司法部総長「満洲国司法制度」では、「此等の旧式にして不完全なる司法機関を新式司法機関に改組することは頗《すこぶ》る急務なる」課題としていた（「各国宣伝関係雑件／満洲国内対内宣伝関係」第二巻、外交史料館所蔵）。

「日系司法官の任用」

「満洲国」司法態勢の整備という課題は、一九三六年一月四日、法院組織法が公布されて四級三審制という「新式司法機関」としての整備が進んだ段階で一応の達成をみた（七月一日施行）。これは三三年八月に日本政府が発表した「満洲国」に対する治外法権の撤廃方針に沿って急速に整備されたものであるが、そのために並行して進められたのが「日系司法官の任用」と「司法部法学校」の開設である。馮司法部総長や阿比留総務司長は東京に出張し、日本司法省に司法官の斡旋などを依頼している。

まず「応急手段」として「先進国たる日本より学識経験共に豊富なる現任司法官を任用し、各主要地の法院検察庁に配置し、現地に於て直接誘掖指導の任に当らしむること」とした。三二年後半には奉天高等法院に日本人司法官二人、「満人司法官」二人からなる合議庭を設けて、「試験的に渉外事件（日本人や外国人がかかわる案件）の審理に当らしめ」た。さらにそれを三三年度には吉林・北満特別区（ハルビン）の各高等法院に拡大するとともに、検察庁にも日本人司法官を配置した。これらは「予期の好成績」をおさめたとして、三四年から

表5　日系司法官配置表（1934年6月末）

院庁名	庭長	推事	検察官	書記官	翻訳官	計
奉天高等法院・検察庁	1	1	1	5	4	12
吉林高等法院・検察庁	1	1	1	4	2	9
北満特別区高等法院・検察庁	1	1	1	5	2	10
同　地方法院・検察庁	—	1	1	3	1	6
小計	3	4	4	17	9	37

司法部大臣馮涵清「満洲国司法制度に就て」、1934年10月（「陸軍一般史料」防衛省防衛研究所図書館所蔵）

本格的に「日系司法官」の任用を図った。推事（裁判官）・検察官とともに書記官や翻訳官も配置された。**表5**はこの「日系司法官」の本格的招聘前の現状である。

「日系司法官の任用」には日本の司法部も協力した。司法省では三三年夏、「満洲国」の「法治体制」の急速整備のために皆川治広司法次官を視察させ、ついで司法官を出向ないし「満洲国」へ転官させた。大審院検事の古田正武が司法部総務司長に就任するほか、三四年三月には中堅の前野茂・飯塚敏夫・丸才司らがつづき、法院・検察庁の組織整備や主要法規の起草作業にもたずさわった。日本人官僚中、司法省関係は全省庁のなかで最多の人員となる。

古田総務司長の誘いで東京地方裁判所予審判事から人事科長となった前野茂は、日本司法官の「招聘人事」について次のように回想している（『満洲国司法建設回想記』、一九八五年）。

各年度の初めに採用人員と部署を司法省に通知し、あらかじめ司法省人事課長に適任者を選定しておいてもらうと同時に、全国司法機関に通報し、満洲国司法官志望者を募集してもらい、その上で人事科長が渡日して司法省人事課長と協議して目標人物を決定し、その際、各《おのおの》その任地に出張して長官の了解のもと目標者を獲得するという方式を採ることにした。

三四年一二月八日の『法律新聞』第三七七五号では「満洲国司法部新採用の我法官」として、東京控訴院判事山口民治がハルビン高等法院推事に、東京地方裁判所判事泉芳政がハルビン地方法院推事に、東京地方裁判所判事山本謹吾、牧野威夫、城富治、角村克己が「満洲国」司法部参事官にそれぞれ新任されたと報じる。

　これらの人事には関東軍の了解が必要であった。三五年三月の大審院判事井野英一を「満洲国」最高法院推事首席庭長に、大審院検事柴碩文を最高法院検察庁次長とする人事では、その旨が「満洲国」政府から関東軍司令部に伝えられると関東軍参謀長→陸軍次官→司法次官の順で照会があり、司法次官より「当省に於て差支《さしつかえ》無之」として履歴書などが送付されて決定となった（「満洲国司法部官吏任用の件」、一九三五年「満受大日記」一一冊の内其三、防衛省防衛研究所図書室所蔵）。もちろん、本人や所属長の事前了解があった後の、手続き的な承認であった。朝鮮の現職司法官の場合、陸軍次官から拓務次官への照会という手続きで進んだ。こうした手続きを経て三五年四月には四人、六月には九人が「満洲国」司法官に任用された。

　三六年六月の「満洲国」司法部『司法制度整備概況』によれば、日本人「推事」は一八人、検察官は一五人、書記官は八八人となっている（「満洲国人」推事は二九七人、検察官は一五四人、書記官二一〇三人）。また、司法部職員は日本人が四九人、「満洲国人」が五二人であった。

最高法院推事首席庭長　井野英一（左）、最高法院検察庁次長　柴碩文（右）
『法律新聞』第3815号、1935年3月18日

前野によれば「時が経つに従い満洲事情もわかってゆき、殊に任期が満ちて復職した人々が視野が広く人物に厚味ができたと監督官の好評を買ったため」、招聘人事は比較的順調におこなわれていった。出向条件のなかには在任期間三年、俸給は現在の二倍ないし三倍などがあったという。出向や転官の理由の一つに高給に惹かれて、があった。

東京控訴院判事から司法部刑事司長となった飯塚敏夫は赴任早々の三四年八月の全国司法官会議で「共匪と盗匪と、更に不平を抱ける農民とが互に合流して国家社会の治安を擾乱せんとしつつあるはまことに深憂に堪えず」として、検察官は常に「共匪」や「盗匪」の取締について、あらかじめ団体の輪郭、根拠地帯、活動状況、資金調達の方法などを探査しておき、警察官や憲兵らを「指揮」すべきと積極的な活動を指示している（司法部『第三次全国司法会議紀録《ママ》』）。ただし、まだこの段階では検察にそうした指揮能力は備わっていなかった。

前野は「満洲国」建国後の司法体制が応急的で不完全なものであったため、一九三四年に日系司法官の大量招聘の始まるまでにおこなわれた新事業はわずかだったとする。そのなかで三二年九月、暫行懲治叛徒法と暫行懲治盗匪法が制定・施行された。法制も法院組織も未整備のなかで、まずこうした治安法が建国半年後に必要とされた。民法や刑法などの基本法の編纂に着手するはるか前に、「暫行」を付した二つの弾圧法が優先して制定・運用されていった。

二 暫行懲治叛徒法・暫行懲治盗匪法の制定と一九三〇年代前半の運用

匪賊の隆盛と軍事的討伐

治安部警務司『満洲国警察史』上巻は一九三二年三月の「満洲国」建国後、「国内治安は甚だしく悪化し」、「所謂無警察状態の観を呈するに至った」とする。「各省内の匪勢活発化」したために「日満軍警」による頻繁な討伐がおこなわれたことを、同書巻末の「主要日誌」からみよう。たとえば、「敦化警備第六団曲団長の部下約五百は、兵変の混乱に乗ぜる約八千の匪団に包囲され、日本軍討伐に出動す」（三二年五月四日）、「東支鉄道南部鮮陶頼昭東方孤楡樹に約八千の兵匪及び大刀会匪来襲、同地駐屯の満軍及び警察官も反乱す」（七月三〇日）などという状況で、関東軍主導の軍事的討伐という「東辺道地区の討匪粛正の成果により、王殿閣以下四百は営盤に於て帰順式を挙行す」（一〇月一八日）、「北満各地に蟠踞《ばんきょ》せる変乱兵匪は日本軍の冬季大粛正に怖《おそ》れ、且衣食に欠乏し、部下二千乃至六千を有する僕炳珊・徐子鶴・李運集・才鴻猷の各匪首は帰順を申出づ」（一一月一〇日）などという帰順も増えてきた。

同書所収の日満軍警機関の情報を集計した**表6**「匪賊現出及討伐効果表」をみると、一九三五年を頂点に前後数年にわたって高い水準がつづいていたこと、軍事的な「討伐効果」も三二年から四〇年までの合計で死者約六万六〇〇〇人、負傷者約三万八〇〇〇人にのぼっていることがわかる。この場合の死者は交戦中の射殺な

表6 「匪賊現出及討伐効果表」(1932～40年)

事項／年度別	現出回数	現出匪延数	討伐効果		
			死	傷	逮捕
1932	3,816	3,774,184	7,591	5,160	831
1933	13,072	2,688,633	8,728	2,381	1,461
1934	13,395	900,204	8,909	4,264	1,435
1935	39,150	1,783,855	13,338	11,815	2,703
1936	36,512	1,555,558	10,713	7,988	1,782
1937	25,487	10,355,577	7,663	5,242	1,298
1938	13,110	468,884	3,693	2,876	799
1939	6,547	186,071	3,168	1,753	496
1940	3,667	132,660	2,140	1,073	545

1、本表は各省公署、特殊警察隊其の他日満各機関の情報を収録す
2、1932年5月以降33年4月迄は奉天・吉林・黒龍江の三省のみにして、33年5月以降は熱河省を加算す
『満洲国警察史』

どによるものだが、では合計一万一〇〇〇人以上の「逮捕」者はその後、どのようになったのだろうか。

『満洲国警察史』上巻は四二年刊行までの治安状況を五期にわけている。第一期は建国から三三年五月までの「大集団匪に対する作戦的討伐時代であり、集団をなす政治匪の勢は漸く衰え、全国の県・旗城が回復した時期」、第二期が三四年三月までの「治安維持会が全国に設置され、日本軍は分散配置の態勢を執って平原地帯の粛正が進捗し、一方共産匪の抬頭を見た時期」、第三期は三五年八月までの「土匪・政治匪が漸く凋落《ちょうらく》して共匪が強化した時期」となる。本章ではここまでを範囲とする。

三二年一〇月の第一回警務庁長会議で長尾吉五郎警務司長は「刻下治安維持の重点は国内盗匪の鎮圧に在り」としたうえで、奉天省管内東辺道方面において他の軍政機関と協力して「匪賊の徹底的討滅」をおこない、さらに各省各地方へもその実施を拡大しつつあるが、「尚事態軽視すべからざるものある」と訓示していた。三四年一二月の第三回警務庁長会議では現下の

「警察隊の討匪行」
『満洲国警察史』上巻

「満洲国」の実情を踏まえて「業務の重点を治安確保」に指向するとともに、「武装警察の完成」に努めていると述べる。三五年の『満洲国警察概要』では「往時華かなりし排日分子も今や僻地に跼蹐《きょくせき》し、辛うじて其の余喘《よぜん》を保ち居るに過ぎず。其の存在は市井に徘徊する一野盗に等しく」と楽観視するようにまでなっていた。

匪賊に対する軍事的な討伐の主力となったのは関東軍であり、それに関東憲兵隊や「満洲国」軍・警察なども加わった。参謀本部編『満洲に於ける匪賊討伐戦』上（「満洲事変史」第六輯、一九三五年）には「満洲事変に於ける戦闘の大半は匪賊討伐戦にして、其地域の広大なる殆ど南、北満洲全土に亙り、其回数の夥多《かた》なる正《まさ》に千余を以て算すべく」（「序言」）とある。

関東憲兵隊は一九三二年六月、「軍政憲兵」から「軍令憲兵」となることで名実ともに「関東軍憲兵隊」となり、「国内保安の大責任」という第一義的責務を負うことになった。その具体相をよく示すのが、前述した松浦克己大尉の報告「東辺道匪賊討伐に於ける旅団配属憲兵の行動概要」である。東辺道とは鴨緑江の北側で、通化を中心とした地域を指す。

西南国境に接する熱河地方も反満抗日運動が激しかった。熱河方面に第六・第八師団、服部独立混成旅団が派遣されると、関東憲兵隊がそれぞれに配属された。奉天憲兵隊より一五人が配属された第一兵站の警備状況の場合、一九三三年二月、「憲兵は縦列監視並援護をなし」、その先頭には羽土軍曹を配置し、「密偵並に道先案内を使用し、兵匪状況を偵察せしめ」た。中間には憲兵二人を配置し、「前後方援護隊の連絡を為さしめ、軍需品の輸送上迅速安全を期し、軍の行動に多大の便宜を与えたり」（遼寧省档案館編『日本侵華罪行档案新輯』12）という。

三三年一〇月・一一月分の関東憲兵隊司令部『警務旬報』は「匪賊の出没依然尠《すく》なからず、各地分散配置に在る我軍は之が剿討《そうとう》に寧日《ねいじつ》なき状態を継続せり」、「匪賊は其の捕捉頗る困難にして、巧に各処に集合し、依然横行するものあり……偸安《とうあん》を許さざる状況なり」（『日本関東憲兵隊報告集』Ⅱ―⑯）と治安状況が安定していないことを率直に記している。

「共産匪」の増強とその掃討

先の『満洲国警察概要』では匪賊に対する軍事的討伐が功を奏しつつあるとする一方で、共産主義運動について中国共産党満洲省委員会は中国東北部の各組織を指導統制し、「殊に最近に於ては鮮匪兵匪と提携し党勢の拡大強化を企図し、其の工作の如きも宣伝より破壊工作への道程を辿り、被害著しきものあり」と観測する。現状の治安認識では「匪団の勢力侮る可からざるのみならず、諸種の事情により俄《にわか》に其の運動も終熄するものと認め難き情勢にあり」という厳しい見通しをしていた。「満洲国」建国後まもなく、取締当局にとってこの「共産匪」の掃討が治安確保の課題の一つとなり、軍事的討伐に加えて「特務」と呼ばれる特高警察機能が発揮される対象となった。

『満洲国警察史』上巻の記述からこの間の経過をたどろう。東北部に進出し勢力を伸ばしつつあった中国共産党に対して、中華民国政府は一九三一年二月に危害民国緊急治罪法を公布して「峻烈な共産党対策」を実施していた。また、関東庁警察や在満外務省警察は治安維持法を発動して大連や奉天・撫順の中国共産党組織に弾圧を加えていたことは前述した。これらにより「満洲事変」以前の段階で中国共産党は「著しく衰退の兆」を示していた。そのため党満洲省委員会は三二年一月にハルビンに本拠を移動する。コミンテルンの対満新方策にもとづく中国共産党の指令を契機に抗日民族統一戦線の結成は広範囲にわたって実現され、特に新編成の「東北人民革命軍の如きは活発な活動を見せるに至った」とする。

早くも建国直後の三二年五月に作成された民政部警務司「満洲国警察建設要綱」には、「北満に於ける赤系の活躍並に満洲国官憲の手の及ばざるに乗ぜんとする中国共産党の拡大準備」などに対抗するため、「特殊警察網の組織、特別高等警察勤務に従事する警察官吏の教育訓練等を行う」ことがあげられていた。

三二年九月に調印された「日満議定書」では、「日本国及満洲国は締約国の一方の領土及治安に対する一切の脅威は同時に締約国の他方の安寧及存立に対する脅威たるの事実を確認し、両国共同して国家の防衛に当ることを約す」としていた。これにより日満軍警による共産主義運動への徹底的弾圧が強まっていった。

三二年一〇月　ハルビンにおける満洲省委印刷部検挙

三三年　四月　満洲省委隷下組織並に吉東局を一斉検挙、人員二〇〇余人

三四年　四月　虎林県委員四〇余人検挙

こうした弾圧にもかかわらず、「各地に潜在している数多くの党員並に尖鋭分子は、帝制実施〔一九三四年三月〕に反抗すべく、依然反満抗日意識を有する地方勢力者、或は智識階級層と密かに連絡し、他面土匪賊と気脈を通じて、反満抗日武装勢力の拡大を画策していた」とされる。「共産匪の抬頭」以来のその勢力の強化を、取締当局は大きな脅威とみていた。

「非常時局」に対処する叛徒法と盗匪法

関東軍および「満洲国」政府は高まる反満抗日運動を軍事的な討伐によって抑え込むとともに、治安維持のための取締法の制定を急いだ。一九三二年九月一〇日に暫行懲治叛徒法と暫行懲治盗匪法を、九月一二日に治安警察法を公布し、それぞれ即日施行する。参議府の意見を聞いたというが、実態はないだろう。

叛徒法は全一九条で、第一条は次のような規定である。

　国憲を紊乱し、国家存立の基礎を急殆若《もしく》は衰退せしむる目的を以て結社を組織したる者は左の区別に従って之を処断す

　一　首魁は死刑

　二　役員其の他の指導者は死刑又は無期徒刑

　三　謀議に参与し、又は結社に加入したる者は無期徒刑又は十年以上の有期徒刑

以下の条文で、この第一条の目的を有する「宣伝」や「煽動」、金品の供与や犯人の蔵匿などのほか、それらの未遂罪や予備罪の処罰も規定された。第一〇条は「自首」した場合の刑の軽減、第一三

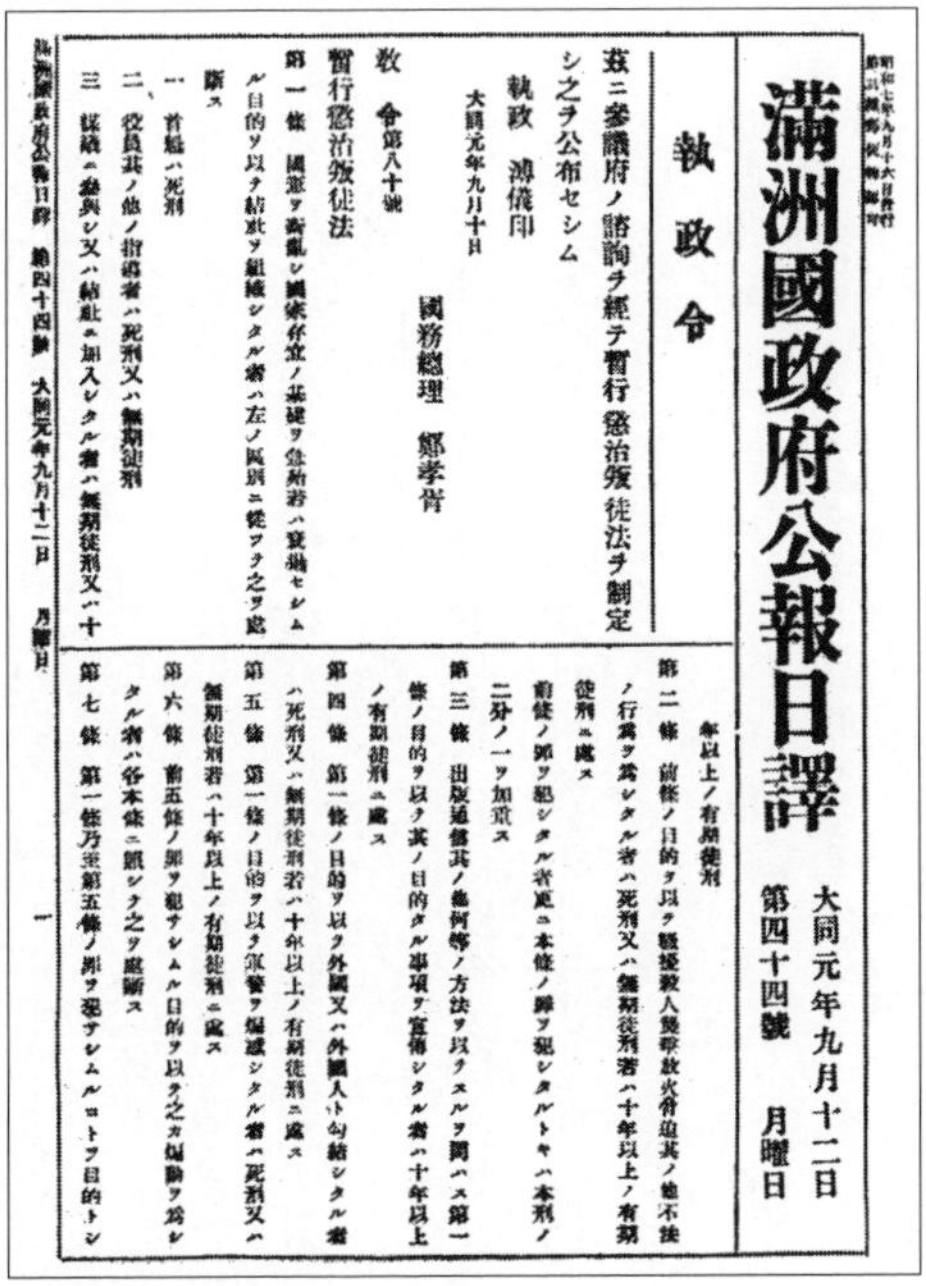

滿洲國政府公報日譯

大同元年九月十二日　月曜日

第四十四號

執政令

茲ニ參議府ノ諮詢ヲ經テ暫行懲治叛徒法ヲ制定シ之ヲ公布セシム

執政　溥儀印

大同元年九月十日

國務總理　鄭孝胥

教令第八十號

暫行懲治叛徒法

第一條　國憲ヲ紊亂シ國家存立ノ基礎ヲ急殆若ハ衰退セシムル目的ヲ以テ結社ヲ組織シタル者ハ左ノ區別ニ從ヒテ之ヲ處斷ス

一　首魁ハ死刑

二　役員其ノ他ノ指導者ハ死刑又ハ無期徒刑

三　謀議ニ參與シ又ハ結社ニ加入シタル者ハ無期徒刑又ハ十年以上ノ有期徒刑

第二條　前條ノ目的ヲ以テ騷擾殺人毀壊放火脅迫其ノ他不法ノ行為ヲ為シタル者ハ死刑又ハ無期徒刑若ハ十年以上ノ有期徒刑ニ處ス

前條ノ罪ヲ犯シタル者更ニ本條ノ罪ヲ犯シタルトキハ本刑ノ二分ノ一ヲ加重ス

第三條　出版通信其ノ他何等ノ方法ヲ以テスルヲ問ハス第一條ノ目的ヲ以テ其ノ目的タル事項ヲ宣傳シタル者ハ十年以上ノ有期徒刑ニ處ス

第四條　第一條ノ目的ヲ以テ外國又ハ外國人ト勾結シタル者ハ死刑又ハ無期徒刑若ハ十年以上ノ有期徒刑ニ處ス

第五條　第一條ノ目的ヲ以テ軍警ヲ煽惑シタル者ハ死刑又ハ無期徒刑若ハ十年以上ノ有期徒刑ニ處ス

第六條　前五條ノ罪ヲ犯サシムル目的ヲ以テ之カ煽動ヲ為シタル者ハ各本條ニ照シテ之ヲ處斷ス

第七條　第一條乃至第五條ノ罪ヲ犯サシムルコトヲ目的トシ

滿洲國政府公報日譯　第四十四號　大同元年九月十二日　月曜日　一

暫行懲治叛徒法

『満洲国政府公報日訳』、1933年9月12日

条は「謹慎」を誓約した者への刑の「宣告猶予」となっている。叛徒法違反事件の公判は第一審が高等法院となり、二審制であった。

盗匪法は全九条で、第一条は次のような規定である。

強暴又は脅迫の手段に依り、他人の財物を強取する目的を以て聚集《しゅうしゅう》又は結夥《けっか》したる者は之を盗匪とす。盗匪は左の区別に依り之を処断す

一　首魁又は謀議に参与し、若は多衆を指揮したる者は死刑又は無期徒刑

二　其の他の者は無期徒刑又は十年以上の有期徒刑

盗匪を幇助したる者は正犯を以て之を論ず、盗匪の為単に役を執り又は付和随行したる者は七年以下の有期徒刑

本条の罪を犯したる者は公権を褫奪《ちだつ》す

第五条では「盗匪」案件は「上訴を許さず」とした。そして、注目すべきは第七条と第八条の規定である。

第七条　軍隊、部隊を為す盗匪を剿討粛清するに当りては臨陣格殺し得るの外、該軍隊の司令官其の裁量に依り之を措置することを得

第八条　高級警察官の指揮する警察隊、部隊を為す盗匪を剿討するに当り、其の臨陣格殺し得るの外、現場に於て盗匪を逮捕し、事態急迫にして猶予を許さざる事情あるときは、該高級警察官其の裁量に依り之を措置することを得

「軍隊、部隊を為す盗匪を剿討粛清する」＝軍事的討伐に際して「臨陣格殺」という射殺・斬殺を規定するほか、軍隊や警察部隊の最高指揮官による「裁量措置」＝緊急措置としての即決処分が規定された。これらが盗匪法の最大の特徴となる。

三三年一月一八日施行の暫行懲治盗匪法施行法では盗匪法違反事件は「覆審に送ることを得ず」、つまり控訴することができないとされた。また、弁護人抜きの審判を可能とした。さらに八月二一日に盗匪法の改正がなされ、第五条に「無罪の判決を為したる案件に付ては検察官は上訴することを得」という但書を加えた。死刑判決を科された被告側には上訴権は認められないという不均衡の規定となった。

治安警察法は全二四条からなる。「政事に関する結社」や「公事に関する結社」の届出や解散、集会や多衆運動の届出と解散などのほか、秘密結社を組織・加入した場合には三年以下の有期徒刑あるいは罰金を科すことが規定されている。

これらの取締法については、制定の主体が誰で、どのように制定に至ったのか不明である。施行にあたり、通常は法制定の意図や条文中の語句などの解説などが発表されるが、管見の限りそれらを見出すことはできない。

のちに「満洲国」国務院総務庁情報処編『領事裁判権の撤廃に関する司法部の整備概況』（一九三七年）では、暫行懲治叛徒法について次のように記している。

> 建国直後の満洲国は基礎未だ確立されず、その紛乱の機に乗じ、存立を危殆《きたい》に陥れんとする旧東北政権残党、或は国境を接する隣国の使嗾になる所謂反満抗日匪等の政治的色彩を帯びたる犯罪相次いで発生し、而《しか》も此の傾向は今後も尚続発することを予想されたので、之に対応する為に遂に本法の制定を見たのであるが、罰則の規定は極めて峻厳であり、且つその第一審は高等法院の管轄するところと規定された。

同書では暫行懲治盗匪法については「建国直後の非常時局に対処する為に制定せられたものであって、制定の対象は建国直後の官憲の取締徹底せざるに乗じて蜂起蠢動する匪賊を粛正するにあった。従って叛徒法と同じく、罰則の規定は極めて重く、無罪の判決ありたる案件に付検察官の上訴を認めた外、上訴を許さずと規定している」とする。

また、三八年一〇月の司法部『司法部現勢』では建国後の治安事件の司法処理について、「かかる事犯の処理に付て審判検察の陣容は未だ必ずしも確立整備していなかった」としたうえで、「所謂叛徒事件の処断に当り一時的、変則的便法も許されていた」とある。それは叛徒法・盗匪法が「暫行」、つまり臨時的・非常的なものとして早急のうちに制定されたことを意味する。

これらの記述にもとづけば、建国直後の「非常時局」に対処するために叛徒法は「政治的色彩を帯びたる犯罪」の取締に向けて、盗匪法は「蜂起蠢動《しゅんどう》する匪賊」の粛正に向けて必要とされたといえる。言い換えれば、叛徒法は反満抗日運動のなかの秘密結社などに対する特高的な処断のために、盗匪法は反満抗日運動そのものの軍事的討伐のために制定されたといえよう。盗匪法はかつて台湾を領有したときの匪徒刑罰令に相当する。

それは三五年一〇月刊の警務司『満洲国警察概要』(国立公文書館所蔵)が「雨後の筍の如く多数の社会運動団体が凡有《あらゆる》形態に依って出現し、勢力の伸張獲得へ猛進しつつあり。仍《よっ》て当司に於て警察機構尚お未だ全《まった》からざるに先立ち暫行懲治叛徒法、治安警察法、出版法等を制定して之が策動に伴う弊害の除去に努めつつ来る」という叙述と照応する。この文面からすると、叛徒法の制定にあたっては警務司の主導があったとも考えられる。反満抗日運動につながるものすべての取締・弾圧が何よりも最優先された。

危害民国緊急治罪法と盗匪懲治暫行条例を踏襲

「満洲国」建国直後からの反満抗日運動の高まり・広がりに対処するために暫行懲治叛徒法や暫行懲治盗匪法を公布施行するにあたって踏襲したのが、中華民国時代にすでに施行されていた危害民国緊急治罪法や盗匪懲治暫行条例などであった。

危害民国緊急治罪法は全一一条で、中華民国政府により一九三一年一月三一日に公布施行されていた。第一条は「民国に危害を及ぼすことを目的として左列の行為の一つがある者は死刑に処する」として「一　治安を乱す者　二　外国に内通して治安妨害を図る者　三　裏切り者と結託して治安妨害を企てる者」などと規定する。これは第一次国共合作の崩壊後、国民党政権による共産党弾圧のために二八年三月九日に公布施行された暫行反革命治罪法（全一三条）を改廃したものだった。暫行反革命治罪法第二条では「中国国民党及国民政府の転覆をはかり、又は三民主義を破壊して暴動を起したる者」のうち「首魁　死刑」、「重要事務を執行せる者　死刑或は無期徒刑」となっていた。

なお、危害民国緊急治罪法施行条例が三月三一日に公布となるが、それについての関東庁警務局長の報告（四月一四日）には「中国に於ける「治安維持法」」と題され、「共産党関係者に対する峻厳なる制裁を規定せり」とあった（「支那中央政況関係雑纂／法令関係」第二巻、外交史料館所蔵）。この施行条例によれば治罪法事件の審理は原則として高等法院とされており、暫行懲治叛徒法はそれを踏襲したことになる。また、第二次国共合作にともなって三七年九月に危害民国緊急治罪法は改正されるが、それを報じる内務省警保局『外事警察報』第一八三号（一九三七年一〇月）は改正前の治罪法は「我が治安維持法に比すべき一種の対内的法令なりし」と評している。

のちに「満洲国」司法部刑事司長となる太田耐造は東京刑事地裁検事局時代、上海に出張した際の報告「修正共産党自首《ママ》法制定に関する件」を『思想月報』第二〇号（一九三六年二月）に載せる。そこでは中華民国の暫行反革命治罪法と危害民国緊急治罪法について「特に共産主義運動の鎮圧に専念腐心し、斯《かか》る意図を以て為さるる重大なる犯行に対しては死刑若《もし》くは無期徒刑のみを以て臨み、「明《あきら》かに叛徒たることを知りながら之を隠匿し報告せざる」（第四条）に止まるが如き比較的軽き犯行に対してすら五年以上の有期徒刑を以て処断すべく規定する等、専ら重刑を以て厳重処断すべきものと為し来りたる」と記している。さらに二八年一〇月二〇日に制定した「共産党人自首法」について、「犯罪行為発覚前に於て自首したる者」に対しては刑の免除や減軽をなしうるとし、恩典を付与して転向を誘導し共産主義運動の撲滅を企図するとともに、「進んで所謂自首者を以て国民党特務隊等を組織し、共産主義者の検挙、懐柔に逆用し、相当なる効果を収め来りたる」ことにも言及している。

太田の報告するところによれば、三三年七月から三四年七月の間に中国各地で共産党員の検挙は四五〇五人に達しており、国民党政権下にあって日本の治安維持法に匹敵する役割を果たしていたことになる。

暫行懲治盗匪法については、二七年一一月一八日に中華民国政府が公布施行した盗匪懲治暫行条例を踏襲している。これは全一二条からなり、第一条では「人質を取りて身代金を強請すること」、「恐喝取財を意図して爆発物又は脅迫の信書を残留せしめ、他人に損害を与うるに至ること」、「公安の損害を意図して爆発物を製造収蔵又は携帯すること」などをおこなった者は死刑とする（外務省条約局第二課『国民政府法務関係並に其他法規』、一九三〇年四月）。この盗匪懲治暫行条例は一九一四年一一月二七日施行の懲治盗匪法にさかのぼる。

さらに匪賊の横行に苦しむ中華民国政府は二七年には北閥軍を妨害し、民衆を暴力的に圧迫する地方の地主階級を処罰する懲治土豪劣紳条例を公布施行していた。これらの取締法規を駆使して禁圧のためのノウハウを蓄積しており、それは「満洲国」にも引き継がれた。盗匪法の「臨陣格殺」や「裁量措置」という規定は、実際の「現場」による「厳重処分」を条文に取り込んだものだろう。

集会やデモ、結社の取締を目的とする治安警察法は、一四年三月二日に公布施行された中華民国の治安警察法（全四一条）が参照された。

なお、三三年一二月、「満洲国」司法部法務司はこれらの中華民国期の法令を収録した『満洲国司法資料』

を編纂刊行している。

一九三〇年代前半の叛徒法・盗匪法の司法処分状況

暫行懲治叛徒法や暫行懲治盗匪法はどのように運用されたのだろうか。一九三二年については不明だが、三三年の状況については司法部『満洲帝国　司法統計年報』(一九三五年)から詳細がわかる(警察や憲兵による検挙数は不明)。

奉天・吉林・北満特別区の各高等検察庁への叛徒法違反者の送致数合計は二〇一人で、七九人が起訴されている。前年の起訴者を含めてであろう、高等法院で一一五人が公判に付され、第一審では五六人が有罪に、一一人が無罪となる。最終的に確定となったものは六九人で、死刑一人、無期徒刑一人、一〇年以上の徒刑四人、七年以上一〇人、五年以上一六人、三年以上二〇人、一年以上七人で、無罪が二人となる。

暫行懲治盗匪法の各地方法院検察庁の受理数合計は二〇五三人で、一二一七人が起訴されている。やはり前年の起訴者を含めてであろう、各地方法院で三二〇七人が公判に付され、第一審では二〇五六人が有罪となり、五一七人が無罪だった。最終的な刑の確定は二五五八人で、死刑が三一六人、無期徒刑が一三〇人、一五年以上の徒刑が一八八人、一〇年以上四六八人、七年以上三三八人、三年以上二五七人、一年以上一九七人、六月以上一二四人、二月以上二二〇人である。盗匪法の適用とは別に二二人が罰金刑を科されている。無罪は約一五〇人とみられる。圧倒的に暫行懲治盗匪法の発動が多く、死刑判決も三〇〇人を超えている。

三五年の『満洲国警察概要』によれば、三四年前半の検挙者数は叛徒法が一四人に対して盗匪法は一四五〇人となっている。叛徒法の発生件数中の検挙率が一〇〇%であるのに対して、盗匪法の場合は四一%にとどまる。匪賊の襲撃に遭遇し、交戦に至ってもその検挙は四割にとどまった。なお盗匪法の場合、検挙・起訴・審

表7　暫行懲治叛徒法・暫行懲治盗匪法の司法処分状況

区分 年	暫行懲治叛徒法					暫行懲治盗匪法				
	検察庁				受刑者	検察庁				受刑者
	新受	旧受	起訴	不起訴		新受	旧受	起訴	不起訴	
1933年	―	―	―	―	171	1,707	149	1105	512	―
1934年	136	13	53	18	148	2,155	183	1424	679	2,689
1935年	154	40	68	60	74	2,242	135	1459	678	2,454
1936年	―	―	―	―	404	―	―	―	―	3,436

司法部総務司調査科『満洲帝国司法要覧』各年度

判・判決という一連の司法処分以前に、交戦時の「臨陣格殺」や捕獲した「匪賊」の「裁量措置」の名の下の射殺・斬殺などがおこなわれている。それは上記の死刑の人数とは別にあるはずだが、数値は不明である。

もう一つ、三〇年代前半の叛徒法・盗匪法の司法処分状況については、**表7**のような状況を知ることができる。ここでも盗匪法の発動がきわめて多く、死刑を含む受刑者数が高い水準でつづいていることがわかる（一九三三年の叛徒法、一九三六年の叛徒法・盗匪法の検察庁受理数は不明）。三三年の盗匪法の検察庁受理数は前述の『司法統計年報』とは少し異なる。

叛徒法の発動

一九三四年一二月の日本・司法省刑事局『思想月報』第六号掲載の「最近の北満における思想運動の大要」では、中国共産党は「凡有《あらゆる》非常潜行工作に出でつつあ」り、満洲省委員会の再組織化を図り、ハルビンを中心として「全満に其の下部組織を設くる等の思想運動漸次激化の傾向に在り」とする。四月以来の検挙として中国共産党関係事件四四人、在綏芬河日本特務機関襲撃事件二五人、北鉄東部線列車運行妨害事件六四人、北鉄従業員職業組合事件二八人、北鉄東部線海林従業員らの通匪事件一八人を列挙する（その後の司法処分は不明）。

このうち中国共産党関係事件は、反満抗日運動の軍事的討伐による治安回復傾向にともない、「軍の分散配置の撤収を見るや、之を好機として其の策動更に増大の傾向あるを認め」たため、日満捜査官憲が協力して四月七日より六月二一日までにハルビン市において党・団の幹部や党員・団員を検挙するほか、新京や奉天などにおいても下部組織に対して検挙したものである。これは『満洲国警察史』上巻にある「康徳元年《1934》四月に於ける共産青年団満洲省委書記胡彬の検挙を契機とする、満洲省委宣伝部長揚安仁外各部門の幹部四十数名の一網打尽的検挙」という記述と一致する。

北鉄東部線列車妨害事件では内偵中の北満鉄路警処が検挙を開始し、関東憲兵隊もつづいた。六八人の検挙者のなかで二八人が叛徒法違反で北満特別区高等検察庁に送致された。

三四年八月の第三次全国司法官会議では「共匪及盗匪の取締」が諮詢されている。三月に司法部刑事司長に就任したばかりの飯塚敏夫が「共匪盗匪の取締を如何にすべきかは現在満洲国に於ける最も重大なる問題」であり、「司法部として之が取締を如何にすべきか、其の根本的対策を樹立せざるべからず」と述べた。これに対して、北満特別区高等検察庁検察官に任用されていた丸才司が「共匪に対しては最も厳正なる検挙処分を為すの外なし、即ち共匪は多く結社を組織し居るを常とするを以て暫行懲治叛徒法第一条の所謂特定の認識に付き其の目的のみに主眼点を置かず、治安警察法の秘密結社罪を能う限り活用し、憂《うれい》を嫩葉《わかば》の内に剪徐《せんじょ》すべきなり」と応じている。飯塚や丸らにとって、日本国内での治安維持法を駆使した思想犯罪処断の経験が生かされているといってよい。

呼蘭地方検察庁からは「感化院」の設置を提言し、北満特別区高等法院長が「共産主義に対する認識の深浅を考慮し、其の浅き者にたいしては軽き処罰を以て改悛を促し、其の深き者にたいしては暫行懲治叛徒法を適用処断するも可なるべし」と発言するように、「転向」政策の導入も議論にのぼった。

この議題の最後で飯塚司長は「現在満洲国に於ては共匪と盗匪と更に不平を抱ける農民とが互に合流して国

家社会の治安を騒乱せんとしつつあるは詢《まこと》に深憂に堪えず」として、「司法的対策としては須《すべか》らく検察官は犯人の逮捕送致後に非ざれば偵査に着手し得ずとの観念を打破」することを指示した。「事件起らざれば手を下すことを得ずとの観念は本日を機会として先づ之を打破し、犯罪の検挙に付ては常に積極的に活動せらるる様」強く希望し、これからの検察のあり方として送致事件の司法処分の対応にとどまらず、検察が警察や憲兵を指揮しうるような積極的な活動に向かうべきとする。この積極的な検察活動が三〇年代後半に軌道に乗っていくことは後述する。

叛徒法の運用にあたっては、一九三三年六月一九日の司法部訓令「重要犯罪請訓並に報告規程」の改正が通知され、叛徒法違反や「思想的背景を有する犯罪嫌疑案件」などの起訴・不起訴処分にあたって検察官は最高検察庁長に請訓（指示を求める）し、最高検察庁長は司法部大臣に請議して指揮を受けるべきこと、裁判確定時の通報などが規定された（法曹会『法曹雑誌』第二巻第七号、一九三三年七月）。これを受けて、司法処分上において生じた解釈の疑義について司法部からの指示が発せられる。最高法院検察庁の北村久直は、請訓事件中で叛徒法違反事件が「数並に質に於て首位を占めて居る」とする（「合法主義と便宜主義（一）」『法曹雑誌』第四巻第九号、一九三六年九月）。

「赤化宣伝を如何に弁理すべきや」という東省特別区（のち北満特別区）高等検察庁の問合せに三二年一〇月一一日、「施行以後に於ける共産主義宣伝の所為」は叛徒法第三条により、「施行前の所為」は叛徒法第三条により処断するが、量刑については中華民国期の危害民国緊急治罪法によるとする指令を司法部は発している。ところが、「金鳳俊が共産幇助行為ありたるを認め居る」として吉林高等法院が危害民国緊急治罪法による判決を下すと、一一月二六日、叛徒法第三条によって処断すべきだとして司法部は最高検察庁に「非常上訴を提起」するよう指示している。金鳳俊の犯罪は叛徒法施行前であったにもかかわらず、一〇月の司法部自身の指令をくつがえしたのは治罪法による量刑では軽すぎると判断したものと思われる（以上、司法部刑事司『刑事重要訓令指令類編』、一九三四年一二月末現在）。

叛徒法による判決

暫行懲治叛徒法の運用がはじまった一九三〇年代前半、どのような判決が下されたのであろうか。今のところ、三四年までの判決を見出すことはできない。一九三五年以降の暫行懲治叛徒法違反事件の上告審判決については法曹会編『最高法院刑事判決例集』に収録されており、同時に第一審となる高等法院判決もみることができる。

吉林高等法院は荘紹俊と劉成典に叛徒法第二条第一項を適用し、徒刑一五年の刑を言い渡した（日時、審判官・検察官は不明）。犯罪事実とされたのは「中国共産党が満洲国社会制度を打破し、革命の手段に依り無産者独裁政治を実現せしむることを目的とする秘密結社」であることを認識しながら三二年三、四月頃に加入したこと、党の目的遂行のために三四年七月に手榴弾を窃取したことである。前者には叛徒法第一条第三項を、後者には第二条第一項を適用し、重い第二条第一項により徒刑一五年を科した。証拠とされたのは三四年八月の警察官による聴取書の供述である。

これに対して二人の被告は上告した。被告らを共産党員とする密告を受けて新京首都警察庁が「極端なる強暴脅迫に依り取調を為したる結果作成」した聴取書を犯罪事実認定の資料とすることは、違法などと主張した。しかし、三五年一一月二七日、最高法院（審判長不明、検察官鮑樹銘）は「被告等の任意に非ざる供述を録取したりと認むべき根拠なく」などとして拷問を認めず、上告を棄却した。一方で最高法院は第一審判決を「法律解釈を誤り、法則《ママ》を不法に適用したる違法あるもの」として「撤銷《てっしょう》」＝取消しとする判断をおこなった。あら

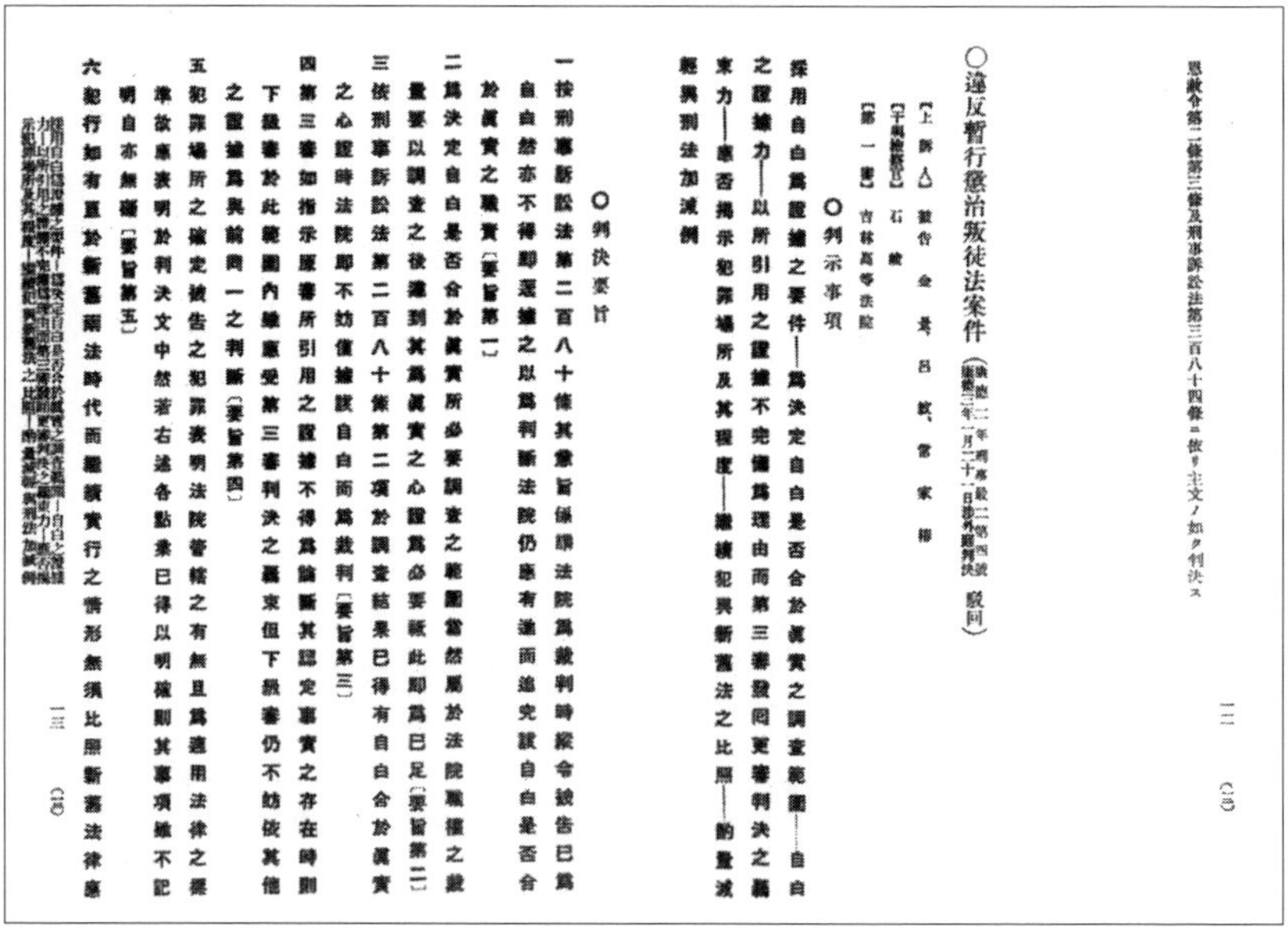
懲叛令第二條第三條及刑事訴訟法第三百八十四條ニ依リ主文ノ如ク判決ス　一二　（一〇）

○違反暫行懲治叛徒法案件（康德二年刑上最二第四號 康德三年一月二十一日…判決 駁回）

【上訴人】被告 金景、呂紋、常家樁
【中國檢察官】石峻
【第一審】吉林高等法院

○判示事項

採用自白爲證據之要件——爲決定自白是否合於眞實之調查範圍——自白之證據力——以所引用之證據不完備爲理由而第三審發回更審判決之羈束力——應否揭示犯罪場所及其程度——繼續犯與新舊法之比照——酌量減輕與刑法加減例

○判決要旨

一 按刑事訴訟法第二百八十條其意旨係謂法院爲裁判時縱令被告已爲自白然亦不得即遽據之以爲判斷法院仍應有進而追究該自白是否合於眞實之職責〔要旨第一〕

二 爲決定自白是否合於眞實所必要調查之範圍當然屬於法院職權之裁量要以調查之後達到其爲眞實之心證爲必要祇此即爲已足〔要旨第二〕

三 依刑事訴訟法第二百八十條第二項於調查結果已得有自白合於眞實之心證時法院即不妨僅據該自白而爲裁判〔要旨第三〕

四 第三審如指示原審所引用之證據不得爲論斷其認定事實之存在時則下級審於此範圍內雖應受第三審判決之羈束但下級審仍不妨依其他之證據爲與前同一之判斷〔要旨第四〕

五 犯罪場所之確定被告之犯罪表明法院管轄之有無且爲適用法律之標準故應表明於判決文中然若右述各點業已得以明確則其事項雖不記明自亦無礙〔要旨第五〕

六 犯行如有亙於新舊兩法時代而繼續實行之情形無須比照新舊法律應

一三　（一〇）

暫行懲治叛徒法違反事件判決　最高法院、1936年1月21日
『最高法院刑事判決例集』第1巻第2巻、1936年

ための量刑は第一審と同じく徒刑一五年であったが、適用条文は第二条第二項（「前条〔第一条〕の罪を犯したる者、更に本条の罪を犯したるときは本刑の二分の一を加重す」）となった（『最高法院刑事判決例集』第一巻第二巻、一九三六年）。この「二分の一」加重という厳罰化は判例として以降の公判で踏襲されただろう。

三六年一月二一日、最高法院は叛徒法違反の上告をはねつける二つの判決を下している。

一つは吉林高等法院の第一審判決（日時、審判官・検察官は不明）に対する被告金景、呂紋、常家椿の上告の棄却である（審判長不明、検察官石峻）。第一審では吉林省立第一中学校生徒の被告ら（三三年五月検挙）が秘密結社と認識しながら中国共産党に加入したとして、叛徒法第一条第三項に該当するとした。量刑では「犯情憫恕《びんじょ》すべきものあり」として刑を半分に軽減し、徒刑五年を言い渡した。関東憲兵隊による聴取書を証拠とした。

被告らの上告の趣意は「各聴取書は吉林日本憲兵分隊に於て被告等に対する極端なる強暴脅迫に依り取調を為したる結果作成せられたるものにして、該拷問の事実は被告等の身体の傷痕あるに依り証明せらるべきもの」であり、「右聴取書のみを以て断罪の唯一の資料となりたるが故に、原判決は之等の諸点に於て審判手続並に採証上の違法あり」というものだった。これに対して最高法院判決は聴取書が憲兵の「強暴脅迫利誘詐欺其の他不正の方法」で作成された「任意に非ざる供述」と認めるべきものは何もないとするほか、被告らの「傷痕を以て拷問を証すべし」という主張も、その傷痕が憲兵による拷問であるかどうかは確認できないとした。

もう一つの判決は、三五年五月六日の北満特別区高等法院判決（審判長山口民治、審判官栗山茂二・張耀垣、検察官丸才司）に対して、被告畢庶遠と王維周のおこなった上告の棄却である。三三年末から三四年九月中旬まで東部国境方面においてソ連側は「軍備施設を構え、或は密偵を派し、或は秘密結社たる旧北鉄従業員職業組合員等をして密かに日満軍の動静施設等を探らしむる等、非常の際に備うべき諸般の陰謀を企てつつありたる事実」を探知したとして、畢庶遠と王維周をスパイ容疑で検挙した。畢は暫行懲治叛徒法違反の罪も問われた。

第一審は畢と王に「満洲国の国防に関し秘密にすべき消息を漏洩したるものなり」と認定して刑法の外患罪を適用し、徒刑三年を科した。しかし、畢に対する「全蘇連共産党が満洲国存立の基礎を危殆、又は衰弱せしむる目的を有する結社なるの情を知りつつ……同党に加入」したという叛徒法違反については「其証明十分ならざる」とした。

この判決に被告は上告した。弁護人の大木幹一（北京や天津に居住した弁護士）は高等法院を第一審とする案件について最高法院でも事実審理をすべきとする。大木は柏田忠一（衆議院議員、弁護士、拓殖大学講師）弁護人とともに七つの上訴理由をあげる。まず第一審で証拠とされたものは被告のハルビン警察庁での聴取書と検察庁での証人の供述書のみであり、しかも警察や検察での供述は「拷問の結果たるの疑い充分なる」という主張を展開する。

これらの弁論を三六年一月二一日、最高法院渉外庭（審判長不明、検察官北村久直）は「両人の供述が強奪脅迫等の不正手段に出でたるものなりと為すの非難は理由なく」として退け、上告を「駁回」＝棄却した。上告審では叛徒法違反については言及されなかった。

以上のような司法処分において注目されるのは、中国共産党が叛徒法第一条の結社とみなされていることで、「満洲国社会制度を打破し、革命の手段に依り無産者独裁政治を実現せしむることを目的とする秘密結社」という定義が確立していた。

また、日本人以外が検察官や審判官となる事例があったことも注目される（盗匪法違反事件でも同様）。まだ十分に日系司法官が配置されていないことが、その理由だろう。三〇年代末以降、これらの審判が高等法院・最高法院の治安庭でおこなわれるようになると、検察官・審判官はすべて日本人によって占められることになる。また、判決書は「日満両国語」で作成され、「満文判決書」が正本とされていた。それは「満洲国」が独立国家としての体裁を整えようとしているからであろう。

盗匪法の発動

暫行懲治盗匪法では施行まもなくの一九三二年一〇月二四日、「長嶺県の通匪案件の犯人は罰金を以て処罰すべきや、刑法を採用し処罰すべきや」という吉林高等法院長からの問合せに対して、司法部は「通匪各犯に関しては応《まさ》に其の盗匪を帮助せる実際状況を取調、満洲国暫行懲治盗匪法の規定に依り適切に処断すべく、稍《すこし》も寛容することなく以て法治を彰《あきらか》にすべし」という指令を発している（司法部刑事司『刑事重要訓令指令類編』）。

一〇月二九日、司法部はロシア人に対しても盗匪法を適用する方針を指令する。そして、一一月三〇日には盗匪案件の処理に関する注意点六件を指令する。第一条の「聚衆」や「結夥」の意義のほか、盗匪案件については検察官も上訴権をもたないこと、死刑の執行にあたっては「高等法院長に於て核准《かくしゅん》〔審査のうえ許可する〕すると共に、茲に司法部の覆准《ふくしゅん》〔承認を確認する〕を経べし」とされた。そして、三三年二月二七日には奉天省長に盗匪法第八条の解釈を次のように指令している（満洲司法協会編『満洲国　検察警察法規総覧』、一九四一年）。

> 県長、公安局長は高級警察官なり、集団盗匪討伐の時は臨陣格殺を得る外、盗匪を捕獲し事態急迫猶予の余地なき場合は、該高級警察官の裁量に依り斟酌措置するを得と雖、然れども県長、公安局長が僅《わずか》に刑訴法第二二七条に拠り司法警察官として犯罪を偵査する時は前項の暫行懲治盗匪法第八条に定むる所の行為を為すを得ず、該法第八条に其の裁量に依て措置することを得ることは高等〔級〕警察官が盗匪に対し自ら審判をなし、或は事実上の刑罰を科するを謂うに非らず、僅に盗匪の投降を許可し、或は其の情形に因り司法機関に送り審判せしむるの意味を含むのみ

この指令から推測しうることは、検挙された「盗匪」に対して県長や公安局長が盗匪法第八条の「裁量措置」を名目に、正式な審判を開かずに「自ら審判をなし、或は事実上の刑罰を科する」ことが一般的におこなわれている状況が存在していること、そしてその濫用気味の違法措置に釘を刺したということであろう。「盗匪を捕獲し事態急迫猶予の余地なき場合」という事態に限って例外的に認められるという第八条の公式の解釈は、第一線においては無視されることが多かったと思われる。

盗匪案件については上訴を認めないことになっていたが、死刑判決執行の「覆准」＝承認を求めた際に司法部から高等法院に再審の指令を出すことがあった。

富裕県（現在のチチハル市）公署が張材被告に盗匪法第二条違反で死刑判決を言い渡し、その「覆准」を求めてきたとき、三四年五月三一日、司法部は黒龍江高等法院に再審を指令した。「賭博の借金のため」に「偶発

的に本件強盗罪を犯したるものなるに拘らず」、死刑としたことは「刑律の適用を誤れる違法の判決」と判断した。また、同様に四人の被告が「馬車強奪した」として死刑を科された案件でも、「右行為は共同強盗の事実に過ぎず、被告等を以て匪団と見るべきものに非ざる」として、八月一日、黒龍江高等法院第一分院に再審を命じた。

一〇月二二日にもやはり黒龍江高等法院に再審を命じている。検察官が第一回から第三回の審理に出廷しなかったことを「手続上に既に欠缺《けんけつ》」があるとするほか、事件は強盗罪として処断すべきという理由である。さらに一〇月二七日、「湯原県〔現在の佳木斯《ジャムス》市〕公署が盗匪高万山を死刑に判決したる件に付き覆准を請うの件」について、黒龍江高等法院に再審を指令した。判決では集団匪の一員として被告が「強法掠奪を為したること四、五回なる旨」の事実を認定したが、「唯一の根拠は被告自供の事実」のみであり、しかもその第三回弁論筆録の末尾の記載は「被告の署名捺印後、更に五行を添加しあり、被告の自認なりや否やに付き甚だ明瞭ならず」と司法部は指摘した。そしてこの事実認定の不十分のまま「遽《にわ》かに死刑を科したるは甚だ軽率にして、審理手続きも亦不充分の点尠《すくな》からず」と断じたのである〔以上、司法部刑事司『重要訓令指令類編』〕。いずれも再審の結果は不明である。

これらの司法部による高等法院への再審指令は、一見奇妙に思える。盗匪法第五条で盗匪案件は「上訴を許さず」という一審・終審となっているところに、司法部が再審を指令することは草創期の「満洲国」司法体制の未整備ゆえの措置といえる。前述のように三三年には三一六人に死刑が言い渡されており、乱暴に盗匪法が運用されたことを印象づける。判決後、死刑を執行する際には高等法院長の「核准」と司法部の「覆准」という承認手続が必要となるが、この司法部の「覆准」申請段階で判決文が精査され、盗匪法適用の違法性、自供の信憑性への疑問、審理手続の不十分さなどが指摘されることになった。

一般的に盗匪法の発動や適用が乱暴で杜撰なものとイメージされることと、この再審指令には大きなギャップが感じられる。黒龍江高等法院管内での盗匪法違反事件に集中していることも気になるが、なぜそうであったのかはわからない。推測の域をでないが、盗匪法による死刑判決の乱発への悪印象を和らげるために、いくつかの案件であまりに粗雑な判決内容に是正を加えようとしたのかもしれない。

しかし、こうした司法部による盗匪法違反事件の再審指令が、全般的に盗匪法違反事件に対する審判で慎重な抑制的な運用をもたらすことはなかったと思われる。盗匪法の発動が検察庁への送致に限っても年間二〇〇〇人を超える状況がつづいていくことこそがそれを雄弁に物語る。

前掲の**表6**「匪賊現出及討伐効果表」において、一九三二年から三五年にかけての「討伐効果」中、交戦時の射殺などの「死」が三万八五六六人であるのに対して、「逮捕」は六四三〇人におよぶ。この「逮捕」者が司法処分に付されるとすれば、やはり主に盗匪法違反となるだろう。**表7**によれば同期間の検察庁の受理数は六五七一人となっており、**表6**の「逮捕」者はその一部と推測される。

軍事的討伐時の現場において「臨陣格殺」のほかに軍隊司令官や高級警察官による「裁量措置」という殺害＝「厳重処分」が多数あったはずだが、三〇年代前半においてそれに関する史料は乏しい。

Ⅳ

暫行懲治叛徒法運用の全開
——一九三六〜一九四〇年

「満洲国」司法部（1936年完成）

一　思想的討伐の本格化

警務連絡委員会

「満洲国」日本人官僚のなかで最高幹部の一人であった古海忠之は撫順戦犯管理所における「偽満洲国の所謂《いわゆる》治安粛正工作に関する罪行」という「供述書」（中央档案館編『日本侵華戦犯筆供選編』7）のなかで、「満洲国」建国から一九三七年まで「国内治安の所謂粛正工作に全力を傾倒」し、「治安第一主義の時代」であったとする。その前半は軍事的討伐中心であったが、三〇年代半ばからは反満抗日運動を軍事的に抑え込んでいくとともに、「思想的討伐」という新たな課題が浮上した。関東軍も軍事的討伐だけでは十分な効果をあげられないことを認めざるをえなくなった。三五年九月の抗日武装勢力は三四年の同時期に比べて一万人も増加しており、とくに農村方面に拡大しつつあった（解学詩『歴史的毒瘤――偽満政権興亡』、一九九三年）。

「思想的討伐」に向けて三五年四月、大使館警務部は「警務連絡会報」の設置を指示した。「在満警務機構の統制に依り日満警務機関の連絡協調は極めて良好なる成績を挙げつつある処、更に徹底強化を期する見地より」という理由で、「警務に関する軍司令官（大使）の意図の普及及徹底に関する件」や「日満警務機関相互の連絡協調に関する事項」などを協議するとした（以上、『外務省警察史』第九巻）。

この連絡会報を一歩進めて、九月には中央と各地方に「警務連絡委員会」が設置された。関東軍の「秋季治安粛正工作」中の「思想対策要領」にもとづく。委員会規定第二条に「警務連絡委員会は思想対策に関し、関東憲兵隊司令官の統制下に於ける各機関の協同動作を円滑ならしむるを目的とす」と規定し、その任務は「思想対策に関し各警務機関の緊密なる連繋の保持」や「関東軍司令官・関東防衛司令官及各部隊長等の諸治安工作に対する命令・指示・企画等の普及及《および》徹底の助成」などとされた（「満洲国」治安部警務司編『満洲国警察史』上巻、一九四二年）。これにより以前に設けられていた「清郷委員会」や「治安維持会」を改編し、反満抗日運動取締の強化のために軍警機関の円滑な「連絡協調」を図ろうとした。

九月七日、中央警務連絡委員会が成立した。委員長には関東憲兵隊司令官（一二月から新司令官となった東条英機が就く）、幹事長には関東憲兵隊司令部総務部長（荻根丈之助《たけのすけ》大佐）が就き、幹事には憲兵隊司令部治安課長（斉藤美夫《よしお》中佐）、「満洲国」民政部警務司特務股長（川人勝一）、鉄路総局警務課長（有田宗義）、関東局警務課長（御《み》影池《のいけ》辰雄）らが名を連ねる。各地方の連絡委員会も一〇月一〇日までに八八カ所に設置された。この効果もあって、一〇月二四日の関東憲兵隊司令部『思想対策実施概況』によれば、九月以降、「思想匪」などの検挙者は五六八人に、帰順者は四二一人におよんだ（中央档案館ほか編『偽満憲警統治』）。

関東憲兵隊司令部治安課長として中央警務連絡委員会の幹事を務めていた斉藤美夫は一九五六年七月の瀋陽軍事法廷で、委員会の会議に参加して「中国東北部の抗日運動組織を破壊する計画に積極的に参与」したと陳述している。裁判長は『中央警務連絡委員会報』第二・第三報にもとづき、一九三五年九月から三六年一月までの検挙者は八六五五人で、そのうち五七八人を「厳重処分」（殺害）し、九四四人を「満洲国」の司法機関に送致したかと訊問する。これを斉藤は肯定する（王戦平主編『正義的審判』）。

『偽満憲警統治』収録の中央警務連絡委員会編「思想対策各種成果一覧表」（**表8**、一九三六年）をみよう。三五年九月から三六年三月の間の軍憲警機関の検挙者数の合計である。

表8 「思想対策各種成果一覧表」（1935 年 9 月〜1936 年 3 月）

類別＼地方別	新京	奉天	延吉	ハルビン	チチハル	承徳	計
政治匪	19	105	64	80	5	33	306
思想匪	7	104	361	242	4	11	629
土匪	811	845	1,114	667	135	249	3,821
通匪	280	383	423	431	35	64	1,624
通匪嫌疑	109	299	416	350	37	101	1,348
共産党嫌疑	4	264	70	39	3	22	402
通ソ嫌疑	―	1	6	35	110	―	152
通米嫌疑	―	1	―	2	―	―	3
通中嫌疑	24	155	11	3	18	17	228
強盗（殺人）	37	68	38	25	33	58	259
武器密輸	16	64	14	2	4	12	112
アヘン密売	19	59	159	30	3	51	321
其他	268	641	996	466	155	157	2,683
合計	1,594	2,989	3,682	2,272	578	775	11,890

『偽満憲警統治』

地方別では「間島」の延吉が最多で、奉天・ハルビンとつづく。類別では「土匪」「通匪」「通匪嫌疑」の順となっている。

中央警務連絡委員会『旬報』第一号（『偽満憲警統治』）所載の統計表によれば、三五年九月一日から三六年一月一〇日までの検挙者数（武器密輸やアヘン密売などを含む）は七三七二人であるのに対して、三六年一月一日から三一日までの検挙者数は八六五五人となっており、厳冬期に各軍警機関の捜査・検挙が集中的におこなわれたことがわかる。

しかし、これほどの検挙があったにもかかわらず、当局者はまだ期待通りに「思想的討伐」の成果があがっていないと不満だった。鉄道警護隊として加わっていた佐古竜佑《りゅうすけ》の「供述書」には「警務連絡委員会は警務機関当事者の意志疎通を計るを目的とし、次に業務の円滑なる実施を覘《ねら》ったものであります、即ち委員会設定当初は各警察機関（憲兵、一般警察、鉄道警護隊）鼎立し、連絡十分ならず相対立を来して居ったのであります」とある（『日本侵華戦犯筆供選編』9）。

警務連絡委員会は「連絡」による「協同動作」を目的としていたため、各軍警機関の縄張り争いや競合が解消されなかった。したがって、関東軍の「治安粛正工作要綱」にもとづく「本季軍隊の剿《そう》匪行動開始に先立ち、全満一斉に容疑箇所及不逞分子を検索検挙し、匪賊勢力培養の根源を覆滅す」（『外務省警察史』第九巻）という「思想対策」方針は、三五年一〇月には関東憲兵隊司令部による「全満一斉思想対策実施計画大綱」の作成と実施を促すが、軍警の協調は依然として不調で、バラバラの偵諜・検挙・処分となり、十分な成果をあげていないと判断された。

東条英機の関東憲兵隊司令官就任

一九三〇年代半ばの「満洲国」治安状況にとって決定的な出来事は、その治安体制の中枢に位置する関東憲兵隊司令官に東条英機（少将）が就任したことである。東条司令官は懸案の「思想的討伐」において関東憲兵隊の機能を全面的に発揮させる態勢を作るとともに、全満の軍警を一元的に統制する警務統制委員会を設置して反満抗日運動を抑え込んでいった。

久留米の歩兵第二四旅団長を経て東条が関東憲兵隊司令官に就任するのは、一九三五年一二月である。なぜ東条の着任であったのか。左遷ともいわれるが、経緯は不明である。結果としてこの就任は東条にとっても、関東憲兵隊自体にとっても、憲兵全体にとっても、そして「満洲国」治安体制にとっても重要な意味をもつことになった。司令部で東条に接した木村孝三郎憲兵曹長は「異色の憲兵司令官で、着任時の訓示に顔写真を貼付し、全満州の憲兵分駐所にまで配布して司令官の意図徹底を期した……いわゆる〝カミソリ東条〟の異名を

東条英機の関東憲兵隊司令官就任、1935年
『偽満憲警統治』

付けられ、八面六臂《はちめんろっぴ》の活躍をした」（『日本憲兵外史』）と回想している。

公安部档案館編『史証』（二〇〇五年）の「関東憲兵隊の犯罪行為」には「東条は憲兵隊司令官に就任すると、すぐに全満洲で憲兵と警察との合同討伐をおこなった。特に三角地域と東辺道地区の討伐を強化した。同時に、いわゆる東条人事を実行した。すなわち退職する憲兵を「満洲国」警察に入れて憲兵勢力を守り立てるとともに、中国民衆への鎮圧に役立つと思われる人である限り、抜擢した……彼は満洲警務機構が含まれるすべての警察機構を自分の掌握に帰して、全力で民衆を鎮圧することを企てた」という記述がある。「東条人事」の実態はわからないが、「思想的討伐」に新機軸を打ち出したことは確かである。

警務統制委員会の設置

全国憲友会連合会『日本憲兵外史』（一九八三年）は「東条司令官の着任後第一の作戦が、在満共産勢力の一掃であった」とする。一九三五年一二月の着任直後、吉林省磐石県で反満抗日運動の取締状況の視察をおこなった際、同道した警務部治安課長斉藤美夫との対話を斉藤自身が「特務」という「手記」で回想している（撫順戦犯管理所において執筆、中帰連平和記念館所蔵）。斉藤が「特務警察の働きがにぶっており、成果どころか却って共産党に裏をかかれる始末なのです。今隊下の特高係憲兵は人が少ない上に経験が乏しいのです」と述べると、東条は「こっちに特高適材を日本を含めて全憲兵隊から集める事を希望し、承諾を得て来た。至急に特高組織と教育を改善整備しなけりゃならん」、「遅くも来年春季には一斉検挙をやり、徹底的に党を撲滅して了《しま》う気構でやるんだ」と述べたという。

これに対して斉藤は「各機関に対する憲兵系統の統制権を強化することが、解決の鍵です。この強力な統制によって憲兵隊司令部を中枢として各憲兵隊本部、憲兵分隊の統制指揮下で各機関のエキスパートを集めて対共専門特務組織を確立し、計画に基いてこれを運営し工作能率を上げ、結果を了《おさ》めることが絶対に必要と認めます」と提言する。ここに警務連絡委員会に代わって警務統制委員会の設置が実現する。

この回想によれば、着任前から東条は中央の憲兵隊司令部で「特高適材」の異動について申し入れをおこなうなど、「特高組織と教育」の改善整備の構想を固めており、着任後、その緊急性を再認識し、斉藤治安課長に具体案の策定を指示したことになる。斉藤の「供述書」によれば、斉藤も警務連絡委員会に「遺憾の点」があるとして関東憲兵司令官が警務統制を把握する必要があると関東軍に提案し、同意を得ていたという（前述の東条とのやり取りとの前後関係は不明）。

警務統制委員会の設置は、関東軍参謀部第一課「満洲国治安粛正計画大綱案」（一九三六年四月〜三九年三月）のなかに位置づけられていた。とくに東部方面の「急速なる治安の粛正」実現が目標とされ、関東軍全体としては「治標工作」「思想工作」「治本工作」の並立実施をめざした。関東憲兵隊は「思想工作」を本領とするが、この段階では殲滅作戦を意味する軍事力による「治標工作」や包囲攻撃・兵糧攻めを意味する「治本工作」に連動することも求められていた。

三六年二月七日制定の関東軍参謀第一課「満洲国治安粛正計画大綱案」に、関東憲兵隊司令官は治安勤務に

関して日満憲警を統制し、「消匪、思想的警防に任ずる外、軍隊の行動を補助す」、関東憲兵隊司令官の日満軍警統制の要領は「各警務機関本然の系統に於て其治安能力を発揮せしむることを主眼とするも、情況上特に要するときは強度の強制を加え、治安粛正の徹底に遺憾なからしむるを要す」（防衛省防衛研究所図書館所蔵）と規定された。「本然の系統」とは「思想工作」=「特務警察」、すなわち特高警察機能の発揮を指している。他警務機関に対する「強度の強制」について、いわば関東軍司令部のお墨付きを与えられたことになる。

四月一日、警務連絡委員会に代わって警務統制委員会が中央・地方・地区に設置された。中央委員会は新京に設置し、地方委員会は各憲兵隊本部所在に置き、各憲兵隊長が地方委員会委員長となる。各憲兵隊分遣隊長を地区委員長とする地区委員会も置いた。中央委員会委員長は関東憲兵隊司令官（東条）とし、委員には関東憲兵隊総務部長・大使館警務部第一課長・関東局警務課長・民政部警務司長・蒙政部警務科長・鉄道総局警務局長が就く。斉藤治安課長は幹事兼委員となり、荻根総務部長（幹事長）が病気のため、実質的に幹事会を仕切った。朝鮮総督府新京出張所長と司法部刑事司長が委員会に陪席している。

その中央の創設会議で、東条司令官は「警務統制委員会任務の重点は満洲国建国を妨害する中国共産党東北党とその領導する武装団体抗日雑軍の撲滅工作にある」（斉藤「特務」）と訓示した。委員会の性格は第二条で「警務統制委員会は思想的警防弾圧を主眼とする思想対策に関し、関係各機関の協同動作を円滑ならしめ、関東憲兵隊司令官の統制を容易ならしむるを以て目的とす」と規定された。連絡機関であった「警務連絡委員会」から憲兵系統の統制権の強化を図るとともに、各警務機関のエキスパートを集めた対共専門特務組織の確立がめざされた。

後述するように警務統制委員会の積極的活動により反満抗日運動に対して「多大な効果」をおさめると、三七年一一月末をもってこの委員会は「自然消滅」し、関東軍主導の粛正工作から「満洲国」軍警を中心とする思想対策を中心とする粛正工作へとかわった。三八年一月、「日満警察機関相互の緊密なる連絡を図り、協同動作を円滑ならしむる目的」で新たに警務連絡委員会が設置され、さらに三九年四月には防衛委員会に継承されるが（以上、『満洲国警察史』上巻）、それらの運用の主導権は依然として関東憲兵隊が握っていた。

警務統制委員会の全開

警務統制委員会は設置とともにすぐに活動を全開した。一九三六年六月から中央警務統制委員会名で発刊した『思想対策月報』に、その活動の詳細が記録された。

第一号（四月分）の「治安概況」には「有力大匪団の横行を見ずと雖《いえども》、解氷、春耕期と相俟《あいまっ》て匪賊数は漸次増大、約二万三千に達し、其活動亦活発性を加え、匪害相当数に上れり、又蘇聯邦の積極的対満対匪策謀と中国南京方面よりする執拗なる反満抗日策動あり、或は中国系共産党団の潜行的赤化宣伝工作に暗躍するあり」と記載されている。この月、「検問検索或は視察内偵等に依り共匪其他匪賊、不逞分子ら」一六二四人を検挙し、「帰順匪」も七一二人を数え、「治安着々完璧に向進しつつあり」と楽観視されたが、状況はなお一進一退がつづいていた。

七月分では「共匪の跳梁尚猖獗を極めあり」、九月分では「殊に中共党の全満共匪化は国内治安の癌腫とも観察されあり、各警務機関は之が弾圧に努力中なり」とされた。こうした検挙は「都市及其の付近部落の一斉検索」によってもおこなわれ、検挙のほか、小銃・拳銃などが押収されている。三六年九月の検索回数は七四二回におよぶ。どれほど「中国共産党東北党とその領導する武装団体抗日雑軍の撲滅工作」が徹底してなされようとしたかがわかる（以上、『日本関東憲兵隊報告集』Ⅰ―⑤）。

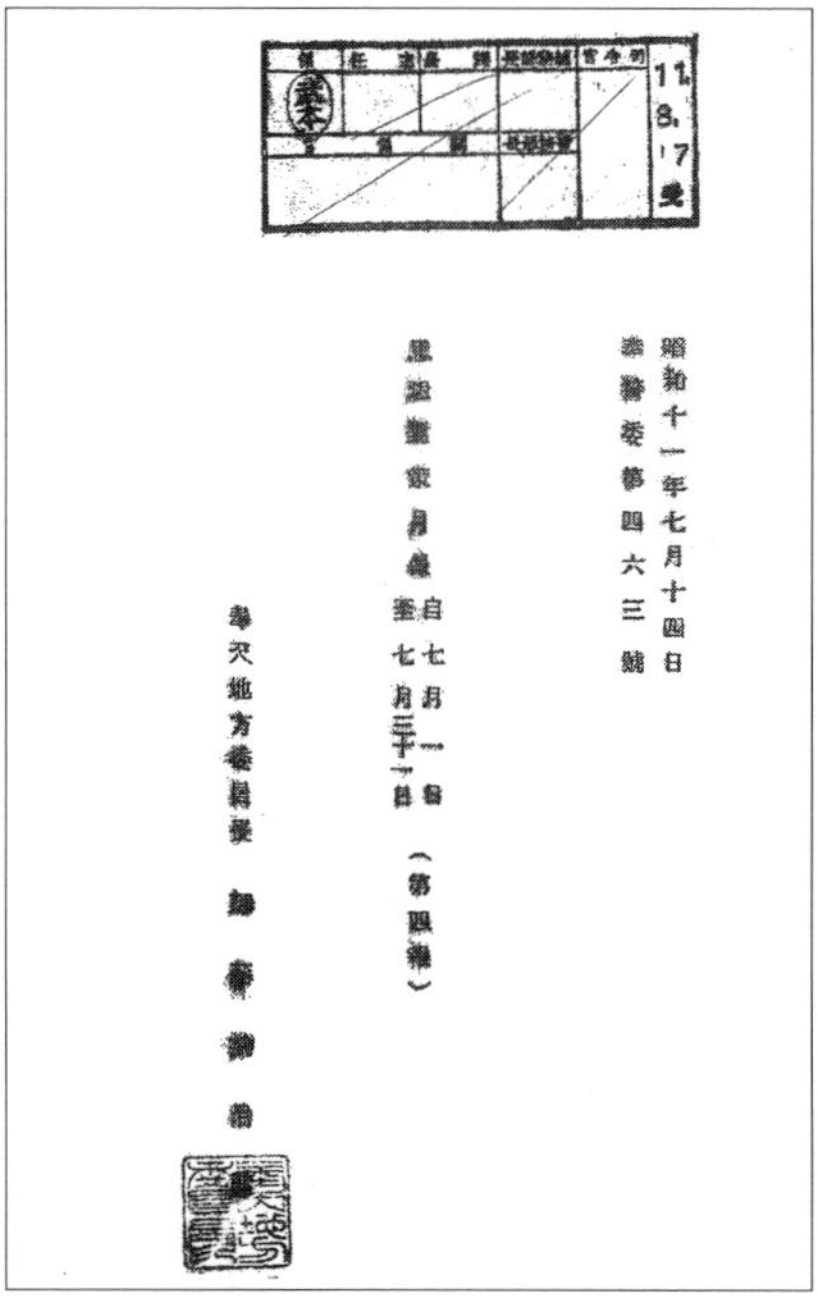
11.8.17受

昭和十一年七月十四日
奉警委第四六三號
思想對策月報 自七月一日至七月三十一日（第四報）
奉天地方委員長

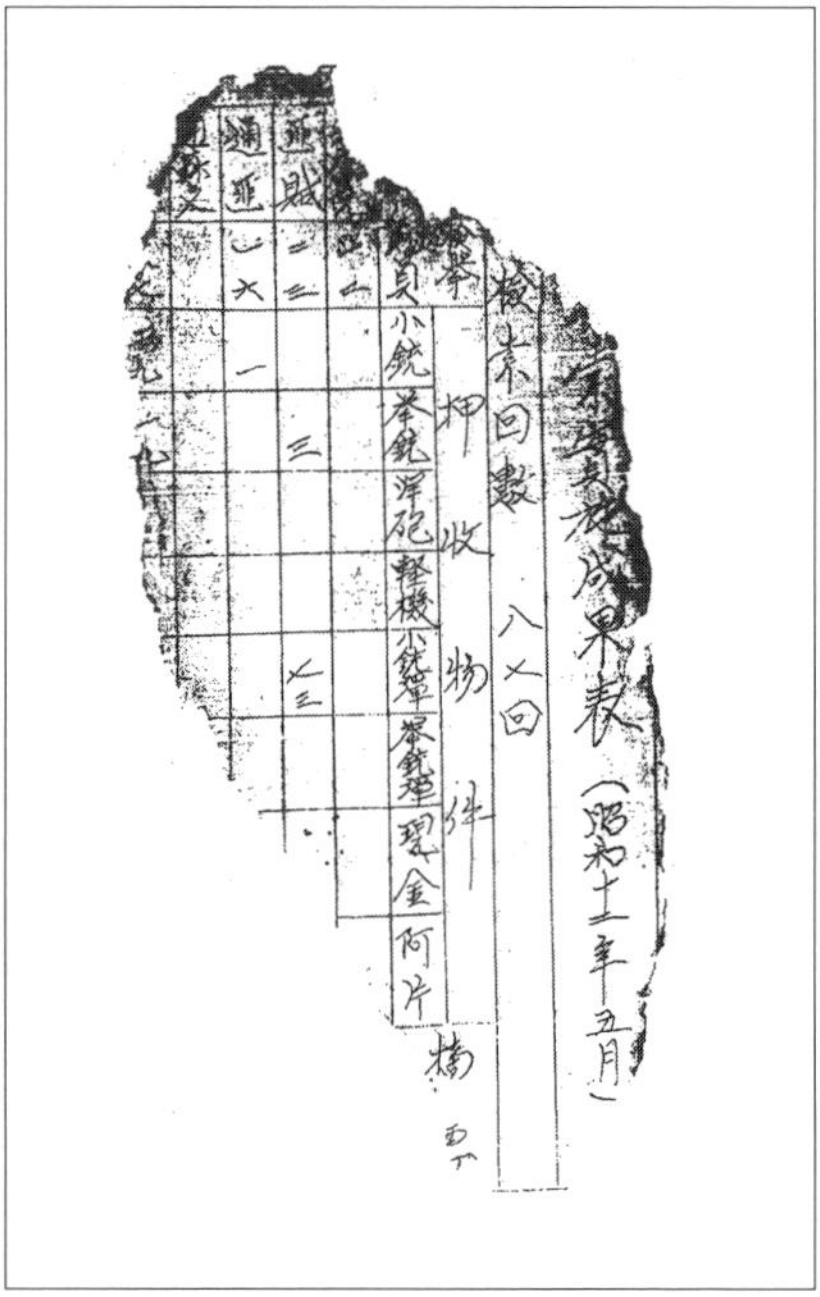
検挙回數 八七回
押收物件
（昭和十二年五月）

左　『思想対策月報』（奉天警務統制委員会、1936年7月分）
右　『思想対策月報』（中央警務統制委員会、1937年5月分、焼却のため破損）
『日本関東憲兵隊報告集』第1輯第5巻

各地方警務統制委員会の活動の「成果」は、それぞれ『思想対策月報』として中央警務統制委員会に提出された。奉天の七月分には「管内治安は益々悪化し」とあり、牡丹江の七月分にも「管内の治安状況は目下阿片採取期を控え、匪団の活動稍々《やや》活気を呈し……満軍等の豹変事件続出しありて偸安《とうあん》を許さざる現況なり」とある（『日本関東憲兵隊報告集』I—⑤）。

鉄路警察の細谷香は手記「綏化《スイカ》の大屠殺」（中帰連平和記念館所蔵）のなかで、三六年の浜江省の綏化地区警務統制委員会の活動状況を次のように記している。

冬の期間、抗日活動を一時中止して単独で街村に出る者や、自宅に戻るため列車を利用して旅行する抗日戦士を逮捕する目的を以て、特別捜査班を組織した。綏化警務段特務細谷香は憲兵軍曹下山福太郎を班長とし、警務段と警察の特務一二名によって編成された捜査班の中核となって、これら抗日戦士の策出につとめた。細谷は元浜北線の列車内で逮捕した抗日戦士段興範を密偵に逆用して列車内、駅待合室や綏化街、興隆鎮街の旅館、飲食店、阿片館、劇場、市場等の人込みの場所を捜索し、久方振りで街に出て永い労苦を慰っている抗日戦士を「匪賊」と云って逮捕し、電気、水攻め、吊上げ、竹刀、軍犬等のむごたらしい拷問を加えた後、綏化監獄に投獄した。

この期間に、細谷が逮捕した抗日戦士は三五人で、その外に抗日部隊に食事を与えたとか、宿を貸したとかいう理由をつけて、「平和な農民十余名」を逮捕し、投獄したという。

新京憲兵隊敦化憲兵分隊長であった堀口正雄は三七年九月下旬、敦化地区第一回警務統制委員会を開催した意味を、「会議の目的は敦化地区の各警務機関の長を集めて、如何にして敦化地区の思想対策をよくやるかといった事を具体的に協議することです」と供述している。そこでは「敦化領事館警察署長は朝鮮系の反満抗日分子の情況に就き、偽満洲国警察の首席指導官は管内の実情、特に治安に関係ある蒐家工作、警備道路、戸口調査による愛国分子の発見、糧道の遮断等、警察務に結びつけて説明、警務段長は受持の鉄道沿線部落に於て愛国分子を如何にして発見するか等に就き説明報告」したという（『日本侵華戦犯筆供選編』12）。

警務統制委員会の活動「成果」

一九三六年六月の第二回中央警務統制委員会において荻根丈之助幹事長は「各機関の絶え間ない努力により、思想対策工作は少しずつ成果を収めつつある」と述べる。九月の第四回中央警務統制委員会では東条が「国内治安は次第に粛正の効果を収めつつある」と評価する一方で、「統制強化については工作開始以来ずっと強調してきたが、今なお不足するところがある」(『偽満憲警統治』)と叱咤激励した。

三六年から三八年にかけての日満憲警機関の総力をあげた「治安粛正計画」の実行により、反満抗日運動は逼塞《ひっそく》させられていった。三八年六月の関東憲兵隊司令部「昭和十三年度前半期に於ける中共満洲党の運動概況」は、「党の武装機関たる東北抗日連軍は日満軍の峻烈なる粛正工作に依り前期後半頃より続々其の本拠を覆滅せられ」るとともに、「集団部落」の結成や「無住地帯」の設定などにより「糧道を途絶せられて行動著しく困難となりたる」と観測している。その結果、「本期間に於ては各軍共通的に帰順者を出しつつあり」(「満受大日記(密)」一九三八年、防衛省防衛研究所図書館所蔵)とする。

三八年一〇月分の佳木斯憲兵隊『思想対策月報』にも日満軍警諸機関のおこなう治安粛正諸工作の強化促進により、「大規模なる糧弾道遮断はその功を奏し、匪団の窮状は益深《ますます》刻化し、潰滅の一路を辿りつつあり」(「本邦に於ける社会主義其他危険主義関係情報雑纂/思想月報第七巻」、「外務省記録」I-4-5-1-1)とあり、「治安粛正計画」が成果をあげつつあることがわかる。三九年一月時点で、「全満共匪賊の総数は大約《おおよそ》六五〇〇名」(関東憲兵隊司令部『思想対策月報』II—⑨)にまで激減した。

「思想的討伐」の主力として警務統制委員会の積極的な活動が「多大な効果」をおさめたとされることについて、一九五六年七月に瀋陽軍事法廷で裁判長と斉藤の間で次のような質疑応答がなされた(『正義的審判』)。

問　一九三六年四月から一九三七年七月まで、満洲国の「中央警務統制委員会」があなたの参与した企画指導の下で、日満憲兵、警察、特務が中国東北各地で中国人民を捕らえ、虐殺した情況を述べてください。

答　この期間、満洲国の「中央警務統制委員会」の計画と指導の下で、中国の抗日運動家と民間人三万八五七七人を逮捕し、そのうち約五五〇〇人を殺害し、他に「満洲国」の司法機関に約一万九四九〇人を送検しました。

問　昭和一二年一二月七日の満洲国「中央警務統制委員会」第一八六号『思想対策月報』によると、この期間、日満憲兵、警察、特務などは満洲国「中央警務統制委員会」の指導の下、全部で三万八五七七人を逮捕したと記載されています。あなたの供述と一致します。四三三六人を殺害、司法機関に送検したのは一万四八九九人という部分があなたの供述したものと少し違います。どちらの数字が正しいと思いますか。

答　先ほど読み上げられた資料の記載が正しいです。

斉藤美夫　撫順戦犯管理所
斉藤『飛びゆく雲――最後の戦犯は語る』、1987年

警務連絡委員会の下での検挙者は七カ月間で約一万二千人だったのに対して、警務統制委員会の下では一六カ月間で約三万八六〇〇人となっており、「思想的討伐」の「成果」はより増大した。しかも統制委員会下では殺害＝「厳重処分」と法院送致の割合が格段に増えていることは確実で、反満抗日運動に対してより厳しい弾圧が加えられたといってよい。

三六年七月の第二回中央警務統制委員会に提出された四月から六月までの「逮捕者処理統計表」によると、検挙者五五四一人のうち法院送致が一二三〇人、「厳重処分」が七六八人、「利用中」が八〇人、釈放が二二五五人、取調中が一二〇八人となっている（『偽満憲警統治』）。先の三六年四月から三七年七月の間の数値と重ねると、検挙者のうち一割強が

「厳重処分」となり、二割強が法院送致となっていた可能性がある。

「厳重処分」とは現場での憲兵隊や警察による射殺や斬殺であり、容赦なく実行された（後述）。法院送致では暫行懲治叛徒法・盗匪法違反による司法処断がなされた。「利用」は「各隊に於て爾後の捜査に利用するもの」、つまりスパイとしての活用である（以上、斉藤「供述書」『日本侵華戦犯筆供選編』8）。

以上のような警務統制委員会の活動「成果」の一部は暫行懲治叛徒法・盗匪法による検挙者数とも重なるはずである。『満洲国警察史』上巻には一九三七年から四〇年までの「犯罪統計表」があり、叛徒法・盗匪法違反検挙者数がわかる（**表9**）。前述の斉藤陳述にある約三万八六〇〇人という数字とは開きがあるが、ここでは盗匪法の検挙人員が急減傾向にあることと、叛徒法の検挙人員が「思想的討伐」を反映してだろう、三八年と三九年に増加していることを確認することができる。とくに盗匪法検挙人員の急減は、日満軍警の軍事的討伐が「成果」をあげていたためといえる。

表9　暫行懲治叛徒法・盗匪法の犯罪統計表（1937〜40）

罪名／年次	暫行懲治叛徒法		暫行懲治盗匪法	
	検挙件数	検挙人員	検挙件数	検挙人員
1937	157	179	7,046	8,734
1938	182	260	3,301	3,324
1939	213	268	1,644	1,725
1940	34	69	323	955
計	586	776	12,314	14,728

『満洲国警察史』上巻

「特別工作班」

一九三六年の中央警務統制委員会の場で、幹事の斉藤美夫は「特別捜査班」の編成と「思想調査班」の設置を提案し、実行に移したと「供述書」に記している。前者は民政部警務司が「治安工作重要県三六県に長以下二〇名」の規模で編成するもので、反満抗日運動の遊撃隊長や幹部を「検挙討伐」し、あるいは「誘致」により抗日遊撃隊の戦力を削ぐことを目的とした。後者は共産党検挙のために「偵諜、培養、一斉検挙計画の適確性を期する」目的で、各省警務庁特高課に設置した。中央警務統制委員会にもこの調査班を設置し、一九三七年末には『在満中国共産党に就て』を編纂・配布している（『日本侵華戦犯筆供選編』8）。

この「特別捜査班」の活動が、安東省警務庁長谷口明三から治安部警務司長渋谷三郎宛に報告されている。三七年一二月分から三八年二月分で、一二月分の場合、四八件七四人の検挙で、「厳重処分」三人（政治匪）、事件送致一二人などという「処置」となっている。三八年一月分の検挙者は三七人、二月分は一六人である。この「特別捜査班」の「成果」を含む安東省警務庁の「思想対策成果月報」も報告されており、三カ月合計の検挙数は五六九人にのぼる。「厳重処分」の合計は一六人となった（遼寧省档案館編『日本侵華罪行档案新輯』13）。

これとは別に、関東憲兵隊自体が積極的に関与することもあった。東辺道治安粛正工作では軍事顧問として宇津木孟雄（憲兵隊司令部第三課長）・富田直澄（奉天憲兵隊特高課長）らが派遣されて、「満洲国」軍憲兵隊を実質的に指揮し、帰順工作の指導をおこなっている。また、通化憲兵分隊を憲兵隊司令部直轄分隊として、長島玉次郎曹長を長とした「特別工作班」はなかでも大きな役割を演じた。

『偽満憲警統治』所収の長島「工作班成績概要」（一九三七年五月から三八年八月）によると、憲兵三人、「密探」・通訳三人、警察官三人を主体に編成され、「利用」のために釈放した九二人を編入している。懐柔工作による「土匪」の武装解除や「優秀分子」の利用に努め、二九回の戦闘を通じて、射殺人数一〇七人、投降匪七五七人という「成績」をあげたとある。

撫順戦犯管理所における長島の「供述書」によれば、「日満軍警討伐隊の武力弾圧と行政機関の実施する経済封鎖による圧迫」や「協和会（国家総動員体制を担う官民一体の国民教化組織の「満洲国協和会」のこと）がおこなう欺瞞宣伝と密接に連携」して、まず目標地域を選定して「誘惑工作」をおこなう。そこには「討伐隊の出入制限」や「日常必需物資の流入制限」をしたうえで、「金品の贈与、日常生活の優遇、将来の身分保障等の欺瞞手段によりてこれを使用」する。さらに「捕虜又は新たに収容された被誘惑部隊と混入し、情報の収集及奸漢として堕落せしむる為の誘惑を行わしめ」るほか、「部隊内に攪乱分子を投入し、或は父母、兄弟、友人を使用し、隊員の買収」をおこなう。これらの「準備工作」によって目標部隊が「誘惑の可能性あり」と判断すると、長島自身が交渉にのぞみ「1、生命の安全、2、偽満軍警部隊として編成してやる、3、帰郷希望者には証明書及旅費を支給する等を掲げ、誘惑」したという。

長島「供述書」では「誘惑工作（帰順工作）」の事例として三七年七月、「東北義勇軍首領、救国軍、天勝軍ら」約一二〇人を「誘惑、投降」させ、八〇人を武装解除し、永稜街に収容したことなど、一四件を列挙している。一部は警察大隊などに編成されたという。「中共領導下の東北抗日連軍及遊撃隊」に対して「誘惑工作」は困難なので、まず「討伐地区への物資流入」を禁止し、兵力を分散させ、兵器弾薬や衣服食糧を消耗させて疲労や飢餓に追い込んで「交戦不可能に陥らしめ」たうえで、協和会の欺瞞宣伝や宣伝文の撒布を強化するほか、「被誘惑部隊の幹部」に投降を勧告する文書を発送し、「武力による圧迫に因り自主的に誘惑に応ぜしむる如く導き」というものだった（『日本侵華戦犯筆供選編』82）。

この時期、こうした「特別工作班」は各地で編成されている。新京憲兵隊敦化憲兵分隊長の堀口正雄は「憲、偽満警、鉄警、通訳、密偵等有「能力者」二十名内外にて組織し、「治安不良」地区を遊動工作す」と供述している（『日本侵華戦犯筆供選編』12）。

関東憲兵隊の「共産党対策」

関東憲兵隊独自でも「思想的討伐」に向けての対策が進められた。斉藤美夫は一九三五年五月の憲兵隊長会議で「共産党検挙対策」として、「1．各隊は特別捜査班を設けて所管地区内共産党地下組織を偵諜すること。2．策出したる目標を温存培養し、成るべく組織網の全貌を把握すること。3．機を見て司令部に於て統制の下に一斉検挙を行う」ことを指示している。各憲兵隊の偵諜工作の続行により、九月上旬、各憲兵隊に一斉検挙を指示した結果、検挙数は八一件三六七人にのぼった。「処分」の内訳は「厳重処分」一七人、法院送致四三人、利用二三人、釈放二〇四人であったとする（斉藤美夫「供述書」）。

一九三〇年代後半から関東憲兵隊は「本然の系統」である「思想工作」を本格化した。三五年五月の憲兵隊長会議や一〇月の関東憲兵隊司令部「全満一斉思想対策実施計画大綱」の策定にもかかわらず、「思想工作」はまだ軌道に乗ることはなかった。三六年一月の憲兵隊長会議では思想対策の第一として「重要目標たる共産党・国民党等の地下組織分子を成るべく速かに検挙し、又各遊撃隊を討伐検挙すること」（斉藤「供述書」）という指示がなされながらも、治安状況の悪化や匪族数の増加・鉄道被害の増加はまだ改善されなかった。

各憲兵隊による「共産党地下組織偵諜工作」の実行により、ハイラル憲兵隊の検挙を契機に三六年四月から六月にかけてハルビンを中心とする「満洲共産党」の一斉検挙がなされた。検挙者数は一七二人（六月一八日時点）で、そのうち四〇％が「智識分子（教職員等）」とみなされた。この「検挙」は共産党に対する最初の組織的「検挙」となった（斉藤「供述書」）。七月の第二回中央警務統制員会において、荻根幹事長は「反満抗日統一戦線というスローガンの下で、特にコミンテルンと中国共産党は農民の赤化工作を教育に結びつけ、満洲国の教育機構を攪乱、赤化することを企んでいる」、「警務機関は各教育機関と緊密な関係を保ち、共産党の影響を消滅させるために、教師や学生の思想動向を厳しく監視し、不良分子に対しては断固たる措置をとるべきである」（『偽満憲警統治』）という指示を出している。

関東憲兵隊自体も中国共産党に対する「思想工作」を本格化するとともに、対ソ防諜・諜報工作の態勢を拡充整備していった。一九三八年の兵力は憲兵補（朝鮮人）や憲補（「満洲国人」）を加えると、二〇〇〇人を越えた。

四〇年になると、憲兵本然の任務として「思想警察」=特高警察機能の拡充強化が図られた。七月の関東憲兵隊司令部「思想対策服務要綱」の「第一　方針」には「日満共同防衛上有害なる思想的策動、特に共産並反日思想の警防弾圧に任ずると共に、保安に影響を及ぼすべき各種事象に留意査察を加え、以て平戦両時を通じ満洲国の保安確保に遺憾なからしむる」と掲げられた（『日本関東憲兵隊報告集』Ⅰ―⑭）。

四〇年の『思想対策月報』がいくつか残されている。一月分として錦州憲兵隊では「管内治安は引続き良好にして特殊事象なしと雖も、不逞分子の潜入を保し難き現況に鑑み、国境線の取締を強化し、之が策出検挙に努めあり」（『日本関東憲兵隊報告集』Ⅰ―⑥）、承徳憲兵隊は「管内に於ける残存匪は日満軍不断の治標工作と之に伴う憲警の思想対策に依り、治安逐次良況に向いつつあり」（同Ⅰ―⑦）とする。これらを受けて関東憲兵隊司令部の『思想対策月報』も二月分で、西南部地区、なかでも熱河省は「日満軍の一斉討伐に依り匪勢著しく衰退し、窘窮《きんきゅう》の極に達し、目下僅《わずか》に彷徨其居を転々しある状態にして特殊の策動なし」（Ⅰ―⑪）と楽観視するようになった。

ただし、まもなくこの西南部地区における楽観視はくずれる。反満抗日運動が急速に激化し、六月分の承徳憲兵隊の『思想対策月報』は「国境地区は恰《あたか》も共産軍の棲息地帯を出現し」とみるようになった。高粱の繁茂期を利用し、「党軍併行の特異性を遺憾なく発揮し、民心の収攬に依る赤区地区の造成乃至日満軍の後方攪乱等益々猖獗の兆あり」（Ⅰ―⑦）と報告するようになった。その本格的展開については次章の範囲となる。

中国共産党「哈東特委検挙」――四・一五事件

浜江省を中心にハルビン警務統制委員会の指揮により「阿城鮮人共産党」の探知（一九三六年一〇月）を突破口に一九三七年四月、中国共産党ハルビン特委と哈東特委に対する一斉検挙がおこなわれた。四・一五事件と呼ばれる。検挙の範囲は大連・柳河・磐石などにも広がった。筑谷章造（浜江省警務庁司法科司法股長）の「供述書」には「哈東特委は偽満軍人及同警察官、其他公務員、会社員等を以て組織構成しあって、偽満軍人に対しては偽満憲兵をして、其他に対しては偽満警察官をして之が検挙に当らしめ、憲兵は之が統制、指導をなし、同時に一斉に検挙を実施することとした」とある（『日本侵華戦犯筆供選編』11）。

関東憲兵隊司令部治安課長として実質的な指揮を執った斉藤美夫は手記「特務」（中帰連平和記念館所蔵）のなかで、四・一五事件について次のように記している。

この日から二、三日の中に一斉検挙の報告が各地方委からもたらされた。警務部、満側の民政部警務司、憲兵総団司令部、鉄道警護総監部等から絶えず連絡がある……一斉検挙につづくものは、つきものの拷問取調であった。しかも「徹底取調をやってあくまで真相をつかまえる」と号令する隊司令部・中央委員会の叱咤鞭撻がこれを鼓励した、その反映があらゆる拷問として現れた……拷問をやらない取調などは取調の中に入らなかった。とりわけ思想対策の取調には、ひどい拷問が行われた。拷問を受けた結果、悶死し、不具療疾となった人が数多くできた

斉藤が掲げる検挙者数は「中共党員一七二人、その関係者約三五〇人、計五二〇人」にのぼる。「そば杖を食って拉致された人が二千人を超え」、女性や少年も含まれていた。党員は学校教職員が四〇％を占めていたという。斉藤「特務」によれば、「憲兵や警察はこの検挙で抗日人民戦線の根幹を覆《くつが》えしたかのような錯覚に陥り、功をほこり合い、勝ち戦を祝った」。東条委員長は検挙の功労者に賞状や賞金を与えて表彰した。さらに東条は中央警務統制委員会の委員や幹事を招いて「慰労の宴を張った」という。

「阿城鮮人共産党」の検挙者は二八人で、七月一二日、そのうち二〇人が中国共産党と連絡を有し、「満洲国農民を赤化指導し、延《ひ》いて共産革命に依り大日本帝国の国体を変革し、共産主義国家を樹立する目的」をもって活動していたとして日本・治安維持法違反で関東軍臨時軍法会議に送致された。ハルビン特委関係では一七人が暫行懲治叛徒法違反として、七月一三日に第四軍管区司令官宛に送致された（いずれもその後の司法処分は不明）。哈東特委関係者は五月二一日に叛徒法違反で第四軍管区軍法会議に送致され、六月七日に二五人が判決を言い渡された（二人は不起訴）。このうち死刑判決を受けた一三人は六月九日、ハルビン郊外で銃殺された（「北満に於ける共産党の概況」、内務省警保局『外事警察報』第一八一号、一九三七年八月）。

内務省派遣の事務官による「北満に於ける共産党の概況」ではハルビン特委と哈東特委の「直接又は間接にコミンテルンとの関連」を見出すとともに、「事犯の性質並に満洲国発展の現状に鑑みて一般予防的見地より厳重なる処分を受ける」と観測している。

三八年二月一二日になって事件に関する記事が解禁された。『満洲日日新聞』によれば総検挙者数は四八二人におよび、暫行懲治叛徒法違反により八五人が死刑に、六四人が有期徒刑となった。同日の『大阪朝日新聞』「満洲版」には「全満共産党事件一斉検挙　混血美人も交り　灼熱する〝赤い恋〟事件を彩る婦人闘士」という興味本位のセンセーショナルな記事が載る。「日満呼応して　赤魔の殲滅」と題する談話で、治安部警務司長渋谷三郎は日本の人民戦線事件と呼応するものとして「今や時局はいよいよ複雑多難を極め、国際間の形勢また端倪《たんげい》を許さないものがある、しかしてその動因は一に「コミンテルン」の陰謀に胚胎するものであって、吾人はますます官民一体、五族協和の実を挙げるとともに、宜《よろ》しく彼の悪辣なる欺瞞的「トック《ママ》」〔トリックか〕を徹底的に暴露糾弾し、赤魔をしてこの王道楽土に敢て一指をも触れしめざるの決意と信念とを堅持する必要を強調してやまないものである」と述べている。

混血美人も交り
灼熱する"赤い戀"
事件を彩る婦人闘士

全滿共産黨事件
一齊檢擧

本日記事解禁

一網打盡就縛の赤の一味

【上】より宋鎭蘭(首魁韓の情婦)桑如桂、張鶴知、艾鳳林、呂若珍、馮策安

本事件大檢擧に活躍した哈爾濱憲兵隊本部と殊勳の河村特高課長(圓内)

四・一五事件

『大阪朝日新聞』「満洲版」、1938年2月12日(『朝日新聞外地版』、ゆまに書房)

さらに「本検挙事件に関しては日本側憲兵、警察から始終絶大なる協力援助を与えられ、真に日満一体の警察活動を発現した結果、本成果を収めることが出来た」とする。記事中には「本事件大検挙に活躍した哈爾浜憲兵隊本部と殊勲の河村特高課長」の写真が掲載された。

東京刑事地方裁判所検事局の井本台吉は「満洲国に於ける最近の共産主義運動に就て」をテーマに出張調査し、三九年一〇月の『思想情勢視察報告集』に報告書を掲載している。そこでは「共産主義運動が所謂思想運動ではなく謀略活動であることを痛感」したとし、四・一五事件について「中共東北党の白区に於ける組織網は……哈爾浜を中心とする北満地区の一斉検挙並に撫順大連等の継続検挙により、哈特委並に隷下組織及び国際交通局を根本的に検挙弾圧した」結果、つづく三・一五事件などの「検挙強圧により て潰滅に瀕したる」と記している。

「満洲国」の三・一五事件

解学詩『歴史的毒瘤』第七章「血腥的〝治安粛正〟」では一九三七年以降、「討伐する地域はこれまでほど広くはないが、特定の地域では特定の対象に対してあらゆる力を注ぎ、最も過酷な手段をすべて施した」と論じ、関東軍の「討伐」鎮圧計画の重点が浜江省、ついで三江省におかれたと指摘する。同書によれば、三六年夏、三江省湯原・依蘭両県の抗日救国会会員だけでも三万五〇〇〇人に達していたという。

三七年五月二三日付の関東軍司令部「昭和十二年度東北防衛地区治安粛正特別要領」の「第四　思想対策機構の強化」では関東憲兵隊について、「十六、佳木斯（三江省）に憲兵隊（同隊設置に至る迄は臨時憲兵隊）を設け、東北防衛地区の憲兵兵力を増加す」、「十八、佳木斯に三江省警務統制委員会を置き、前項憲兵隊長を委員長とす」などとともに、「二十、特に満軍警及自衛団等の通匪行動を警戒し、未然に防遏《ぼうあつ》す」と規定された（「治安粛正特別工作に関する件」、「満受大日記」一九三七年）。

この「満軍警及自衛団等の通匪行動」への大弾圧が、三八年の三江省における三・一五事件となった。関東憲兵隊司令部「昭和十三年度前半期に於ける中共満洲党の運動概況」（三八年六月）には佳木斯憲兵隊が「服務の重点を思想対策業務に指向」した結果、「北満臨時省委並吉東省委の組織全貌を究明」し得たとして、あえて日本の三・一五事件にならったその日を期して佳木斯・湯原などで一斉検挙をおこなったとある。検挙者は「党員容疑者一三五名、同外廓団体分子一八〇名、潜伏共匪五〇名、計三六五名」にのぼり、「党並外廓団体の組織網を破壊」したとする（「満受大日記（密）」）。県公署職員、小学校長・教員、国民高等学校長・教員、村長、警官らも含まれ、年齢的には中年以上も多かった。

湯原憲兵分隊長（三七年五月～三八年一一月）だった藤原広之進は、自ら検挙に関わった二〇四人のうち六八人をハルビン地方法院検察庁に送致し、その結果は死刑七人、無期四人、徒刑二〇年二人などとなったと供述している（『日本侵華戦犯筆供選編』11）。撫順戦犯管理所における手記「三・一五事件と憲兵」（中帰連平和記念館所蔵）で、佳木斯憲兵隊勃利分隊で事件にかかわった土屋芳雄は次のように記している。

偽満警察鉄警及び侵略日本軍の武力援助を得て逮捕したのみでも実に一二〇名の多きに昇り、荒縄で後手とされ、既に顔面に血を流した人々が留置場に、倉庫に、厩舎に投入監禁され、共産党なるが故に日頃より更に強度な水攻め、火攻め、電気、棍棒殴打の拷問に苦痛の悲鳴と泣き声、反抗の怒声は憲兵の訊問のダミ声と入り混ぢてあたりを覆い、街ち《ママ》行く人の耳を覆った。この拷問虐待こそ兇暴其のままで、拷問中殺害されたもの四名、他も軽《かろう》じて〔判読不能〕□を続けていると言う惨状、又、依蘭憲兵分遣隊長准尉斉藤翼に逮捕された二〇〇余名の被害者中一二〇余名は拷問と絶食の虐待のため衰弱し、栄養失調、発疹チ

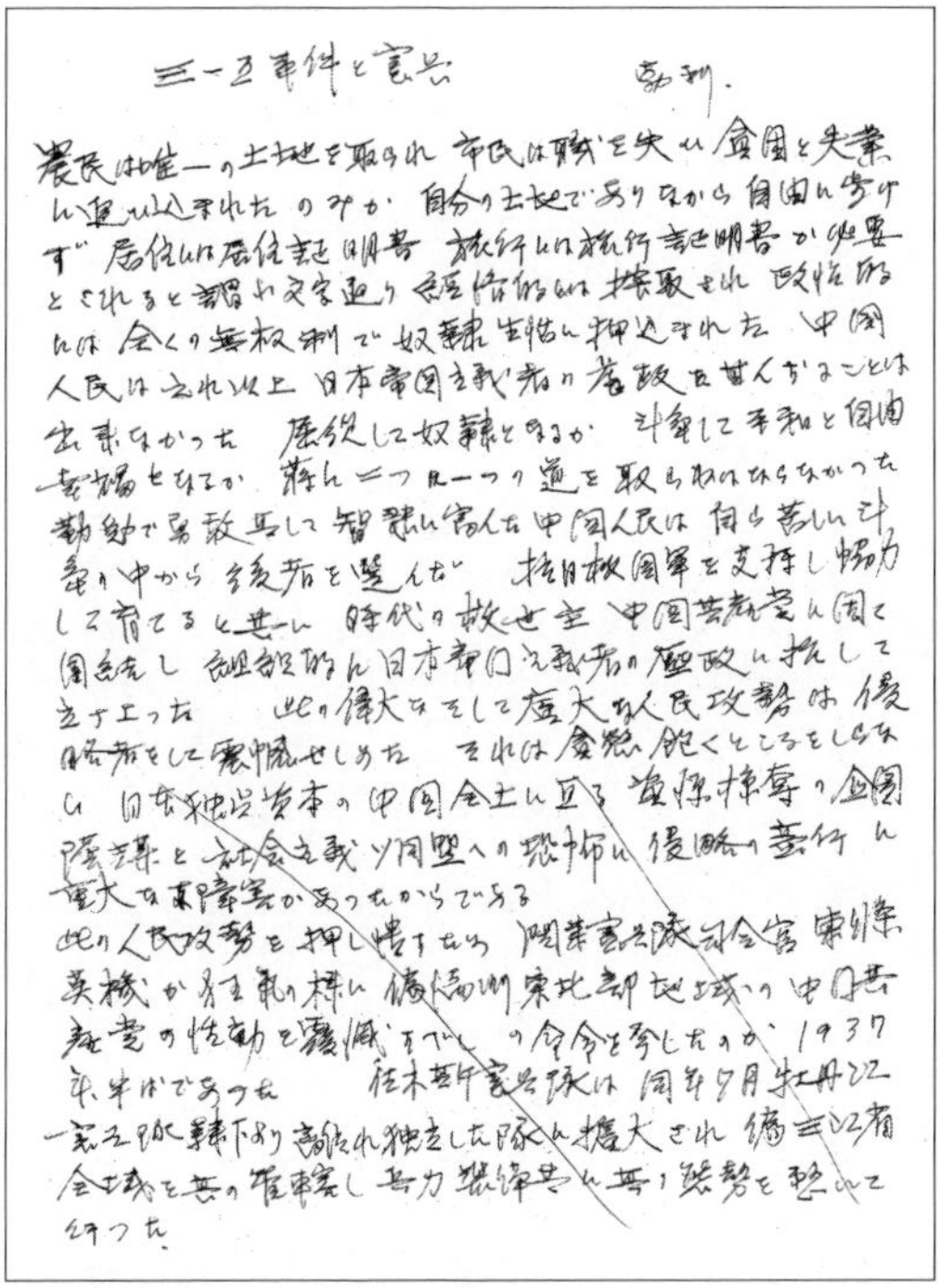

三・一五事件と憲兵　勃利.

農民は唯一の土地を取られ 市民は職を失い 飢餓と失業に追い込まれたのみか 自分の土地でありながら自由に歩けず 居住には居住証明書 旅行には旅行証明書が必要とされると謂う文字通り経済的には搾取され 政治的には全くの無権利で奴隷生活に押込まれた 中国人民はこれ以上日本帝国主義者の暴政を甘んずることは出来なかった 屈従して奴隷となるか 斗争して平和と自由を獲得するか 遂に二つに一つの道を取らねばならなかった 勤勉で勇敢にして智慧に富んだ中国人民は 自ら苦しい斗争の中から 後者を選んだ 抗日救国軍を支持し協力して育てると共に 時代の救世主 中国共産党に固く団結し 凶悪的な日本帝国主義者の暴政に抗して立ち上った 此の偉大なそして強大な人民攻勢は侵略者をして震憾せしめた それは貪欲飽くところをしらない 日本独占資本の中国全土に亘る[illegible]掠奪の企図陰謀と社会主義ソ同盟への挑戦に 侵略の遂行に重大な障害があったからである

此の人民攻勢を押し潰すため 関東憲兵隊司令官東條英機が狂気の様に偽満州東北部地域の中国共産党の活動を殲滅すべしの命令を発したのが1937年半ばであった 佳木斯憲兵隊は同年7月牡丹江憲兵隊隷下より離れ独立した隊に拡大され 偽三江省全域を其の管轄とし 兵力装備共に其の態勢を整えて行った.

土屋芳雄手記「三・一五事件と憲兵」
中帰連平和記念館所蔵

ブスで殺害する等、非人道的な虐待の上、憲兵は総て三一五名の共産主義者を哈爾浜高等法院に送致し、其の大半を死刑に、一部を無期、一〇年以上の徒刑にするの惨虐行為を飽くまで実施したのである

三九年九月八日の司法部刑事司思想科の「〝三・一五〟事件情況通報」によれば、総検挙者三一五人のうち検察庁に一一二人が送致され、一〇三人が起訴された。六月から一〇月にかけてハルビン地方法院で下された判決は八九人が有罪となり、八人が死刑（全員上訴）、五人が無期徒刑、二人が徒刑二〇年、六人が一五年、二人が一三年、六人が一二年、二四人が一〇年などとなった。すべて暫行懲治叛徒法違反とされ、内訳は第一条第二項の「領導」が三人、第一条第三項の「結社参加」が六四人、第二条の「不法行為」が一七人などである（以上、『東北歴次大惨案』）。

軍法会議による処断へ

一九三六年七月、関東憲兵隊司令部は各憲兵隊長に「共産党関係者処理要綱」とその「説明」文書を添付して、「共産党関係者に対する処理について」通知した。「現在、共産党関係者に対する処分は、厳重処分と司法処分の二つの方式を採用している」として、次のように説明する（『偽満憲警統治』）。

厳重処分とは共産党関係者であると同時に抗日分子の最重要人物に対して、軍事行動の理由により日本の憲兵が執行することである。この処分は治安維持、匪賊討伐任務の観点から合法的なものと捉えることができる。しかし、この処分は犯罪の量刑の自由を欠き、また、犯罪の対象、身分、国籍によって不当な点がある場合があり、また、かえって宣伝に利用される場合もあり、日本軍が法に基づいて処理せず、法治国家の準則に背き残虐行為を行ったなどと言われたりもする。共産党関係者を厳重に処分することは処理方法として極めて適切である。しかし、満洲国の官吏、英米会社の使用人員など、第三国の人間や知識人

に対しては不当であるため、司法処分の処遇が必要である

一方、「司法処分」とは「厳重処分を採用することが望ましくない場合に、普通の法廷に送付して裁判を受けること」であるが、実際には「物的証拠の収集」や事件の複雑性のために明確な審理をおこなうことが困難という欠点があり、「満洲国の治安粛正を徹底するためには別途、より適切な処理方法を採用しなければならない」とする。

このようにして反満抗日運動の「処理」については軍法会議による処断に転換を図ろうとした。それを具体的に示すのが、三七年七月八日に関東軍司令官植田謙吉が関東憲兵隊司令官東条英機に執行を求めた「共産党関係者処理要綱」である。その第二は、次のような規定となっている（『偽満憲警統治』）。

一　共匪または匪賊とみなした共産党関係者については、これまでと同様に軍事行動に応じて厳重な処分を科す。日満警務機関は憲兵の許可を得て厳重に処分することができる。

二　重大な処分を科すことには適さない共産党関係者については、原則として軍法会議に引き渡して処理しなければならない。

三　関東憲兵隊司令官は日満警務機関を統轄し、本要綱に基づき執行する。

関東憲兵隊司令部治安課長斉藤美夫の「供述書」（『日本侵華戦犯筆供選編』8）にはこの「要綱」の本質と目的について、「一　共産党関係者は苛酌なく「厳重処分」を以て臨むこと。二　同関係者中には官吏公職員等の身分を有する者、学生智識分子等を包含し、之等の所謂インテリ階級者を「軍行動による厳重処分」をもって処分することは目前の法治尊重理念による国際慣例に照して憚《はばか》るところがある関係より、これを糊塗欺瞞する為め唐突に「厳重処分」に付することを避け、一応裁判所の審理にかけ、合法化を装う手段とすること。三　尚、一般法院の審理速度は緩慢にて戦時情勢下の当時の偽満治安処理要求に適当せず、因って即決主義の軍、軍法

会審によって処理を適当とする見解を固守したこと」とする。「共産党関係者処理要綱」の実際の運用がこのような解釈のもとでおこなわれたといえる。

「厳重処分」は一九三〇年代前半には暫行懲治盗匪法に規程する「臨陣格殺」「裁量措置」という最高指揮官による緊急措置としての即決処分を根拠としてなされていたが、三〇年代後半には「満洲国」の法治イメージを妨げないために形式的ながら法的な処断の手続きに転換を図った。その際、「一般法院の審理速度は緩慢」とみなされたため、つまり「満洲国」司法制度に対する信用度が低かったため、「即決主義」が可能な軍事法廷による処断が優先された。ただし、それは公務員・教員・学生らの「重大な処分を科すことには適さない共産党関係者」に限定されていた。中国共産党関係者で「思想匪」とみなされる場合には、「厳重処分」の執行はそのまま継続される。

前述の関東軍司令官の指示に先立ち、三七年七月六日、「満洲国」軍政部最高顧問の佐々木到一から東条英機宛の書簡で「共産党の処分」について通知が出されていた。現在の共産党は匪賊の性格を超えて、「単なる思想集団ではなく軍隊を崩壊させ、治安を乱し、国家を弱体化させようとする反軍・反国家分子である」から「共産党の潜伏、策動は安寧と利益を侵害し、その行為は「暫行懲治叛徒法」に抵触する」と断じて軍法会議での処断が必要としていた。

佐々木は「満洲国」陸・海・空軍審判法には軍法機関が一般人を裁判するという明文の規定はないものの、「中華民国時代から一般人が軍の安寧と利益を侵害した場合にも軍法廷が（裁判法の明文規定の有無にかかわらず）逮捕尋問処罰を行い、軍の安寧と利益を保護することを求めてきた。この処置は満洲建国まで慣例化されていたので、当然、この慣例は現行の法令に援用され、満洲国軍事法が軍の利益と安寧に危害を及ぼす一般人に裁判権を行使することができる」と都合よく解釈して、軍関係者以外の処罰も軍法会議で可能とする。

なお、この通知に付した注記では「満洲国の裁判権に属さない日・鮮共産党関係者は、当面現状を維持する。日本の司法制度は満洲国に比べて完備していて、しかも事件が少ない。一般審理も完了することができて、臨時の軍法会議で審理する必要がない」としている（以上、『偽満憲警統治』）。まだ治外法権撤廃実施前のため、「日・鮮共産党関係者」の治安維持法違反事件は関東地方法院での扱いとなっていた。ただし、前述のように三七年の四・一五事件の発端となった「阿城鮮人共産党」事件は治安維持法違反事件として、関東軍臨時軍法会議に送致されていく。

Ⅱで見たように一九三六年の事例ながら、ハルビンやハイラルの共産党事件では軍法会議による処断がなされていた。また、チチハル鉄路局警務処警務課長有馬虎雄は三六年六月のチチハル警務統制委員会による「斉斉哈爾に於ける中国共産党員の検挙」（中帰連平和記念館所蔵）を「手記」に記している。鉄路局警務処が「予て偵諜中の鉄路局員四名を検挙」するほか、他の機関では龍江省教育庁長、龍江中学校長・教職員・学生、龍江日報社主筆・編輯局員らを検挙しており、合計三八人となる。チチハル軍法会議に送致した結果、五人が死刑に、その他は無期ないし二〇年や一五年の徒刑となったという。

三七年以降の軍法会議に関する史料はまだ見いだせていないが、おそらく軍法会議による共産党関係者の処断はあまりおこなわれなかったように推測される。それは、次項でみるように依然として裁判抜きの「厳重処分」が横行しているからである。

「厳重処分」の濫用

警務統制委員会が発足した一九三六年四月分の「匪賊並治安に影響する犯人検挙」として、中央警務統制委員会『思想対策月報』第一号（一九三六年六月）は次のような表を掲載する（**表10**）。

表10　匪賊並治安に影響する犯人検挙調査表（1936年4月）

区分 種別	検挙人員	処分別				取調中
		事件送致	厳重処分	利用中	放遣	
共匪	192	2	16	―	67	110
政治匪	62	6	13	1	20	22
土匪	428	93	133	3	54	144
通匪	236	44	10	13	114	55
通蘇支	135	―	6	2	37	25
其他	568	153	2	4	378	128
計	1,624	298	180	23	670	484

備考　其他には殺人、銃器密売、賭博、強窃盗等を計上す
中央警務統制委員会『思想対策月報』第1号（『日本関東憲兵隊報告集』I－⑤）

検挙人員の一割強が「厳重処分」とされている。七月分の第四号では検挙人員二八六六人のうち「厳重処分」は三三九人で、九月分の第六号では検挙人員三一七四人のうち「厳重処分」が二七六人となっており、四月分以来の累計では検挙人員一万六六〇七人のうち「厳重処分」は二一六七人にのぼる（『日本関東憲兵隊報告集』I－⑤）。その割合は一三％となっており、警務連絡委員会段階と比較して濫用といってもよいほど、警務統制委員会の下では裁判抜きで殺害された。

ここで瀋陽軍事法廷における斉藤美夫の陳述をみよう。長い引用となるが、一九五六年七月五日午前の法廷での裁判官の質問への応答である。

王徐生裁判官　あなたは憲兵が中国共産党やその他の中国の抗日運動家に対して、いわゆる「厳重処分」を行うことができると言いましたが、この「厳重処分」とはどういう意味ですか？

斉藤美夫　日本関東軍司令官は逮捕者の中に日本軍の政策の実施に害を及ぼす者がいる場合、その場で殺せと指示しました。この指示に従って逮捕者を殺害しました。

問　「厳重処分」とは、意のままに殺せるということですか？

答　はい。関東軍司令官の承認を得て殺害しました。

問　全員を殺す場合、関東軍司令官の許可が必要ですか？　それとも、勝手に殺す権限があると規定されていますか？

答　実施の一般的な方法は、日本の関東憲兵隊に拘束された中国人について関東憲兵隊の司令官から関東軍司令官に数か月内に収容した人数を報告し、承認を得て殺害されるというものです。日本の憲兵が戦闘に参加したとき、彼らはその場で自由に人を殺すことができ、多くの人が殺されました。前述のように、一つは関東軍司令官によって承認され、もう一つは戦闘作戦を口実に恣意的に殺害されたという二つのケースがあります。

問　その場での殺害とはどのような状況を指すのですか？　憲兵が人々を逮捕しに行くときに殺害を行うことができるという意味ですか？

答　日本の関東憲兵隊は、逮捕者は尋問された後にのみ殺害されると規定しています。これは一般的な慣行です。しかし、軍の作戦に従って戦う憲兵は手続きを経ずにその場で人を殺すことができました。

問　作戦で捕らえられたのは兵士ですか？　それとも庶民ですか？

答　中国の抗日兵士、民間人の中国人もいました。

問　満洲国による「治安粛正」は、あなたが「作戦」と呼んでいるものですか？

答　「治安粛正」を実行する場合、関東軍の司令部は通常、作戦命令を出します。そのため作戦命令に従って「治安粛正」が行われますが、実際には作戦命令に従って逮捕するのは戦場で銃を構えている対象ではなく、平和な生活を送っている民間人たちです。この状況が非常に多かったのです。つまり、戦場ではなく平和な状態で逮捕され、殺害されたのです。

裁判長　こういう場合、逮捕者をその場で殺すべきか、それとも上官の承認を得るべきですか？

問　この場合は上司に承認を求めます。
問　それは実際に執行されていましたか？
答　私が覚えている限りでは、日本の憲兵隊に拘束された中国人は尋問された後、彼らは殺されるべきだと見なされ、年に数回関東軍の司令官に報告し、その後一緒に殺されました。
問　「その場で殺害」の例を挙げてわかりやすく教えてください。
答　現場での殺害については、私自身は見たことがありませんが、例を挙げることができます。一九三八年、私が新京の日本憲兵隊に勤務していたとき、私の管轄下にある憲兵と「満洲国」警察庁の警官が三〇人の逮捕者を郊外の処刑場に連行したことがあり、そこで彼らは銃で撃たれたり刀で切られたりして「厳重処分」を執行されました。これは報告されてわかったことです。

午後の法廷で、斉藤は「「厳重処分」については日本軍の関東軍司令部ではなく、憲兵隊長の承認です。記憶違いでした」と訂正している。

この斉藤の陳述を整理すると、「厳重処分」には「匪賊」との戦闘時に検挙した抗日兵士や民間人を「その場で殺害」してしまう場合と、検挙して取調をおこなったのち、一定数がまとまると年に数回、憲兵隊長の承認を得て殺害する場合があったことになる。前述の三六年七月の「共産党関係者処理要綱」の通知には「厳重処分を執行する場合は、憲兵隊長の承認が必要となるので掌握すること」という注意書きがあった。斉藤が最後に述べた新京における三〇人の「厳重処分」は後者にあたる。

憲兵の須郷秀三は手記「厳重処分と憲兵について」（中帰連平和記念館所蔵）のなかで、その殺害方法は「主に銃殺、斬殺」であり、「特殊なものは軍用犬に咬み殺させたもの、刺突《しとつ》の標的としたもの、射撃の標的としたもの、毒瓦斯試験用としたもの、生体解剖に使ったもの」もあったとする。毒ガス試験用や生体解剖は七三一部隊に「特移扱」として送られたものであろう（後述）。須郷は三七年八月から三八年一一月の間に錦州省だけで二〇〇〇人以上を検挙し、二〇〇人以上の「厳重処分」執行があったと記している。

承徳憲兵隊の湯河口派遣憲兵は三八年一一月、「日満軍警合同討伐に策応、満警を統制区処」し、「共産党別働隊」六人に暫行懲治叛徒法第一条を適用して検挙している。一二月二九日付の在満大使宛承徳領事代理の報告によれば、「共産軍領導下に灤平《らんへい》県第六区地方に於て人質拉致並金品の強要を為し、或は同地方日満軍警に抗敵する等、専ら共産軍別働隊として共産軍の目的遂行を支援しありたるものにして、其犯情何等酌量の余地なきは勿論、利用価値等も認められざるを以て厳重処分申請の予定なり」とある（「満洲国政況関係雑纂／治安状況関係／匪賊動静並討伐状況関係」、外交史料館所蔵）。

「厳重処分」は憲兵隊に限らず、「満洲国」警察や鉄路警察でもおこなわれている。三六年九月以来、熱河省警務庁警務科長として熱河省・錦州省の「思想対策」を指導した三宅秀也は「供述書」において、三六年度に錦州省で「共産党及反満抗日思想を有する中国愛国者七四人、思想遊撃隊一〇三四人、一般遊撃隊一三七九人」を検挙し、一三五人を「厳重処分」に付したとする。また、三宅は三七年三月の豊寧県警務科視察中の伝聞として、警務科警尉田中某が三四年の着任以来、「逮捕」せる遊撃隊員中「厳重処分」に該当する者の刑の執行を志願し、約三年間に二〇人を斬首したことも記している（『日本侵華戦犯筆供選編』8）。

警視庁警部補から「満洲国」警察に転じ、三六年七月から三七年八月にかけて奉天省柳河県警務科首席警務指導官を務めた鹿毛《かげ》繁太は、三六年九月、検挙した五、六人の武装抗日遊撃隊員や地下工作員について「山城鎮地区警務統制委員長（憲兵分隊長）に死刑処分に付する必要ある旨の意見を提出」、ついで奉天憲兵隊長に「厳重処分」を申請し、許可を得ると、日本軍守備隊に依頼引渡して、その構内で殺害したと供述している。

また、憲兵分隊の「区処」により外務省警察と県警察とで二七人を検挙すると、二〇人の「厳重処分」を申請したという（『日本侵華戦犯筆供選編』11）。

前述したように、安東省警務庁では三七年一二月から三八年二月までに思想匪・政治匪・土匪・通匪など五六九人を検挙し、一六人を「厳重処分」としている（『日本侵華罪行档案新輯』13）。

鉄路警察の綏化警務段特務係だった細谷香は手記「綏化の大屠殺」のなかで、「警務統制委員会は綏化監獄を利用していたが、房が満員になると、所謂「厳重処分」をもって処断していった。一九三六年一二月ある日の未明、酷寒に凍てついた獄舎の大門の錠が外されると、昨夜末、監獄の生臭坊主から「引導」を渡されたことに激昂した抗日戦士達は「鬼共に殺されてたまるか」と叫びながら門外に出て来た」と記している。この年の冬期間に綏化地区警務統制委員会は六三人の「抗日戦士」を検挙し、同様の手段で前後三回にわたって殺害したとする。

「厳重処分」抑制の指示

一九三七年一二月二一日、関東憲兵隊警務部長梶栄次郎は各憲兵隊長に「厳重処分権行使の趣旨」を通知する。すでに一一月末をもって治外法権は撤廃され、「司法、刑執行の各法制」が整備されつつあるにもかかわらず、「厳重処分」による処理が多くおこなわれ、しかも各隊の「その後の処理状況や基準が一致しておらず、弊害が生じるおそれがある」という現状認識にもとづいている。三六年七月の「共産党関係者処理要綱」の説明では「厳重処分を執行する場合は憲兵隊長の承認が必要となる」とされていたが、おそらくルーズな運用となっていたのだろう。この通知ではあらためて次のような「基準」が提示された。

治安状況が不安定な「特定地域内」においては「殺人、放火、略奪、強姦、強盗、残虐な匪賊行為を行う者」、「前項の者で日満軍警情報を収集し、武器弾薬、金銭、衣類食糧を供給する者、又は共産主義者に協力して宣伝・活動を行う者」、「ソ連、蒙古、中国に内通した者、再び匪賊、交通運送を妨害する者、治安粛正の上で厳重処分に処する必要がある者」は憲兵隊長の承認という手続きを経て「厳重処分」を認める。「特定地域外」の場合は「その行為が極めて残虐であり、治安を維持する上で厳重に処することが必要な者」に限って「厳重処分」を認める、というものである。しかし、この「基準」はほとんど限定や歯止めとはなっていない。

したがって、その後も「厳重処分」が続行した模様である。三八年一月三一日、関東憲兵隊司令部警務部長は前年一二月の「基準」の趣旨が「徹底されていない」として再度通知を発した。「無知蒙昧な匪賊にも近親者や友人がいる。厳重処分権を誤って行使すれば、彼らは必要のない威嚇を受けるだけでなくその子孫にまで反感と報復の感情を抱かせ、いわゆる建国の大計である王道楽土建設の誠意に疑念を抱かせ、ひいては国内外の各方面に極めて悪影響を及ぼすことは必至である。一方で、健全な満洲国裁判機関の仕事を妨げることにもなる」と述べて、「将来を見通し、大局から出発して、現在の状況を正しく認識及び把握し、仕事の過失を減らすように注意しなければならない」とする。

妙に物分かりのよい調子だが、要は「厳重処分」を繰りかえす日満軍警に対して民衆の「反感と報復」の気運が高まり、治安確保に悪影響が出かねない状況が生じているという危機感に発している。それゆえ、「今後の届出に際しては犯罪事実等について綿密な調査検討」をおこなうように通知した。その際の要件として「本人が個人として犯した犯罪事実を詳しく聴取することが重要」であり、事実を確定すべきとする。「匪賊団の犯行では本人が共犯者である可能性もあり、また犯行が軽微で影響が大きくない場合もある。また、本人が冬に入る前、すなわち昨年の七、八月以前に連続性のある犯罪行為をしていない、あるいは前非を悔い改め、生計を立てるために都市や農村に入る」などの場合には「情状酌量」を考慮すべきとする。保甲長のような「高い地位と身分を有する者」に対して、「他の人と一律に厳重な処分権を行使すれば、村民の間では一定の反響があるに違いない」として、そうした場合にも「案件として申告」を求めた。

さらに「満洲国」警察からの送致事件の受理禁止を指示する。「過去、満警から引き渡された事件では犯行内容を十分に調査研究できず、かえって憲兵が非難及び中傷されたことがあり、非常に悔やまれる。そのため、今後は絶対に受理しない」という方針を徹底しようとした。最後は「厳重処分は原則的にやむを得ない場合の最小限にとどめ、措置も慎重かつ合理的でなければならない」とする（以上、『偽満憲警統治』）。

では、この「厳重処分」を「最小限」にとどめよという抑制の指示によって、「共産党関係者処理要綱」の運用はどのようになっただろうか。

反満抗日運動の激震地とされた三江省では関東軍主体の特別治安粛正工作が実施されていたが、三七年の「捜査班」活動による検挙者一九三八人のうち一一八人が「厳重処分」とされている（思想匪四四人、政治匪六人、土匪三〇人、通匪三一人など）。三八年では検挙者は四〇五四人と激増するのに対して、「厳重処分」は一二四人であった（思想匪五五人、政治匪一〇人、土匪二六人、通匪二七人など〔『偽満憲警統治』〕）。このように処分割合が半減したのは、上記の抑制の指示が反映していると推測される。

三九年以降の関東憲兵隊『思想対策月報』には「厳重処分」は記載されなくなった。一月分をみると、「日満軍警の間断なき治標工作強行」により「国内の治安画期的進捗を見ある」とする。「共産党（含共匪外廓団体）関係者」の検挙は一一〇人で、事件送致が二〇人、説諭放遣が四九人、利用中六人などとなっており、「厳重処分」は項目自体がなくなっている。一三八人検挙の二月分も事件送致二人、説諭放遣六〇人などで「厳重処分」はない（『日本関東憲兵隊報告集』Ⅰ—⑩）。

それでも「厳重処分」が絶無になったわけではない。関東憲兵隊司令部編『昭和十五年度積極防諜成果概況』によれば、四〇年のスパイ容疑での検挙者一六二人のうち一〇人が「厳重処分」となっている（『偽満憲警統治』）。

三七年までは「厳重処分」は濫用といってよいほど容赦なく執行されたが、三八年以降は関東憲兵隊司令部の意向を踏まえて抑制気味になったといえよう。それには、次節で述べるような「満洲国」司法体制の整備拡充が進み、それまでの「一般法院の審理速度は緩慢」という問題点が払拭されてきたことも影響しているだろう。

治安部警務司

治安部庁舎
『満洲国警察史』上巻

ここまで関東憲兵隊を中心にみてきたので、他の警務機関を概観しておこう。

一九三七年七月、「満洲国」では民政部警務司が軍政部と統合し、「軍警の中央機関」＝「治安粛正本部」たる治安部を創設した。「二、三年中に残存せる頑強なる匪団を一掃殲滅して、全満に王化を速やかに」実現すること、「四方外敵の爪牙に曝《さら》されつつ」ある戦時態勢下の「満洲国」の国内警備の万全を期することなどがその理由にあげられた（治安部警務司『満洲国警察概要』、一九三八年）。

治安部警務司は警務・警防・特務・保安・刑事・教養の六科と兵事恩賞室からなる。高等警察担当の特務科は特務股・思想股・検閲股（一時、検閲科が設置されるが、また特務科の一股となる）で構成される。首都警察庁は国務総理大臣に直属することになった。さらに同年一二月の治外法権撤廃と鉄道付属地行政権の移譲により、在満外務省警察と関東局警察は役割を終え、その人員の多くは治安部警務司に移った（大使館警務部は廃止）。三七年一二月の「満洲国」警察職員（定員）の総数は約九万人、そのうち「日系警察」職員は約九四〇〇人であり、中央・地方とも幹部の大半を独占した。

在満外務省警察と関東局警察からの大量転用とともに、治安確保のために日本国内からも警察官を募集している。その一端を、三九年一二月一日に関東軍参謀長から陸軍次官に通知した四〇年度「満洲国日系警長採用考試施行に関する件」にみることができる。欠員一六〇〇人を補充するために、三期に分けて日本各地で採用試験の施行を予定していた。実際には治安部警務司と日本・内務省警保局の間で協議が進められた。

治安部警務司「受験者須知」には「満洲国警察官の任務」について「満洲国警察官は大日本帝国の生命線であり、不可分一体の盟邦である満洲国の治安の維持と云う重く且輝かしい任務を持って居る」としたうえで、「非常時に選ばれて国防の第一線地域の治安維持に活躍すると云うことは男子の本懐であり、亦大なる喜びであらねばなりません」としている（「陸満密大日記」一九四〇年第一三冊、防衛省防衛研究所図書室所蔵）。

治安部警務司創設とともに警務司警務科人事股長（三八年一二月まで）となった三宅秀也は、当時の「治安情況」の改善にともなって抗日遊撃隊に対する「討伐」は警察独力をもっても可能であると判断し、「日本軍を遊撃隊「討伐」に用いて犠牲を生ぜしむるは、金を以て鉛に代えるに等しいとの考え」を持ち、警察の「討伐能力」の増強に努力したと供述する（関東軍は対ソ戦に備える必要があった）。また、「特に帝国主義日本の侵略政策に忠実に服務すべき優秀なる中国人偽警察幹部の育成」に注力したという。

三宅は四〇年一月からは警務司警務科長（四三年三月まで）として、もっとも活発な抗日連軍の「消滅」、特に「東辺道地区」にある楊靖宇部隊の「消滅」に重点を指向したとする（以上、『日本侵華戦犯筆供選編』8）。

前警視庁検閲課長で応召後、関東軍司令部陸軍主計中尉となっていた羽根盛一は、四一年三月に陸軍省防衛課主催の講演で「満洲に於ける共産運動の概況」を報告している（「太田耐造文書」、国立国会図書館憲政資料室所蔵）。その特質として「イ、党、軍一体化し居る事　ロ、民族闘争的なる事　ハ、非国際主義的なる事　ニ、理論的把握の貧困なる事」などをあげた。そのうえで「陽性的共産運動」＝「党軍は僻陬《へきすう》の山間に根拠地を置き、時々重要鉄路の防衛隊等を襲撃し、果敢なる武力闘争を行う間に民衆組織を行う」ものと、「陰性的共産運動」＝「党のみの運動は都市を中心として地下潜行的に行われ、党の拡大強化を主とするもの」に分類する。「陽性的共産運動」は軍事的討伐で大打撃を受けたため、現況は「人民戦線的なる後方攪乱、謀略活動をなし、反満抗日的に民衆を獲得し、結局に於て大衆動員により目的を達せん」とする「陰性的共産運動」に移りつつあるとする。しかし、後者に対する日本式の視察内偵は困難であるため、「満洲国の特高警察は陽性の方へ治安工作の重点を指向」していると観測する。

特務警察

警察において「思想的討伐」の主体となったのは特務警察であり、その専従員はほとんど「日系警察官」によって独占されていた。その一人、島村三郎は三四年に京都帝大経済学部を卒業すると、大同学院を経て「満洲国」官吏となり、三八年一月から興安西省や三江省の警務庁特務科長などを歴任する。戦後、撫順戦犯管理所に収容され、「みずから陰謀計画にもっぱら従事するとともに、また庁長を補佐し、管下各県の警察、特務組織を指導して、中国共産党と抗日救国の活動家と平和的住民をほしいままに逮捕し、拷問し、惨殺した」という三江省時代の罪行により起訴された。

島村「供述書」によれば、興安西省特務科の場合、庶務・文書・情報などを担当する特務股（係、五人）と、思想・宗教・外事・検閲を担当する思想股（四人）からなる。各県の警務科にも特務股が、各警察署・分駐所にも特務系警察官が配置されていた。

三九年一月から四〇年四月までの三江省特務科長在任中、島村は三九年五月頃に県特務股長会議で「三江は今や特務警察の活躍段階に入っている。共産党の地下組織の破壊、潜伏抗日連軍の発見検挙、一切の宗教団体・思想容疑者の偵牒の強化に全力を注ぐ様指示」を与えている。この弾圧を強く求めた結果、在任中の検挙者は「潜伏愛国者」「抗日連軍連絡者」「流言蜚語及反満抗日言動者」など四三〇〇人以上、検察庁への送致者一二八〇人以上を数える。さらに取調中の拷問による死者約一〇〇人、「現地殺害者」、つまり「厳重処分」は一二〇人(「潜伏愛国者」一〇〇人、「抗日連軍連絡者」二〇人)におよぶとする。

瀋陽軍事法廷では起訴状に記されていない三江省依蘭県での共産党弾圧の事実——現地で弾圧を指揮し、「もっときつく拷問しろ! どんな方法でもよい。徹底的に絞り上げて泥を吐かせろと命じました」(以上、島村『中国から帰った戦犯』)——を陳述している。

島村はまた三江省特務科長在任中の「特捜班」の活動について、次のように供述している。

特捜班は……警察戦斗部隊に随行し、戦斗中は討伐隊長の指揮によって行動します。特捜班の任務は抗日連軍の情報の蒐集、潜伏愛国者及その連絡者の検挙、訊問を行う為、戦斗地区の村落の検問検索を実施し、発見したる際は討伐隊長の指揮を受け、軍命令「討伐中は帰順を許さず」の規定に基づき、多くの場合殺害する犯罪を犯します。之等の犯罪は、省特務科長たる私は編成、捜索、検挙、訊問、殺害等に就いて一件一件指示は発しませんが、戦斗完了後、特捜班の犯罪成果の報告を受けますし、県特務警察の行った犯罪でありますので、之は私の領導下に行われた犯罪であります。検挙せる愛国者の総数は一〇〇名以上、現地に於て殺害せる者二〇名以上であります。

さらに「特捜班」の関与した三つの事件をあげる。そのうち三九年一月の湯原事件では湯原県特捜班が「潜伏愛国者及その連絡者五名以上を検挙し、現地に於て殺害」したほか、抗日連軍を宿泊させた部落民一〇〇人以上を訊問し、三〇人を「連絡者」とみなして日本軍守備隊に手渡して殺害させたとする（以上、『日本侵華戦犯筆供選編』10）。

このような活動を経て、特務警察の活動は三〇年代末には警察全般のなかで中枢的位置を占めるに至った。三九年には警務司特務科から『特務彙報《いほう》』が刊行されている。「本彙報は特務警察に関する重要資料、並に調査研究を輯録し、実務及び教養の参考に供し、以て特務警察の向上と改善刷新に資する」（「凡例」）ことを目的とした。わずかに第二号（一九三九年）と第四号（一九四三年）のみの確認（東洋文庫所蔵）にとどまるが、第二号の場合、「満洲に於ける共産主義運動の現段階（中）」、「在満韓人祖国光復会の相貌」、「満洲党の宣伝工作（一）」などという内容である。日本の『特高月報』とは異なり、検挙状況などは載っていない。

その「満洲党の宣伝工作（一）」には「彼等の巧妙なる赤化宣伝は都市方面に於ては、潜行的な口頭宣伝に依り同志の獲得を試み、或《また》は所謂游撃地域に於ては武装宣伝の方法を執って、宣伝ビラの撒布や公開的口頭宣伝に依り一般民衆の群衆心理を逆用して攪乱を図り、我が国の統治より切離すべく一般民衆の離間策を講じている」という一節がある。

前中央警察学校教授・宮内府保安科長の末光高義による『特務警察要論』（一九四〇年）が刊行されている。そこでは「特務警察の目的とする処は、実に国家並に国体を擁護し、国家の存立安固に繋《つなが》る処の危害排除に在り」とある。興味深いのは暫行懲治叛徒法を第三章で、治安警察法を第四章で詳しく叙述するのに対して、暫行懲治盗匪法については取りあげていないことである。盗匪法は「匪賊」取締の法令で、「思想的討伐」を目的とする特務警察とは一線を画すという理解があるからだろう。

同書は叛徒法の意義について「満洲帝国の組織大綱たる国憲を紊乱して無政府主義を行い、又は国家存立の基礎を危殆若《もしく》は衰退せしめて、共産主義を行うが如きことを目的とする結社の根絶を期したるもの」とする。そしてその対象は「政府の転覆、封土僭竊《せんせつ》等、統治権の破壊は勿論、国体変革の企図をも意味するのみならず、広く政体の変革も当然包含され」るとして日本の治安維持法に準じた理解をしている。とはいえ、「国体とは国家統治権の総攬者の何人たるかを標準として設けられたる国家の形態」であり、「国体は国家の根本組織なるが故に、之を変更すれば国家は滅亡するものなり」とするものの、日本国内の神聖不可侵性を強めた「国体」理解とはまだ距離がある。

三七年一二月、治安部次長を長官に、警務司長を次長とする保安局が新設された。これは「特務警察」の影の組織となった。国境地区の保安機能の整備と防諜組織の確立、そして諜報業務を担当する秘密組織で、各省の保安局分室トップも「日系」警察関係者が兼務した。解学詩『歴史的毒瘤』は「関東憲兵隊と偽保安局秘密警察によるテロと暴行は法的手続きを踏まず、いかなる法的拘束も受けない、いわゆる「超法規」的な行為であり、何人もの志士や民間人が理由もなく逮捕され、非業の死を遂げている」と指摘する。

島村は三江省特務科長在任中、地方保安局理事官も兼務していた。「防諜業務は特務警察本来の業務であるかの如く偽装し、特務警察要員及密偵を使用して工作」させたという。潤沢な予算で防諜網を張りめぐらせ、在任中に保安局で検挙した二三五人のうち、逆スパイに利用した者一三人、殺害四四人、密偵として利用四〇人、法院への送致一〇人とする(『日本侵華戦犯筆供選編』10)。保安局機能の本格的な発揮は、アジア太平洋戦争下となる。

鉄路警護

「満洲国」治安体制の要には常に関東憲兵隊が位置し、一九三七年一二月の治外法権撤廃後は「満洲国」軍警・

司法体制が整備され、主力になりつつあった。ここで忘れてはならないのが、鉄路警護の存在である。満鉄に属する鉄道警務段に始まり、「満洲国」治安部外局としての鉄道警護総隊、「満洲国軍」下の鉄路警護軍と組織名は変遷するが、一万人を越える人員を擁して、反満抗日運動の取締の一翼を担いつづけた。

三八年一月から五月にかけて鉄道警護総隊総監部警備科長を務めた佐古竜祐の供述によれば、対ソ戦に備えて「鉄道警護の重点を北方に指向」したという。小銃や拳銃で武装するほか、軽機関銃も備えていた（『日本侵華戦犯筆供選編』9）。

三七年八月に陸軍少佐として退役後、一一月から鉄路警護の職に就き、敗戦時には鉄路警護軍参謀長（少将）であった原弘志は、鉄道警護総隊総監部総務処人事科長としての調査として三七年七月から三九年秋頃までの反満抗日運動の検挙者総数は約二万人で、そのうち検察庁への送致は約六千人におよぶとする。そこでも「取調に当り、殴打その他各種の拷問」があり、裁判では「死刑、無期徒刑以下の厳重なる刑」があったと供述する（『日本侵華戦犯筆供選編』9）。

チチハル鉄路局警務処警務課長有馬虎雄のかかわったチチハルでの共産党検挙、軍法会議への送致についてはすでに触れた。

関東庁巡査を退職して三六年四月に哈爾浜鉄路局警務処巡監となった遠藤為吉の「供述書」によれば、同年一二月には「満洲国」の軍事諜報容疑で抗日団を検挙し、三人をハルビン憲兵隊に送致している（全員死刑）。三七年の四・一五事件では鉄道警務処で反満抗日の約九〇人を検挙するほか、ハルビン医科大学生を中心とする中国共産党員八人を検挙している。三九年五月には鉄道破壊を計画していたとして抗日救国会員三人を検挙した。その取調では「最初より終り迄厳重なる拷問に終始」し、ハルビン高等法院では一人が死刑、二人が徒刑六年となったという（『日本侵華戦犯筆供選編』49）。

大連警察署巡査から三三年に鉄路局警務科に移った松橋元治の場合、三六年から三七年の四平街警務段勤務中に治安関係で検挙した約七〇人のうち約四〇人を検察庁に送致し、三八年の新京鉄道警護隊では約一五〇人を検挙して約八〇人を送致し、三八年から三九年の公主嶺分所では約三〇人を検挙して二人を送致している（『日本侵華戦犯筆供選編』99）。

二　「満洲国」思想司法体制の確立

一九三八年の「思想司法体制の整備」

一九四〇年七月、「満洲国」政府の広報誌『旬報』第一三号は司法特集となった。巻頭言「司法の確立」では「満洲司法の確立は司法界の粛正と裁判の公正化とを第一段階として、今や第二段階に入らんとしている」と記している。「甚だしく紊乱していた」建国前の「満洲の裁判」を根本的に改廃することに司法部は力を注ぎ、「裁判官を鍛え直すこと、建国精神を体得した新しい司法官を養成して法院、検察庁に送り出すこと」などに努めた結果、「今日に於ける満洲の裁判は昔日の宿弊を一掃して明るく正しいものになった」と自賛する。

つづく司法部「司法紀年日に際して」では、建国直後の課題が「制度の確立、法典の編纂、人事の刷新及施設の整備の四項目」であったとする。制度の確立は、この司法紀年日となる三六年七月一日の法院組織法施行

最高・高等法院（右）、同大法廷の正面（左）
『法曹雑誌』第5巻第11号、1938年11月

を大きな節目とした。法典編纂は日本司法省・著名な法学者の協力もえて三七年一二月には民法・商法・刑法などの主要法規の完成をみていた。人事の刷新では前述したように応急的に「日系司法官」の任用に依存するほか、司法部法学校（三九年に法政大学に改組）による司法職員の養成・訓練により、そして施設整備では各地に司法の権威を誇示するような建物が建てられた。

三四年春に前野茂が人事科長として赴任した司法部は新京・大同広場南西の第二新庁舎の西側に置かれていたが、三六年、「日本の城の天守閣に似た緑色の瓦屋根を頂く塔を持つ三階建のこぎれいな司法部庁舎」が完成する。さらに三八年一〇月には「司法部の遥か南方南湖のほとりに最高・高等・地方区の各法院・検察庁を収容する、これまた中央に巨大な尖塔を備えた四階建の広壮な中央法衙」が竣工した（前野『満洲国司法建設回想記』、一九八五年）。

そして、一九三八年はこの「第一段階」の達成に向けて加速する年となった。関東軍を主体とする反満抗日運動に対する軍事的討伐が進展をみせたことに加えて、三七年七月の日中戦争の全面化にともなう「満洲国」の治安体制確保の絶対的な要請が後押ししたといえる。その加速とは、制度面でいえば治安庭の設置と司法部刑事司思想科の新設、法典面でいえば一九三七年の新刑法の治安規定と三八年の防衛法

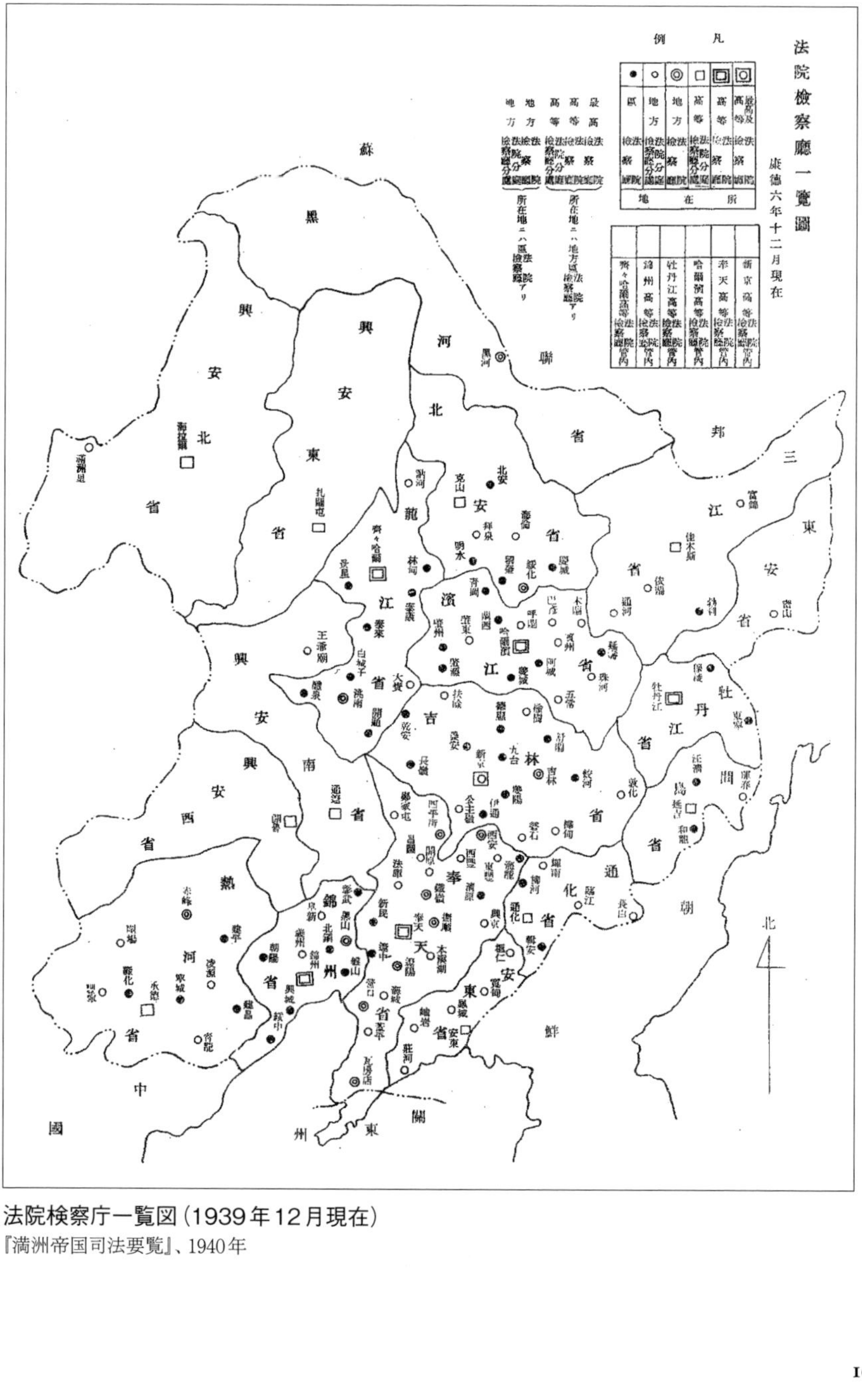

法院検察庁一覧図（1939年12月現在）
『満洲帝国司法要覧』、1940年

の制定、人事面でいえば「日系司法官」の大量任用となる。総じて「思想司法体制の整備」と概括することができる。

一九三九年八月の司法部「康徳七年度〔一九四〇年〕重要企画事項」(「太田耐造文書」、国立国会図書館憲政資料室所蔵)からは、この「思想司法体制の整備」の進捗ぶりが明らかとなる。まず、「司法部は現下の満洲帝国が東亜新秩序建設の前進基地たる特質に鑑み、緊迫せる東亜の政情に即応し、其国防力の飛躍的伸張を冀求し、資源開発、生産力拡充、開拓移民等各種重要国策の達成に邁進しつつある事態を明確に把握し、之等国策の円滑なる遂行には、一般施政に対し広汎なる民衆各層の背後的信倚感情が澎湃《ほうはい》として追靡《ついび》する必要あるを認め、国家総力の遺憾なき培養に司法独特の強力支援を為さんとす」と自覚された。

「司法独特の強力支援」のなかでも「思想検察の強化」が重視され、「近時国際情勢の緊迫化に連れ、共産、反満抗日分子の暗躍著しく、地方民心の動揺も亦《また》免れざる現況に鑑み、之等不逞分子の徹底的剿滅《そうめつ》を期す」ことが再確認される。ここで具体策としてあげられるのは東京と上海に駐在事務官を配置する計画だったが、新設されたばかりの思想科の活動や治安庭での司法処分も本格化しただろう。

注目すべきは、この時点で暫行懲治叛徒法の改正が浮上してきたことである。「現行法を廃止し、新法を制定するを可とするや、改正を以て足るや」という検討が法務科によって開始された(次章で治安維持法起草作業として後述)。

治安庭の設置

関東軍や関東憲兵隊に「一般法院の審理速度は緩慢にて戦時情勢下の当時の偽満治安処理要求に適当せず」という、「満洲国」司法体制への不満や不信が根強かったことは前述した。それは「日系で固めている軍警から見ると、日系司法官の配置されていない司法機関など全く信用おけない」という司法部刑事司人事科長や刑事司長を務めた前野茂の回想に記されるように、司法当局にもよく認識されていた。

三七年七月、刑事司長に就任した前野は刑事司に「回ってくる事件報告は全部一般刑事事件ばかりで、暫行懲治叛徒法違反事件や暫行懲治盗匪法違反事件の報告が全く無い」ことに驚いたという。「重要犯罪請訓並に報告規程」により司法処分時の通報は規定されていたはずだが、ルーズになっていたのだろう。前野は「軍警方面の完全な司法無視」とまで記している（以上、『満洲国司法建設回想記』）。

この憲兵側の不満・不信に応えるかたちで、一九三八年五月一二日、高等法院・最高法院に治安庭が設置された。治安庭設置の背景として、司法部大臣官房資料科『司法要覧』（一九四〇年七月）では建国後しばらくは「所謂叛徒事件の処断に当り一時的、変則的便法も許されていた」が、叛徒法違反「事件処理の敏活適正に遺憾の点を招き、必ずしも立法の趣旨に副《そ》わず、又客観的情勢にも即応せず、審判、検察の職能を十全に発揮する能わざるが如き観を呈することも有った」ととらえている。

日中戦争全面化の事態を好機として活動を活発化してきた中国共産党に対処するために、「検察乃至審判の迅速徹底と既発事件処理の遅延によりて生ずる余弊の一掃を図」ることに加えて、「一般良民をして司法裁判による処断なりとして各其《おのおの》の緒に安んぜしめ、国家司法権に対する信頼感、報国観念の涵養《かんよう》に資し、我が国統治に貢献するところあらん」という意図の下に設置されたのが治安庭である。治安庭を構成する審判官や治安係検察官は「高度の法学的素養、実務的経験を兼ね具《そな》え、且《かつ》世界情勢に対する透徹したる見識と共産主義其《そ》の他不逞思想運動に関する精確なる知識を有する人物、力量共に第一流の日本司法官を招致して之に充《あ》つること」とした。これまでも叛徒法違反事件は高等法院を第一審とし、主に日本人審判官からなる渉外庭であつかわれてきたが、その徹底と迅速化が図られようとした。

前野は「武装反満抗日団との間に激しい戦闘が昼夜を分かたず続けられている」非常時には、それに適応する司法制度があって然るべきとして、この「特殊裁判機関」実現に力を注いだ。治安庭の設置については関東軍司令部や関東憲兵隊司令部・治安部警務司の了解を得られたとし、「討伐戦で捕獲された者、その他犯罪捜査によって発覚したこの種事件はすべて高等検察庁に送致され、高等法院治安庭の法廷に現れることになった」とする（『満洲国司法建設回想記』）。

新設の刑事司思想科長に赴任した杉原一策は、すぐに『法曹雑誌』（一九三八年九月）に「治安庭の設置と思想科の新設」を執筆する。治外法権の撤廃により、それまでは許されてきた「変則的便法」などの「暫行的方法」を停止し、治安庭の設置により「本来の原則」に復帰することになったとする。「専ら審理の迅速」を主眼としたもので、「蓋《けだ》しこの種事件の審判は印象の未だ生々しき内に了してこそ、犯人に対する自懲と世人に対する他戒の効果を挙げ得る」と説明している。

高等法院を第一審として管轄する刑事訴訟事件として、施行されたばかりの新刑法（後述）第二章の「内乱の罪」「背叛の罪」に「国交危害の罪」や軍機保護法中の重罪にあたる罪を追加し、これらを暫行懲治叛徒法と一括して「治安事件」とした。

治安庭の設置にともない、各高等検察庁に治安係検察官を配置し、「関係警務機関との間の指揮連絡を密にし、以て検挙の適正迅速を図」った。日本国内の「思想検事」に相当する。地方検察庁の検察官はこの治安係検察官の補佐官として、「治安情報の蒐集並に治安事件の捜査」にあたった（杉原「治安庭の設置と思想科の新設」）。いうまでもなく、これらの検察官、そして治安庭の審判官はすべて日系司法官であった。

思想科新設と『思想月報』

治安庭の設置と連動して、一九三八年六月三〇日、刑事司に思想科が新設された。大阪地方裁判所検事局の思想検事だった杉原一策が科長となった。思想科の分掌は思想検察事務の指揮、思想関係の渉外事件、思想情勢の調査・思想犯罪の対策、暫行懲治叛徒法・軍機保護法・治安警察法に関する事項、盗匪その他集団的暴力犯罪に関する事項、出版物に関する事項、類似宗教に関する事項と規定された。

杉原は前掲「治安庭の設置と思想科の新設」の結びで、「将来益《ます》陣《ます》容の充実鞏化《きょうか》を図り、此の種犯罪対策の方向を顕示し、神速且《かつ》徹底的弾圧の旗幟を鮮明にして不逞策動に対する一大脅威たらしむる」と決意表明する。この言葉通り、一九三〇年代末以降の思想的対策の中枢として治安庭・治安検察官・思想科は機能し、反満抗日運動に対する「一大脅威」となっていった。

思想科ではすぐに『思想月報』と『思想特報』を発刊した。杉原「供述書」によれば、前者は「愛国行動弾圧絶滅を目的とし、各高等検察庁が処理した治安事件の処断、高等法院治安廷の裁判の結果等の報告に基き、事件の本質、処断の内容等を総合類別し」たもので、各法院・検察庁などに配布し、「裁判上の資料」とした。

それらの一部が確認できる。四一年五月の『思想月報』第五号（四一年一、二、三月分）では「一、在満共産運動概況　二、治安状況　三、民心の動向　四、重要施策に対する反響　五、其他　六、思想犯罪事件表　七、東北抗日連軍第一路軍総務処長全光の取調状況に関する件（治安部警務局通報）」という構成となっている。

「在満共産運動概況」では中国共産党南満省委は「崩壊状態」、吉東省委については「実態把握に至らず」、北満省委は「軍警の弾圧に抗し得ず、爾後の対策考究の為め首脳部は一月上旬入蘇し、三月末に至るも帰満せざるが、既往の動向に照すに帰満後は活発なる活動を開始するものと思料せらる」とする。もっとも分量を割

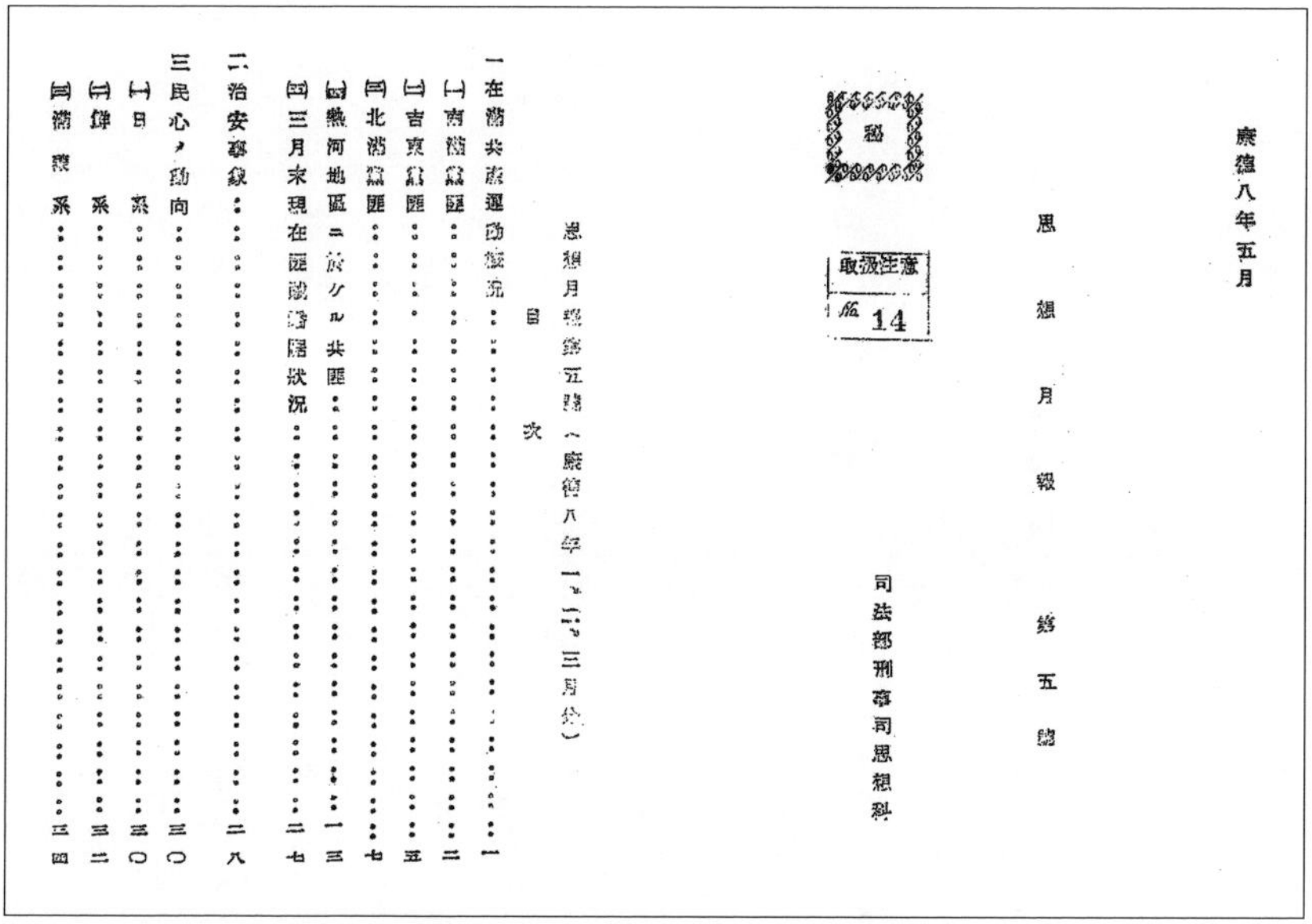

康徳八年五月

思想月報　第五號

秘

取扱注意 No. 14

司法部刑事司思想科

思想月報第五號（康徳八年一、二、三月分）

目次

司法部刑事司思想科『思想月報』第5号、1941年5月
『日本関東憲兵隊報告集』Ⅰ-⑱

くのが「熱河地区に於ける共匪」で、四〇年秋季粛正工作で「極度の疲労困憊《こんぱい》」状態に追い込んだものの、四一年になると「国内、国外（中国関内の中国共産党軍の攻勢）共に漸次勢力を盛返えし」、「民衆工作も激化の一途にあり」と警戒を強めている。四一年三月時点で全満の「匪賊」数は二〇二〇人と数えられているが、西南地区は一三五〇人（共匪一二〇〇人〔共産八路軍〕、土匪一五〇人）ともっとも多かった。

「治安事象」で取り上げられたのは四一年一月の浜江省王崗飛行隊の蜂起事件である（後述）。「本叛変が抗連第三路軍と関係あること」に注目している。「重要施策に対する反響」とは「泰、仏印紛争処理に対する反響」や「国兵法施行に伴う反響」、「壮丁検査の状況」などである。また、「開拓関係事象」として「開拓団並訓練所内の紛争対立乃至居住民との対立抗争」について、「依然其の跡を絶たず、根本的に刷新を要す」としている。

表11　思想犯罪事件表（暫行懲治叛徒法違反、1940年、1941年〔1月～11月〕）

種別／庁名	受理		起訴		不起訴		移送		其他	計	未結	
	1940	1941	1940	1941	1940	1941	1940	1941	1940	1941	1940	1941
新京高検	191	75	39	23	131	40	3	－	－	63	18	12
奉天高検	38	118	8	17	22	6	－	4	－	27	8	91
ハルビン高検	146	278	48	225	62	10	13	25	－	260	23	18
牡丹江高検	297	272	16	54	28	183	72	23	－	260	181	12
錦州高検	443	1,169	91	809	91	87	150	245	－	1,141	111	28
チチハル高検	156	181	－	49	11	120	－	1	－	170	145	11
計	1,271	2,093	202	1,177	345	446	238	298	－	1,921	486	172

刑事司思想科『思想月報』第5号、第11号（『日本関東憲兵隊報告集』I－⑱）

『思想月報』第五号には四〇年の「思想犯罪事件表」が付せられている。この場合の「思想犯罪」の大半は暫行懲治叛徒法違反で、わずかながら軍機保護法違反・聚衆妨害公務違反がある。四〇年の叛徒法違反の検察庁受理の合計は一二七一人で、そのうち二〇二人が起訴され、三四五人が不起訴となっている（その他、移送と未決）。熱河省を管轄する錦州高等検察庁が受理数・起訴者数ともにもっとも多い。その後の司法処分の状況は不明である。前掲**表9**にある暫行懲治叛徒法の四〇年の検挙数と大きな違いがあるが、その理由はわからない。

『思想月報』第一一号（四二年一月）には四一年一月から一一月までの「思想犯罪調査表」がある。受理数は前年の二倍近いが、起訴者数は約六倍に達する。とりわけ錦州高等検察庁の割合が大きい。次章でみるように、熱河省を中心に高まった反満抗日運動に対する治安粛正工作が猛烈に実行されはじめていた（以上、『日本関東憲兵隊報告集』I－⑱）。

『思想特報』は各高等検察庁や憲兵隊などからの「武装政治行動団体に対する討伐状況の通報」をまとめたもので、法院・検察庁に送付して「治安事件の処断につき認識の徹底を図った」（杉原「供述書」）という。第七号は四一年五月現在の「最近に於ける対満思想工作の傾向」と題され、ソ連、中国共産党・八路軍、重慶側などの「対満思想工作」状況をまとめている。「概説」では「国内共匪は峻烈なる弾圧」により「表面的には僅に存在の片鱗を窺知《きち》し得るが如き実情」としつつ、ソ連の影響下に「内面民衆獲得、地下工作は依然として執拗に行われ居る模様」とする。また、熱河省境については「共産第八路軍は長城線を一気に突破し、長躯満洲国の心臓部を衝《つ》き、抗日連軍との提携を策しあり」と観測する。なかでも「内外共産匪団が新戦術として採択せる邪教、秘密結社の懐柔に依る民衆獲得は予想外に成果を収めつつあり」と警戒を求めている。「秘密結社の利用」事例として、錦州高検の通報「熱河省内紅槍会〔軍閥の圧迫などに対して東北部の農村などで組織された、保守的・排他的な武装自営団体〕の動向」「八路軍の紅槍会懐柔工作」などが掲載された（『日本関東憲兵隊報告集』I—⑱）。

三八年六月頃に「重要犯罪請訓並に報告規程」に暫行懲治叛徒法違反事件が追加され、その司法処分について最高検察庁は司法部大臣に請議することが規定された。これによって思想科長は個々の事件の起訴や求刑の程度などに意見を付すことができるようになった。杉原は三九年五月までの思想科長在任中の治安事件での処断者は約三〇〇人あったとし、それらに対する最高検察庁の請議に思想科長として「概して同意見」を付したとする（杉原「供述書」）。

新刑法の治安規定

「満洲国」の日系官僚の中心人物の一人であった古海忠之は「供述書」のなかで、一九三五年一〇月に総務庁主計処長に就任し、「所謂火曜会議〔すべて日系官僚の各部次長からなる実質的政策決定会合である「火曜会」のこと〕の構成員となって以来、一九四五年八月十五日迄に中国人民を弾圧し、特に愛国者を迫害虐待屠殺の罪行を犯すに至った治安関係重要法規の審議決定に参画したもの」として、まず三七年の刑法と三八年の治安庭設置に関する件をあげる（『日本侵華戦犯筆供選編』7）。

民法などと並ぶ重要立法として新たな刑法の立法作業は三三年夏に確定した根本方針をもとに、三五年九月から本格化した。起草担当の参事官に東京刑事地裁判事の城富治を配し、大審院判事だった泉二新熊《もとじしんくま》を顧問に、刑事司長飯塚敏夫や最高法院審判官清水鼎良が起草作業に加わった。第二次草案まで作成され、三六年一二月に参議府の協賛を得て、三七年一月四日に公布、四月一日に施行となった。

飯塚は新刑法の完成を急いだ理由について、現刑法が中華民国期のものを援用しており、「満洲国」建国の「主旨、国体乃至国情と相添わざるもの尠しとせざる」ため、その「改修は一日も忽《ゆるがせ》にすること」ができなかったことをあげる。三三年夏に確立した根本方針の第二にはすでに「国情に適順すること」が盛込まれ、「日満一徳一心の不可分的関係」を十分に考慮することとされていた（「新刑法典の公布に際して」、司法省調査課『司法資料』第二二九号、一九三七年五月）。

「新刑法典の特色」として飯塚があげる一二項目のうち、治安にかかわるものとして第一に「帝室に対する罪」「内乱の罪」「背叛の罪」「国交危害の罪」が加えられた。「帝室に対する罪」は「大逆罪」で死刑とする。「皇帝又は皇室に対し不敬的行為」については一〇年以下の徒刑を科し、予備、陰謀、煽動、助力なども処罰される。「背叛の罪」は第八七条から第九五条までである。

第八七条　外国に通謀して帝国に対し戦端を開かしめ、又は敵国に与《くみ》して帝国に抗敵したる者は死刑に処す

第九〇条　敵国の為に間諜を為し、又は敵国の間諜を幇助したる者は死刑又は無期、若は五年以上の徒刑に処す

軍事上の機密を敵国に漏洩したる者、亦前項に同じ

第九四条　国防上の機密を漏洩したる者は無期又は二年以上の徒刑に処す、漏洩上の目的を以て国防上の機密を探知したる者、亦同じ

第九五条　本章の規定は攻守同盟国に対する行為に亦之を適用す

第二に「国内の治安を確立せんが為に、各種の犯罪に対する刑罰を一般的に峻厳ならしめ」、犯罪結社、犯罪煽動、財界攪乱、爆発物による治安攪乱などの罪を新設し、「予備犯を処罰する範囲」にまで拡張した。第三に「日満不可分の国情を反映して、友邦に対する背叛行為を汎《ひろ》く処罰」することとともに、「神社（「満洲国」内に設けられた日本の神社）」に対する猥褻《わいせつ》罪」の規定を設けた（以上、「新刑法典の公布に際して」）。最高検察庁の野村佐太男の『刑法総論釈義』上・下（一九三九年三月、七月）でもほぼ同様の趣旨で叙述されている。

新刑法の公布施行にやや遅れて新刑事訴訟法も公布される（三七年三月八日）。刑事司の山本謹吾（前東京地方裁判所判事）を主任参事官として三五年から起草作業が開始され、東京帝大教授の小野清一郎を顧問格とした。その特色は「犯人の処罰にして甚だしく遅延せんか、裁判の効果は著しく減殺せられ、処罰の意義亦《また》殆んど没却せらるるにいたるべし」という観点から「検挙並に審判の迅速化」が図られ、予審制度の廃止や捜査権の強化、弁護人数の制限が盛り込まれたことである（「刑事訴訟法草案説明」『司法研究』第二二九号）。

日中戦争全面化に対応して、三八年二月二六日、「満洲国」政府は国家総動員法を公布した。これにともない、三月一〇日、防衛法が公布施行された。第一条では目的について「戦時又は事変、非常事態に際し安寧秩序を維持し、敵の各種攻撃、特に航空機に因り生ずべき危害を防止し、又は之に依る被害を軽減し、及軍事上障害なからしむる」と規定する。治安に関わるものとして、第八条では「防衛上必要」の場合には集会・結社・多衆運動の制限や禁止、新聞・雑誌などの発売制限や禁止、郵便・電信の検閲などを可能とする。そして、第九

条では「防衛地境内においては軍事に係る」民事・刑事事件は「軍衙に於て裁判を為すことを得」とする。そこでは刑法の「帝室に対する罪」「内乱の罪」「背叛の罪」「国交危害の罪」などのほかに、暫行懲治叛徒法・暫行懲治盗匪法・治安警察法（第一八条）の罪が対象となる。

有事の際には防衛法にもとづき防衛令が発せられ、治安関係の事件は「軍衙」による裁判、つまり軍法会議によって速に厳重に処断を可能とする法的整備が整ったことになる。実際にどのようなかたちで発動されたのかは不明である。

「日系司法官」の大量任用

一九三七年一一月末の治外法権撤廃に備えるために、「満洲国」では機構や人事の準備が進められていた。三六年二月の国務院総務庁情報処「治外法権撤廃並鉄道付属地行政権の調整乃至委譲に対する満洲国側の準備」（日本司法省『思想月報』第二二号、一九三六年四月）によると、「司法人事の刷新」として「司法の中枢機関たる司法本部に多数の日本人職員を任用配置して其の陣容充実を図」ることがおこなわれていた。三五年一〇月末には民刑事の渉外案件やその他の重要案件を処理するために新たに推事（審判官）一八人と検察官一二人、書記官八八人、翻訳官三四人の任用が三七年末までに完了するよう計画が進められた（「満洲国人」推事は二九七人、検察官は一五四人、書記官一一〇三人）。また、行刑面でも刑務官に日本人の積極的任用をおこなうこととし、典獄佐（副所長）一四人と看守長八五人の配置が予定されていた。この時点での司法部職員は日本人四九人、「満洲国人」五二一人であった。

三六年の採用計画がわかる。三月一日、司法部人事科は「日系司法官採用配置計画」を作成した。法院が三五人、検察庁が一七人で、現地任用予定・任用手続き中の者・不補充予定・現地訓練予定の者・朝鮮から任用の者を除き、日本からの採用は合計で二一人とされた。ほかに日本からは法院書記官一四人、検察庁書記官一四人、法院会計書記官二一人の任用が計画された。

これらは国務院総務庁を経て、関東軍参謀部から陸軍省に「日系法官任用推薦依頼」を通知するという手続きをとった。推事（審判官）では渉外庭裁判長ないし渉外庭陪席（錦州高等法院、撫順・遼陽・営口・鉄嶺・錦州などの地方法院）、検察では奉天・北満特区高等検察庁、撫順・遼陽・営口などの各地方検察庁のポストが示され、日本における希望官等級が記された。陸軍省から司法省を通じて各地裁・検事局などに募集が周知された。応募者が固まると、前野人事科長らは日本各地に出張して関係方面の了解を得ることに努める。その後、司法省や陸軍省の同意を経て正式に決定し、「満洲国」への赴任となった（「満洲国司法部関係官吏任用に関する件」、一九三七年「陸満密大日記」第一〇号、防衛省防衛研究所図書館所蔵）。

四〇年の任用経過をみよう。二月二四日、関東軍参謀長は陸軍次官に日本国現職司法官吏中から審判官五人、検察官一〇人、書記官七〇人の推薦方を依頼した。「司法官の指導訓育のための職員訓練所の拡充及治安庭検察官の増員等」という理由である。これに対して五月一八日付で司法次官から陸軍次官に、書記官または執行官の希望者が一〇六人と多数あり、これらから試験選考のうえ二〇人前後を限度に採用可能という意向が伝えられた。九月一日、陸軍次官から司法次官に大谷順次ら二七人の任用を通知した。

一方、五月三〇日には陸軍次官から関東軍参謀長に、司法次官から推薦のあった審判官一人と検察官三人が通知された。大阪地裁判事小石寿夫は新京高等法院審判官兼新京地方法院審判官に、東京区裁検事畠中二郎は奉天地方検察庁検察官兼奉天区検察庁検察官となる。同様に八月一日には審判官三人と検察官一人が推薦される。東京控訴院判事西久保良行は奉天高等法院次長に、東京区裁検事藤井勝三は新京地方法院検察庁検察官となる（以上、「満洲国司法部所管法院、検察庁職員要員推薦方に関する件」、「陸満密大日記」一九四〇年第八冊）。

西久保は前野が司法部人事処長になったときに、「第一番に連れて行きたい人物」の一人だったという。西久保の「満洲国」入りに影響されて飯守重任、新関勝芳、八田卯一郎、土肥三郎、足立進という東京地裁の若手判事が司法部入りし、満洲国司法部人事の厚味を増したとされる（前野『満洲国司法部建設回想記』）。西久保は奉天高等法院次長を経て司法部次長に就いたのち、四一年一月に大審院判事として日本に復帰するが、「満洲国」司法の状況について「学問上欧米依存の観念はつとめて避け、総ての方針は日本内地の司法官と同様である」と語っている（『法律新聞』第四六六〇号、一九四一年一月三〇日）。

四一年には一〇月一日付で六人が審判官に、三人が検察官として転出している。六月に東京に出張した司法部人事科長渡辺泰敏が一カ月半にわたって勧誘・選考し、帰任後、司法部長官と軍当局などの関係各方面にはかって人選を終えたという。東京控訴院判事の鈴木忠五と大阪地裁判事の河相《かわい》格治が最高法院審判官に、東京刑事地裁検事局の茂見義勝が新京高等検察庁検察官に、津山区支部検事の坂井勝が奉天高等検察庁検察官となるなどの人事である。また、蒙疆《もうきょう》政府の司法委員会参事官として東京刑事区検事の住安国雄が、大同高等法院次長に東京区民刑判事の野呂正雄が転出している（『法律新報』第六二八号、一九四一年一〇月五日）。

最高法院長の井野英一は、後述する四一年一一月の日満司法協議会出席のために来日した際、「満洲国」では「総ての方面が所謂創業時代なので、優秀な人物は直ぐに認められる」として「聖なる野心を懐いている前途有為の若い司法官は自ら進んで志願して行くべきではないか」と呼び掛けている（『法律新報』第六三四号、一九四一年一二月五日）。

活発な人事交流を促すために、西久保のように日本の司法界復帰の道筋もつけられていた。三四年三月に「満洲国」入りした丸才司の帰任を例にとると、三八年五月七日、関東軍参謀長（東条英機）から陸軍次官に「満洲国官吏を日本司法省要員に復職方に関する件」として、ハルビン高等検察庁次長として四年間、管下の検察制度の整備確立に専念するほか、「思想検察事務に関しては日満司法警察機関を能《よ》く指揮し其の連絡の衝に当り、赤系露人に関する事案、中国共産党事件、北鉄従業員に関する事件等、幾多重要事件を処理し、其の功績相当なるもの有之、然るに数年に亘る激務に暫時静養の必要を生じ、今回辞職方願出たる」と通知された。日本で「暫時静養の上、司法省に復職したき意向」も伝えられた。これは五月一三日付で司法次官に通知され、二三日に司法次官から陸軍次官に「右は東京控訴院検事に復職のこと内定致し」と了解の旨が伝えられた（「満受大日記（普）其2」一九三八年）。

すでに「満洲国」司法部と日本・司法省の間で内交渉がなされていたはずだが、「満洲国」高官の人事ゆえ手続き的に関東軍の関与が必要とされた。多くは三年程度の在籍が目安となった。

前野の三六年の任用計画中、推事・検察官五二人のなかで現地任用予定が五人（ほかに任用手続中の者二人）、現地訓練予定が一五人となっていた。前者は三四年一〇月に創立された司法部法学校の卒業生である。前野によれば「学生の素質はすばらしく、よく勉強するので各自優秀な成績をもって卒業し、法定の手続きを経て司法官となり、満系在来司法界に新風を注入し、満洲国司法の改善のため絶大な効果を挙げた」という。三八年に新京法政大学に改組となり、司法官志望者は大学卒業後、高文司法科試験を経て司法官試補となり、在職一年後に適格試験を受けて司法官となるという手順が整備された。

後者の現地訓練予定者とは日本の「司法省採用漏れで、満洲国入りを希望している」学生を指すと思われる（以上、『満洲国司法建設回想記』）。採用漏れとなった理由は「学生運動の前歴のある者」、そして「学校の成績と試験の成績という標準」から外れた者だったが、これを推進した前野は「幅広い人間で行動力のある人」を採用し、「満洲で育てよう」と考えたという（「あの人この人訪問記　前野茂さん（下）」『法曹』第二三五号、一九七〇年五月）。三五年度からこの日系司法官現地養成制度は実施された。六人を立法参事官付で採用し、日本における司法官試補と同様な修習をおこない、三六年七月に「学習法官」（日本の司法官試補に相当）となった（『満洲国司法建設回想記』）。

なお、治外法権撤廃を機に司法部の陣容も一新した。司法部大臣は馮涵清から張煥相に交代し、刑事司長は飯塚敏夫（日本に復帰）から人事科長の前野茂に代わった。司法部次長の古田正武は参議となり、後任に最高法院審判官の及川徳助が就いた。前野は「本格的な運用の時代に入った」（『満洲国司法建設回想記』）とする。

平田勲の最高検察庁次長就任

「満洲国」司法界への「日系司法官」任用で最大の出来事は、思想検事の先駆であり、開拓者であった平田勲の最高検察庁次長就任である。東京地裁検事局の思想部創設とともに部長となり、三三年には佐野学・鍋山貞親の「転向」を演出し、思想犯保護観察制度の創設にあたっては大審院検事のまま要《かなめ》となる東京保護観察所長を務めていた。

平田勲
『昭徳』第7巻第12号、1942年12月

一九三八年八月の「満洲国」司法入りについて、平野利「平田検事の面影」（『昭徳』第七巻第一二号、一九四二年一二月）には「昭和十三年四月頃、平田さんは一身上の御都合により検事を辞される決心をされた。御自身としては野に下って公証人になられる考えであったが、これに対して平田さんの人格手腕を惜しむ人々は極力反対し、偶偶《たまたま》満洲国最高検察庁次長の交渉があったので、日本の司法部を去られるとしても、満洲の司法部に於て活躍せられることを勧めたので、平田さんも最初の意志を翻して満洲国最高検

察庁次長を承諾就任されたのである」とある。

この「一身上の御都合」とは所長として東京保護観察所を運営するにあたり、保護団体や転向者からの批判を浴びたことや「功利主義的な、自由主義的な、個人主義的なものの考え方」という「悪い過ち」(司法省『第三回保護観察所長会同議事録』)を理由とする平田の強い自己批判と推測される。最高検察庁次長在任三年で病のために辞任・帰国し、大審院検事に復帰するが、まもなく退職、四二年一〇月に死去する。

平田は「満洲国の求むるもの」という文章を保護観察団体機関誌『昭徳』第四巻第一一号(一九三九年一一月)に寄せている。一年間の「満洲国」での経験を踏まえて、「我々満洲国に在る日本人として先づ為さなければならぬ問題は思想的煤煙《ばいえん》の払拭である」とする。「思想的煤煙」とは「私共の心の奥底に膠着して居るところの自由主義・個人主義・功利主義の残滓《ざんし》」であり、「この観念を判《は》っきり清算しない限り、満洲国建設の指導者たるの資格は固より一成員たるの資格すら許され得ない」と断言する。

ついで思想犯保護団体の帝国更新会で「在満二ヶ年の自己批判」を副題としておこなった講演「新東亜建設と日本的言行について」(一九四〇年五月三〇日)では、次のように論じている(『国民思想』第六巻第七号、一九四〇年七月)。

誠に満洲国は日本なしには考えられぬとともに、満洲は又日本の生命線なのであります……新東亜の建設の大業は幾多のジグザクの道ではありますが、不可避的に此《これ》を我々は達成し、新しいアジアの秩序否世界秩序を建設せんと致しますとき、日本国民の自粛自戒と私心なき日本精神の体顕によりまして満人の中の東洋精神を呼び醒し、民族協和の実を一層つよめ、全アジア諸民族に此を示さねばならぬと信ずるものであります

これが最高検察庁次長としての職務となると、治安対策の徹底と厳重化となってあらわれる。三九年五月の

第八次全国司法会議で、平田は「思想事犯の査察内偵」に一層努力することを指示している。これまでの「対匪治安工作」では相当の成果をあげているものの、「北辺三江省及南境熱河省に発生せる叛徒事件は孰《いず》れも蘇連並中国共産党と直接又は間接の連繋あり、其思想の深刻なる、其の組織の整備せる、其の身分の高度なる、到底山中共匪の類と同一に論じ難し、而《しか》も此種の思想匪は更に国内諸制度の不備欠陥に乗じ社会各層の内部に潜入し、裏面的活動を秘密裡に展開する事必然なり」という認識を示して、「思想匪の動静に関し其査察内偵に力を注ぎ、抜本塞源の途を講ずる」ことを厳命した。また、「居常社会の各層と接触し、民心の帰趨を洞察することも求めている（司法部『第八次全国司法会議録』）。

平田は四〇年五月の司法省主催の思想実務家会同で「満洲に於ける最近の思想情勢」を講演している。三九年一月のチタにおいてなされたコミンテルンの極東緊急会議決議の実行が非常に大きな影響をあたえていると述べたあとで、抗日連軍の東辺道一帯の活動に対する関東軍主導の「軍事的討伐、司法討伐」に言及する。「戦闘に依りまして撲滅致しましても、匪賊に通匪致して居りますものが沢山あり、其の通匪致して居る所の農民を検挙して行かなければ抜本塞源の途が講ぜられない、斯《こ》ういう関係から、只今では文化討伐の関係に於きましては検事が中心になりまして、毎月一回吉林に於きまして吉林省会議なるものを開いて司令官の令下に於きまして各種検査に従事致して居る」と述べる。この「文化討伐」については、新京高等検察庁検察官緒方浩による報告を後述する。

もう一つ、平田はこの講演の最後で「満洲国全民衆の問題」、つまり民心の動向を「憂慮に堪えない点」と述べていた（司法省刑事局『昭和十五年五月　思想実務家会同議事録』「思想研究資料特輯」第七九号、一九四〇年八月）。

「満洲国」赴任の動機

撫順戦犯管理所における「供述書」において、「満洲国」司法界へ赴任した動機について何人かが叙述している。

ハルビン高等法院次長などを務めた横山光彦は一九三八年三月に東京刑事地裁判事を退職し、四月から奉天高等法院に勤務した。三高時代には安田徳太郎と交友し、その「無産階級に燃ゆるが如き同情心」や「階級的な物の見方」があることを教えられ、感動していた。横山もデモクラシーの空気を吸っていた。

二六年三月の東京帝大卒業後、司法官試補として東京地裁に勤務し、名古屋・富山・前橋・東京の各地裁で判事を務めていたが、三〇年代半ばには「私は日本司法部が人事に於ても、又旧套を脱し得ざる審判事務に於ても行詰って居り、又各種事件審判中に感じた多くの社会的欠陥――悲惨な癩患者の事件、精神病者の事件、極貧層の堕胎事件等を通じて如何に国家が其保護に無関心で、そして個人的な事業に委せて居るか、処罰の方面のみを考慮して社会施設すらしないではないか、という様なことに大きな疑問を懐き、何とかして愉快に判事としての仕事が出来る様にならないものかと願」うようになっていた頃、司法官試補時代の先輩で、「満洲国」司法部人事科長だった菅原達郎からの勧誘があった。「日本の社会に何かしら大きな矛盾を感じ」る一方で、「若い偽満洲国司法部ならば多少とも自分が理想的に活躍する余地があるだろう」という期待を抱いての赴任であった（『日本侵華戦犯筆供選編』9）。

なお、横山は『望郷　元満洲国裁判官の抑留受刑記』（一九七三年）において「満洲国」赴任について、「日本がその生命を賭けた〝満洲国〟の治安が良くなり安定し、〝満洲国〟もおいおい世界各国に承認されるであろうと確信したため、新興〝満洲国〟の空気を吸って日本に帰れば多少とも日本司法部に清新な空気を吹き込むことができるであろうと希望したからであった」と解説する。そして「いつのまにか私は、心の底から日本と満洲国の興廃に自らの生命を賭ける気持になっていた」ことが、最後まで「満洲国」に止まる理由であったとする。

横山と同期だった鈴木忠五は「満州国審判官を指導して司法部を充実させ、満州国の健全な発達をはかるために、大いに尽力して欲しい」という勧誘と、「自分としてはただ、満州という新天地でしばらく働いてみたかったこと」などから「わりあいに気軽に満州に行く気になった」と回想する。やや遅れて、一九四一年九月の赴任である。「三年だけ務めるという約束」だった（四五年五月、東京控訴院判事として戻る）。「当時最高法院には、とくに印象にのこるような裁判事件が係属して」おらず、「書面審理だけで決定できる事件が大部分を占めていた」というが、実際には治安事件の公判はかなりの件数おこなわれており、鈴木も最高法院治安庭の暫行懲治叛徒法違反事件の上告審の審判官を務めていた。しかし、『一裁判官の回想』（一九八四年）には「満洲国」の思想事件については何も記述されていない。

ハルビン高等検察庁検察官を務めた溝口嘉夫は三三年に東京帝大卒業後、日本では就職せず、北満特別区公署雇員・ハルビン地方法院翻訳官などを経て、三八年四月から司法部高等官試補（刑事司思想科勤務、ソ連の新聞・雑誌の論文記事の収集、翻訳、『思想月報』などの作成）となるなどの経歴をもつ。学生時代には平野義太郎や有沢広巳・杉之原舜一らの知遇を得て影響を受けており、社会運動に加わってデモで検挙された経験もあるという。

溝口は「供述書」で「私は満洲事変が日本帝国主義の不正義の軍事侵略であることを一応理解していたし、偽満洲国は日本帝国主義の執行機関であり、同国に勤務することは日本帝国主義の執行者となることであり、正しくないことであること」を知っていながらも、「自己の経済的な利益」のために「満洲国」に就職したとする。「満洲事変」や「満洲国」建国については「やむをえないこと」とし、「直接中国人民を弾圧しなければいいと自己弁解をして来ました」という。しかし、「一旦帝国主義の機関に入り、その執行者となった私は良心を完全になくしてしまって一直線に帝国主義の途を歩き、遂に検察官として中国人愛国者弾圧の最先頭に立って厳重な反人民的罪行を犯した」と認罪する(『日本侵華戦犯筆供選編』12)。

デモクラシーの空気を吸ったがゆえに判事としての経験を重ねながら日本社会に矛盾を抱く横山にしても、社会運動の激化する一九三〇年前後の空気を吸い、「満洲事変」にも客観的な態度をとりえていた溝口にしても、「満洲国」という「一旦帝国主義の機関に入り、その執行者とな」ると、反満抗日運動「弾圧の最先頭」に立った。その大きな落差については、本書の範囲を超えるため別の機会にあらためて考えることにしたい。

飯守重任

溝口嘉夫もそうであったが、「自己の経済的な利益」、つまり給料の高さも「満洲国」入りの大きな誘因になった。のちに「満洲国」治安維持法の起草や運用に大きな役割を果たす飯守重任についてはまだ撫順戦犯管理所における「供述書」が公開されていないため(一部は中国側編集の資料集に収録)、飯守の手記「カトリック教徒たる親友に宛てた手紙」によることにする。そこには「一九三八年十月、僕は君達と別れて東京を離れ、偽満奉天高等法院の判事となって赴任した。渡満の動機としては、偽満の官吏になると月給も多くなり生活が楽になるということに魅力を感じ、それが有力なる動機の一つであった事は否定出来ず、大いに恥ずべき事であるが、一方偽満国家の育成発展に誤った情熱を注いだ事も事実であった」とある。

飯守重任
野村二郎『法曹あの頃』上、日本評論社

「僕は法律を勉強して裁判官となり、正義と社会秩序の維持者として神聖なる職務を遂行し得るものと信じ、日本に於て判事となり、日本共産党員を社会秩序の破壊者として処罰し弾圧」することを「道徳的な神聖な職務として誇りを感じていた」と述べるように、飯守の場合は横山や溝口の意識とは異なる。「満洲国」における反満抗日運動に対する法的な処断は、日本における治安維持法運用と一直線につながっていた。

なお、飯守は起訴免除となって日本に帰国後、こうした供述や「手記」を全面的に否定する。「常識ある人なら、〝中共〟に抑留されているとき、本当のことを言うなどとは考えられないでしょう……攻撃を受けたとき、自分の立場、日本の国益を考えるのは当然です。気持としてはいやでしたけど、作文を書きました」という。情状が軽いとされて起訴免除になったことについて「私は満州国で死刑の治安事件を担当しませんでしたから」と述べているが（野村二郎『法曹あの頃』上、一九七八年）、後述するように奉天高等法院渉外庭の審判官として治安事件の判決を書いていること（横山光彦の供述）や特別治安庭・「満洲国」治安維持法の立案にかかわったことについては、頬かむりをしている。飯守が否定する自身の「カトリック教徒たる親友に宛てた手紙」では、奉天高等法院で死刑判決を書いたと明記している。

西南地区粛正工作において「満洲国」治安維持法が特別治安庭を活用して猛威をふるっていく状況を、そして「満洲国」全般での治安維持法などの運用状況について、飯守が司法部参事官として誰よりもよく把握していたことは、次のような「カトリック教徒たる親友に宛てた手紙」の記述に明らかだろう。

僕は約五年に亘る偽司法部参事官時代には、偽司法部の監察担当参事官として各地の法院検察庁に対して監察を行い、残酷極まる方法で搾取圧迫を事とした。偽満の植民地行政を所謂治安の維持、即ち愛国人民を鎮圧する事に依って支持し、その遂行を容易ならしめた所の司法権の鎮圧機能を強化する役割を果した。

自分は直接手を下して人を殺さないで、大殺人計画、大掠奪計画を立て、その為の複雑怪奇な機構を組織し、下部機構の者に之を執行せしめて、自分は何か高級で上品な仕事をしている如く紳士然と澄ました

顔付である

なお、前述した西久保良行に影響を受けて飯守とともに「満洲国」入りした「東京地裁の若手判事中の錚々《そうそう》たる」メンバーも、おそらく同様な「職務」観を抱いていただろう。その一人、八田卯一郎は「満洲国」治安維持法の解説文を書いている（後述）。

旭川地方裁判所検事局書記官として北海道生活図画事件などの取調にあたったこともある板橋潤は、直属の検察官望月武夫の「満洲国」入りにしたがって四二年六月、熱河省の西南地区粛正工作の真っ只中の錦州高等検察庁の書記官として赴任する。撫順での「供述書」には「満洲国」入りの動機についての記述はないが、二〇〇一年から〇五年にかけてその体験を語っている。録音テープを聞いた佐竹直子は著書『獄中メモは問う——作文教育が罪にされた時代』（二〇一四年）のなかで「日本での板橋さんの給与は七八円。錦州ではその六倍近い四五〇円だった。高給にひかれ旧満州行きを決めた」と記している。

日満司法協議会

前述した一九三九年八月の司法部「康徳七年度重要企画事項」の「立法関係」では、「東亜司法共同委員会」の設置が検討されていた。「日満支三国間の政治経済関係の緊密化を促進強化する為には司法法規の制定、防犯防共其他、刑事、行刑等の各種法政の合理的なる調整融合を計る必要あり」（「太田耐造文書」）というもので、日本と「満洲国」に中国の親日傀儡政権を加えて、東亜新秩序体制に見合う「東亜治安体制」の構築をめざそうとしている。

東亜司法共同委員会と重なると思われるが、司法部は七月二八日付で「東亜法政共同委員会設置協定理由案」を作成し、日満経済共同委員会にならって「法政部面も新しき東亜協同体に即応する」体制を樹立すべきとする。さらに「東亜法政共同委員（協議会）設置に関する協定」案までも作成するという、司法部の前のめりぶりは顕著である。

しかし、一挙にその実現に至ることはできなかった。「日系司法官」の大量任用で交流を深めるとともに、日本と「満洲国」の思想実務家会同への相互列席というステップを踏んでいく。ここでも「満洲国」司法の熱心さが目立つ。おそらく一九四〇年三月開催の第九次司法官会議が最初の機会となった。「満洲国」司法部では関東軍参謀部を通じて「日本内地、朝鮮、関東州、蒙古連合自治政府間に於ける司法運用上種々連繋あるに鑑み、本会議に彼我関係司法職員の参列を求め、司法の円滑適正なる運営に資せしめ度《たく》」として打診をおこなった。これに応えて、司法省は長崎控訴院検事長岩松玄十と大阪地裁所長赤羽熈《あかばねひろし》を派遣する（他の地域の参列者は不明、「陸満密大日記」一九四〇年、第七冊）。

さらに六月には「彼我の思想情勢を開示して対策を協議検討するは、相互の連関を緊密にし、協力の実を挙ぐる上に於て極めて意義深きこと」として、治安係審判官検察官会議への参列が要請された。これには東京控訴院部長佐藤竜馬、東京控訴院検事長谷川瀏、朝鮮総督府高等法院検事米原先《すすむ》が参列する（「陸満密大日記」一九四〇年、第七冊）。

翌四一年五月の第一〇次司法官会議には広島控訴院長細野長良《ながよし》、広島控訴院検事長中野並助、大邱覆審法院長森田秀治郎、京城地方法院検事正山沢佐一郎が参列する。新たに傀儡政権「中華民国」からの参列も予定されたが、実現したかどうかは不明である（「陸満密大日記」一九四一年、第七冊）。

六月末の治安係審判官検察官会議には東京刑事地裁検事局の桃沢全司と司法事務官司波実、京城地方法院部長小林長蔵、さらに北京司法公館長佐野茂樹と上海司法公館長吉江知養（ともに司法省から派遣中）が参列している（「陸満密大日記」一九四一年、第九冊）。いずれの会議でもどのようなことが協議されたのかは不明である。

なお、六月一五日の『法律新報』第六一七号は司波・桃沢の出張について報じ、司波が「最近に於ける思想情勢」と題する講演をおこなう予定とする。「短い期間ですが、満洲、北支、中支の各地を廻って来ることになっています。何と言っても満支はソ連、外蒙と国境を接し、共産軍に対する方策、その他思想的にも可成《かなり》切実な問題に直面しているようですが、兎も角こちらの思想情勢も伝え、彼地の実情も充分に聴き、且つ視《み》て参り、今後の対策に寄与するところあらしめたい」という談話を載せている。

「満洲国」の治安係検察官も日本司法省主催の思想実務家会同に参列するようになる。四〇年五月の思想実務家会同が最初で、司法部刑事司思想科長の小幡勇三郎が参列員となった。それまでは朝鮮・台湾・関東局に限られていたが、このときから「満洲国」・蒙古連合自治政府・南洋庁から参列した。関東局からは関東庁地方法院検察官の田中魁《かい》である。なお、この会同の最後に、私用で来日していた平田勲最高検察庁次長が「満洲に於ける最近の思想情勢」を講演していることは前述した。四一年七月の会同で、ハルビン高等検察庁の真田康平が「司法討伐」を高唱することはすぐ後述する。

こうした蓄積のうえで、四一年一一月、司法省主催で日満司法協議会が東京で開かれた。この会議の様子を『法律新報』第六三三号(一九四一年一一月)は「東亜共栄圏内に東洋道義法制を確立　日満司法協議会で強調」と報じた。その記事によれば、岩村通世法相は「司法を通じ日満一体の実を挙げることは決して困難ではない」として、「斯くて日満一体の司法体制が実現せられますならば、其の影響は必ずや東亜共栄圏の全般に及ぶのでありまして、軈《やが》ては此等東亜諸国の中に東洋道義に立脚する法制の整備充実を見るに至り、東亜の民族の慶福と繁栄とが自ら招来せらるるべきことを確信する」と述べた。「満洲国」側の井野英一最高法院長は「東亜共栄圏建設に必要なる法制の完備、其の運用に付て協議することが出来る様にしたい」と挨拶する。

協議事項の四番目は「日満共同の防共対策樹立に関し考慮すべき事項如何」で、思想協議会の常置が合意されるほか、捜査上の協力では「必要に応じては、具体的事件の内偵中から情報を交換し、渡日、渡満思想容疑者の行動に関する情報を交換すること」などが申し合わされた（『法曹雑誌』第九巻第二号、一九四二年二月）。

「文化討伐」・「司法討伐」

新京高等検察庁検察官の緒方浩は「東辺道の匪賊討伐地帯を行く」を『法曹雑誌』第七巻第四号（一九四〇年四月）に寄稿している。東北抗日連軍第一路軍の楊靖宇を最終的に追い詰め、殺害するに至る東辺道粛正工作に同道した記事である。三九年一一月から「結氷を期し、日本軍、満洲国軍、警察討伐隊が一体となり、大々的な冬季討伐を敢行」するなか、「物資情報を提供して、匪行を容易ならしめた所謂通匪事件の検挙」に加わった。吉林討伐司令部で検挙した通匪の取調を終えると、「彼等が通匪するに至った地理的事情」などを実際に踏査するために第一線の視察に出かけた。軍刀を握り、トラックや馬を乗り継いで目的地に向かう。「日満軍警が零下三四十度の酷寒下に於て、不自由な野営をしつつその討伐に従事し、満洲国の伸張に専念献身している姿を見た時、全く目頭の熱くなる思いをした」とする。緒方は「通匪事件の検挙」を「文化討伐」の一つと呼ぶ。

司法省『思想月報』第七七号（一九四〇年一一月）掲載の「新京高等検察庁管内思想情勢（康徳七年十月現在）」をまとめたのは緒方検察官である。「満洲国」司法部による思想実務家会同のような場でなされた報告の転載と思われる。「私は昨年十二月以来吉林野副《のぞえ》部隊討伐司令部に参っており、又本年三月以来同司令部隷下の特高事務を担任する軍、警察官を以て組織する吉林会議の常任委員を致しております」という。

その経験を十分に踏まえて、「徒らに検挙弾圧丈《だけ》で済む時代なれば警察力の強化で或程度の防止は出来ましようが、今の情勢はそれ丈では決して十分ではありません」とする。野副討伐司令官の討伐方針に即応して、検察庁は「第一　治本工作」中の「（チ）匪民分離工作の徹底」や「（リ）糧秣《りょうまつ》、物資、弾薬等敵側武力を構成すべき資材の糧道遮断」および「第二　思想工作」に主力を注ぎ、「所謂通匪者の検挙弾圧、外廓団体の破摧《はさい》覆滅並帰順匪、逮捕匪等に付匪団の糧道連絡並作戦要領等の取調を為し、軍警の作戦に寄与すべき諸資料の蒐集」を任務としていた。それを「文化討伐」と呼ぶ。

最後の「所見」において「武装匪は一日一日と没落の一途を辿って居り、管内共産党の活動も現在は余り活発ではありません」と成果を評価しつつ、「惧《おそ》るべきは「街の匪賊」にあるとする。それは「満洲国」民心悪化の動向――「不平、不満、国政の誹謗讒侮《ざんぶ》」を意味する。そこから「単に検挙し証拠さえ集めればそれで起訴して事足れりとした従来の検事道は、その点に就いて大いに欠ける事があったのではなかろうか」、「思想戦に勝つと云う事は民心を把握したか怎《ど》うかと云う点以外にない」という今後向かうべき「検事道」を指し示す。

ハルビン高等法院検察官の真田康平が唱える「司法討伐」は、緒方の「文化討伐」を包含するものといえる。真田は四一年七月の日本の思想実務家会同に参列し、「満洲国」の思想検察をめぐる情勢について「共産軍に対する討伐は主として武力に依るを要しますが、党に対する討伐は政治に依らなければならぬ」とする。「其の政治とは何か」として、「最も重要なるものは司法に依る討伐、所謂司法討伐であります」と断言し、「故に私共満洲国の思想事務に携わって居る者は時には武装して危険な地区に突進し、日本軍の銃創の保護の下に事件処理に従事して居るのであります」と語っている（『思想実務家会同議事録』「思想研究資料特輯」第九〇号）。

司法省『思想月報』第七六号（一九四〇年一〇月）に掲載された「奉天高等検察庁管内思想経済情勢」も真田の手になるものだろう。そこでは「全体性理念の普及徹底の為めには原則として飽迄《あくまで》合理的になさる可《べ》からざるも、場合によりては断乎たる強制力を発動するも之が理念より敢て躊躇するを要せざるべく、強大なる指導力を以て国民思想の集中的誘導に努力すべきなり」と論じている。

この「司法討伐」の射程は次のように拡大していった。一つは、杉原の後任の刑事司思想科長となる小幡勇三郎が一九四〇年八月の『法曹雑誌』（第七巻第八号）に載せた「満洲の思想問題」で示す論点である。「時には弾丸の飛ぶ地域に行くことを覚悟せねばならぬ」という「満洲の特殊性」をもたらすものとして、「思想問題の震源地とも称すべきソ連と直接境を接して居る事」に言及し、「絶え間なくソ連の思想謀略を蒙る危険に曝《さら》されて居る」という状況が「我国の思想問題の重要性を一層加重している」とする。

さらに小幡は「思想問題は単に叛徒事件の捜査処理にのみ終るべきものでなく、常に東亜の大局に眼を注ぎ、東亜全般を考慮に入れた雄大なる思想対策の樹立が必要となって来るのである。日本、満洲、支那は全く打って一丸となり、東亜の思想問題の解決に乗り出さねばならぬ」と論じる。これらは思想対策としての「防諜」および「諜報」体制構築の緊要性として、また「大東亜治安体制」の構築へと進んでいくことになるが、具体的な展開は次章の範囲となる。

もう一つは、四一年五月の第一〇次司法官会議で平田最高検察庁次長が言及していた「邪説の横行」への警戒である。九月の『地方行政』第八巻第九号に載る「思想の取締に就て」において、刑事司長北村久直ははっきりと「邪教、又は邪教的秘密結社」への注意を呼びかけた。

満洲に於ける此の種宗教的背景を有する秘密結社は、旧政権軍閥の圧迫又は土匪の跳梁に対する部落自衛の為めに発生成長して来たものでありますが、反国家的性格を有するものが少くなく且其の団結力は宗教的団結であり、寔《まこと》に強固でありまして、過去に於きましては屡屡《しばしば》軍閥の闘争や革命運動等に利用されて来たものでありますが、建国後に於きましても共産匪其の他反満抗日団体に利用されたこと少くなく、最近に於きましては敵性国家の謀略に利用される傾向にあります

「司法討伐」が新たに以上のような方向に射程を伸ばしていくことは、前述したように刑事司思想科『思想

特報』第七号が四一年五月現在の「最近に於ける対満思想工作の傾向」のなかで、ソ連の影響下に「内面民衆獲得、地下工作は依然として執拗に行われ居る模様」と観測していたこと、「内外共産匪団が新戦術として採択せる邪教、秘密結社の懐柔に依る民衆獲得は予想外に成果を収めつつあり」と警戒を強めていたことと照応する。

こうした思想検察における積極的な姿勢は、日本国内と同じように特務警察官に対する指導統制という面でもあらわれる。三九年五月の第八次全国司法会議で刑事司長は「従来の特務警察は日満軍警の戦闘的討伐行為の方面に主力を注ぎ、司法警察としての立場に重点を置いて居なかった為に、検察庁との連絡協調に関する訓練に欠け、又司法警察の実務に対する素養と経験とを有せざる実情にあります」と述べて、特務警察官の指導訓練を実行し、効果をあげるよう指示をしている（司法部『第八次全国司法会議録』）。

このため各高等検察庁では特務警察官会議を召集し、講習をおこなっている。ハルビン高等検察庁次長の杉原一策は「治安事件取調の第一線は特務司法警察官であるから、其の取調の徹底不徹底は其の後の事件処理上影響することが大きい」として、訓練会議を主催し、政治犯弾圧の責任の重大性を強調するとともに取調に関する法律の要点や書類作成上の必要事項などについて指導訓練したという。その際、「専ら反満抗日活動に対する取調の粗漏による逸犯の防止」に重点を置いたが、拷問については「不問に付した」と供述している（『日本侵華戦犯筆供選編』9）。ただし、実際に検察が特務警察を指導し、捜査や取調のイニシアティブを握れたわけではない。

三肇事件の現地司法処分

一九三七年から三八年の三江地区（現在の黒龍江省北東部）の「特別大討伐」、三八年の三・一五事件による打撃から回復した東北抗日連軍所属の遊撃隊は、四〇年には浜江省の三肇地区（肇源県・肇州県・肇東県）で活発な活動を展開し、四〇年一一月八日には肇源県城を襲撃し、日本人を殺害するに至る。関東憲兵隊の報告によれば、浜江省警務庁特捜班はすぐに「通匪者」を検挙し、報復的に警察官や村長も含む一九人を「厳重処分」としている。一二月、日満軍警は三肇地区討伐隊を編成し、軍事的討伐を実行するとともに、浜江省警務庁特捜班による潜伏匪徒や共産党員の検挙を進めた。これは三肇事件と呼ばれる。

夏林根・薫志正主編『中日関係辞典』（一九九一年、翻訳版は一九九八年）には、次のように記されている。侵華日本軍とかいらい満州警察による、抗日連合軍鎮圧虐殺事件である。三肇とは、浜江省（現在の黒竜江省の一部）の肇州、肇源、肇東（いずれも綏化地区に属する県名）の三県をさす。一九四〇年（民国二九年、昭和一五年）一一月、抗日連合軍の徐沢民指導の遊撃隊は、三肇地区の人民を率いてかいらい満州国の統治に反対すると共に、日本の東北侵略に抵抗する義軍を起こした。ハルビン（黒竜江省省都哈爾浜市）に日本辺地防衛指揮部は大部隊を動員し、大量逮捕を実施した。こうして徐沢民等二〇〇余人の抗日志士が逮捕され、三肇地区の抗日愛国人士と遊撃隊は鎮圧され、多数の犠牲者を出した

この事件の司法処理の特徴は、軍の強い要求にしたがってハルビン高等検察庁と高等法院治安庭を現地である肇州と肇源に移したことである。ハルビン高等検察庁次長として赴任したばかりの杉原一策も現地に移動し、特捜班による検挙者の司法処分の指揮にあたった。取調責任者に真田康平を据え、ハルビン地方検察庁からも日本人検察官四人を派遣させた。最高検察庁の野村佐太男はハルビンで指示を与えるほか、肇州にも出張した。杉原は「供述書」で事件処理の経過を次のように記している。

（ロ）哈爾浜高等法院治安廷の構成　廷長牛丸四郎外二名の審判官

（ハ）検察及裁判の期間及場所　自一九四一年二月中旬至同年三月二十日頃の間　肇州及肇源に於て実施す

（ニ）哈爾浜高等法院治安廷の裁判に対する上訴審　最高法院治安廷（廷長下林某）は哈爾浜に出張して上訴審の裁判を行った

（ホ）本件関係者に暫行懲治叛徒法を適用し、起訴、不起訴並求刑等に就ては私は真田検察官と協議したる上、最高検察庁野村検察官に提示してその批准を得て決定した

検察及裁判の結果は一七五人が起訴され、全員が有罪（死刑七二人、無期徒刑四〇名、有期徒刑六三名）となった。判決直後、死刑は真田検察官のハルビン監獄への指令により警察隊によって二回にわたって執行された。徒刑はハルビン監獄で執行した。

軍の要望によって裁判と死刑が現地でおこなわれたことについて、杉原は「同地区内の中国人民を威圧し、恐怖に陥れ」る意図があったとする。検察・裁判側が軍の要望に応じたのは、「司法裁判による治安事件の処理は寛且慢《かつ》」のため「満洲国」治安維持にとって不十分であるという見方を払拭するためだった。この貢献が認められ、杉原・真田ら検察官はハルビン防衛軍司令官から感謝状を贈られている（『日本侵華戦犯筆供選編』9）。

適用法令を杉原は暫行懲治叛徒法違反事件とするが、関東憲兵隊や司法部刑事司思想科の報告書（『東北歴次大惨案』収録）によれば、約三分の一は暫行懲治盗匪法違反だった。死刑でみると叛徒法違反は五五人で、盗匪法違反は一七人となっている。判決文などは不明である。

前述の司法処分後も事件関係者の検挙と処断がつづいた。四一年五月、浜江省警務庁により遊撃隊指導者徐沢民らが遅れて検挙され、検察庁に送致、暫行懲治叛徒法違反で起訴（『東北歴次大惨案』に徐についての起訴状を収録）された。ハルビン高等法院は九月から一一月にかけて三四人に有罪判決を下し、そのうち徐を含む七人が死刑となった。徐に対する判決は一一月一日で、犯罪事実は抗日軍への加入、四〇年八月以降の数次にわたる三肇地区県公署などの襲撃、殺人・放火・略奪の罪とされる。判決の数日後、徐は未決監で自決した（最

高検察庁「三肇事件判決結果月報」『東北歴次大惨案』収録)。

杉原の三肇事件への関与は、のちに瀋陽軍事法廷における起訴・有罪の重要な要素となった。一九五六年七月四日、裁判官との間でなされた質疑応答をみよう。事件の指揮について「三肇大虐殺」では哈爾浜高等検察庁の日本人職員のほとんどが現場に到着しましたが人員が不足しており、哈爾浜高等検察庁が管轄する哈爾浜地方検察庁の日本人検事四名と、ここで必要な通訳官、書記官など全員を三肇地区に派遣したため、逮捕・鎮圧の仕事を哈爾浜から三肇地区に移しました。そして、すべての職務を肇州で行い、さらに「捜査本部」と名づけ、私は自ら捜査本部長になり、三月末までに「三肇大虐殺」を処理しました」と陳述する。裁判官は四一年六月のハルビン高等検察庁「哈高検思秘一八〇号三肇地区事件概要」の記録を取りあげ、「中国の抗日救国人員と一般人を合計一七五人尋問し、起訴しました。そのうち七二人は死刑に処せられ、一〇三人は徒刑に処せられました。この案件の記録は本当ですか」と問われると「はい、そうです」と答えた。

ついで三肇事件に関連して検挙されていた黄永洪証人が入廷し、自身への拷問をともなった取調について次のように証言する。

日本の警察が私を肇源県に連行し、監獄に二〇日あまり収監しました。私はそこに二〇〇人以上の人が収監されていたのを見ました。後に哈爾浜から来た裁判官や検察官が裁判をしました。最初の日、彼らは私を連れ出し、紅軍になったことがあるかと尋ねました。私はなったことがないと答えました。すると彼らは腰掛けと縄を持ってきて私を腰掛けに縛り、急須に水を入れ、その中に一摑みの粟を入れ、タオルで私の目隠しし、口から鼻まで水を注ぎました。水を注ぎ込むと息ができず、注がないときにようやく息ができました。これを繰り返し、やっと夕飯の時間に刑務所に連れ戻されました。次の日、朝食をすませると私を連れ出し、また同じように紅軍になったことがあるかと聞かれ、私はなったことがないと答えました。

すると彼らは小さな箱を持ってきました。それには銅線が二本ついていました。彼らは銅線を私の耳に繋ぎ、私は全身しびれてふらふらして心臓が浮くような感覚になりました。それから私は五回感電させられ、私の耳は聞こえなくなりました。夕食の時に刑務所に連れ戻されました。三日目にまた私を連れ出し、紅軍になったことがあるなら言え、そう言えば殴らない、釈放すると言いました。私はなったことはないと答えました。すると彼らは私の目の前に来ると、私の上半身の服をはぎ取り、私を地面に押さえつけ、棒で殴りました。私の全身は青紫色になり、痛みで転げ回り、本当に苦痛でした。少し起き上がろうとすると、日本の悪魔がきて棒で私を突き上げて私は倒れてしまいました。私は失神して何も分からなくなり、意識を取り戻したら、口が痛くて舌で舐めてみると、前歯が折れて抜けていました。(この時、証人は指で前歯が抜けた箇所を裁判長と傍聴人に見せた)私は這い上がって座って地面を見ると血が残っていました。口が少ししか開かないので、三日も食事ができませんでした。彼らは私を二〇日あまり拘束しました。

二月二六日の朝、証人ら三〇人以上は刑務所から連れ出され、肇源県西門郊外の丘で巨大な穴を掘らされた。翌日、この穴の前で二〇人ずつ二度にわたって銃殺されるのを目撃した証人は「日本の悪魔は彼らに地面にひざまずくように言い、そして銃声が鳴ると彼らはみな殺されました。そして私たち四人はまた彼らを穴に運ぶように言われました……日本の悪魔は油を持ってきて、それを穴に注ぎ、火をつけると黒い煙が立ちました。かろうじて穴で生き残った一人は這い上がって走って北の方向へ走って逃げました。日本の悪鬼たちはそれを見て追いかけ、しばらく追いかけた後、その男を撃ち殺しました」と証言する。

杉原は「証人が述べた事実はどれも間違いではありません。私は中国人民の殺害を実行する際に、その場で指揮監督をしました。私がしたことは証人の言うとおりです」と陳述する。その後の陳述で検察官の取調を受けた中国人は二〇〇人で、そのうち一七五人が起訴されたとする。また、「取調では拷問や虐待で起訴前に二〇人が死亡しています」ともいう。そうすると黄永洪証言にある四〇人は取調を受けた二〇〇人と別枠であった可能性があるが、検察の起訴処分の前に「厳重処分」として殺害されたとみてよいだろう。

新たな「治安事件処理手続の強化」へ

三肇事件において検察庁・高等法院治安庭が事件の現地に出向き、その場で起訴から判決までを一挙に進めたことを司法当局者は自画自賛した。四一年五月の第一〇次司法官会議において、前野茂司法部次長は「最近北満に発生したる某思想事件の如きは百数十名の多数に上る重大犯人の検察審判に当り、僅々一ヶ月の短時日を以て極めて迅速適正に之を完結し得た」と述べて、治安庭による審判の効果を発揮した「顕著なる事例」と誇る。

また、井野英一最高法院長も「某刑事治安事件に於て被告人が二百人に垂《なんなん》としたるに不拘、検察官六人、審判官六人の努力に依り、検察官が之を受理したる時より治安庭の審判を終る迄二十日余り、上告審の裁判確定する迄二十日に足らざる期間に於て之を終了し」たとして、その迅速性を高く評価した。もっとも井野がつづけて「然《しか》も其の結果、頗る被告人の満足を買いたる」とする言は信じがたい(司法部『第十次司法官会議録』、一九四一年)。

なお、井野は四一年一一月、「満洲国司法部について」を語るなかでこの三肇事件の司法処分の速さに言及し、「裁判のスピードアップ等も日本では想像が出来ない位」として、「制度の革新等でも、議会が無いので閣議、参議府会議を経て直ぐ様皇帝陛下の御名によって発布されるのだから、良いことが実行されないで煙のように消えてなくなるなどということは絶対にない」と自賛している(『法律新報』第六三四号、一九四一年一二月五日)。

第一〇次司法官会議に戻ると、北村久直刑事司長の指示にも「曩日《のうじつ》北満三肇地区に於ける叛徒事件の司法処分は我が国思想事犯の処理に関する司法部の動向を画期的に決定付けました、之れ真に司法の力強き前進を物語るものであり、我が刑事司法が愈々《いよいよ》軌道に乗り、其の真価の発揮を予約するの感を深くせしむるのであります」とあった。北村はつづけて「治安事件処理手続の強化」、すなわち特別治安庭の設置の検討に入っていることも明らかにした。

この第一〇次司法官会議は、それまでと異なって法院や検察庁から積極的な要望・意見が出されている。「満洲国」司法界全体が底上げされてきたことの反映といえよう。

新京高等検察庁の井出廉三検察官は諮問事項の答申の第一に「司法部は思想経済事犯の処理に重点を指向し、且其熱意を具体的に示すこと」をあげる。その具体策として「最高検察庁又は高等検察庁に犯罪捜査の挺身隊的特設捜査班を設置し、之をして常時思想経済事犯に対する基本的調査研究を為さしめ、更に一朝有事の際には之をして電撃的活動を為さしむること、尚《なお》其対置法院にも思想及経済事犯担任の審判官を置くべきこと」を提案する。司法部でも「現在は先づ思想、経済事犯に対して主力を傾注せよとの御答申は洵《まこと》に御尤」とし、その方向に積極的に進みたいと応答している。

暫行懲治盗匪法違反事件について「高等検察庁に対する所謂事件として指定すること」という要望もあった。盗匪法違反事件は地方法院管轄で、しかも一審制であるため、「所謂土匪、即ち盗匪に関する事件は殆ど満系検察官の担当するところにして、満系検察官は盗匪を以て満洲の所謂日常事件と同一視し、之を治安攪乱の重要事件と認むるもの殆ど稀なり」という欠陥があるとする。これでは「往々にして巨悪を逸し、軽輩をのみ処分するの実情にあり」という点からの批判である。

チチハル地方法院からは「刑事裁判に付、相当世間の耳目を聳動《しょうどう》せしむる事件等は一般民衆に膺懲《ようちょう》の目的を達せしむる為、其の記憶の新たなる間に現地に於て之が裁判を為し、且其の場に於て執行も為し得る様改正せられ度」という要望が出されている。これに対して、司法部側からは「目下、之が為に必要なる措置を攻究中なり」と回答された。特別治安庭の設置への期待が高まりつつあったことを示そう（以上、司法部『第十次司法官会議録』）。

三肇事件の現地での司法処分は関東軍・関東憲兵隊などの司法不信を払拭させただけでなく、特別治安庭の設置を直接導くものとなった。

三　一九三〇年代後半の暫行懲治叛徒法の運用

起訴猶予と恩赦

暫行懲治叛徒法違反事件には厳しい司法処分が下され、起訴が励行されていたが、一九三六年になって起訴猶予が新たな選択肢に加わった。最高検察庁の北村久直によれば、「諸般の情況に徴するに、如何に叛徒の名を冠せられたりとは云え憫諒《びんりょう》に値するものなしとせず、之をしも訴追処罰することは到底忍びない」として起訴猶予の道が開かれたという。「転向」を促進し、寛大な処分もありうるというアピールもあるだろう。

北村のあげるその最初の事例が、三月に奉天高等検察庁から最高検察庁長宛になされた起訴猶予の請訓であった。奉天の薬店の一八歳の青年が「排外標語」に影響されて「遂に満洲国に対し悪印象を抱くに至」り、従弟妹（一五歳）宛の手紙に「偽国、反満抗日、東北人民受莫大痛苦、中国之危機日漸衰弱等」と記したことが叛徒法第三条違反で検挙となり、検察庁に送致された事件である。これに対して検察は手紙を「満洲国に反対したるものなりと雖、尚又小学生を鼓舞激励し、之をして学問に努力せしめ、以て向上を図らんとする言辞」としたうえで、被告の素行も「善良」で「悔悛」もしているとして、「更新の道を拓き、尚感化して満洲国の忠実なる青年たらしめ」た方が「実益有り」と判断し、起訴猶予を請訓した。これに最高検察庁長、司法部大臣も同意した。

　五月、最高検察庁次長柴碩文は各高等検察庁長らにこの一件書類を送付し、「今後とも右処分例に則り各種案件に対し、適宜慎重御裁量の上、充分御活用相成様致し度《たく》」と指令した。これらの経過を述べて、北村は「仁愛の大精神から発祥していると云い得るのであって、実に王道国家に適《ふさ》わしきもの」と自賛する（以上、「合法主義と便宜主義（一）」『法曹雑誌』第四巻第九号、一九三六年九月）。

　こうした叛徒法違反事件にも起訴猶予を認める姿勢と軌を一にして、三六年七月一五日、叛徒法違反・盗匪法違反者に対する恩赦がおこなわれた。直前に実施された行政機構改革に連動し、「叛徒、盗匪の帰順並に匪民分離を促進すると共に民心の安定を期せんとする」という意図にもとづいている。皇帝溥儀の「恩赦詔書」とともに発せられた「治安部・司法部布告第一号」には「凡《およ》そ叛徒法及盗匪法の罪を犯し、其獄已《すで》に定まる者も、濯心《たくしん》改過、正業に復するを誓えば、応《まさ》に即ち　聖旨に依奉し、予《あた》うるに特赦減刑乃至仮釈放の恩典を以てし、自新自立既往を咎めず」とあった。また、「協和会員に告ぐるの書」には「満洲国に逆《さから》い友邦日本に抗《あらが》った者や、徒党を組んで盗匪を働いたもの、現に官民を苦しめている匪賊でさえも一様に御赦《ゆる》しになった計《ばか》りでなく、良民と全く同じく待遇せられます」とある。

　ただし対象となるのは「改悛の情顕著なる者」であり、「犯情憎むべき者及現に共産主義を奉じ、又は其の他の事由に由り改過遷善《かいかせんぜん》を期待し得ざる者」は対象外となった（以上、内務省『外事警察報』第一八一号、一九三七年八月）。

この恩赦に関連して、起訴前の被疑者に公布すべき証明書「赦宥《しゃゆう》之証」の書式が司法部から検察機関に訓令されている。「若し重ねて不逞の所為あらば法に依て厳重処分せらるべし、爾今宜《よろ》しく正道に励み」と誡告された（『法曹雑誌』第四巻第九号）。

恩赦がどのような規模で実施されたのかはわからない。

「情状憫恕すべき」判決

日本の司法省刑事局『思想月報』第三四号（一九三七年四月）に「中国共産党関係暫行懲治叛徒法違反被告事件に対する北満特別区高等法院判決」が収録されている。三六年三月から一一月までの六つの判決である（後半の三つでは北満特別区高等法院からハルビン高等法院へ改称）。『思想月報』掲載の意図は暫行懲治叛徒法が実質的に日本の治安維持法に相当すると判断されたからであろう。しかも、審判長や検察官が日本から出向したなじみの顔ぶれ（前半三つの審判長は山口民治、検察官は丸才司）だった。

三月一二日の最初の判決では王景侠ら四人に徒刑七年、一人に五年が科された。王らは「中国共産党及中国共産主義青年団は何れも我満洲帝国を打倒し、共産主義社会を実現することを其の目的の一とするものにして、即《すなわち》我国家存立の基礎を危害する目的を有する結社」であることを知りながら同党に加入し、ハルビン市内で共産主義の宣伝や同党員の獲得などの活動をおこなったとされた。叛徒法第一条第三項後段に該当するとされたが、「何れも情状憫恕《びんじょ》すべきものある」として、「刑の二分の一を減軽したる」量刑が言い渡された。

五月二一日の李燿奎ら一〇人に対する判決では、李が徒刑一二年ともっとも重く、他の被告は徒刑八年が四人、五年が五人だった。李の量刑が重かったのはモスクワ中山《ちゅうざん》大学（「中華民国青年に対し共産主義の教育を施す」目的で設立）に学び、党・団に加入したことに加えて、コミンテルン中国部主任ミフより「入満」を命ぜられ、ハルビンで中国共産党満洲省委員会主席として活動していたと認定されたからである。李の場合は叛徒法第一条第二項（役員）に該当し、無期徒刑となるところだったが、「犯罪の情状憫恕すべきものある」として二分の一を減じて徒刑一二年となった。他の被告も同様に「憫恕すべき」として量刑は半分となった。

六月二日の判決は二一歳で私立自強補習学校在学中の高徳義に、叛徒法第九条後段（陰謀）に該当するとして徒刑三年を科している。同校同窓生より「我満洲帝国は皇帝専制の国家にして、人民は軈《やが》て生活にさえ困ることとなるべきに付、之が圧制より人民を救出する為、之を打倒することを目的とする青年反帝同盟なる結社を組織すべきに付、之に参加せられ度し」と勧誘を受けて承諾し、友人を勧誘したとされた。

後半の三つの判決は一一月中のもので、中国共産党・中国共産主義青年団、青年反日同盟会などに加入・活動したと認定されて、合計九人が徒刑八年から五年を科されている。これらの審判は渉外庭ではなく刑事庭でなされた。この段階ではまだ「満洲国人」が審判官となっている。

以上の北満特別区高等法院およびハルビン高等法院の判決で共通するのは徒刑三年の高徳義を除き、いずれも「犯罪の情状憫恕すべきものある」として量刑が半分に軽減されていることである。「情状憫恕すべきもの」とは「転向」を意味する。Ⅲでみたように三五年中に吉林高等法院が下した判決でも「犯情憫恕すべきものあり」として刑を半減し、徒刑五年としていた。「転向」が確実であれば量刑を半減するという了解が共有されるようになっていたといえよう。三六年になって叛徒法違反事件の検察段階の処分にあたり「憫諒に値するものなしとせず、之をしも訴追処罰することは到底忍びない」として起訴猶予の選択肢ができたこととも連動している。

三七年（日時不明）、ハルビン高等法院が被告人曹錫九に叛徒法第一条第三項に該当するとして徒刑八年を言い渡した判決にもそれは踏襲されている。「東北反日遊撃農民自衛隊は匪首趙尚志に隷属する匪団第三団の指導の下に満洲国を打倒し、其の領域を中華民国領域となすこと」を目的とする結社であることを曹は知りながら加入し、三五年九月まで同隊長の地位にあったという理由であるが、ここでも「犯罪の情状憫恕すべきものある」として量刑は半分に軽減された。

この判決に対して、曹は「憲兵隊の非法なる強要に因る」供述を証拠として事実認定をしたことは違法として上告した。一九三五年一二月、「突如として憲兵隊の為め逮捕せられたるは密偵の手先なる趙義亭の誣告《ぶこく》に因るものなり……該憲兵隊に於て拷問に処せられ、其の苦痛に堪え難くして虚偽の供述を為したるに過ぎず」としたが、最高法院渉外庭（審判長井野英一、検察官北村久直）は六月七日の判決で上告を棄却した。「伝家甸憲兵分隊司法警察官河野光太郎作成に係る聴取書」は「其の採証上毫《ごう》も違法の廉《かど》なし」とはねつけた。それでも曹の「転向」を認めたため、量刑はそのままとした（『最高法院刑事判決例集』第一巻第二巻）。

これら現在見出しうる叛徒法判決のごく一部からの推論となるが、三六年から三七年にかけての「転向」を考慮した量刑の緩和方針は、三〇年代前半および三〇年代末の判決傾向と比べると違いがあり、相対的に軽くなっているといってよいだろう。青年反帝同盟という組織結成の前段階における勧誘行為が「陰謀」とみなされて徒刑三年を科せられることは十分に重いものではあるが、その前後の時期の判決水準からすると、それでも比較的軽いものといえる。

さらに推測を重ねれば、三〇年代前半の叛徒法運用は激化した反満抗日運動に対抗するものとして厳罰化が必須であったし、すぐ述べる三〇年代末以降の厳罰化は日中戦争全面化にともなう治安確保の徹底と厳重化に由来するだろう。三六年前後は叛徒法の運用に習熟しつつあり、「転向」状況を起訴や量刑の判断として考慮しうるだけの、ある程度の余裕が生まれてきていたのではないだろうか。

最高法院治安庭の上告棄却

憲兵隊や特務警察による「思想的討伐」が本格化し、暫行懲治叛徒法違反容疑で検挙された被告は、一九三〇年代後半の高等法院および最高法院においてどのような判決を下されたのであろうか。現時点では一九三七年の暫行懲治叛徒法判決を見出すことはできないが、三八年と三九年には合わせて七つの判決を『最高法院刑事判決例集』第三巻と第四巻に確認できる（いずれも第一審となる高等法院の判決日時や審判官・検察官は分からない）。それらのなかで「何れも情状憫恕すべきものある」を理由として量刑が軽減されたのは、邵有声と韓徳和に対するハルビン高等法院の判決、宋書田に対する奉天高等法院安東分庭の判決の二つである。

前者の事件は「満洲国の国憲を紊乱し、其の国家存立の基礎に危害を加うる目的を以て組織せられたる東北抗日軍の総司令宋竹梅に隷属し」、湯原県下の各自衛団長に任命された被告らが対抗する自衛団長の楊玉山を殺害したというものである。判決では刑法第二七条の共犯罪と叛徒法第二条第二項に該当するとしたが、「犯罪の情状憫諒すべきものある」として無期徒刑から減刑して徒刑一五年を科した。

これに対して邵有声が上告した。抗日連軍に加入したのは脅迫されたためであり、「当時は緊急避難の為、苟且《こうしょ》〔一時の間に合わせの意〕に之が受付を為したるものにして自由意志無かりしもの」と主張したが、最高法院治安庭（審判長井野英一、検察官国分友治）は一一月二日、「自衛団長として治安の維持に当る者が叛徒の団体より加盟を求められ、自己並一族の生命に関する急迫の危難あるを畏《おそ》れ、之に加盟するが如き所為は緊急避難行為を以て論ずるを得ざるものとす」として上告を棄却した。

後者の事件は上海救国会が「日本帝国を排撃し、所謂失地東三省を中華民国に恢復する目的を以て組織せられ、我満洲帝国建国後は我国存立の基礎を急殆若くは衰退せしむる目的を有するに至りたる結社なる」ことを知りながら、宋書田が三一年に加入し、そのまま継続していたことが問われた。叛徒法第一条第三項を適用するが、これも「情状憫諒すべきものある」として徒刑五年を言い渡した。

宋は救国会について名前を聞いたことがあるのみと否認し、上海から帰った後は営口県警察官などを務めてきたことから「反満抗日の思想及言動なかりしこと」は明らかとするほか、拷問による虚偽の自白調書にもとづく有罪だとして上告した。これに対して一二月二八日の最高法院治安庭（審判長井野英一、検察官久保田文一）は上告を棄却した。「記録を精査するに、原判決の引用せる検察官の訊問調書が拷問を以て作成せられたりと為すべき証跡の認むべきものなき」と一蹴した（以上、『最高法院刑事判決例集』第三巻）。

この上告棄却判決と同日、最高法院治安庭はさらに三件の上告をいずれも棄却している。そのうち二件は死刑に対する上告の棄却である。すべて審判長は井野英一、審判官は清水鼎良・万歳規矩楼・辻参正・牛丸四郎、検察官は久保田文一が務めた。

翟兆栄に奉天高等法院安東分庭は死刑、四人に徒刑一〇年、一人に徒刑五年を言い渡した。翟については上海救国会に加入し、四人を勧誘して加入させるほか、上海密航計画を立てるなど、「安東地方に於ける同会の指導者として諸般の活動を為し」たとされ、叛徒法第一条第二項に該当するとされた。これに対して翟ら六人は上告する。翟は警察庁における拷問の苦痛に耐えきれずにやむなく虚偽の供述をなしたるものと訴えるほか、「検察官の訊問を受けたるが、当時検察官なることを知らず、一日も早く正義の検察官により公正なる再調査を為して貰い度き一念より警察庁に於て為したると同一の虚偽の供述を為したり」、「上告人は此の無実の冤罪に依り死すれば瞑目する能わず、抑々《そもそも》司法警察官が拷問を為す権利ありや否や」などと上告理由を述べるが、最高法院治安庭の判決は「司法警察官による拷問の行われたりしことを認むべき何等の証跡なき」というにべもないものだった。

ハルビン高等法院は葛祥林に死刑を、韓延堂に徒刑七年を科した。葛は抗日軍・救国会に加えて、それらの外廓団体の遊撃連に加入し、遊撃連第二排長として「遊動し、抗日軍宛物品の護送、日満軍警の密偵の捜査処分及抗日軍の為め地方民心を収攬する意図を以て強盗窃盗の取締、同地方の治安維持の任に当」っていたことが、「我国憲を紊乱し、国家存立の基礎を急殆、若くは衰退せしむる」と認定され、叛徒法第二条第一項に該当するとされた。葛は次のような理由で上告した。

上告人が救国会に加入したるは自己の意思に出でたるに非ず、当時上告人の家は匪賊の占拠区域中に在りたる為、同人等より救国会に加入を迫られ、止むを得ず之に加入したるものなり、上告人は遊撃連に加入し遊撃連第二排長の職を担当したることなく、従って抗日軍の軍用品を護送し、抗日軍の為《ため》治安の維持を為し、崔某を銃殺したることは更になきものにして、斯《かか》る事実は居住地の甲長及各牌長の等しく熟知するところなるに、原審は此の点に関し証人を訊問せずして拷問に依りて作成せられたる憲兵隊の調書を証拠として上告人に対し死刑に処する旨の判決を為したるは承服し難し

これに対して、最高法院治安庭は「論旨の如く急迫なる危難に迫られ、止むを得ざるに出でたる行為なりと為したるに非ざる」とするほか、「記録を査するに憲兵が上告人を拷問したる為、延《ひ》いて原審公判庭に於て上告人が虚偽の自白を為したりと為すべき何等の証跡の認むべきものなき」として上告を棄却した。

もう一つは、ハルビン高等法院が賈維岐と李恩畢に科したそれぞれ徒刑一〇年の判決に対して、李が上告したものである。三江省樺川県の小学校長である李は中国共産党下江特別委員会に加入し、二人を勧誘して自ら小組長となるほか、小学校教室の提供や防寒靴・謄写版などを購入・交付したとされ、叛徒法第一条第三項に該当するとされた。その上告理由には「上告人の共産党加入及其の他の諸行為は実に地方治安の情勢に迫られ、

匪賊の勢力に脅かされ、已むを得ざるに出でたるものにして、元来本心より造成されたる結果には非ざるなり……法律上実に減免の余地あり、是を以て上告人が時代及地方の環境の脅迫に因り不可抗力の為犯したる行為が十年の有期徒刑の刑罰に処せられたるは実に厳重に失するものと謂わざるを得ず」とあった。しかし、最高法院治安庭は「論旨の如く危難に迫られ已むを得ざるに出でたる行為なりと為したるに非ざる」として、上告を棄却した（以上、『最高法院刑事判決例集』第三巻）。

一九三九年には二つの叛徒法事件判決が『最高法院刑事判決例集』第四巻に収録されている。奉天とハルビンの各高等法院で、ともに死刑を言い渡していた（いずれも日時、審判長・検察官は不明）。奉天では王林章に死刑を、高振玉と劉世有に無期徒刑を科した。王は「他匪団と共同し、中華民国と連繋し、日本帝国の勢力を満洲国より駆逐して我満洲帝国を転覆し、之が領土を中華民国に奪還せんことを目的とする秘密結社東北抗日革命軍を組織し」、自ら総司令に、高振玉を副司令として数人を加入させたとされ、叛徒法第一条第一号に該当するとされた。

これに対して王と劉が上告する。王の四番目の上告理由は「撫松警務科に於て惨酷なる拷問を受け、両腿を圧せられ、膝骨は完全に切断せられ、今日尚《なお》歩行不能なるが、斯る厳刑に堪えずして罪状を自白したるものなれば、司法警察官に対する供述は口に委《まか》せて出鱈目を述べたるものにして、毫《ごう》も事実に合わず」というものだった。九月一四日の最高法院治安庭（審判長井野英一、検察官北村久直）は「本件記録を精査するに、司法警察官の筆録が拷問を以て作成せられたりと為すべき証跡の認むべきものなき」として上告を棄却した。

ハルビン高等法院は白玉春に死刑を言い渡した。白が抗日軍に加入し、「数回に亘り反満抗日思想の宣伝を為すに際し、部落民の招集、日満軍警に対する見張の任に当」るほか、「満洲国」警察の密偵三人を殺害したとされた。叛徒法第一条第三項と刑法の殺人罪に該当するとされ、量刑では重い殺人罪の適用となった。

これに白は上告した。「匪賊に拉致」されて「匪団に在ること僅かに半月の時日に過ぎずして、此の間匪賊と為りたる事実なく」と否認した。殺人についても依蘭県警務局指導官の佐々木栄から拷問を加えられ、「一時拷問の苦痛を逃るる為虚偽の供述を為すに至りたる」と主張する。一二月二七日、最高法院治安庭（審判長井野英一、検察官北村久直）は原判決の法律適用は違法として破棄し、あらためて叛徒法第二条第一項を適用して死刑を言い渡した。「国憲を紊乱し、国家存立の基礎を急殆、若くは衰退せしむる目的の下に騒擾、殺人、襲撃、放火、脅迫其の他不法の行為が行われたるときは、其の行為の個数如何を問わず、暫行懲治叛徒法第二条第一項の単純なる一罪を以て論ずべきもの」とした。叛徒法による処断が一段と厳重となっている。

高等法院次長横山光彦の審判

日本の地方裁判所で判事を一〇年あまり務め、一九三八年四月に奉天高等法院審判官となり、その後チチハル（四〇年七月から）・錦州（四三年五月から）・ハルビン（四四年五月から四五年八月まで）の各高等法院次長を歴任した横山光彦の「供述書」（『日本侵華戦犯筆供選編』9）に依拠して、どれほど多くの治安事件の判決を言い渡したかをみよう。本章では奉天・チチハル高等法院次長時代をあつかう。

以下でみるように横山は多くの数字を詳細に記載しており、記憶だけでは到底復元できない。横山『望郷』には「幸いなことには、私の罪行関係文書の一部がゴッソリ出てきた」とある。チチハル高等法院次長時代に自ら審判し、また「指揮監督」した治安事件の結果通知書綴がハイラルの興安北省警務庁から見つかったのである。治安事件が確定すると、その事件を起訴した高等検察庁から管内の警務庁に通知することになっていた。これらの通知書綴をもとに横山は当時の記憶を呼び戻す。中国・検察当局は当事者のかかわった文書類の探索・蒐集に努めた。

表12　奉天における事件処理の結果一覧表（横山光彦）

事件別＼刑期別	死刑	無期徒刑	有期徒刑十年以上	有期徒刑十年未満	合計人員数	事件数
抗日連軍関係	12,3	4,5	90	43,4	150	50
在満韓人祖国光復会関係	2	0	7,8	3,4	12,3	1
山東の中国人民関係	0	0	0	2	2	1
合計	14,5	4,5	97.8	49	164,5	52

『日本侵華戦犯筆供選編』9

三八年四月から三九年九月まで、奉天高等法院審判官としてかかわったものとして横山は抗日連軍関係の事件、在満韓人祖国光復会関係の事件、山東の中国人の事件について供述し、その一覧表（**表12**）を作成している。

抗日連軍関係では東辺道治安粛正工作のなかで検挙された約二〇〇人のうち、一五〇人が奉天高等検察庁に送致され、三九年二月から五月頃までに高等法院渉外庭で十数回にわたって審判された。渉外庭は高等法院次長の玉井又之丞を審判長に、横山と飯守重任で構成された。判決文は玉井審判長と合議のうえ、横山と飯守が半分ずつ起草したという。まだ治安庭は設置されておらず、渉外庭での審判だった。

四〇年七月、横山はチチハル高等法院次長に昇進する。四三年五月まで三年弱と長い。この間、暫行懲治叛徒法違反事件として三路軍関係事件、龍江省訥河県本部委員会破壊事件、満洲鉄路中国共産党北満省委員会第一執行部破壊事件（田白工作事件）、中国共産党の洮南その他興安南省一体に於ける地下組織破壊事件（白龍工作事件）、国民党地下組織破壊事件（貞星工作事件）のほか、軍機保護法違反事件も審判している。自ら治安庭の審判長として処理した治安事件は合計約八九件、三三一人で、そのうち死刑は合わせて一八人、無期徒刑は一〇人とする（**表13**）。「田白工作事件」などについては次章で述べる。

三路軍関係のうちの一つ、龍江省訥河地区第二回検挙事件は日本軍警が三路軍を攻撃した際に検挙したもので、事件の内容を横川は次のように供述してい

表13　チチハルにおける事件処理の結果一覧表（横山光彦）

事件別＼刑期別	死刑	無期徒刑	有期徒刑二十年	有期徒刑十年以上	有期徒刑十年未満	死亡による公訴却下	合計人員数	事件数
三路軍関係事件	8	0	0	35	94	0	137	38
訥河県本部委員会破壊事件	2	1	1	32	16	0	52	14
田白工作事件	3	5	0	16	12	2	38	10
白龍工作事件	3	1	0	36	16	0	56	15
貞星工作事件	2	3	0	25	18	0	48	12
合計	18	10	1	144	156	2	331	89

『日本侵華戦犯筆供選編』9

る。

三路軍幹部革命志士孫長林外三名は一九四〇年九月頃迄の間に、龍江省北部訥河、克山、北安、黒河省嫩江、興安東省東部の各地区に於て自己の部隊を指揮し、日・満軍、憲兵隊、特務司法警察隊との戦闘を指導したという事実、政治部員一名は同上期間同上地区に於て三路軍に随い行動し、其の間軍の内部に於ける政治局、外部人民に対する宣伝工作、情報蒐集等を為したという事実、其の他の戦士は同上期間同上地区において日・満軍、憲兵隊、特務司法警察隊との戦闘に従事したという事実でありま す

この判決結果は五人が死刑、約二〇人が有期徒刑一〇年以上、約一五人が有期徒刑一〇年未満となった。治安庭は横山審判長のほか、黒坂一男と本田一によって構成された。いずれの事件も上告はなく刑は確定した。刑はチチハル監獄で執行された。

尹子魁の叛徒法違反事件判決文

前述のチチハル高等法院治安庭における龍江省訥河県本部委員会破壊事件の判決文の一つが、『東北歴次大惨案』に収録されている。この事件の内容は一九四〇年九月から一一月にかけて、尹子魁らが

「同地区に行動せる三路軍に協力し、人民を抗日救国会に組織して三路軍を援助せしめ、又自ら情報蒐集、宣伝、連絡等を為したる事実」、「其の他の愛国人民は共産党責任者指導の下に抗日救国会を組織し、之を通じて三路軍に対し糧食、宿泊所、情報を提供する等の援助を為したる事実」とされる。日満軍警が三路軍を攻撃した際に一一七人を検挙し、そのうち五二人をチチハル高等検察庁に送致した。四一年六月から一二月までに起訴され、チチハル高等法院治安庭で審判された（横山「供述書」、『日本侵華戦犯筆供選編』9）。死刑となったのは二人で、その一人が尹子魁である。

全一四回の審判のうち残されているのは、龍江省訥河県本部委員会委員の尹子魁ら七人に対して四一年八月一六日に言い渡された判決文で、審判長は横山光彦、審判官は黒坂一男と本田一で、検察官は福田源一郎である。尹子魁が死刑、六人が徒刑一二年から八年の刑となった。「理由」冒頭には次のように記されている。

> 中国共産党はソビエト社会主義共和国連邦の首都であるモスクワにある国際共産党本部の中国支部であり、共産主義社会の建設を最終目標としている。この目的を達成するために満洲に省委員会、特別委員会、県委員会、市委員会を設置し、これらの組織を拡張強化して中国から日本帝国軍を追放し、我帝国を破壊しようとする秘密結社である。東北抗日連軍（所謂紅軍）は前述の中国共産党の指導の下、日本帝国勢力を武力で駆逐し、我々と戦うことを目的とした武装結社である。抗日協会は抗日連軍と同じ目的を持ち、抗日連軍を支援し、食糧を提供することを使命としていた。また秘密結社は康徳三年《1936》二月に抗日救国会と改称した。

ついで「被告人尹子魁は中国共産党、東北抗日連軍、抗日協会が上記目的のための結社であることを十分認識し」たうえで、「（三）康徳四年旧暦四月、富錦県第五区で東北抗日連軍第六軍匪団（軍長戴洪賓）に加入し、該司令部の組織科長として富錦、依蘭、樺川、湯原、宝清などで遊撃戦を展開した」、「（七）康徳六年旧暦一〇月、訥河県親仁村で訥河県党委員会書記を務め、県内で民衆の獲得と党員の育成に尽力した」などの七つの犯罪事実をあげる。尹子魁は「我国憲を紊乱し、国家存立の基礎を揺るがすことを目的とする結社の責任者であり、その目的のために尽くした罪がある」とされ、他の四人は結社に参加して任務を遂行した罪に、二人は結社の活動を助けた罪とされた。それぞれの判示事実は、治安庭での供述や警察官による調書などで証明されるとする。

最後に「法律に照すに」として、尹子魁の行為は叛徒法第一条第二項に該当し、他の被告の行為は同法第一条第三項や第七条に該当するとされ、死刑や有期徒刑が科される。「情状酌量の余地」があるとして二人が減刑される。徒刑には未決勾留日数が算入された。横山によれば、上告はなく刑は確定し、チチハル監獄で執行された。

横山光彦（左端）　撫順戦犯管理所
横山『望郷――元満州国裁判官の抑留受刑記』、1973年

なお、この治安庭審判について五六年七月五日、瀋陽軍事法廷における被疑事実調査で横山は「一九四〇年秋に昂昂渓の日本軍部隊が訥河地区を襲撃し、中国で抗日運動に従事していた第三路軍の人々と第三路軍を物資面で支持していた民間人を逮捕し」たこと、「高等検察庁を経て起訴された案件はもっと多くて五二人ぐらいだった」こと、尹子魁に死刑判決を科したことを記憶していると陳述した。さらに裁判長が四一年のチチハル高等法院治安庭の判決を示し、「これらの判決を受けた人たちはすべてあなたが判決を下したのですか」と問うと、横山は

「はい、間違いありません」と答えている（『正義的審判』）。

軍法会議における通ソ事件処断

一九三六年四月、関東軍は興安北省長らのソ連への情報漏洩事件を発表する。四月一三日の『大阪朝日新聞』には「満洲国顕官のサ連《ママ》通謀　兵力、装備など通報　わが方に損失を与う　きのう六名を新京に引致　満洲国軍法会議へ」という見出しの記事が載る。検挙の日付は不明だが、興安北省長凌陞、興安北省警務庁長春徳ら六人を軍法会議に付すことになったとする。

四月二二日の『神戸新聞』は、二〇日に「満洲国」高等軍法会議で暫行懲治叛徒法違反として凌陞、長春徳ら四人を死刑に、一人を有期徒刑一五年に、もう一人を一二年に科す判決があったという軍政部の発表を載せる。興安北省長らの高官ゆえに高等軍法会議でおそらく一審のみの、わずか一週間ほどの性急さでの厳罰の処断であった。『大阪朝日新聞』記事によれば、凌陞は「古くより蒙古改造の意図を有し」、「満洲国建国後、彼らは在満蒙古人に対する優遇恩沢に狎《な》れ……機を見て内外蒙古独立の実現をはかり、サ連および外蒙支援の下に有力なる地位に就かんことを謀りありたり」とする。

『神戸新聞』によれば、凌陞の「犯罪事実」は次のようになっている。

康徳二年二月外蒙、満洲国間に国境問題協議のため満洲里会議開催されるや、被告は満洲国代表の一人として出席したるを奇貨とし、かねてより抱懐せる内蒙外蒙の団結の目的達成のため外蒙の援助に関し、外蒙側の代表散佈、丹巴両人と協議し、諸情報の提供を密約せり、会議終了して海拉爾に帰来、右密約実行のため同年十二月より最近まで数回に亘り省公署に於て警務庁長春徳秘書官、華霖泰の実弟であるところの興安警備軍参謀長福齢その他の蒙古人と会合し、満洲里における外蒙古側の密約を一同に伝え、日ソ開戦の危機迫れるを説くとともに蒙古独立につき種々協議をなし、主として警務庁長に銘じて日満軍の事情その他諸情報を蒐集報告せしめ、これを外蒙の散佈、丹巴に通謀し居りたり

これらの情報提供により、国境地帯の紛争で「我が日満側に多数犠牲者を出すに至れる」（『大阪朝日新聞』）という。

叛徒法第五条には第一条（「国憲を紊乱し、国家存立の基礎を急殆若は衰退せしむる目的を以て結社を組織したる者」）の目的をもって、「外国又は外国人と勾結したる者は死刑又は無期徒刑、若は十年以上の有期徒刑に処す」とあり、この適用だったと推測される。省長・警務庁長らによる「通ソ」という重大事件とみなして、ほぼ即決に近い軍法会議での処断が選択されたのだろう。

盗匪法による判決

暫行懲治盗匪法はその第五条で「盗匪に関する案件は上訴を許さず」とあるにもかかわらず（一九三三年八月二一日、第五条は「無罪の判決を為したる案件に付ては検察官は上訴することを得」と改正された）、法曹会編『最高法院刑事判決例集』にはいくつか盗匪法関連の「非常上訴」に対する最高法院判決が掲載されている。ただし、以下の案件は多数集団の「盗匪」に対する軍事的討伐にともなう検挙ではなく、少人数による強盗行為に対する通常の事件捜査を通じての検挙と推測される。

黒龍江高等法院の崔鳳九・宋有・徐宝山に対する判決（日時、審判官・検察官は不明）に最高検察庁長がおこなった「非常上訴」について一部取消し、一部棄却した一九三六年五月二六日の最高法院判決からみよう。

高等法院判決では被告崔鳳九の人質拉致・身代金請求や馬二頭の掠奪について盗匪行為と認定し、盗匪法第二条第三項（強盗）・第五項（恐嚇《きょうかく》）を適用しつつ（第一審の地方法院判決で適用した盗匪法第一条による処断は誤り

とする）、「被告は愚昧無知にして一時の飢餓に迫られ、身を挺して危険を冒したるものにして、事後深く悔悟する所あり、其の犯情たるや実に憫恕すべきものあり」として本刑の半分を軽減し、徒刑一二年を言い渡した。

これに対して最高検察庁長は「同法第一条第二項第三項を適用せざりしは違法に属す」として刑事訴訟法の規定にもとづき「非常上訴」を提起したが、最高法院（審判長不明）では第一条は「盗匪の予備行為を処罰するもの」として棄却した。

三七年三月一六日、最高法院（審判長清水鼎良、他の四人の審判官は「満洲国人」）は韓子峰の上告に対して盗匪罪適用を取消すほか、「盗匪部分に対する公訴は不受理」とする判決を下した。第一審の科爾沁左翼前旗公署審判庭では無期徒刑、第二審の興安南省公署審判庭では徒刑一二年を科されていたが、被告の盗匪行為は盗匪法施行以前だったため上訴を許さずという第五条の適用を受けず、被告の上告は適法であるという判断がなされる。

上告の理由として被告は拷問による自白の強制をあげるが、最高法院判決では「記録上之を見るべき何らの証左なく」と一蹴する。一方で「原審は審判の範囲に属せざる事項に付き審判したる違法ある」として、盗匪部分については不受理とした。なお、騾馬《らば》六頭の窃取については一般の強盗行為と認定し、その上告を棄却した。

もう一つある。梨樹県（現在の四平市）司法公署は許承先が他の五人と「通謀」し、三五年三月、隣家に侵入して約五千円内外の金品を強奪したとして盗匪法を適用し、徒刑一二年を科した（日時不明）。これに対して最高検察庁長が「被告の通謀は教唆に因るや、又は同謀に因るや、尚不明なり」などと指摘して、盗匪法ではなく刑法の適用とすべきとする「非常上訴」をおこなったところ、三七年三月二六日、最高法院は原審判決を取消して無罪を言い渡した（以上、『最高法院刑事判決例集』第一巻第二巻）。

これらの最高検察庁長の「非常上訴」は「原判決の違法の手続を取消し、以て救済に資すべきもの」という観点からなされており、被告を厳しく断罪するはずの検察の立ち位置からすると一見奇異にも思える。地方法院や司法公署での判決では安易に盗匪法の適用がなされていたことが推測されるほか、前述の司法部の叛徒法違反事件に対する再審指令と同じように、最高検察庁が盗匪法の厳密な法解釈をおこなっていることをアピールする意図があったのかもしれない。

V

「満洲国」治安維持法の猛威 ——一九四一～一九四五年

FULL VIEW OF KWANTO GENDARMERIE HEADQUARTERS, HSINKING.
（新京）堂々たる関東憲兵隊司令部全景

関東憲兵隊司令部全景、左手奥は関東軍司令部
奈良県立図書情報館所蔵「新京名勝十六景」

一 治安維持法の制定へ

特別治安庭の設置

一九四一年八月二五日、特別治安庭が設置された。八月二八日の『朝日新聞』「南満洲版」は「設く特別治安庭　法院以外でもスピード裁判」という見出しで報じている。三八年五月の「治安庭の設置並に之に伴う特別手続に関する件」を改正したもので、改正理由は「現下の情勢に鑑《かんが》み治安事犯を迅速且抜本塞源《そくげん》的に弾圧し、急速なる治安恢復を図り、以て国防の完壁に資する為、特別治安庭を設置し、併《あわ》せて手続の簡捷化、機密の保持、機動性の賦与等に所要の改正を加うる」となっている。条文数も五条から一八条へ大幅に増えた。その第一条・第二条を引く。

第一条　最高法院及高等法院に治安庭を設く
　治安庭は高等法院の第一審として管轄する刑事訴訟事件を処理す

第二条　高等法院に特別治安庭を設く
　特別治安庭は第一審且終審として前条第二項に規程する事件中犯罪の態様、地方の情勢、其の他の事情に因り治安維持上特に重要にして、且急速に処置することを要する事件を処理す

これについては、新京地方法院検察庁検察官を経て司法部刑事司思想科長となっていた藤井勝三が『法曹雑

誌』第八巻第一〇号（一九四一年一〇月）に「「治安庭の設置並に之に伴う特別手続に関する件」改正に就《つい》て」という解説を載せている。先の改正理由はさらに詳しく、次のように説明される。

現下我国思想検察の第一の対象となっている反国家的運動は共産匪、即ち在満共産党軍の活動と西南辺境地区に暴威を逞《たくま》しゅうしている中国共産党第八路軍の活動である……殊に最近に於ては従来の武装闘争中心主義を棄てて地下に潜入し、民衆の中に喰い入り、之に反満抗日意識を注入して鞏固《きょうこ》なる民衆組織を結成し、此の組織を誘導して治安攪乱の直接行動に出づる民衆工作に運動の重点を移行するに至った。彼等共匪の襲撃掠奪の背後には必ず民衆間に之を支持する相当広汎な団体があって、抜本塞源的な粛正工作の為には種々の施策の外に先づ其の外郭団体の破摧《はさい》、通匪網の弾圧が必要であって、彼等の行動が地下潜行的になればなるだけ司法討伐の重要性が付加せられることになった

このように重要性を増した「司法討伐」を実行するにあたり、現状の司法制度では煩雑な手続と長い時間を要するために、このままでは司法の任務達成は不十分であり、すでに活用されている治安庭にしても「今日の情勢下に於ては尚手続の迅速化に、機密の保持に、将又《はたまた》庭の機動性等の諸点に多くの要請が生」じているとする。

藤井のあげる「特別治安庭の主要眼目」は第一条・第二条の規定のほか、司法部大臣の認可がなくても「法院以外の場所で開廷し得ること」、官選弁護人の選任をしなくてもよいとしたこと、死刑の執行において銃殺を可能としたことである。「手続の簡倢化《かんしょう》」としては被告人への起訴状の送達を省略すること、弁護人を被告人一人に付一人にすること、「陪席審判官に全面的に被告人訊問及証拠調を為さしむること」が盛り込まれた。機密の保持としては、弁護人を司法部大臣のあらかじめ指定したなかから選任すること、弁護人の訴訟記録・証拠物の閲覧・謄写権の制限が規定された。

銃殺による死刑執行を規定した第一八条の説明では、「特別治安事件に於ては一時に相当多数の死刑を出す場合が予想」され、しかも監獄のような執行場のない土地では従来の絞首では「極めて不便」であることに加えて、「一般警戒性の見地から見ても銃殺の方法が最適当である」という見地からの規定だった。しかも実際の執行にあたっては「武装警察隊又は軍」に嘱託することが想定されていた。なお、藤井は「原案に於ては此の為に特に一条を設け、其の趣旨を明かにし」ていたが、「種々政治上の考慮から削除」したとする。この特別治安庭の設置そのものが軍の強い要求によって実現したものであるが、死刑執行を軍による銃殺とする規定を条文上におくことはあまりにも露骨という点からの削除であったと推測される。

藤井はこの解説前文で「私は此の改正案の立案に関与したのではあるが、茲に書き誌す全部の思想が其の立案を支配したのではない」と記した。そのうえで本文中では「国家の武力行使其の他の国家作用上の要請から、裁判なる自省作用が稍《やや》制限を受けると云う事も生ずる」として、従来の治安庭が原則であり、「例外的に特別治安庭を併立させた」とあえて書きつけている。この歯切れの悪さは、軍の要求に押し切られた司法部の後味の悪さを噛みしめているように思える。もちろん司法部のなかでは前述の三肇事件の迅速な司法処理を高く評価して、新たな「治安事件処理手続の強化」を準備しつつあったのだが。

このあたりの事情は司法部の参事官であった飯守重任の「供述書」によって少しわかってくる。一九四一年三月頃、八田卯一郎参事官が起草した特別治安庭設置に関する会議に出席した飯守はこの法案に賛成した。その「立法目的は一九四一年に八路軍が熱河を解放するために偽満を襲撃する攻撃を行ったため、八路軍の作戦に協力した愛国人民を迅速に処理し、関東軍の侵略行動に効果を与え、偽満の治安を回復する必要があった」と記すほか、次のようにも供述している（『東北「大討伐」』）。

特別治安庭の企画については、最高検察庁検事の緒方浩氏が関わっていると思う。彼は検察の仕事は一切せず、関東軍と関係のあることだけを担当し、承徳に赴いて軍の仕事をすることが多かった。特別治安庭を設置した時、聞くところによると関東軍は熱河の愛国人民に対して軍法で会審し軍が処理するよりも、裁判業務に精通した裁判所に裁判をさせたほうが裁判上の誤りを減らすことができ、民心を安定させることができると考えていたらしい。このような見解があったため、裁判所はこれらの裁判を受け入れた。関東軍のこうした見解は緒方浩氏の意見も含めて、まず特別治安庭の設置を提案したのではないかと思う。

よく分からないが、彼は企画者の一人だと思う。

緒方は前職の新京高等検察庁時代、東辺道粛正工作の野副討伐隊に参加し、「文化討伐」を提唱していた。最高法院検察庁に転じた後は西南地区粛正工作にかかわり、さらに「文化討伐」を推進するために関東軍の意向に沿って特別治安庭の設置を強く推していたものと推測される。飯守はどこか緒方に反発を抱いているように思える。

なお、五月の第一〇次司法官会議ではチチハル地方法院から「刑事裁判に付相当世間の耳目を聳動《しょうどう》せしむる事件等は一般民衆に膺懲《ようちょう》の目的を達せしむる為、其の記憶の新たなる間に現地に於て之が裁判を為し、且其の場に於て執行も為し得る様改正せられ度」という提案がなされていた。これに対して司法部側は「目下之が為に必要なる措置を考究中なり」と回答している（『第一〇次司法官会議』）。すでにこの時点で特別治安庭の骨格は固まっていたといえる。

第四節でこの特別治安庭がどれほど活用されたかをみるが、もはや特別治安庭は例外でなく、もっとも重宝なものとされ、裁判の有する自省作用は雲散霧消した。

叛徒法改正試案

一九四二年九月、司法部刑事司長に司法省刑事局第六課長だった太田耐造が着任する。太田が旧蔵していた文書（国立国会図書館憲政資料室所蔵）のなかに「諸法令整備計画要綱」があり、前述の司法部「康徳七年度重要企画事項」とともに三九年夏の暫行懲治叛徒法改正作業を示す資料群が含まれていた。

その一つ、法務科「暫行懲治叛徒法改正要綱案審議資料」では一八項目が並ぶ。法務科は刑事司の一科で、三九年七月時点では王永興が科長を務めていた（刑事司長は国分友治、思想科長は小幡勇三郎）。

一、現行法を廃止し新法を制定するを可とするや、改正を以て足るや
二、新法を制定すとせば、法律の名称を変更するの要なきや
三、第一条の結社の目的を現行法の儘とするべきや、新《あらた》に規定するを要するや
四、私有財産制度否認の目的を以てする結社、其の他の行為を新に犯罪とすることの可否
七、新に第一条の結社の外廓団体の結社に付、考慮を払う必要なきや
八、結社の目的遂行行為を新に処置する規定の要否
十、新に予防拘禁の制度を設くることの可否
十二、弁護人の制限を考慮することの要否（治安庭事件一般に付、考慮するの要なきや）

多岐にわたって検討作業をおこなっていることがわかるが、私有財産制度否認を目的とする結社の処罰（メモでは「否」に○を付している）、外廓団体、目的遂行行為、予防拘禁制度などをみると、全体としてはやはり念頭におかれているのは日本の治安維持法である。

この「改正要綱案」審議をもとに、具体的に七月六日付の「叛徒法改正案　第一案」と八月二〇日付の「叛

徒法改正試案」が作成されている。いずれも全一〇条からなる。

叛徒法改正案　第一案

第一条　国家の存立を否認することを目的として結社を組織したる者、又は結社の役員其の他指導者たる任務に従事したる者は死刑又は無期徒刑、若は十年以上の徒刑に処す

前項の結社に加入したる者、又は結社の目的遂行の為にする行為を為したる者は五年以上の有期徒刑に処す、但し情を知らざるときは其の刑を減刑又は免除することを得

第二条　国家の治安を攪乱し、又は其の統制を紊《みだ》り、其の他国家存立の基礎を急殆若《もしく》は衰退ならしむることを目的として結社を組織したる者、又は結社の役員其の他指導者たる任務に従事したる者は死刑又は無期若は五年以上の徒刑に処す

前項の結社に加入したる者、又は結社の目的遂行の為にする行為を為したる者は二年以上の有期徒刑に処す、但し情を知らざるときは其の刑を減刑又は免除することを得

叛徒法改正試案

第一条

第一項（一）国家の存立を否認し、又は其の存立の基礎を急殆せしむることを目的として結社を組織したる者、又は結社の役員其の他指導者たる任務に従事したる者は死刑又は無期徒刑、若は十年以上の徒刑に処す

（二）国家の存立を否認することを目的として……《ママ》

（三）国家存立の基礎を否認することを目的として……《ママ》

第二項（一）前項の結社に加入したる者、又は結社の目的遂行の為にする行為を為したる者は五年以上の有期徒刑に処す、但し情を知らざるときは其の刑を減刑又は免除することを得

（二）略

これらからみえるのは新たな治安法の制定をめざすというより、叛徒法の改正をめざすという方向性である。それは、叛徒法第一条にある「国憲を紊乱し、国家存立の基礎を急殆若は衰退せしむる目的を以て結社を組織」の処罰という骨格を大きくは変更しないことにうかがえる。一方で、新たに目的遂行罪を規定することは日本の治安維持法の構成に即している。私有財産制度否認を取り入れないのは、法益の主眼が反満抗日運動の弾圧におかれているからであろう。

それぞれ第一条で「国家の存立」否認を、第二条で「国家の治安を攪乱し、又は其の統制を紊り、其の他国家存立の基礎を急殆若は衰退ならしむること」を分けて規定するのは、第一条では中国共産党や中国共産青年団を、第二条ではそれら以外の反満抗日運動団体を想定していると推測される。

一九三九年夏の段階でこのように叛徒法改正が司法部内で論議されたものの、その後もこの改正作業が継続されていくのか、あるいは中断されるのかは不明である。

治安維持法の制定

解学詩は『歴史的毒瘤』において「太平洋戦争勃発からわずか二〇日後、一九四一年一二月二七日、偽満はさらに「治安維持法」を公布したが、これは正真正銘の典型的なファシスト法律である。この法律を実行する目的はすべての反日愛国組織とその活動を徹底的に破壊し、共産党の組織と共産主義に関する宣伝活動を破壊することである」として、「侵略戦争はエスカレートし、戦時統治と略奪は日々激化し、日本帝国主義の戦時

ファシズム独裁専制はその屠殺の刃を彼らがその存在と統治を危うくすると考えられる、いかなる人にも向けることになった」と論じた。

治安維持法は「満洲国」の「存在と統治を危うくすると考えられる、いかなる人にも向け」られた最強の司法的武器となり、ほしいままに猛威を振るった。全一一条からなる。第一条と第三条を引く。

第一条　国体を変革することを目的として団体を結成したる者、又は団体の謀議に参与し、若は指導を為し、其の他団体の要務を掌理したる者は死刑又は無期徒刑に処す

情を知りて前項の団体に参加したる者、又は団体の目的遂行の為にする行為を為したる者は死刑又は無期、若は十年以下の徒刑に処す

第三条　国体を否定し、又は建国神廟、若は帝室の尊厳を冒瀆すべき事情を流布することを目的として団体を結成したる者、又は団体の謀議に参与し、若は指導を為し、其の他団体の要務を掌理したる者は死刑又は六年以上の徒刑に処す

情を知りて前項の団体に参加したる者、又は団体の目的遂行の為にする行為を為したる者は死刑又は無期、若は三年以上の徒刑に処す

立案過程については不明であるが、司法部参事官として飯守重任と八田卯一郎が関与している。飯守は「抗日愛国の士に対して、死刑その他の重刑を以って臨んだ所の所謂「治安維持法」の立法者の一人となった」と自ら述べており（「カトリック教徒たる親友に宛てた手紙」）、八田は後述する解説を書いている。

四一年五月の第一〇次司法官会議で北村久直刑事司長は「今や我が国に於ける思想対策の根本的、全面的確立の時期至れりと云うべく目下鋭意之が攻究中であり、更に併せて治安事件処理手続の強化、国家機密防衛法令の立案検討に従事して居ります」と述べていた（『第十次司法官会議録』）。特別治安庭の新設や国防保安法・

国防資源秘密保護法の制定が示唆されているが、おそらく「目下鋭意之が攻究中」のなかには治安維持法の立案も含まれている。すでに日本国内では新治安維持法の運用が始まりつつあったことも、刺激になっただろう。

なお、三九年三月から四一年六月まで関東憲兵隊司令部警務部に勤務し、一一月から新京憲兵隊本部特高課思想対策係の曹長だった今関喜太郎は後述する合作社事件にかかわったが、撫順での「供述書」において「私が本事件の弾圧を執行したる結果「暫行懲治叛徒法」「暫行懲治盗避《ママ》法」を改悪して「偽満洲国治安維持法」の制定を促進せしめ」(『日本侵華戦犯筆供選編』93)たと記している。在満日系共産主義運動を叛徒法違反で処断することはできないので、この合作社事件が「満洲国」治安維持法制定を促進したというのはありうる話ではあるが、事件検挙は四一年一一月であり、直接の契機となったとはいえないだろう。ただし、合作社事件にかかわった関東憲兵隊ではそのように解釈していたのかもしれない。

國本攪亂を許さず
治安維持法制定
不逞分子に斷

「国本攪乱を許さず　治安維持法制定　不逞分子に断」
『満洲日日新聞』1941年12月20日

一二月八日の日本の対米英開戦は、「満洲国」治安維持法の制定を急がせたはずである。二〇日の『満洲日日新聞』は「国本攪乱を許さ

ず　治安維持法制定　不逞分子に断」という見出しで、次のように報じている。当然、司法部から情報提供がなされている。

司法部では日本に後顧の憂いなく聖戦目的を貫徹させなくてはならないと協力体制を強化するため、治安維持法の制定を協議中であった……従来両法〔暫行懲治叛徒法と暫行懲治盗匪法〕を以て国内の治安は完全に保たれて来たところ、最近に至って敵性国家群は凡ゆる悪辣な謀略手段を弄して策動を図る兆が見え、特に類似宗教方面にその傾向が顕著であり、先頃の安東で惹起した神霊会事件など国家擾乱の適例であり、これ等に対しては旧法を以ては充分な処罰を行う事が不可能であり、このまま放置しては到底国内治安の確保は不可能であるので、司法部当局ではこれに先手を打ち、国家の安寧を乱す不逞分子を断乎処罰、取締るため新法の制定となったものである

この記事には前野司法部次長の「どうも満洲には類似宗教が多く、国民を惑し、そこに敵性国家の謀略の喰い込む隙があり、取締りに充分な法がなかったのだ。今回の新法の制定により之等並びに流言蜚語を全面的に取締ることが出来るのは勿論、全面的に治安維持に寄与できると思う」という談話もある。安東の神霊会事件については不詳であるが、それを理由の一つとして「類似宗教方面」への危険性に対処するために治安維持法が必要になったという構図となっている。

一二月二一日の『朝日新聞』「南満洲版」には「現下決戦体制に即応し　治安維持法近く制定　政治犯撲滅に強硬措置」とある。

治安維持法制定の最後の手続きについては一二月二七日の『満洲日日新聞』によれば、一九日の国務院会議に上程し、二五日の参議府会議の諮詢を経て、二七日の勅令によって即日施行となる。制定理由は「最近に於ける思想事犯の態様に稽《かんが》え、最も有効適切なる方法に依り此の種犯罪の徹底的掃滅を図らんが為、暫行懲治叛

徒法に所要の改正を加え、併せて暫行懲治盗匪法をも改正し、両者を統合して新に治安維持法を制定し、以て時局下治安の維持に万遺漏なからんことを期するの要ある」とされた。

二七日、『満洲日日新聞』は治安維持法と治安維持法施行法の全条文を掲載する。翌二八日の同紙は社説「思想戦に備えよ」で、一六日施行の国防保安法と国防資源秘密保護法の施行にこの治安維持法と軍機保護法を加えて、「満洲国の法的思想戦対策は完璧化された」と評し、歓迎した。

治安維持法の要点

司法部参事官の八田卯一郎が執筆した「満洲国治安維持法の解説」(『法曹雑誌』第九巻第二号、一九四二年二月)によって、暫行懲治叛徒法から何がどのように変わり、変わらなかったのかをみよう(関東憲兵隊司令部編『在満日系共産主義運動』〈一九四四年〉転載)。八田は先の制定理由を掲げたうえで、法律の名称こそ異なるが、治安維持法は暫行懲治叛徒法と暫行懲治盗匪法を「統合整備」した「改正法」とみるべきものとする。

まず「本法制定の要点」をあげる。第一は「国体の観念を明徴にし、国体の変革を目的とする犯罪及国体の否定事項流布を目的とする犯罪に関する規定を設けたること」である。叛徒法第一条の「国憲を紊乱し、国家存立の基礎を急殆若は衰退せしむることを目的とする」犯罪の取締法規に対応するものとして、新たに「国体」をもってくるという大きな変更をおこなった。「国憲を紊乱」が「国体」変革に、「国家存立の基礎を急殆若は衰退」が「国体」否定に相当する。

これは、いうまでもなく日本の治安維持法の第一条にならっている。八田は「国体」について「日満不可分一徳一心の基調の上に立たせ給う垂統万年の　皇帝の統治権を総攬し給う君主国たる点にある」と定義し、その積極的な変更行為を「国体」変革とみなした(消極的な変更行為は第三条で規定の「国体」否定とする)。中華民国時代の危害民国緊急治罪法を継承した叛徒法や盗匪法を、建国一〇年を迎える時点でなお「暫行」を付したままで運用するわけにいかないという判断が、両法の改正を急務としていた。

あらゆる種類の思想事犯を徹底的に掃滅するために唯一範となるべきは日本の治安維持法であり、「国体」変革・否定も当然ながらそのまま受け継いだ。そうすると「満洲国」の「国体」を説明しなければならなくなり、「日満不可分一徳一心の基調の上に立たせ給う」式の、およそ法律の説明にはそぐわない定義をせざるをえない。八田は「満洲国」に「国体」の存することは「建国の歴史」や「回鑾《かいらん》訓民詔書」（溥儀が日本訪問から帰国した一九三五年五月に発した詔書で、「一徳一心」を両国関係の基礎とした）などに明らかであるとするほか、この解説の随所で大審院判例や池田克「治安維持法」（『新法学全集』第一九巻、一九三九年）を引用し、なんとか「国体」を意義づけようとする。また、「日本の国体変革行為」も「満洲国」治安維持法の「国体変革」に該当するとまでいう。

しかし、こうした説明はいかにも取ってつけた感があり、無理がある。その無理は、「満洲国」に治安維持法の施行を決定事項とするがゆえに生じたものといえる。新たに「国体」変革の処罰を第一義としたものの、次節でみるように日本国内と異なり実際の治安維持法の運用にあたっては「国体」を大上段に構えたことで威力を発揮したわけではない。「日満不可分一徳一心の基調の上に立たせ給う」式の「国体」理解はあくまでこうした解説上のことにとどまっており、実際の運用は反満抗日運動を徹底的に効率的に弾圧するという一点に絞られていた。

第二は「兇悪手段に依る安寧秩序紊乱を目的とする犯罪に関する規定を設けたること」で、それまで盗匪法が対象とした「盗匪」行為のうち、「安寧秩序紊乱の目的を有するもののみを本法に吸収し」、他は刑法の強盗罪などとした。盗匪以外の殺人・放火などのテロ行為も取締対象とした。

第三は「建国神廟又は帝室の尊厳冒瀆事項の流布を目的とする犯罪に関する規定を設けたること」で、三〇年代後半に新たな治安対象となった「類似宗教団体」に対する処罰規定を新設した。これは叛徒法や盗匪法にはなかった。

第四の「集団的犯罪としては、団体に関する処罰規定を設けたること」は盗匪法にある「聚衆」や「結夥」の改正にあたるもので、「結社よりも結合力が弱く、又単なる群衆よりも結合力の強い集団」を「団体」として一括して処罰しうる規定である。

第五の「目的遂行罪に関する規定を設けたること」は叛徒法第九条の「予備及陰謀」規定を拡張して、「国体」変革・否定・冒瀆の目的遂行のためのすべての行動を処罰するとした。さらに、そうした目的を有する団体を支持し、「其の拡大強化を図るあらゆる行為」をも処罰しうるとした。日本国内でもっとも重宝に活用されている目的遂行罪を「満洲国」に導入しない手はなかった。

ついで「本法の罪の分類」を「立体的、有機的」な観点から試みている。大きく「国体変革に関する犯罪」、「兇悪手段に依る安寧秩序紊乱に関する犯罪」、「国体の否定又は建国神廟若は帝室の尊厳冒瀆事項流布に関する犯罪」に分けるが、「国体変革に関する犯罪」でみると、「国体変革を目的とせる団体的犯罪」、「国体変革を目的とする非団体的犯罪」に加えて、「犯罪煽動罪」、「便宜供与罪」、「利益授受罪」を中項目とし、さらに小項目以下に細分される。これらを一瞥すると、ありとあらゆる犯罪が思想事犯として処罰の対象とされており、至れり尽くせりといってよいほど法の網の目が張り巡らされていることがわかる。

つづく「本法の効力」を説明するところでは、「経過法」として施行された治安維持法施行法について暫行懲治叛徒法や暫行懲治盗匪法および暫行懲治盗匪法施行法は廃止するものの、「暫行懲治盗匪法第七条及第八条は当分の間仍《なお》其効力を有す」という第一条に含まれる重大な問題に八田はおそらく意識的に言及しない。盗匪法第七条は「軍隊部隊を為す盗匪を剿討粛清する」＝軍事的討伐に際して「臨陣格殺」という射殺・斬殺を認める規定であり、第八条は「高級警察官の指揮する警察隊、部隊を為す盗匪を剿討《そうとう》するに当り、其の臨陣格殺し得るの外、現場に於て盗匪を逮捕し、事態急迫にして猶予を許さざる事情あるときは該高級警察官、其の裁量に依り之を措置することを得」と規定していた。つまり、治安維持法施行法は、軍事的討伐の現場において裁判抜きで「臨陣格殺」や「裁量措置」という名目で「厳重処分」しうる規定を「当分の間」存続させることを規定する。関東軍などの強い要求があったと推測される。

このようにみてくると、「満洲国」治安維持法の内容は名称を治安維持法としたけれども、八田がいうように実質的に暫行懲治叛徒法と暫行懲治盗匪法を「統合整備」した「改正法」だったといえる。それは次節で述べるように、とくに西南地区粛正工作における「司法討伐」の武器として治安維持法がどれほどの猛威を振ったかという点からも明らかである。

第一〇条は十分な「転向」と評価した際になされる有罪判決の宣告猶予の規定で、叛徒法第一三条を引き継いでいる。八田はこの運用を「特に慎重を期すべき」とするほか、「我が国に於ける保護観察制度の制定が一日も早からんこと」を望むとしている。それは四三年に思想矯正法として実現していく。

日本の新治安維持法に範をとっているものの、実は審理の促進と簡易化を図った「刑事手続」の規定や「予防拘禁」は見送られている。もっとも「刑事手続」においてはすでに特別治安庭の新設によって審理の迅速化と簡易化が実現していた。「予防拘禁」については、四三年九月の思想矯正法によって実現をみていく（後述）。

この八田「満洲国治安維持法の解説」と同時期に総務庁参事官兼宮内府理事官の手島庸義が『満洲帝国　基本法釈義』を刊行している。そこでは「満洲国の国体」について、八田の説明の一歩先を行って「日満一神一心の中核的理念並に惟神《かんながら》の道たる王道及民族協和の実践的理念の下に、皇帝を以て国家意思の源泉、即ち主権

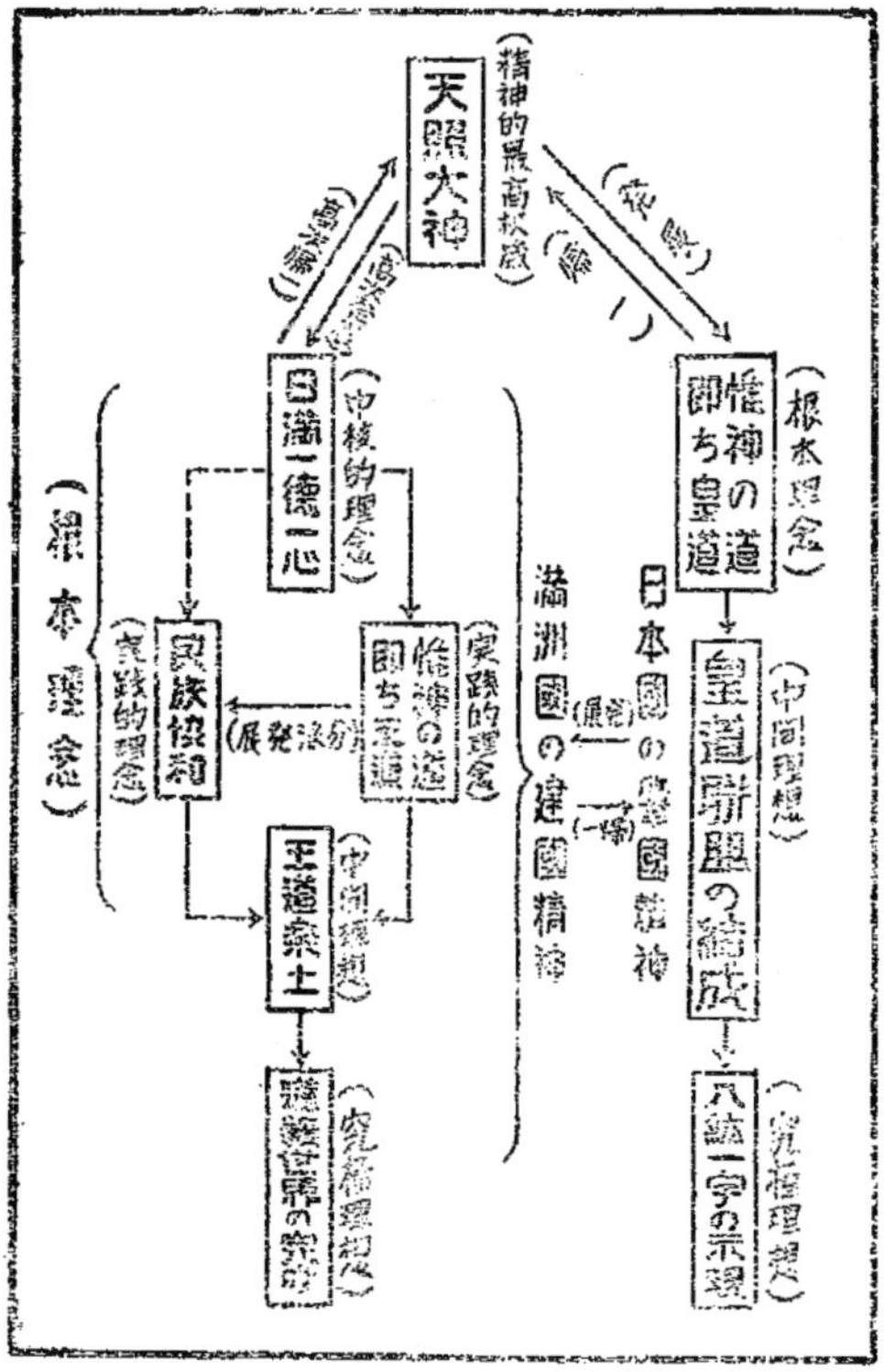

図４　手島庸義『満洲帝国　基本法釈義』、1942 年

者とする民族複合国家であること、是れ我が満洲国の根本性格、即ち本質的意義に於ける国体である」とする。さらに「満洲国の創建を理念的に考覈《こうかく》すれば、それは日本国に於ける皇道肇《ちょう》国《こく》精神の発展的顕現に外ならぬと解せられる。換言すれば、日本帝国の肇国精神と満洲国の建国精神との関係は前者を太陽とし、後者を太陽の光被の下に輝く月としたる関係にも比喩せられるであろう」ともいう。さらに「満洲国に於ける根本理念の構造及日本国に於ける根本理念との相関関係」として、上のような図を掲げる。

この説明は私にとってもはや理解不能である。わずかに注目すべきは「日満一神一心」といいつつ、日本を太陽に、「満洲国」を月と比定するその露骨な従属性とそれをあっけらかんと露呈する精神である。こうした「国体」観にあえて言及するのは、「満洲国」治安維持法の発想の根底に独善的で荒唐無稽な考え方が横たわっていたということだけは記録に値すると考えるからである。四二年三月に開催された第一一次司法官会議では、第二日の協議のなかで「思想対策の根本方針」の第一に「国本《こくほん》惟神の道の徹底」「建国精神の普及徹底」が議題に上っていた（『第一一次司法官会議録』）。八田や手島だけが突出していたわけではない。

国防保安法の制定

治安維持法制定の少し前の一九四一年一二月一五日、国防保安法と国防資源秘密保護法が制定、即日施行となった。一六日の『朝日新聞』「南満州版」は「防諜体制を強化　謀略戦への緊急措置」という見出しで、「防諜陣の臨戦体制は完成した」と報じている。全一六条からなる国防保安法についても、八田が『法曹雑誌』第九巻第二号（一九四二年二月）に「解説」を執筆している。対米英開戦という「重大なる時局に際し従来の防諜法規を完備し、刻々尖鋭化して行く此等敵性国家群の諜報、謀略に対し徹底的に之を防止破摧し、以て国防の完璧に資し大東亜戦争の完遂に寄与せんが為」と理由をあげている。

もちろんこの国防保安法も、第二章の刑事手続を除き日本の国防保安法（四一年三月公布）を踏襲している。第一条の「国家機密」についての「国防上外国に対し秘匿することを要する外交、財政、経済其の他に関する重要なる国務に係る事項」という定義はそのままである。「満洲国」の量刑が全般的にやや重い（たとえば「死刑又は無期若は三年以上の懲役」が「死刑又は無期若は六年以上の徒刑」となる）。

治安を害する宣伝謀略行為について日本の国防保安法は局限された行為のみを対象とするのと比べて、「満洲国」の方はすべての宣伝・謀略行為を処罰しうるとする。それは「本法に於ける取締の対象となる行為は宣伝と言わず謀略と言わず、総て近代戦の一態様である秘密戦に於ける戦闘の一形態であり、毫《ごう》も仮借すべからざるもの」だからである。八田は三七年一二月施行の軍機保護法に加えて、この国防保安法と国家資源秘密保護法の制定によって「我国防諜対策も鉄桶《てっとう》の陣を張り得るに至った」と豪語した。

二　関東憲兵隊主導の最終的弾圧態勢

アジア太平洋戦争期の関東憲兵隊

一貫して「満洲国」治安体制の基軸であった関東憲兵隊の動静からみていこう。一九四一年四月一一日の編制改正では定員五九三四人に大幅に拡充されているが（「関東軍編制人員表」防衛省防衛研究所図書館所蔵）、実際にはその充足は困難であった。

東辺道地方を中心に治安の沈静化が進む一方、熱河省国境地域の治安は逆に悪化していった。四〇年三月の汪兆銘傀儡政権の成立以後、「対日満謀略的宣伝」が熾烈化するとともに、熱河省西南地区の「中共党（匪）」が「日満軍警不断の討伐掃蕩にも不拘《かかわらず》、容易に終息せず」（関東憲兵隊司令部『思想対策月報』三月分、『日本関東憲兵隊報告集』Ⅰ―⑨）という事態が出現した。四〇年四月分の関東憲兵隊司令部『思想対策月報』（同Ⅰ―⑪）は、「匪数増加の奇現象」の要因をソ連・中国方面からの「匪団の越境侵入」とみた。四一年五月分の関東憲兵隊司令部『思想対策月報』は「熱河省国境地域に於ける共産軍の侵入、一部入ソ匪団の帰満及潜伏土匪団の集結に因る」（同Ⅰ―⑫）とみている。

四一年六月三〇日、西南地区の「満洲国の軍警を統轄」することになった承徳憲兵隊長安藤次郎は、「引続き主力として特別粛正工作を執行するとともに、一部兵力で民心の動向を察し、民心の動揺を抑え、謀略・デマ及び防諜などの工作」（「承徳憲兵隊長安藤次郎命令」、七月二日、『偽満憲警統治』）の実施を命じた。承徳憲兵隊の四一年下半期『思想対策半年報』で「十月下旬頃より共産軍は各地に大打撃を受け、一部小匪団を国内に残有し殆んど国外に遁走し、漸次活動消極化し最後の余喘《よぜん》を保持しある現況に在り」（『日本関東憲兵隊報告集』Ⅰ―⑮）と成果を強調する。四二年以降も熱河省の西南地区粛正工作はさらに拡大・継続されていった（後述）。

この事態に対する方策として「北支」の日本側憲兵・警察機関との連携を図るとともに、住民の強制移住や「集団部落」設置という方策が進められた。「集団部落」については間島の北東にあたる東寧憲兵隊でも「糧道遮断は消匪の必須要件たるべく、之が為僻陬《へきすう》地に対する行政を更に浸透せしむると共に耕作地を調査し、生産数量を明瞭ならしめ、之が出納を監督する等、通匪行為の余地なからしむるの要あり」（「宗世栄匪団通匪者検挙に関する件」（四一年一月）、「満洲国政況関係雑纂／治安情況関係」「外務省記録」A―6―2―0―2、外交史料館所蔵）としてその設置が進められていた。

こうした軍事的討伐・「思想的討伐」の結果、検挙された反満抗日運動関係者に対して、暫行懲治叛徒法とその後継である治安維持法による司法処分が厳重に実行されていく具体的な状況については、第四節にゆずる。

ソ連国境の北安憲兵隊の河野日露児は、二年半の「思想対策係」としての見聞を「北満匪賊概況」にまとめている（『憲友』第三五巻第七号、一九四一年七月）。「最近共匪の游撃活動の謀略化」、「交通線主要都市、警備機関の襲撃状況」などを記したのち、「結語」として「北満治安の癌」である「匪団の民衆に対する宣撫工作は益々巧妙執拗化し、或地区に於ては大部の民心を匪側に収めたかの如き観を呈している所もあ」るという。

ソ満国境に位置するハイラル憲兵隊『思想対策月報』では、四〇年一月分に「「ソ」蒙側諜者の裏面的暗躍は益々深刻」、二月分には「「ソ」蒙の潜行的活躍は益々熾烈化するを予想」（『日本関東憲兵隊報告集』Ⅰ―①）とある。

「「ソ」連の援匪状況究明の為」として、関東憲兵隊側からの諜報活動もおこなっていた。四一年上半期の東安憲兵隊『思想対策半年報（甲）』では「憲兵独自の兵力を骨幹とし、工作員を獲得、ウスリー江岸に進出、或は長期的永続性ある情報網を設置す」としている。同虎林分隊の場合、二月から「いかだ工作」という情報網を用いて「共匪の隠匿兵器、宣伝文等押収し、其成果の見るべきものあり」と自賛するとともに、「偽装漁撈場を設置、情報ポストたらしむべく督励中」という（『日本関東憲兵隊報告集』I―⑮）。

四一年七月、対ソ開戦を見据えた関東軍特種演習（関特演）がおこなわれ、大動員がかけられた。石部藤四郎『憲兵　下士官石部メモ』（一九九〇年）によれば、「内地勤務憲兵の出動」により第一野戦憲兵隊（名古屋以東）と第二野戦憲兵隊（朝鮮憲兵隊を含む以西）各五〇〇人が編制された。九月、石部を含む六人はハルビンの香坊憲兵分隊に派遣されると、「軍倉庫に働く満人苦力、数百を越す白系ロシヤ人の住家など、防諜、警備に忙殺」された。

斉藤美夫の供述によれば、「中国抗日地下組織と工作人員を探査、逮捕、鎮圧することを強化するために」、関東憲兵隊警務部長就任後、「元警務部第四班、すなわち通信機材班を立て直す計画に着手した」という。この特設憲兵隊の任務は「電波探査、電器捜査、撮影検査、指紋鑑定、暗号連絡など、特殊な探偵手段」研究にあった（『偽満憲警統治』）。一九三八年八月、憲兵三〇人と嘱託技術者二人という規模で新京市寛城子に開設され、「八六部隊」と通称されていた。六分隊から成り、四三年には約二五〇人に拡充されている。すべての憲兵にもこうした特務工作の教育訓練がおこなわれ、各憲兵隊へは「科学班」が設置された（『史証』）。

一九四四年五月の関東憲兵隊編制改正で「八六部隊」は第三から第六分隊は司令部に吸収されて科学偵諜班となり、第一・第二分隊は無線探査隊に再編された。四五年八月時点で約三六〇人を擁し、ハルビン・大連・奉天・牡丹江・チチハルに派遣隊がおかれていた

「思想警察」の本格化

軍事的討伐の収束にともない、対ソ防諜態勢の整備拡充とともに「思想警察」の遂行が一九四〇年半ばから本格化した。関東憲兵隊司令部警務部長だった斉藤美夫の供述によれば、「関東軍治安粛正工作要綱の示す範囲」で実施されていた従来の思想対策とは異なり、今後は憲兵の「本然の任務」として次のような「思想警察」を本格的に遂行すべきとした。四〇年五月の憲兵隊長会議でなされた指示である（『日本侵華戦犯筆供選編』8）。

（1）思想警察目標を甲・乙に分類し、甲は抗日思想闘争党団（共産党、国民党等）、抗日政治党団及之に属する者、反軍思想運動者、治安攪乱工作をなす団体分子を対照《ママ》とし、乙は満蒙白系露人等の思想動向、民族意識、時局に対する民心趨向《すうこう》、政治経済方面における人民不平不満事項、其他民間に現わる特異事項等である。

（2）処理要領　甲目標に対しては、特高能力を十全に発揚して内偵並に査察と法的処理を適正に実施すべく、乙目標に対しては、動向趨勢を察知し、情報蒐集を為すを本旨とする。即ち情況を明知して変に備うる趣旨であって、徒《いたず》らに民心を刺激する如き措置を戒めねばならぬ。（略）

別のところでは、甲目標は「防犯、鎮圧しなければならない目標」であり、共産系統・反日系統・匪賊系統・その他（「満洲国」軍警の反乱・悪質デマなど）を対象とすると説明する。乙目標は「直ちに被害を及ぼさないが、戦時、満洲国の防衛上、少しずつ重大な欠陥を招く恐れがあること。特に反日反軍の動向、治安を攪乱する兆候など」であり、各民族の日本軍に対する思想動向・「満洲国」主要機関および特殊会社の動向・「類似宗教」・物資供給方面の動向・開拓問題に関する動向・文芸著作の動向・デマなどの広範囲におよぶ。思想対策の重点は甲目標にあるが、「乙目標も余力なく偵察する」とする。

斉藤は「戦時有害分子処理要綱」にもとづき、対ソ戦に向けて「容疑要視察人」の名簿登録（甲・乙・丙）を指示したとも供述している。対ソ戦の開戦準備が焦眉の急だったのである。

さっそく「思想対策服務要綱」にそって、関東憲兵隊司令部は「昭和十五年度関東憲兵隊思想対策服務計画」を策定し、「本年度各隊の主要目標」を次のように定めた（以上、『偽満憲警統治』）。

1 治安不良地区では、これまでの対策を引続き強化する。特に軍隊の討伐工作に協力する。

2 治安不良地区に接する地区では、潜伏する共産党匪賊、交通連絡員および物資供給ルートの捜索に努めなければならない。また共産党匪賊に襲われる可能性のある交通線と主要都市に対しては、警防対策を強化し、潜入した工作匪の逮捕に尽力する。

3 国内主要都市では共産党の地下組織と蔣政権が派遣する各種策動分子を積極的に偵察して、発見する。

この「服務要綱」の「実施成果」として、従来の『思想対策月報』に加えて新たに甲・乙目標ごとの『思想対策半年報』の作成・提出が指示された。一一月二日付の通牒で示された甲目標の様式は「一　一般概況　二国外よりの対満策動　三　在満共産党匪の策動　四　反日（軍）思想策動　五　民族思想の動向　六　治安関係事項　七　其他　八　思想対策服務成果　九　所見」となっている。あらゆる領域がすべて視察対象になっている（『日本関東憲兵隊報告集』I—⑭）。各憲兵隊から提出された『思想対策半年報』をみよう。

当隊〔奉天〕は思想対策服務の重点を乙目標に指向しあるが、管内の特性は国際情勢の緊迫に伴い敵性諸国の不逞運動に好適の諸資源を包蔵し、且国内産業交通経済の中心地たるを以て瞬時の偸安《とうあん》をも許さざるの現状に鑑み、之が防圧施策を拡充強化し警防の万全を期しつつあり（四一年上半期　同I—⑯）

＊

当隊〔承徳〕に於ては西南防衛地区隊の治標工作に即応し、治本工作の一翼を担当し積極的に敵の企図を封殺すると共に秘設外廓団体を徹底的に検挙弾圧し、敵側の思想宣伝謀略諜報網の破壊に任じ、顕著なる成果を収め、殆んど潰滅し得る（四一年下半期　同Ⅰ―⑮）

チチハルの四一年下半期は「今后特に都市青年知識階級層を対象とする所謂城市工作に重点を指向せらるべく予想せられ、今后都市共産党対策に更に重要性を付加するものとす」（同Ⅰ―⑮）と報告された。

防諜の徹底

「満洲に於て最も重要視せらるるは民族主義思想と、共産主義思想に基く諜報活動であらねばならぬ」とは、在満日系共産主義運動について総括した関東憲兵隊司令部の『在満日系共産主義運動』（一九四四年〔復刻版、一九六九年〕）のなかの一節である。この防諜責任者として警務部第三課長だった吉房虎雄は「主なる私の任務」の第一に「日本帝国主義（偽満洲国を含む）の軍事、経済、政治等に対する諜報行為の防止」をあげる。また、アジア太平洋戦争下、「瀋陽、長春、哈爾浜などの要点に対し憲兵の質的量的な重点的集中を行い、その地の勤務を強化」したと供述している（『日本侵華戦犯筆供選編』11）。

一九四〇年末から対ソ防諜を中心とした『防諜要報』を関東憲兵隊司令部は発刊する。旬報と推測され、第一二号（四一年四月二六日）では「日蘇中立条約に伴う諜者操縦動向観察に就て」を、第二〇号（同七月一一日）では「独蘇開戦に伴う蘇連対満諜報の新動向」を分析する（『日本関東憲兵隊報告集』Ⅱ―②）。

関東憲兵隊の「昭和十七年度思想対策服務の要点」（一九四二年一月一〇日）の第一に掲げられたのも、「ソ連・中国など敵側の満洲国に対する策動を警防・鎮圧する」ことであった（『偽満憲警統治』）。臨時鶏寧憲兵隊長（一九四二年八月から四三年八月）を務めた堀口正雄の供述によれば、国境に近いために服務の重点は「防衛に関係ある軍事防諜」におかれ、「警務、思想対策」は従であった。「防諜成果」として約八〇人を検挙しているが、そのなかで「密偵の知らせたるもの約二五名、平素の内定よりするもの約一五名、検問検索によるもの約一〇名」であったという。「処置」についても、陸軍特務機関で利用約二〇人、検察庁に送致約二五人、「懐柔」して「連絡者」として利用約五人、さらに「憲兵司令官の認可指令を得て哈爾浜第七三一部隊」に「特移扱」として送致約二〇人だったと供述している（『日本侵華戦犯筆供選編』12）。

四三年七月作成の関東憲兵隊司令部「有力諜報網（諜者）発見の体験に基く積極防諜服務の参考」は三六年以降の一四事件を検討したもので、対ソ開戦を予測しつつ、次のような具体的で実践的な項目が並んでいる。

発見　検問検索・尾行張込、諜者の取調、科学捜査、情報（偵諜）網の構成、温存偵諜、郵検（郵便検閲）の利用、現場偵諜

利用　適切なる懐柔利用、懐柔利用の失敗

検挙取調　秘密保持・一網打尽、諜報手口の徹底的究明、思想事件との関聯性究明

其他　事件の処理

各項目の「所見」をみると、「科学捜査」では「開戦時に於ては無線電者の活動価値絶対的大なるを以て、潜伏を予想せらるる本諜者の索出には一段の努力を要すべし」、「温存偵諜」では「有力諜報網は地下深度大なるを常としあるを以て、一度其片鱗を捕捉せば軽挙に検挙することなく温存偵諜し、全貌究明するを要す」となっている。

関東憲兵隊司令部が四三年七月に作成した「防諜施策強化対策案」は、「入満諜者の発見捕捉」の施策が講じられていない「満支国境」における、「旅行者（主として苦力）取締を強化して中共、重慶及「ソ」連系諜者諜略員を索出弾圧」するための「実施要領」である。錦州・大連各憲兵隊から成る「関門特別班」の編成、「奉山線（奉天―山海関間）列車検索班」・「工人査証班」の設置を規定している（以上、小樽商科大学図書館所蔵）。

四四年五月から四五年七月末まで志村行雄が隊長を務めたハイラル憲兵隊（本部・分隊合計二一五人〈補助憲兵を含む〉）の四四年度「戦時防衛計画書」は、「（1）国境地帯たるに鑑み検問を強化すること（2）郵便検閲を強化すること（防諜及不逞企図防止の見地より）」などとなっていた（『日本侵華戦犯筆供選編』12）。四五年一月二〇日、チチハル憲兵隊長がおこなった訓示のなかには、「当隊に於ては曩《さき》に密偵連絡者の整理を行い、刷新せられたるを認むるも」（『軍紀風紀月報』一九四五年一月分、『日本関東憲兵隊報告集』Ⅱ―①）、まだ実績があがっていないとある。

『防諜要報』から変更されたと推測される関東憲兵隊司令部『防諜月報』をみると、戦局の悪化にともない、ますます防諜に重点がかかってきていることがわかる。四四年四月分では「「ソ」連対満諜報判断」として「依然軍の移動状況諜知に重点を志向しあるものの如し」、「中共情勢判断」として「中共は総反抗の切迫を呼号し、執拗なる秘密戦活動を継続しあり」、さらに「蔣系情勢判断」として「蔣系の対満策動は依然執拗潜行的にして逐次積極化の傾向あり」とみている。六月分には「「ソ」連は表面親日満的にして努めて対日刺戟を避けつつあるが如きも、対日満諜報策動は依然活発にして厳戒を要す」（以上、『日本関東憲兵隊報告集』Ⅱ―②）とあった。

共産抗日組織への弾圧

関東憲兵隊司令官「昭和十七年度思想対策服務の要点」の二番目に「満洲人中の知識人と学生の共産抗日組織を重点的に捜査・鎮圧する」（『偽満憲警統治』）とあった。アジア太平洋戦争下における反満抗日の地下共産組織に対する弾圧をみよう。

関東憲兵隊の『思想対策月報』掲載の弾圧事例は枚挙にいとまがない。たとえば、一九四三年三月分には「浜江、北安省下に於て北満党匪系民衆組織を徹底的に剔抉《てっけつ》せり」として、三月一五日の一斉検挙で四六七人（それ以前に六五人）を、五月分には同第二次検挙として一五九人を検挙している（『日本関東憲兵隊報告集』Ⅰ―⑬）。

これに関連して、日本のハルビン駐在内務事務官は、「満洲国警察当局に在りては北満一帯に於ける満洲共産党北満省委員会及び東北抗日連合軍第三路軍の反満抗日活動愈々《いよいよ》積極熾烈化せるに鑑み、之に断乎たる処置を採るべく慎重計画を進めつつありたるが、周到なる一斉検挙計画を樹立し」、三月一五日と五月一〇日の二回にわたって検挙を実施、検挙人員は五五二人に達し、「多大の成果を収めたり」という報告をおこなっている（内務省警保局『外事月報』一九四三年一二月分）。「特高関係主なる検挙者一覧表」（「満洲国」警務総局特務処『特務彙報』第四号、一九四三年）では、三月一五日の浜江・北安・三江地域における検挙者が四六〇人となっている。

四三年一二月、新京憲兵隊によって「満洲建国大学」学生・教員一三人が検挙された。大東亜相宛の在満大使報告（四三年一二月一八日付）では「最近一般民衆層の傾向寧ろ良好なるに反し、一部学生層の反日傾向昂揚しつつある折柄、今次検挙は頗る注目せらる」（「満洲国政況関係雑纂／治安情況関係」「外務省記録」A-6-2-0-2）とみていた。

堀口正雄によれば、臨時鶏寧憲兵隊長（四二年八月から四三年八月まで）時代、「工人中に混入している抗日愛国の前歴を有するもの」一五人を牡丹江地方検察庁に送致したという（「何れも五年以下の徒刑であった様」）。治安維持法違反での処断だろう。それは「現在抗日愛国行動がない、静的であることを憲兵が徒らに醜い検挙件数を争うという心裡に出て送りました」と供述する（『日本侵華戦犯筆供選編』12）。

上坪鉄一は鶏寧憲兵隊長（四四年八月から一〇月まで）と東安憲兵隊長（四四年一〇月から四五年七月まで）時代、「部下憲兵に命じて抗日地下工作人員を検挙の上拷問を以て厳重なる取調を実施せしめたる者は既報せる者一五〇名以上、内《うら》特移扱として哈爾浜石井部隊に特移送せる者四四名、拷問致死二名であります」と供述する（『日本侵華戦犯筆供選編』12）。

「田白工作事件」と「貞星工作事件」

戦後、東京裁判の「弁護関係資料」として関東憲兵隊関係者によって作成されたと思われる「満洲に於ける憲兵制度及其運用の実績」(「極東国際軍事裁判弁護関係資料」七一、国立公文書館所蔵)には、「大東亜戦勃発後一年半、憲兵隊の制度上に何等の変化なし、軍命令により服務の重点を防諜に指向し、相当の成果を収めたる」とある。その「相当の成果」が、次の二つの事件である。

交戦により入手した東北抗日連軍第三路軍関係の暗号文書を解読し、共産党地下組織の存在を知ったチチハル憲兵隊では特別捜査班を作り、関係者と目した人物の「偵諜培養」や尾行などの「田白工作」を進め、一九四一年一一月九日、「満洲国」警察と鉄道警護隊とともにチチハル鉄道局従業員らを一斉検挙した。一二月九日付のチチハル憲兵隊の報告によれば、合わせて一三五人を検挙し、四一人を暫行懲治叛徒法違反としてチチハル高等検察庁に送致し、九二人を釈放した(二人は取調中)。

「田白工作事件」は「省委の領導下に大衆組織化せる在満共産運動の新形態として注目さる」事件とされた(表題不明「第二部　国内思想情勢」、一九四一年末か『日本関東憲兵隊報告集』I—⑯)。関東憲兵隊司令部防諜責任者(警務部第三課長)として捜査・検挙を指揮した吉房虎雄は、検挙の理由を「共産主義の地下組織を結成し反満抗日の活動をなすと共に、蘇聯と連絡し無線通信に依る諜報活動をなしつつあり」と供述する(『日本侵華戦犯筆供選編』11)。

チチハル憲兵隊の特高班に所属し、特別捜査班の中心であった土屋芳雄曹長にとって、「中国の人たちの抵抗組織を摘発すること、それも大掛かりとあれば」、「やはり面白い対象だった」。チチハル憲兵隊だけでなく、チチハル鉄道警護隊も総動員された。土屋は「短時日の捜査で、これだけの組織の全容を解明できたのは、拷問に明け暮れたすさまじいばかりの取り調べがあったからにほかならない」という(『聞き書き　ある憲兵の記録』、一九八五年)。高等法院の判決については次節でみる。

これより少し前に、ハルビン鉄道局関係の抗日愛国者の一斉検挙もおこなわれている。吉房によれば、日本軍の国情を偵知したという理由で約一六〇人を検挙し、約五〇人をハルビン高等検察庁に送致している。

対米英開戦直後の四一年一二月一七日から「貞星工作事件」として、チチハル・ハルビン・吉林・奉天などで国民党関係の抗日愛国者が検挙された。これは「田白事件の時に仕掛けたエサに見事に反応があり、いわばその釣り糸をたぐる作業であった」とあるように、チチハル憲兵隊特捜班の土屋芳雄らが端緒をつかんで断行した事件である。土屋らは関東憲兵隊司令部の「偵諜培養方式」ではなく「芋づる式検挙」、つまり「一人を逮捕し、取り調べをして新しい容疑者を自白させ、間髪をいれずに逮捕、そして取り調べ、を繰り返す」(『聞き書き　ある憲兵の記録』)をおこない、検挙者はチチハルで六十数人、「満洲国」全体で五五〇人にのぼった。二百数十人が送検され、二十数人が死刑となった。吉房虎雄によれば、検挙者は七〇〇人とされる。吉房は「日米開戦前後の一般情勢より判断し、偵諜の完結を急ぐよう要求しました」と供述している。

「貞星工作事件」で検挙された李蘭田は五四年六月三日付の「告発状」のなかで、憲兵隊による拷問の様子を次のように語っている(四二年一月一五日の検挙、『東北歴次大惨案』)。

私が憲兵隊の尋問室に入るとすぐに、凶悪な日本憲兵と中国人の裏切り者の一群が約一〇分間私を殴りました。頭から出血し、衣類もぼろぼろになりました。床に座って少し落ち着くと、私を水道の部屋に押し込みました。すぐに服を剝ぎ取り、後ろ手に手錠をかけ、長椅子に仰向けにさせ背中を押し付け、ホースから水を注ぎ始めました。受刑者が逃げないよう、タオルを顔にかけられました。このにおいは何とも言えません。約二〇分後、腹部の水が太鼓のように膨らむと、日本の憲兵は思いっきり腹を踏みつけたので、口や尿から水が出て意識を失いました。目覚めると、取調室の床に仰向けに寝転がっており、手足がこわばり、半日かかってやっと少し動けました。この罰は七回以上も受けました。さらに、電気ショック、吊り下げ、縛り付け、雪の中に生き埋め、火かぎで火傷、ろうそくで燃やすなど、さまざまな非人道的な罰がありました。何度も拷問された末、反満抗日と国土回復という罪を自供しました。

日本人の尋問方法は、一貫して自白を引き出すために厳しい拷問を用い、尋問された人々は誰も免れられませんでした。尋問室の悲鳴とうめき声は絶え間なく、特に夜は激しく、それを聞くと胸が張り裂けそうで聞くに堪えませんでした。この四三日間、楊克新（泰康県完小学校校長）は殴打され死亡、李振華（龍江県塔哈駅完小学校教諭）は拷問が原因で帰宅後に死亡、張伯蘭は憲兵隊から転倒されて死亡、このように様々でした

その後、検察庁に送致されると、検察官の訊問は二日間のみで「適当に宣告して終了」し、監獄では重い足枷をつけられた（後述）。「田白工作事件」は四二年一二六日に、「貞星工作事件」は四三年二月にチチハル高等法院の治安庭で判決が下された。

「民心の動向」の注視

一九三〇年代末には「思想警察」の対象に反満抗日運動の地下の非合法組織だけでなく、反満抗日運動の背後にある在満朝鮮人や「満蒙人」一般の「民心の動向」も含まれるようになっていた。

ハルビン憲兵隊の『思想対策半年報（甲）』（四一年上半期）には「将来に対する判断並対策」として、「最近支那事変の長期化と共に生活必需品に対する統制強化せられ、民衆の不平不満に乗ずる逆宣伝、特に学生層に対する反日満分子の獲得工作深刻化し来れるものありて、将来此種動向益々濃化せらるべきを予想さるる」

（『日本関東憲兵隊報告集』Ⅰ―⑮）とあった。これは「甲目標」に対するものだが、「民衆の不平不満」と「反日満分子」が結びつくことを警戒している。奉天憲兵隊は「当隊は思想対策服務の重点を乙目標に指向」（『偽満憲警統治』）していた。

対ソ開戦が準備され、対米英戦への切迫感が増す一九四一年には、「民心の動向」への警戒が強まっていった。二月二六日、臨時参謀長並びに関東軍直轄部隊長会同における関東軍参謀長口演の「第四　治安防衛に就て」では、「輓近《ばんきん》内外諸情勢の緊迫と統制経済の強化及各種国策の強行に基く一部民心の動揺、或は謀略行為による匪賊の蠢動及満軍一部の背叛等、稍々《やや》警戒を要するものあり、加之《しかのみならず》之等の謀略は益々地下に潜入し、民心を蚕食する傾向強き」（「旧陸海軍関係文書」マイクロ・フィルムR.109）という憂慮が示されていた。この取締は何よりも関東憲兵隊の役割であった。

四一年五月分の関東憲兵隊司令部『思想対策月報』の「3　反日（軍）思想策動」では「統制経済の強化、物資の不足等に基く生活の重圧化等に伴い、一般満蒙人は之が原因は我々満人の関係なき支那事変の結果なり、或は日系の独断的拙策に因るもの」ととらえており、「表面平穏なるも、民心の底流は相当注意警視を要するの現況」としている。「5　治安関係」の「流言」の具体的なものは「北支の日軍全滅す（通北省、撫松県、奉天市）」、「日本の命により爾後六〇才以上の者には配給を為さず（奉天省蓋平県《(県)》）」などである。「労働」については、「一部素質不良労資間に於ける紛糾、賃金の高騰等に原因し、罷業逃走等其跡を絶たず」としている（『日本関東憲兵隊報告集』Ⅰ―⑫）。

対米英開戦直前の「民心動向　満人」では、戦争の長期化が民衆の生活に深く影響をおよぼし、「従来満系下層階級に低流《ママ》しありたる反日思想は独ソ開戦を期とし、時局の緊迫化に伴い逐次悪化しあるものの如く、日鮮人に対する直接行動に出づるもの多発しあり」（表題不明「第二部　国内思想情勢」同Ⅰ―⑯）とされている。

「鮮満人」民心への厳戒

対米英開戦直後、「民心」の動向に最大の警戒が払われた。一九四二年一月一七日付の大連憲兵隊『特週報』第一報は「一、時局に伴う民心の動向（日人、満人、外国人）　二、開戦に伴う米英蘇重慶側の対満策動と之に伴う民心の動向　三、恐米英蘇乃至親米英蘇動向並反日独思想の動向　四、政府並軍の方針態度に対する動向」という構成となっている（『日本関東憲兵隊報告集』Ⅱ―④）。

関東憲兵隊司令部は「民心の動向」掌握を図るために新たな対策を講じた。その一つが『思想対策半月報』の刊行である。四二年半ば頃からとみられ、六月前期報の構成は「民心の動向　一、各民族の動向　二、治安に影響を及ぼす経済界の推移　三、流言蜚語」であり、「満内各地各民族共に概ね平穏に推移しあり、然れ共民食〔民間食糧〕問題其他配給経済等に対しては相当不安動揺しあるを認む」という概括である。一〇月前期のハルビン憲兵隊『思想対策半月報』も同様な構成だが、そこでの「総合判断」は「（日鮮人）一部鮮人中には民族的偏見より不満的動向尚《なお》散見せられあり　（満人）物資不足乃至《ないし》出荷工作を目前に控え、不満的動向を窺知せらる」となっている（『日本関東憲兵隊報告集』Ⅰ―⑰）。

戦局の悪化とともに「民心の動向」をさらに注視する必要に迫られた関東憲兵隊では、各憲兵隊に『国内情勢月報』の報告を求めた。それは四四年二月分から見いだせる。新京の場合の「情勢判断」は「民心は表面平静なるも貯蓄政策に非協力的にして、経済事犯激増しあり、又満軍兵の誤れる優越感に基因する多衆暴行事件多発の傾向並敵側優勢の流言乃至鮮系の徴兵又は徴傭忌避渡満者漸増等に鑑み、之が警防並指導は更に徹底するを要す」となっている（『日本関東憲兵隊報告集』Ⅱ―⑮）。

「鮮満人」に対してはとくに厳戒態勢が敷かれた。関東憲兵隊『思想対策月報』四三年三月分では、「流言蜚語」について「憲兵に於て流布者を検挙せるもの十一件十二名に達し、之等流言発生の大部は無智蒙昧なる鮮満系下級層にして国内複合民族の特殊性に鑑み適切なる取締輔導と相俟ち、早期禍根の一掃に努むるの要あり」とする。承徳憲兵隊『思想対策月報』四四年一月分には「満蒙人　一部知識層を除きては時局に対する認識極めて低調にして、生必（生活必需）物資、就中《なかんずく》民食不足は勢い闇価格の高騰となり、下層民衆の生活苦を助長し、時局不認識と相俟って漸次民心離反の気運を醸成しあるやに看取せられ」（同Ⅰ―⑥）とある。佳木斯憲兵隊『思想対策月報』四四年一月分にも「一部鮮満系には依然民族的差別待遇を誇張乃至は迷信的動向窺知《きち》せられ、注視を要するものあり」（同Ⅰ―②）とある。営口憲兵分隊からは「依然伝統的偏見思想を固持し、或は反時局的言動に出ずる者等散見せられ」（『満鉄与侵華日軍』第二一巻）という「状況報告」がなされた。奉天憲兵隊では朝鮮人対策を重視し、特高課に「鮮系班」を設置している。

防諜にもかかわって、宗教（＝「邪教」）への注視もみられた。一九四三年三月分の関東憲兵隊司令部『思想対策月報』には「一部には依然米英崇拝思想より離脱し得ず、基督再臨を強調、反国家的布教を為すもの、或は諜報容疑活動をなす等、不穏思想策謀の温床体たるが如き観あるは将来厳に警視を要す」（『日本関東憲兵隊報告集』Ⅰ―⑬）とあった。

郵便検閲

関東憲兵隊では「民心の動向」を探知するために、郵便や電信・電話の検閲をおこなっていた。一九四一年七月七日、関東憲兵隊司令部警務部長長友次男から発せられた「通信検閲特報提出方の件」では、各憲兵隊に「時局の変化にともなう民心の動向」の「監察」が求められた（小林英夫「関東憲兵隊の通信検閲の体制と実態」『検閲された手紙が語る満洲国の実態』、二〇〇六年）。

奉天地方検査部（奉天憲兵隊と奉天郵政管理局）による「秘密通信検査」の実態の一部がわかる。日米開戦直前、一カ月あたりの開封数は約四万五〇〇〇件にのぼり、そのうち「有害（没収焼却処分）」とされたのが約二五〇件、さらに諜報資料として提供したもの約五〇件であった（『史証』）。

戦局の悪化にともない、郵便検閲はさらに厳重化した。四四年一月一四日、関東憲兵隊司令官（三浦三郎）は「郵便検閲実施の件」を発して「臨時郵便取締法の制定に伴う郵便検閲指導要領」を制定した。同時に、国外への郵便物、国外からの郵便物、在満の欧米人からの郵便物、在満日本人からの郵便物が「郵便検閲重点目標」として指定された。また、四四年初頭には「郵便検閲派遣憲兵の選定の報告」を指示し、優秀な憲兵を郵便検閲に派遣することになった。

新京憲兵隊員であった貝沼一郎は、郵便検閲班班員として新京中央郵便局で郵便検閲をおこなったことを供述している。「中国朝鮮人の発来信の中から、課長より指名された進歩分子並に各班より指名された愛国者及発信来信中より容疑通信文を索出し、之れを秘密に開封し、内容を複写し、或いは写真撮影して課長に提出、又防諜上の見地からと称し、親書を掠奪しました」とする。一八〇〇通を秘密に開封し、約二〇通を掠奪したという（『日本侵華戦犯筆供選編』99）。

また、錦州憲兵隊員の赤羽秀雄は四四年一二月から四五年四月にかけて、「錦州郵便検閲部勤務宮本軍曹の秘密郵検を監督指導して、中国人民の信書開披侵害約四千通、反戦内容で一部を削除せるもの二件、反戦伝単を没収せるもの三件の被害を与えました」と供述する（同99）。

「満洲国」軍警の反乱

一九三九年一二月、関東憲兵隊司令部では「思対資料第七三号」として『満洲に於ける士兵工作』（小樽商科大学図書館所蔵）をまとめ、「執務上の資に供せん」とした。「党匪の策謀は益々深刻巧妙を加うると共に国境の情勢緊迫に伴い蘇聯機関直接の対満士兵工作も活発に展開せられ、而も其の結果と目すべき不祥事件頻発しあり」という現状認識に立つが、その焦点は「満洲国軍警内部に浸潤しつつある」ことにあった。「士兵工作」の沿革・手段方法・工作員の活動状況などを詳細に説明し、「軍警士兵の背叛、逃亡、通匪、通蘇等の悪質なる事象」と「一般士兵群衆に与えつつある隠然たる思想的影響」も指摘する。

「所見」ではその原因として「満洲国軍警自体の脆弱性と対策上の欠陥」をあげ、「尚《なお》未だ治安国防の重責を負担するには欠如せる精神的条件」が存在し、「全幅の信頼」をおけないとする。これに対して、具体的な施策として「満洲国軍警内部の日系者は素より一切の日系軍人、官吏が民族感情、思想運動に関して充分の智識を有すべきこと」、「軍隊、警察が所在する地方の一般民衆の動向を常に査察して之が士兵に及ぼすべき影響を不断に注意すること」などを列挙する。この「士兵工作」について「最後的危機は日蘇戦時にある」と予測するほか、「特に徴兵制を厭忌して動揺を示しつつある青年層のある事実に徴して、徴兵制実施後の士兵の動向に就ては今日に於て深甚の考察を加うる要がある」とする。

しかし、その後もこの「満洲国軍警自体の脆弱性」を立て直すことはできなかった。先の「思想対策服務要綱」の乙目標には「満洲国軍警の思想状況」が含まれていた。軍警からの逃走、日本人指導者との紛争などが頻発していたためだが、一九四〇年九月、東安省で「満洲国軍」混編第二四旅団歩兵第一営兵士一〇〇人の反乱がおこった。この鎮圧には宝清憲兵分隊も参加した。飛行隊による空襲もあったという。

さらに四一年一月にはハルビン郊外で満軍飛行隊兵士一四〇人の反乱事件がおこった。「王崗事件」と呼ばれる。ハルビン憲兵隊も鎮圧に加わり、兵士とその家族二〇〇人が検挙された。「軍紀弛緩」、「幹部の素質低下不良」、「士兵の国軍意識の欠如」などが原因とされ、これを機に「国軍練成の根本的」な再検討が図られて

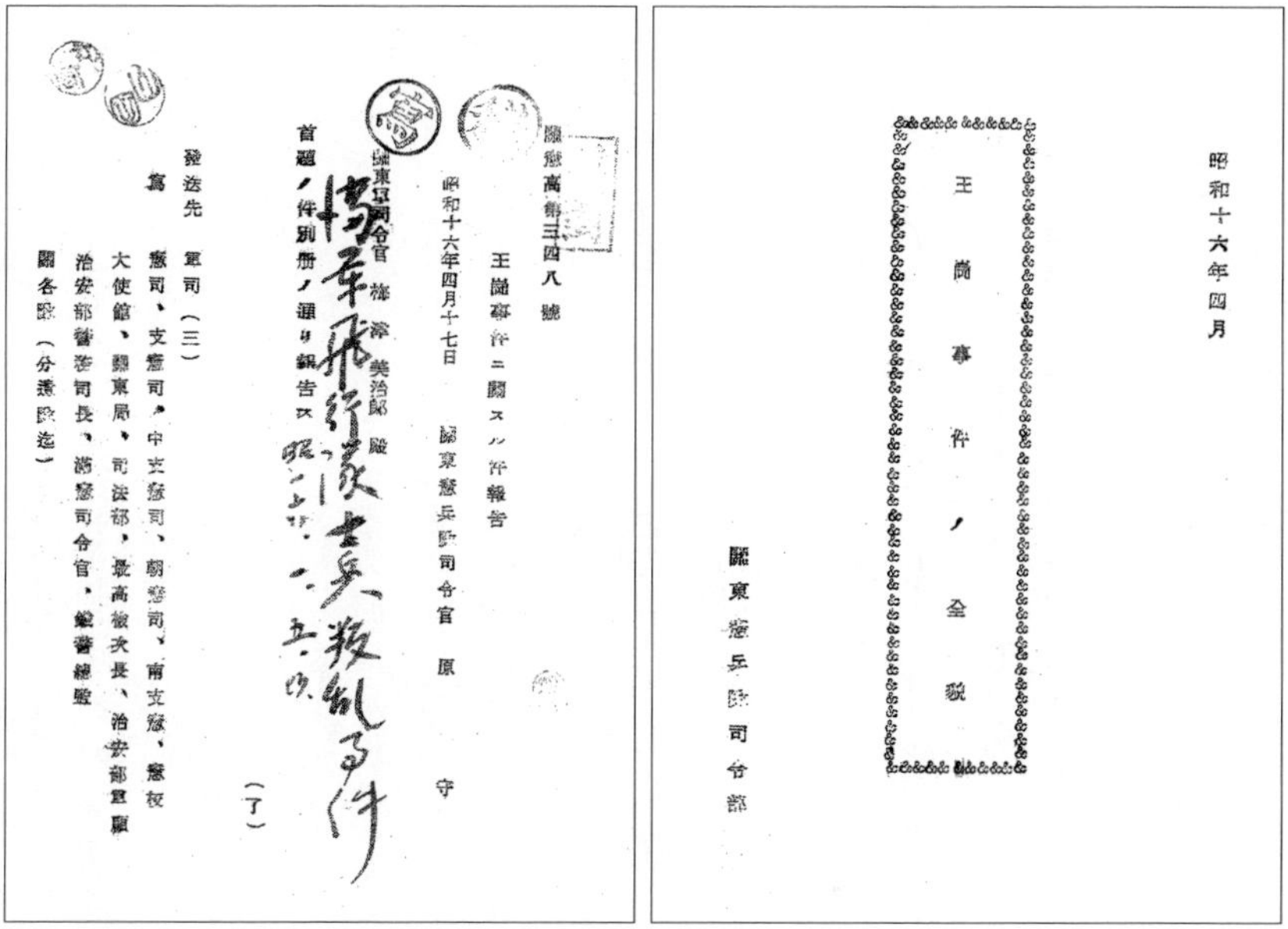
昭和十六年四月

王崗事件ノ全貌

関東憲兵隊司令部

関憲高第三四八號

王崗事件ニ關スル件報告

昭和十六年四月十七日　関東憲兵隊司令官　原　守

関東軍司令官　梅津美治郎殿

首題ノ件別冊ノ通リ報告ス

（了）

發送先　軍司（三）

寫　憲司、支憲司、中支憲司、朝憲司、南支憲、憲校

大使館、関東局、司法部、最高検次長、治安部警務司長、満憲司令官、警務総監

関各隊（分遣隊迄）

関東憲兵隊司令部「王崗事件の全貌」、1941年4月

「陸満密大日記」、1941年（防衛省防衛研究所図書館所蔵）

いった（関東憲兵隊司令部「王崗事件の全貌」、一九四一年四月、「陸満密大日記」一九四一年）。

四三年一二月から四五年八月まで新京憲兵分隊長だった藤原広之進は、「新京分隊長在任中軍人軍属の逃亡離隊が非常に多く約四、五十名もありました……此等逃亡離隊は兵に多く、兵よりも軍属に多く、軍属は朝鮮人軍属に多くありました」と供述する（『日本侵華戦犯筆供選編』11）。軍務の過大な負担がまず朝鮮人軍属に、ついで一般軍属に、さらに一般兵に重くのしかかり、「逃亡離隊」という非常手段さえとらざるを得なくなった。四三年六月分の『海軍々事警察月報』では海軍軍人軍属の「非違行為」や「軍隊と地方（一般社会の意）との関係」（『日本関東憲兵隊報告集』II―⑮）について言及されている。

また、「満洲国」憲兵総団司令部『高等警察月報』四三年二月分の「軍内思想動向」には「一部にありては上官暴行、経済事犯、特に軍士兵級に於て誤れる軍人優越観念を抱持するもの等、其の跡を絶たざる状況にして、之等動向には尚一層の警視を要するものあり」（同Ⅱ—⑮）とある。傀儡国家の軍隊である「満洲国」軍の軍内秩序が弛緩し、動揺していることがわかる。

「特移扱」の開始

一九三〇年代後半まで、軍事的討伐での検挙において暫行懲治盗匪法の「臨陣格殺」や「裁量措置」を根拠に現地での「厳重処分」という名の殺害が頻繁におこなわれていた。「思想的討伐」にともなう検挙でも「厳重処分」がなされることもあった。三八年頃から「厳重処分」の濫用がかえって治安の不安定化を招くという懸念が強まり、暫行懲治叛徒法にもとづく司法処分に移行することになったことはすでに指摘した。「厳重処分」はその後もつづくが、司法処分によらない処理、すなわち七三一部隊に送致して生体実験の「マルタ」に供する「特移扱《とくいあつかい》」が実施されはじめた。

反満抗日運動や防諜に対する司法的処断が暫行懲治叛徒法や暫行懲治盗匪法、およびそれらの改訂増強版といえる治安維持法によってなされていく一方で、「厳重処分」や「特移扱」という七三一部隊への送致という選択肢があった。本書の直接の主題からはやや離れるが、重要な問題なので「特移扱」について概観する。

「特移扱」については、松村高夫「関東憲兵隊による「特移扱」——七三一細菌部隊の全体史解明のために」（『「満洲国」における抵抗と弾圧』、二〇一七年）が詳細に論じている。また、江田憲治・兒嶋俊郎・松村高夫編訳『証言　人体実験』（本書は中央档案館・中国第二档案館・吉林省社会科学院合編『細菌戦与《と》毒気戦』〈『日本帝国主義侵華档案資料選』第五巻〉第一部分前半の翻訳）の「警察・憲兵の第七三一部隊への「特移扱」」には、七〇人以上の供述や証言が収録されている。

松村論文では「特移扱」の起点として、三八年一月二六日に関東憲兵隊司令部が各憲兵隊宛に発した関憲警第五八号「特移扱に関する件通牒」（この通牒自体はまだ見出されていない）に注目する。これについて、新京憲兵隊長だった斉藤美夫は「関憲警第五八号をもって石井細菌化学部隊と関係ある憲兵隊司令部命令を受領しました。私は、石井部隊が憲兵隊より引渡す人員を其細菌化学実験に充当するものなることを察知しました」と供述している（『日本侵華戦犯筆供選編』8）。

また、吉房虎雄は手記「特移扱」において、次のように記している（中国帰還者連絡協議会・新読者社編『侵略中国における日本戦犯の告白』、一九五八年）。

関東軍司令官植田謙吉、参謀長東条英機、軍医石井四郎、参謀山岡道武及び関東憲兵隊司令官田中静壱、警務部長梶栄次郎、部員松浦克己らのあいだで、秘密裏に、この「厳重処分」にかわる中国人民虐殺計画が進められていた。それは、なるべく簡単に、無制限に、中国人民を細菌培養の生体材料として手に入れることであった

一九三七年末、軍司令官は「特移扱規定」という秘密命令を出した。その「特移扱」というのは、憲兵隊及び偽満州国警察が中国人民を不法に逮捕し、「重罪にあたる者」と決定したならば、裁判をおこなわないで、憲兵隊から石井部隊に移送して細菌実験の材料としてなぶり殺しにすることであった

三七年一二月、勃利憲兵分隊から抗日連軍第八軍の兵士二人を七三一部隊に送致したことを同隊庶務主任の高木貞次郎（憲兵伍長）が供述している（『証言　人体実験』）。これは「一九三七年末、軍司令官は「特移扱規定」という秘密命令を出した」という吉房の証言を裏付けるものといえる。そうすると、三八年一月の「特移扱に関する件通牒」に先だって「特移扱」は実施されていた可能性がある。

三八年の三・一五事件に関連して、数十回の拷問と四カ月半の監禁後、富錦憲兵隊佳木斯分隊から中国共産

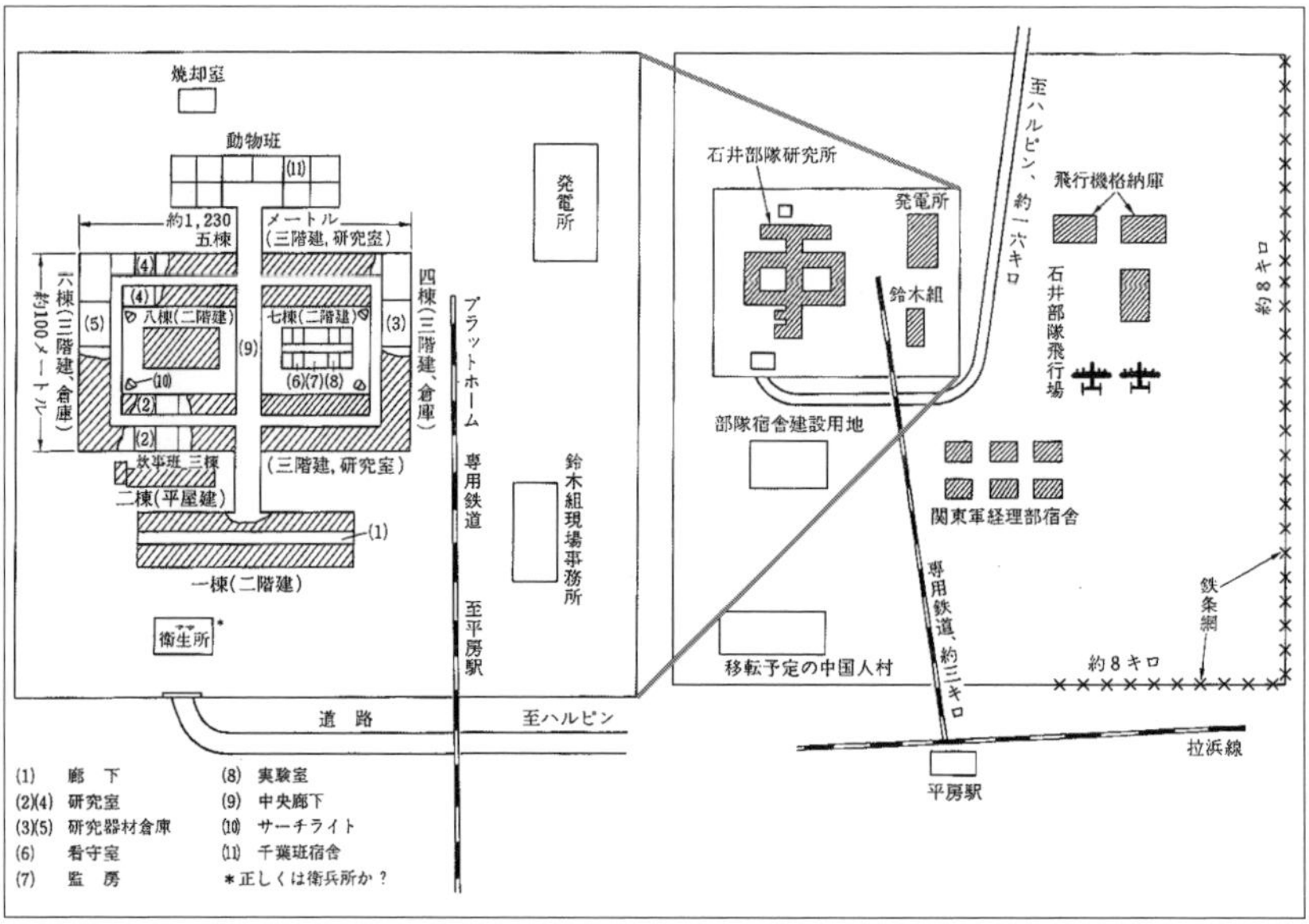

図5　石井部隊建物平面図、1939年1月時点
萩原英夫「供述書」『細菌戦与毒気戦』

党員五人が七三一部隊に送致されたことを、庶務係助手だった成井昇が供述している。関東憲兵隊司令部警務部第二課積極防諜室勤務の藤本吉一は「一九三九年一二月から四〇年一一月までの間に、森本主任の命令で命令の起草、伝達を受けもち、東安、牡丹江などの各憲兵隊に指示して、前後して逮捕した約四〇名の抗日工作員を石井部隊に送って細菌実験材料とした」と供述する（『証言　人体実験』）。

七三一部隊への移送は中国関内からもあった。三九年八月八日、関東憲兵隊司令部は憲兵教習隊長（平野中佐）に「特殊輸送護衛に関する命令」を発した。河北より押送してくる中国人九〇人を山海関において受領し、ハルビン駅でその内の三〇人を七三一部隊に引き渡し、残りの六〇人を七三一部隊の孫呉支部まで護送するという内容である（『細菌戦用兵器の準備及び使用の廉で起訴された元日本軍軍人の事件に関する公判書類』、一九五〇年）。

東安憲兵隊宝清分隊の貝沼一郎（憲兵伍長）は、四〇年一月に検挙した抗日地下工作員一人に対して「取調の際、愛国者の顔に濡れ布をかけ上から水を注ぎ、約三時間拷問を加え、又両手を後手に縛り、逆にして吊しあげる等の拷問を加え脅迫し、ソ同盟に情報を提供したと云わせ」たうえで七三一部隊に送ったと供述する。東安憲兵隊本部の特高内勤で防諜係だった長沼節二（憲兵軍曹）の「供述書」には三九年一二月から四一年三月の間に「中国愛国地下工作員」一三人を検挙し、「石井部隊に拉致、虐殺」したとある（以上、『日本侵華戦犯筆供選編』99）。

北安憲兵隊の功績恩賞係だった笹島松夫（憲兵曹長）は三九年一〇月から四〇年一一月の間に、同憲兵隊が列車の「秘標査証」（身分証明書の一部に欠損箇所などを設けて偽造を発見する）検査により「ソ同盟の援助を受ける中国人民愛国情報工作員三名」を検挙し、拷問の上で七三一部隊に送致した憲兵の恩賞の書類を作成したという（同上44）。

「整理諜者」の「特移扱」

国境地帯の東安憲兵隊は関東軍特種演習とその準備期間において主力を防諜に振り向けた。一九四一年五月三日から「抑留」していた防諜容疑者朱雲岫の身柄の処置について、五月二〇日、東安分隊長辻本信一は東安憲兵隊長白浜重夫に「本名は性狡猾且生来怠惰にして阿片癮者《いんじゃ》なるを以て生活の為には手段を選ばざる主義にして聊《いささ》か改悛の情なく、且本名の入蘇並《ならびに》帰満後の非行に依る被害甚大なるものありて、之が処分には聊《いささ》かの苛責の要なく、特移送に付するを至当と思料せらる」と報告している。

これに対して、容疑者の入ソと情報提供は一回にとどまり、そのおよぼした実害も大きくはなかったとはいえ、「斯種《このしゅ》不逞分子の徹底的掃滅の見地」からいっても「一味王振達と共に断乎特移扱するを適当なりと認む」

と東安憲兵隊長は同意した。この分隊長報告は関東憲兵隊司令部に送られて指示が求められた（黒龍江省档案館所蔵史料）。

次のような事例もあった。七月二三日、東安憲兵隊下の虎林憲兵分隊長は「蘇連諜者」李興田の取調状況の報告のなかで「特移扱」を提起したが、東安憲兵隊長は「特移扱」を適当と認めながらも「列車運行ダイヤの変更と管内の実情に鑑み、現地に於て厳重処分するを適当と思料す」という所見を付して関東憲兵隊司令部の指示を仰いだ。同様に七月二五日の劉漢升の処置についても、憲兵隊「兵力の寡少なる現況と列車運行の不規則なる実情に鑑み、現地に於て厳重処分せしむるを適当と認む」という修正した所見を付した。劉漢升についてはさらに七月二九日、東安憲兵隊長は「管内の重要性より観て時局柄《がら》速に現地にて厳重処分するを適当と認む」として、了解を求めた。しかし、八月六日付で関東憲兵隊司令部は二人の現地「厳重処分」を認めず、「特移扱」とすることを指示した。東安憲兵隊長は八月二七日、李と劉を含む七人を「特移送」し、ハルビン憲兵隊に引き渡した。

なお、関東憲兵隊司令部は四一年六月二八日の通牒（関憲高第六二五号、未見）でスパイの整理を各憲兵隊に指示したと推測される。対ソ開戦の可能性が高まるなかで、従来から使用してきたスパイが二重スパイとなることなどを警戒して「整理」を急がせた。その中心地の一つである東安憲兵隊は七月から八月にかけて三次にわたって「抑留」した五八人の「整理諜者」の処置について報告している。七月三〇日の第二次の報告では「二次に亘る一斉抑留に依り被抑留者家族等一部動揺し、国境警察隊並協和会に陳情釈放運動を為せるものある」ことに触れたうえで、「所見」としては「特移送予定者は時局柄、各現地に於て厳重処分するを適当とす」という方針を打ち出していた。

第一次と第二次の「諜者並同容疑者」の処置状況（八月六日報告）では、二人が「特移扱」に、前述の李興田・

劉漢升を含む五人が「厳重処分申請中」になっていた。ところが関東憲兵隊司令部は現地における「厳重処分」を認めず、すべて「特移扱」とすることを指示した。東安憲兵隊の第一次から第三次の「抑留」者の場合、一四人が「特移扱」として七三一部隊に送致された（以上、黒龍江省档案館・中国黒龍江省人民対外友好協会・日本ABC企画委員会編『「七三一部隊」罪行鉄証』、二〇〇一年）。現地では「特移扱」として送致する際に兵力を費やすことを回避したいと考えて「厳重処分」という殺害を希望したが、関東憲兵隊司令部および七三一部隊では原則通りの運用を求めた。

九月八日、佳木斯憲兵隊長宇津木孟雄《たけお》は関東憲兵隊司令部「蘇諜尤長発抑留取調状況」を報告するなかで、「蘇諜として帰満せるも未だ実害なく同情の余地なしとせざるも」としつつ、「職業的諜者の意識□〔判読不明〕厚にして逆利用価値なく、且蘇側利用の虞ある」として「特移扱」を提案し、指示を求めた。この報告の「所見」には「職業的諜者は相当数実在しあるものの如くに付、斯種諜□〔判読不明〕に対しては断乎処分する」ことが必要とある（吉林省档案館・日中近現代史研究会・日本ABC企画委員会編『「七三一部隊」罪行鉄証』、二〇〇三年）。

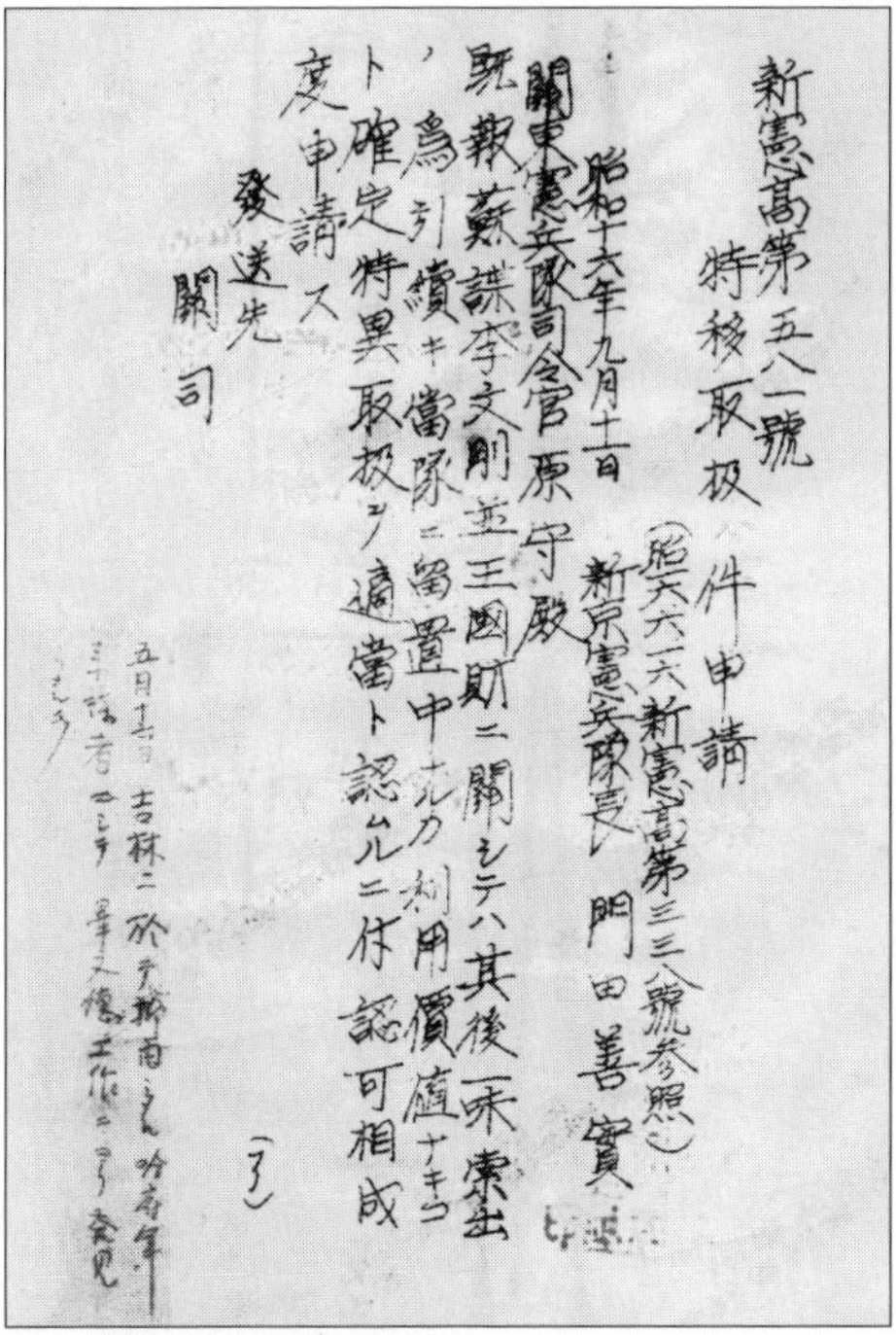
新憲高第五八一號
特移取扱ノ件申請
昭和十六年九月十一日
新京憲兵隊長 門田善實
（昭一六、六、一六新憲高第三三八號参照）
關東憲兵隊司令官 原守殿
既報蘇諜李文則並三國財ニ關シテハ其後（一來憲出）ノ為引續キ當隊ニ留置中ナルカ利用價値ナキモノト確定特異取扱ヲ適當ト認ムルニ付認可相成度申請ス
發送先 關司
（了）

新京憲兵隊長「特移取扱の件」、1941年9月11日
庄厳主編『鉄証如山』、2014年

九月一一日、新京憲兵隊長門田善実は関東憲兵隊司令部に「特移取扱

の件」を申請した。「既報蘇諜者李文剛並王国財に関しては其後一味索出の為引続き当隊に留置中なるが、利用価値なきこと確定、特移取扱を適当と認むる」というもので、許可を得ると一六日にハルビン憲兵隊に身柄を移送したことを一九日付で関東憲兵隊司令部に報告している（庄厳主編『鉄証如山』、二〇一四年）。

「諜者」発見の具体相がわかる史料がある。四二年五月一〇日付で東寧憲兵隊から関東憲兵隊司令部に報告された「共産八路軍系諜者李興徳抑留取調状況に関する件」で、「住民粛正の一斉検索」をおこなって「管内無証者」（身分証明書の不保持者）を一斉に検束する方法により、「軍情民情等を蒐集」していた「八路軍系諜者」を見つけ出した。この人物は「抗日思想鞏固にして改悛の情なく、且逆利用の価値なきを以て特移処分に付するを適当と認む」（防衛省防衛研究所図書館所蔵）と判断された。

「特移扱」の割合

七三一部隊に送致され、「人体実験」に供された中国人らの人数は「少なくとも三〇〇〇人以上」とされる（前掲松村「関東憲兵隊による「特移扱」」）。主に関東憲兵隊によって検挙されたスパイや反満抗日の思想犯のうち、どのような割合で「特移扱」として七三一部隊に送致されたのだろうか。それについて、吉林省档案館・日中近現代史研究会・日本ＡＢＣ企画委員会編『「七三一部隊」罪行鉄証』がいくつかの手がかりを提供してくれる。

まず、東安憲兵隊と推測される「□□（昭和か）十六年度抑留諜者処分別表」である。全体で二二六人のうち、「特移扱」八八人、「事件送致」六五人、「特機移牒」三三人、「利用」三〇人、「逃走」六人、「死亡」四人となっており、備考には「特移扱の増加及事件送致の減少は峻厳なる処罰主義を採用□□□□〔判読不明〕過を示すものなり」とある。「特移扱」は全体の三八％で、前年の六％から急増しているとする。これは前述した対ソ関係の緊張にともなって実施された「諜者」の整理を要因としているだろう。検察庁への送致・起訴、法院での審判という手続きで進む「事件送致」は全体の二八％で、前年の六〇％からは半減しているという。「特機移諜」は特務機関に送致し、「逆利用」に供されたと思われる。「逃走」にも「逆利用中」と注記されており、意図的な措置だろう。

この一覧表の前には「従来より温存中の諜報組織並単独諜者は逐次弾圧破摧し、以て之が活動の深度増加防止に努め」とある。「結語」ではソ連側の諜報は「□〔執か〕拗且熾烈なる活動を継続」し、「我方の戦意打診」に向けて「準戦時的活動」をなしているとする。

ついで東安憲兵隊の「昭和十七年度抑留諜者処分別表」をみよう。全体で九五人のうち、「事件送致」三九人、「特移扱」二九人、「特機移諜」四人、「利用中」三人、「他隊移諜」二人（そのうち一人は移諜利用後、「特移扱」とされた）、「死亡」一人（取調中）などとなっている。全体の約四一％となる「事件送致」の結果は死刑八人、徒刑一〇年一人、徒刑五年以下六人、審理中死亡六人などとある。「特移扱」の割合は二六％となる。そうすると、四一年の三八％という多さは「峻厳なる処罰主義」から導かれたといえよう。

また、四一年度のハルビン憲兵隊「状況報告」にも「抑留諜者処分一覧表」があり、全体で一七人のうち「特移扱」が八人、「事件送致」が八人、「逆利用中　逃走」一人となっている。

もう一つ、四一年度の「抑留諜者の処分一覧表」がある。全体で四五〇人と多いので、関東憲兵隊全体とも考えられるが、「当隊」とあるので国境近辺の憲兵隊の可能性もある。「事件送致」が半数の二二五人（前年度は二八％）、「特移扱」が三二％の一四三人（前年度は三八％）、「利用」四九人、「特機移諜」二四人となっている。

松村「関東憲兵隊による「特移扱」」では鶏寧憲兵隊の四二年八月～一二月分と四三年一月から五月一五日までの二つの「管内拘留間諜名簿」から、前者の「特移扱」が三九人中八人（二一％）、後者が一六人中二人（一三％）という数字を導き出すほか、同憲兵隊長堀口正雄の「口供書」――「八〇人の逮捕者の中約二〇名、四分の一を七三一部隊に送った」――に注目している。

このように限られた史料にとどまり、しかも「抑留諜者」の場合に限られるが、四〇年から四二年の範囲では「特移扱」の割合はおおよそ二〇％前後といえよう。多いときには三分の一強に、少ないときは一割以下のこともある。一方、「事件送致」として起訴・審判・判決に至る司法処分は四割から五割前後となったようである。「抑留諜者」の処分において正式な司法処分に比べると「特移扱」はやや少ないが、それでも第二の選択肢として十分に活用されたことは確かである。

「特移扱」の処分基準

一九四三年三月一二日付の関東憲兵隊警務部長通牒「特移扱に関する件」には、「特移扱」として移送される者の区別表がある。前述の三八年一月の関東憲兵隊司令部の「特務扱に関する件通牒」の改訂版で、「諜者（諜略員）」と「思想犯人（民族、共産主義言動事犯）」に分けて、七三一部隊送致の処分基準を示している。その際に「各部隊長は右標準に依り個々の人物の処分に当りては、満洲国の国情に鑑み国政上或は社会上に与うる影響、公徳上の感作等十分に考慮し、検討の上確信を以て司令官に特移扱を申請するものとす」という注意が付されていた。この改訂は各憲兵隊からの「特移扱」申請件数の増大に加えて、「それまでの七三一送りの選択が恣意的でありすぎたため、それを危惧した関東憲兵隊司令部があえて基準を明示する必要に迫られたからだろう」（松村論文）。

「諜者（諜略員）」の処分は「犯状」のほか、前歴・性状・見込みなどの「具備条件」を基準とした。具体的には「事件送致するも当然死刑又は無期と予想せらるるもの」で「逆利用価値なきもの」、「諜者諜略員として出入満数回以上にして現に活動中のもの」の場合は「逆利用価値なきもの」とされる。さらに、事件を検察庁・法院に送致しても「不起訴及短期刑にて出獄を予想せらるる」場合、「住所不定無頼の徒にして身寄なきもの、阿片中毒者」という前歴、「親「ソ」又は「抗日」性格不逞」とされ、「改悛の状認められず、且再犯の虞《おそれ》大なるもの」も含まれる。治安維持法や軍機保護法などに照らして重罰を科せられないと予想される場合、上記の基準を満たすと憲兵が判断すれば容赦なく「特移扱」とされた。

「改悛の状認めらずれ」が適用された事例として、四三年五月に東寧憲兵隊長から「特移扱」が申請された「「ソ」諜」宋少奎がいる。「取調中取調官に対し屢々《しばしば》反抗的言辞を洩し反満抗日的思想を感取せ《ママ》られ、改悛の情認められず」として「利用価値なき」とされた（吉林省档案館ほか編『「七三一部隊」罪行鉄証』）。

「思想犯人（民族、共産主義運動事犯）」処分の基準は、「事件送致するも当然死刑又は無期と予想せらるるもの」、「他の工作に関係あり、或は重要なる機密事項に携りたるもの等にして、其の生存が軍乃至国家に著しく不利なるもの」という二つである。ここでも検察庁や法院の判断に委ねることなく、憲兵が「其の生存が軍乃至国家に著しく不利なるもの」と判断すれば、躊躇なく「特移扱」とすることができた。

四九年一二月二八日、ハバロフスク裁判で証人に立った橘武夫は佳木斯憲兵隊長（三九年～四一年）としての経験として、「特務扱」とする基準として「他国家を利する諜報行為の罪を負わされる者、或は外国諜報機関の関係者の嫌疑をかけられた者並びに所謂匪賊、即ち中国のパルチザン、それから、抗日分子の部類、改悛の見込なき刑事犯、即ち常習犯」と証言している（以上、『細菌戦用兵器の準備及び使用の廉で起訴された元日本軍軍人の事件に関する公判書類』）。

四三年三月の「特移扱に関する件」改訂版の基準にそって、さらに「特移扱」が促進されることとなっただろう。四四年三月、満洲里憲兵隊の分隊長だった森三吾はソ連諜報機関と連絡をとっているという容疑で二人を七三一部隊に送致しているが、「細菌実験のため石井部隊に送る人は、どんな条件で選んだのか」と問われて、次のように答えている（『人体実験』）。

隊長の秘密命令にしたがい、つぎの四つの条件にもとづいて選び移送した。
（1）いわゆる諜報工作員で、軍法会議で死刑を言い渡された者。
（2）家族や親戚がいないか、いてもごく少ない者。
（3）同じ事件の関係者がいない者。
（4）将来利用できない者。

これは軍司令官が機密文書で直接隊長に命令したものである。

（2）や（3）の条件は、その人物が消息不明になっても周囲から詮索されにくいということだろう。（1）の「軍法会議で死刑を言い渡された者」とは、証拠が曖昧で検察庁・高等法院で重い処分が期待できない場合に、軍法会議において強引に死刑判決を下した者と推測される。何が何でも抹殺する必要があると判断すれば、「厳重処分」か「特移扱」かという選択肢となった。四三年三月の改訂版「特移扱に関する件」の基準が、おそらくこのような条件に照らして現場で実際的に運用された。

「特移扱」として、まず「諜者（諜略員）」、つまりソ連、中国共産党、国民党による情報収集や「諜略」にかかわるとみなされた者が対象とされた。なかでも対ソ防諜が厳重化されたことから、「満洲国」北部・東部の国境近くの憲兵隊からの送致が多くなった。『人体実験』には四二年八月一日から四三年五月一五日までの鶏寧憲兵隊「管内拘留間諜名簿」が収録されている。対ソ防諜を厳重化するなかでスパイの摘発と検挙は五五人におよび、半数近くが「案件送付」として検察庁に送致される一方、「特移扱」は一〇人（一人は「特移扱の予定」）となっている（逆スパイとしての「利用」は五人）。

もう一つの対象となったのは、反満抗日運動にかかわる「思想犯人（民族、共産主義運動事犯）」である。後述する軍事的討伐・思想的討伐によって一挙に多数の検挙者が生まれる西南地区粛正工作においては、七三一部隊に送致されたのはわずかだったようである。

「特移扱」の本格化

一九四九年一二月のハバロフスク裁判で、関東憲兵隊司令部警備部の防諜班長（四一年四月から四三年〈月は不明〉）であった橘武夫は各憲兵隊からの「特移扱」申請の書類について検討・審議したとして、「私の在職中、一〇〇名以上の者が送致されたことを記憶しています」と陳述している（『細菌戦用兵器の準備及び使用の廉で起訴された元日本軍軍人の事件に関する公判書類』）。また、四一年九月から四二年三月まで同第三課長の職にあった吉房虎雄は、「細菌部隊送りとなった者は少なくとも九〇名はいたと思う」と供述している（『人体実験』）。橘と吉房があげる人数はかなり重なっているだろう。

その吉房は四二年一月、関東憲兵隊司令官原守に随行して七三一部隊の細菌実験を視察した際、石井から細菌戦は「鉄の少ない日本にとっては、もっとも適当な戦争方法であり、経費も安い……まだ研究しなければならぬことが多いが、材料が不足で思うようにならぬ」という話を聞き、原司令官と「帰ったらすぐ命令を出して、石井部隊への協力をいっそう強化することが必要だ」と話しあったという。「特移扱」を増加するために都合のよい「国境防諜」や無線探査などを強化する命令を出して各憲兵隊を督励し、賞金や賞状を出すことなどもおこなった結果、「餌を求めていた豹のように食いついてきた。憲兵は血まなこになった」とする（手記「特移扱」）。

四三年一二月一五日、孫呉憲兵隊長谷川岩吉は関東憲兵隊司令部に「蘇諜姜栄泉捕獲に関する件」を報告するなかで、「所見」として「蘇連憧憬観念より全く脱却し得ず、巧妙なる誘引工作に逢えば再び入蘇の虞なしとせず、当方利用価値なし、国境地帯の浄化上よりするも特移処分に付するを適当と認む」と記している。家庭状況として、独身であり、父母は死亡し、兄が農業をしているという。なお、この姜栄泉はハルビンへの移送中に逃走している（『鉄証如山』）。

四二年一〇月から四四年八月まで関東憲兵隊司令部高級副官を務めた吉房虎雄は、各憲兵隊長よりの「申請書類及び司令官のこれに対する認可の書類全部を受領し、送達し、分配する」事務作業をおこなっているが、「抗日愛国者を細菌戦試験材料」とした人数は三〇〇人だったと供述している（『日本侵華戦犯筆供選編』11）。

大連憲兵隊勤務の長沼節二は、四三年一〇月、朝鮮愛国地下工作員・中国愛国地下工作員二人を検挙し、「約二ヶ月監禁脅迫訊問後、厳重処分を大連憲兵隊長白浜中佐に要求し、石井部隊に拉致虐殺せしめました」と供述する。さらにその後も二人を七三一部隊に送致したという（『日本侵華戦犯筆供選編』99）。

上坪鉄一は鶏寧憲兵隊長（四四年八月から一〇月まで）と東安憲兵隊長（四四年一〇月から四五年七月まで）時代、「部下憲兵に命じて抗日地下工作人員を検挙の上、拷問を以て厳重なる取調を実施せしめたる者は既報せる者一五〇名以上、内特移扱として哈爾浜石井部隊に特移送せる者四四名、拷問致死二名であります」とし、「一九四五年二月頃以前より平陽分隊にて工作中の「ソ」諜並に道徳会の名目の下に反満抗日運動を策動しありたる事件の一味十数名を検挙せしめ……石井部隊に特移送せしめたり」という事例を供述している（『日本侵華戦犯筆供選編』12）。

東安憲兵隊で上坪隊長の下、戦務課長として長島玉次郎は各分隊長に「東安省国境地域における「ソ同盟諜者弾圧計画」の名称を以て、ソ同盟との国境地域に組織された中国抗日地下組織及工作員の弾圧」を指示した。その結果、四四年一二月に中国抗日組織責任者張玉環ら六人を七三一部隊に送致するほか、四四年一一月から四五年六月の間に「「ソ同盟諜者」と称し、中国抗日組織中国人民住民男約十五件十五人を逮捕、監禁、訊問の後」、七三一部隊に送ったと供述する（『日本侵華戦犯筆供選編』82）。これらは上坪供述にある「特移送」四四人の一部であろう。

四四年五月から四五年七月末までハイラル憲兵隊長を務めた志村行雄は、四四年一二月、七三一部隊の軍医が来隊し、「本酷寒期に凍傷研究を行う為」の便宜提供（具体的には各憲兵隊からの「特移扱」該当者の移送）の申入れがあったとし、四五年二月頃までに実際に「二、三名乃至四名」を研究場所である第六軍軍法会議拘禁所に護送したと供述する。また、これとは別に志村はハイラル憲兵隊管下の分隊からも数人を七三一部隊に送致したという（『日本侵華戦犯筆供選編』12）。なお、志村は一貫して「特異扱」と表記している。まさに「特異」の処分形態だったことからの思い込みだろう。

「特移扱」の多くは憲兵の手によるものだが、ほかに警察や保安局、特務機関からの七三一部隊送致もあった。四〇年一〇月から四三年三月頃まで興安北省地方保安局（分室）に勤務していた原口一八の供述によれば、「通ソ容疑者」などの名義で九〇人を検挙し、「一、殺害。二、ハルピンの石井部隊送り。三、阜新炭鉱に送って労役に就かせる。四、特務として逆用」という処分方法のなかで、七三一部隊への送致が四〇人にのぼったという。また、原口は四三年四月から四四年一〇月までの牡丹江市警察局特務科長時代、「浮浪者」という名目で住民七九七人を検挙したなかで、同市駐屯の七三一部隊支部に二五人を送致したとする。

黒河省愛琿県の国境警察隊特務係であった関山順作は、四五年五月上旬、「浮浪者の激増が治安に影響するという名目」で七四人を検挙し、六二人を鶴崗炭鉱に強制労働として送り込むほか、七人を「抗日関係者」という名目で七三一部隊に送致したと供述する（以上、『人体実験』）。

三 「満洲国」治安維持法の運用

太田耐造の刑事司長就任

アジア太平洋戦争期を迎える時点での「満洲国」司法部の陣容をみよう。

司法部次長は日本復帰の及川徳助に代わって、一九四〇年一二月、総務庁人事処長であった前野茂が就き、四五年七月まで在任する。前野は三四年に「満洲国」入りし、司法部人事科長や刑事司長を歴任後、人事処長を務めていた。

四一年一月一七日の『朝日新聞』「南満洲版」で「経済思想両対策を積極化　司法行政　重点的に運営」と題する司法部の年度計画が報じられる。新司法部次長となった前野茂のもとでまとめられたもので、「内外の諸事情に鑑み、特に経済、思想両対策に重点を置き」、国内思想審判官・検察官会議の開催や「日満華思想連絡会議」の開催も企図された。前野は刑事司長に最高検察庁検察官の北村久直を、思想科長に新京地方法院検察庁検察官の藤井勝三を据える。参事官の八田卯一郎・伊達秋雄・池田浩三も刑事司の立法業務にあたった。

最高法院検察庁次長の平田勲は病気のために四一年一月に辞任していた。前野は後任を日本・司法省に求めたところ、松山地裁検事正の石井謹爾が推薦された。ただし、その赴任は一一月であり（四五年八月まで在任）、事情は不明ながら選考はかなり難航したと推測される。石井は三一年三月、大阪地裁検事局から台湾の高等法院検察局の思想検察官として赴任し、台湾共産党事件などの指揮にあたったことがある（三三年四月に大阪堺区裁判所検事局に転出、拙著『台湾の治安維持法』参照）。

四二年五月、井野英一最高法院長の参議就任にともない、奉天高等法院次長であった西久保良行が最高法院次長となった（四五年四月まで在任。院長は婁学謙）。この人事を機に、西久保の勧誘により「東京地裁判事の優秀分子関根小郷《こさと》・徳田敬二郎・広瀬通・河相格治等」が最高法院審判官に就任した（前野茂『満洲国司法建設回想記』）。この前野・石井・西久保のトリオで「満洲国」司法部は運用されていった。

そして、石井以上の存在感を示したのが司法部刑事司長に就任した司法省刑事局第六課長の太田耐造である。北村が体調不良のため、「日本の検事仲間で名の通った人材を招聘して刑事司に活をいれなければ」と考えた前野次長は、司法省人事課長・法相の同意を得たうえで、新治安維持法の立案の中心人物であるほか、思想検察の中核として人望も厚かった太田を後任に選んだ。

太田耐造、1942年10月、司法部刑事司長室
『太田耐造追想録』、1972年

一方、太田が「満洲国」司法部入りを決意するにも事情があったようである。山本彦助は太田が送別会の挨拶で「満洲国における治安立法という使命」を語る一方で、「歯切れの悪さ」があったとして、そこに「国外追放」的な意味合いがあったと推測する。刑事局第六課長だった太田が近衛文麿と面接して国内思想情勢について話したことが「憲兵隊に知られ、東条首相の耳に入り、結局満洲国へ転勤を命ぜられた」という事情のようである（「満洲行秘話」（『太田耐造追想録』、一九七二年）。この「国内思想情勢」にはゾルゲ事件が含まれていた。また、司法部人事科長の渡辺泰敏は繰りか

えし渡満を説得したが、なかなか応じなかった経緯を紹介して、「腰の重かった満洲行」としている（同上）。

太田は四二年九月に赴任するが、そのとき前野が期待した通り太田を慕う思想検事経験者の玉沢光三郎・神保泰一・下牧武が司法部入りをした。玉沢は思想科長となる。上田誠吉は『司法官の戦争責任――満洲体験と戦後司法』（一九九七年）のなかで、「太田グループの渡満は「追放」と「疎開」による「温存」の意味を含んでいた」と指摘している。

前野は「太田君の就任により、刑事司内の空気は引き締まり、活気が横溢し、対外交渉は順調に進展し、立法業務もどしどしはかどって行く」（『満洲国司法建設回想記』）と喜ぶが、次第に前野と太田の間の溝が深まり、太田は四四年一二月に辞職するに至る（後任は新京高等検察庁次長の杉原一策）。最高法院審判官だった鈴木忠五はこのことについて「太田君が新刑事司長に迎えられてからは、いままで沈滞ぎみにみえた司法部にいくらか新風が吹きこまれて活気を呈してきた。しかしながら、それはあまり長つづきしなかった、太田君は俊敏剛直な性格で、積極的な活動家だったけれど、前野次長とのあいだがしっくりいかなくなり、赴任後一《ママ》年足らずで辞職してしまった」と記している（『一裁判官の回想』）。

上田誠吉はこの太田の帰国を「敗戦を予期した太田が日本に帰ることによって、パニックの危機管理に思想検察の新しい任務を感じとっていたからであろう」と推測している（『司法官の戦争責任』）。

思想司法の拡充強化

一九四二年三月の第一一次司法官会議で、前野茂司法部次長は「少数精鋭主義に依る日系職員の重点的配置と満系職員の活用に就て」指示をおこなった。日本からの招聘が困難になるという予測の下、「日系に就ては其の使命に鑑み、主として其の活動分野を企画の指導監督の部面に置き、満系職員は主として広汎なる執行部面を担当」するという方針を打ち出す。すでに地方法院や検事局一〇一カ所のうち五四カ所から日系書記官を事務繁忙のところに移動させたという。前野はこの指示の最後で「日系職員の独断専行」の傾向を指摘して、「強固なる責任感と積極的熱意」をもって職務にあたるよう叱咤している。

会議では少数の思想検察官では「現在国内の思想犯の処理は迅速を期し難き」として、一般検察官に思想的訓練を実施し、「一朝有事の際に検察官をして総動員体勢を整えしむる必要」が論議されている。全検察官の思想検察官化が呼びかけられた（『第十一次司法官会議録』）。

四三年四月、刑事司の機構改変と検察庁・法院の人的拡充がおこなわれた。前者については、六月の第一二次司法官会議の場で太田刑事司長が「従来の思想科も亦《また》其の陣容を一段と強化し、時局下思想対策の万全を期した」と言及している。思想科の拡充には玉沢光三郎らの招聘が含まれるだろう。法務科に代わって法政科を設け、「刑事司法に関する法令の制定、改廃に関する事項及各科事務の連絡統合に関する事務」を担当した（『第十二次司法官会議録』）。刑事司にはこのとき、経済科と保護科が新設された。

検察庁と法院の拡充については「現下時局の緊迫化に対処し各種事犯の取締を一層強化すると共に、日を逐うて激増の趨勢にある思想事件、経済事件等の処理に遺憾なきを期する為」という理由で、高等検察庁検察官二人と地方法院庭長・審判官が一一人、地方検察庁検察官が合計で二六人、書記官五七人が増員となった。また、最高検察庁及各高等検察庁に一人から三人ずつの専任思想係検察官が配置される。四月二四日の『読売新聞』に「四判事十検事　満洲国へ転出」という記事が載る。そのなかで最高検察庁検察官となった望月武夫、奉天高等法院検察官となった下川巌はいずれも思想検事だった。

さらに太田刑事司長の指示のなかには「満系司法官、検察官事務処理者、書記官の教養訓練及司法警察官吏の指導訓練に就て」があった。思想犯罪激増のために日系司法官だけでは処理しきれなくなってきており、「訓練に因り適任者を得るに於ては之をして思想事犯の処理を担当せしめんとする」ことが必要になってきた。その「満系思想検察官の訓練に際しては、先づ第一に満洲国建国理想に付て堅固なる信念を抱き、如何なる誘惑も断乎として之れを排除し得る心構を養成すること」が必須とされた（『第十二次司法官会議』）。

なお、太田は四三年末の「刑事司法の運用」（満洲産業調査会編『満洲国政指導総覧』、一九四三年一二月）において、従来の「刑事政策が個人主義、自由主義の基調に立ち、其の重点を個人の自由、権利の擁護に置いた」としたうえで、「現代に於ける刑事政策の基調は時代思潮の変遷、殊に戦時的要請と共に人権の擁護を目的とする自由主義より直接に国家並民族の防衛に指向する全体主義へと推移し、かくて刑事政策と国策と合体し国家政治の一翼としての任務を担うに至」ったと論じた。刑事司法の使命を「国防国家態勢に於ける中核的意義」に求める太田の治安観念がよくあらわれている。このような考え方において、「満洲国」の戦時司法では日本国内以上に徹底した運用がなされた。

「国家刑罰施行権行使運用の妙」の発揮を求める

司法部刑事司・最高法院・最高法院検察庁を中枢とする思想司法の実際的な運用は人事の配置などのほかには、各種の文書・通牒類を通して、『思想月報』『思想特報』などによる情報提供を通しておこなわれたはずだが、現在それらの史料はほとんど残されていない。わずかに毎年開催された司法官会議での訓示や指示内容を通じて、いわば総論的な思想司法の一端を知ることができる。ここで参照するのは一九四二年三月の第一一次司法官会議、四三年六月の第一二次司法官会議で、その後の開催は不明である。

錦州高等法院次長などを務めた横山光彦は司法官会議に参加した経験を踏まえて、そのねらいが「此会議の機会に日系の各次長初め各職員の地位、任務に対する意識を明瞭ならしめ」ることにあったと供述する。会議後に別に日系次長だけが集まり、「日系の立場より中国系審判官、検察官の思想動向とか、思想事件の求刑、量刑の問題とか、笞刑《ちけい》を復活すべきや否やの問題とかを研究討論した」という（『日本侵華戦犯筆供選編』9）。

第一一次会議では前野茂司法部次長が西南地区粛正工作における錦州高等検察庁管内の司法機関の奮闘を「身命をも賭して奉公せられた熱誠の賜《たまもの》」と最大級に賞賛しつつ、「今日の思想情勢は決して一日の偸安を許さないものがあります、国の内外の諸情勢、諸条件を培養土として有害思想は雑草の如く根を下ろし、生え繁ろうとして居るのであります」と述べて、「情報の蒐集、有害思想発生の原因の探究等に付、更に一段の創意工夫を願い度い」と述べる。

つづく最高検察庁次長石井謹爾の指示のなかには、次のような一節がある。

現下我国思想情勢は表面特異の動向認められざるが如しと雖も、底流には共産主義思想其他反国家思想抱懐者の策動之れなしとしないのであります、之等国内不逞諸分子は戦争の長期化に伴う民心の弛緩、各種経済現象の複雑化、国際情勢、社会状勢の変化等に乗じ、反国家思想助成の行動に出て戦争目的遂行を阻害するの虞なしとしないのであります……苟《いやしく》も反国家的行動に出づるものありたるときは機を逸せず、迅速果敢なる検挙断圧《ママ》を敢行して之を潰滅し、以て彼等に蠢動の余地を与えざると共に敵国の謀略意図を完封し、其の乗ずべき寸隙をも与えざることに万全の対策を講ぜられ度いのであります

そして、現在では「匪団は討伐の対象たるよりも、多分に思想検察の対象たる性格を具有するに至った」として、検察・裁判による法的処断の重要性を強調する。

これにつづいて北村刑事司長は具体的な指示をあたえる。第一は「事件の効率的処理」で、西南地区粛正工作において錦州高等検察庁の貢献が多大であったことをあげて、特別治安庭の積極的な運用を求める。第二は「思想事犯の処理」で、「建国以来治安粛正の癌」であった「共匪」が掃蕩されて「国内治安の明朗化」へと進

んだものの、「思想運動は勢い潜行的本質的となり、執拗、陰険なる活動の様相を露呈し来りつつありまして、此の状勢は文化智識層を蝕《むしば》み、健全なる農民生活に喰い込む等、謂わば慢性的悪化の傾向を辿りつつある」という現状認識を示し、「検察に裁判に国家刑罰施行権行使運用の妙を発揮」することを指示する。この「国家刑罰施行権行使運用の妙」の発揮とは、司法討伐の武器たる治安維持法と特別治安庭の積極的な発動と読み替えられて「現場」での全開となったことはすぐに後述する。

二日目の協議の場では複数の検察庁から思想専門の検察官・審判官・書記官の増員や欠員補充の声があがった。錦州高等検察庁からは「思想検察官の体系確立」が提案された。「現制度として下級検察庁は最高検察庁の指揮によりて一応指揮系統は確立せられあれ共、更に密接不離ならしむる要あり」とされ、最高検察庁に専任思想検察官を常置することなどが求められた（以上、『第十一次司法官会議録』）。

四三年六月開催の第一二次会議は戦局の悪化に対応して緊迫感に満ち、より厳重な取締・弾圧の指示が相次いだ。前野司法部次長は「国内の治安を確保し、人心を安定せしむると共に、国民思想を純化統一することが絶対的に必要なのであります」と訓示する。つづく石井最高検察庁次長も強い調子で「早期検挙に重点を置き、厳重処断の方針を堅持し、之が防圧に遺憾なきを期せられ度」と指示する。国民思想の「純化統一」を絶対的な要請とし、「早期検挙」と「厳重処断」の徹底的な実行を求めることは、反満抗日の微小な芽でさえも根こそぎにするように第一線にある警察・検察・法院を駆り立てることになった。

太田刑事司長の指示は多岐にわたるが、「流言、不穏文書及不穏落書等の取締強化に就て」では、各種統制の強化にともなって国民の不平不満の感情が深刻化することに比例して「悪質なる流言、不穏文書、不穏落書等亦《また》最近多発」する傾向を指摘したうえで、「我国に於ける如く民度極めて低く、宣伝煽動に乗ぜられ易き国民に対しては此種不穏言動は意想外に強き刺戟を与え、不知不識の間に反国家的思想感情を醸成し、共産主義其の他反満抗日運動等各種詭激思想運動に好適の素地を提供するに至るべし」と注意をうながした。コミンテルン解散を機に「東北赤化の中心策源地の移動前進及び運動方針の大転換等も推測せらる」として、反満抗日運動の動向に「特段の注意」を求めた。

これまでの会議にはみられなかった「捜査の合法化に就て」指示を発していることが注目される。「司法警察官が自ら法を枉《ま》げ、権利濫用の弊に陥るが如きは大局的見地より之を見るときは絶体に看過し得ざるところ」として、検察官の立場から釘をさそうとした。それは黙認の度をこえて苛酷な拷問が日常的におこなわれていることに加え、戦時下の「民心の不安を醸成し、非常事態の場合に於ける国内治安維持に重大なる影響を与うる虞多分に存する」という事態が現実化することを憂慮しているからである。ただし、この程度の指示によって、指揮命令系統が異なる「満洲国」警察や憲兵の拷問行使の歯止めとなることはなかったと推測される。

二日目の協議の場では「思想対策研究機関の設置」や「西南地区に常駐的調査機関」の設置などが要望された。後者は熱河省の八路軍の活動が「極めて執拗且《かつ》巧妙にして、何時終熄すべきや今猶楽観を許さざる実情に在り」という理由からだが、司法部では新規予算による司法研究員制度の活用をおこないたいと述べるにとどまった。「治安係審判官の機動性強化に関する件」では、特別治安庭・治安庭の管轄区域を撤廃し、全国を管轄とするよう法令の改正が要望された。また、治安維持法第一〇条に規定する刑の「宣告猶予」について「手続規定」を早急に設けることが求められた。すでに錦州高等法院特別治安庭においては一月以来、「宣告猶予」とした者が一〇〇人を越えたとして、「転向」を認めて「宣告猶予」とする場合の一律で明確な基準が必要となっていた。

司法官会議とは別に、四三年二月には「戦局の推移に伴い予想せらるべき緊急事態対処の検察体制の整備」について、日系検察官からなる高等検察庁次長会議が開催されているが、内容は不明である（以上、『第十二次司法官会議録』)。

「一二・三〇工作事件」の処断

刑事司長太田耐造は前述の「刑事司法の運用」において、各高等法院の一九四二年度の思想犯罪事件の受理数・人数は前年度に比して約二倍半の増加となっており、しかもその内容もそれまでの「散発的な匪賊的盗匪的事件形態を脱し、執拗な共産主義思想乃至は民族主義意識に基いて官吏、知識層、学生、青年等を目標として地下組織を企図して居る」と記している。

これに関連して、司法部事務官の稲田正人が「思想犯の錬成輔導について」(『法曹雑誌』第一〇巻第一号、一九四三年一月)と題する論説を書いている。「最近わが国において青年学生のなかに共産主義乃至重慶国民党を支持する所謂本格的思想運動が発生しつつある」として、それまでの「中共領導の東北抗日連軍」による「武装遊撃運動」を抑え込みつつ、「所謂知識階級の思想運動としての青年、学生の思想犯罪」に注目し、四二年末以来、チチハル・ハルビン・新京・吉林・奉天・錦州などで青年学生中心の治安維持法違反事件が頻発しているとする。稲田の論は「彼らの思想は、社会的媒介体として国民大衆の中に残り、やがてそれが社会的発展を為すものであるが故に運動の組織及び一連の関係分子を検察処罰するのみでは十分にその根本を芟除《さんじょ》することはできない」として、新たに「保護」や「錬成輔導」の方面に展開していく(Ⅵ参照)。

「青年学生中心」の事件を象徴するのが、「一二・三〇工作事件」である。「貞星工作事件」と連動するかたちで、四一年一二月三〇日のハルビンでの検挙以降、新京・奉天などの各地で主に国民党系の学生・文化人らへの弾圧がつづいた。解学詩『歴史的毒瘤』によれば総検挙者は五〇〇余人にのぼり、二三九人が新京・奉天・ハルビン・錦州・チチハルの各高等検察庁へ送致された。このうち四三年四月七日の新京高等法院が下した判決は無期徒刑四人、徒刑一五年三人、一三年三人、一〇年一二人という重罪である（『東北歴次大惨案』）。

この事件の内偵捜査と検挙の中心は「満洲国」警察だったが、検察庁の作成した文書が残っている（「秘密結社「読書会」概貌」など、「太田耐造文書」、国立国会図書館憲政資料室所蔵）。経済部財務職員訓練所生の陳樹万は「民族意識啓蒙を目的とせる文芸作品の読書会等により革命的同志の獲得を目ざし」、四〇年五月に「読書会」を結成する。一二月の第二回全国大会では「日本軍閥及財閥を打倒する具体的方法として撫順炭礦、本渓湖炭礦、昭和製鋼所、阜新炭礦等に工作し内情を偵知すること、治安部に同志を軍官として潜入せしむること、かくして得たる資料を重慶に提供して、之が物心両面よりの援助を受くること」などを決定したとする。その後、会員の熱意が冷め、解散に至ったという。

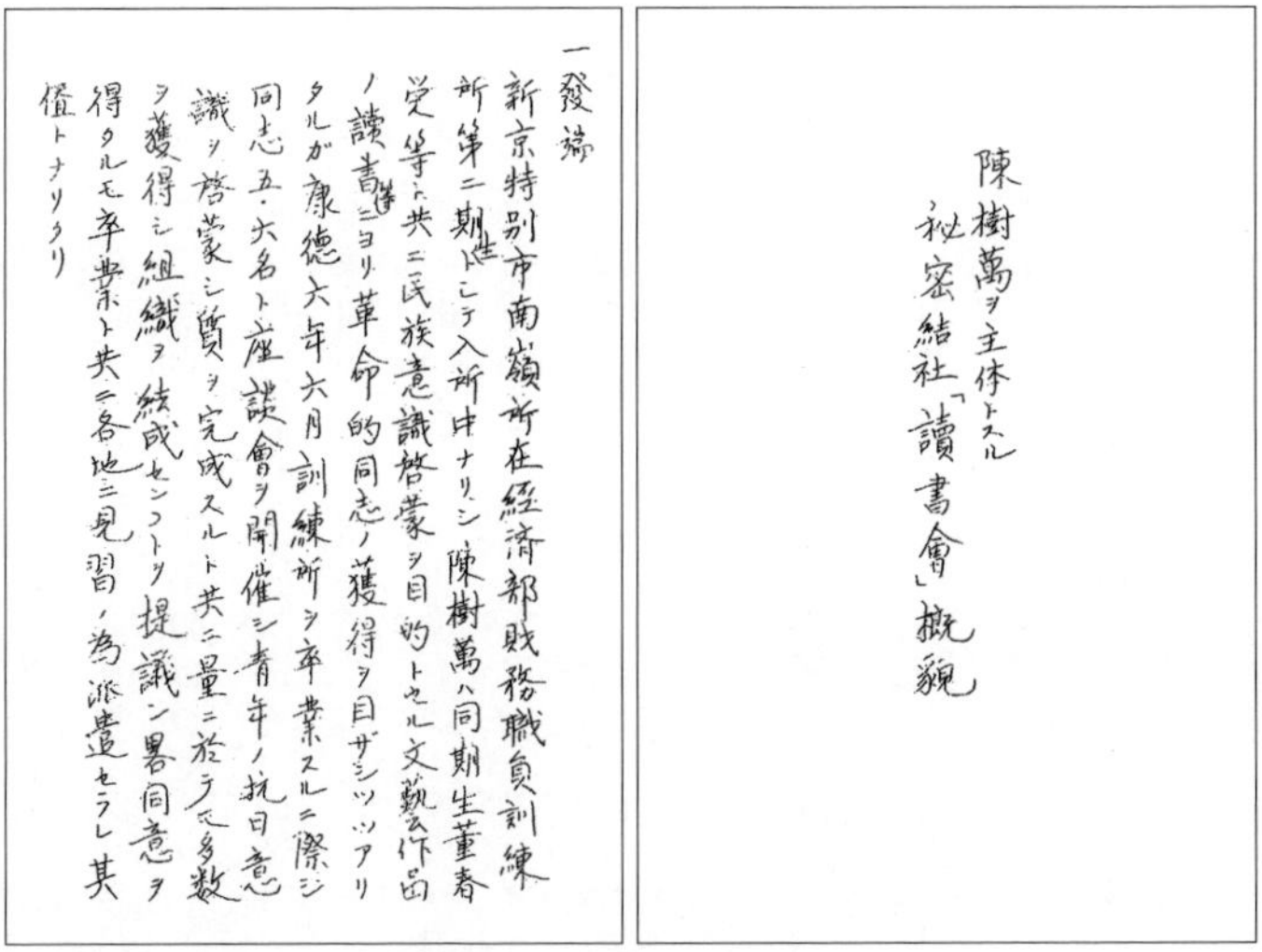
陳樹萬ヲ主体トスル秘密結社「讀書會」概貌

一 發端
新京特別市南嶺所在經濟部財務職員訓練所第二期生トシテ入所中ナリシ陳樹萬ハ同期生董春党等ト共ニ民族意識啓蒙ヲ目的トセル文藝作品ノ讀書會ニヨリ革命的同志ノ獲得ヲ目ザシツツアリタルガ康德六年六月訓練所ヲ卒業スルニ際シ同志五・六名ト座談會ヲ開催シ青年ノ抗日意識ヲ啓蒙シ質ヲ完成スルト共ニ量ニ於テモ多數ヲ獲得シ組織ヲ結成センコトヲ提議シ略同意ヲ得タルモ卒業ト共ニ各地ニ見習ノ為派遣セラレ其儘トナリタリ

「陳樹万を主体とする秘密結社「読書会」概貌」表紙など
「太田耐造文書」（国立国会図書館憲政資料室所蔵）

「読書会」メンバーだった劉栄久らは経済部財務職員訓練所の同期に働きかけて別の読書会を組織し、魯迅・巴金の作品をテキストに「革命意識の昂揚」を図るほか、新京軍官学校生徒や在新京の学生らとともに「東北大衆の困難を解放し、現在の障害物（日本を指す）を駆逐し、理想的社会の建設を期す」ことを目的とした「東北大衆革命党」結成の準備を進めたとする。

これは学生らが離れていったため頓挫したが、四一年一二月七日、劉ら七人は「同志の結束は鉄の如く鞏固にして、運動遂行には流血を見るべきも必ず目的を達成すべきを誓」って「秘密結社「鉄血同盟」」を結成したとされた。ここに最初の弾圧が加わった。

この文書には「重慶派中国国民党」の新京における活動や新京工業大学・建国大学・法政大学の学生運動についての内偵情報もある。

文芸的な「読書会」を「革命意識の昂揚」のための「秘密結社」と認定し、日本の駆逐のために「鉄の如く鞏固」な秘密結社を結成したとフレーム・アップする。これが治安維持法違反事件としての処断の論理となる。それは警察から検察への送致において、検察の起訴処分において、そして高等法院の判決において貫徹したというべきであろう。

史履升の治安維持法違反事件判決

一九四二年五月九日、最高法院（審判長井野英一、検察官野村佐太男）は錦州高等法院治安庭が張桂廷に軍機保護法違反で科した徒刑五年に対する検察官の上告を受けて、原判決を破棄して差し戻す決定をおこなった。「国民革命軍第八路軍の密偵の依頼を受け、青龍県に駐屯する日満軍の兵力を伝え、さらにその兵力の移動なきことも伝える」行為を軍機保護法違反としたが、上告審では「原審は起訴事実に対し軍機保護法違反のみを以て処断し、暫行懲治叛徒法違反の事実に付ては何等の判断を下さざる」ことを違法とみなし、「我が国存立の基礎を衰退せしむることを目的とする結社の行動を幇助したる点に於て、現行治安維持法（旧暫行懲治叛徒法）に触るる」とした。軍機保護法と治安維持法の関係は「其の構成要件並に罪責を異にし、其の一方が他方を吸収すと云うが如き関係に在らざればなり」という判断である（『最高法院刑事判決例』第七巻第一号）。差し戻しと

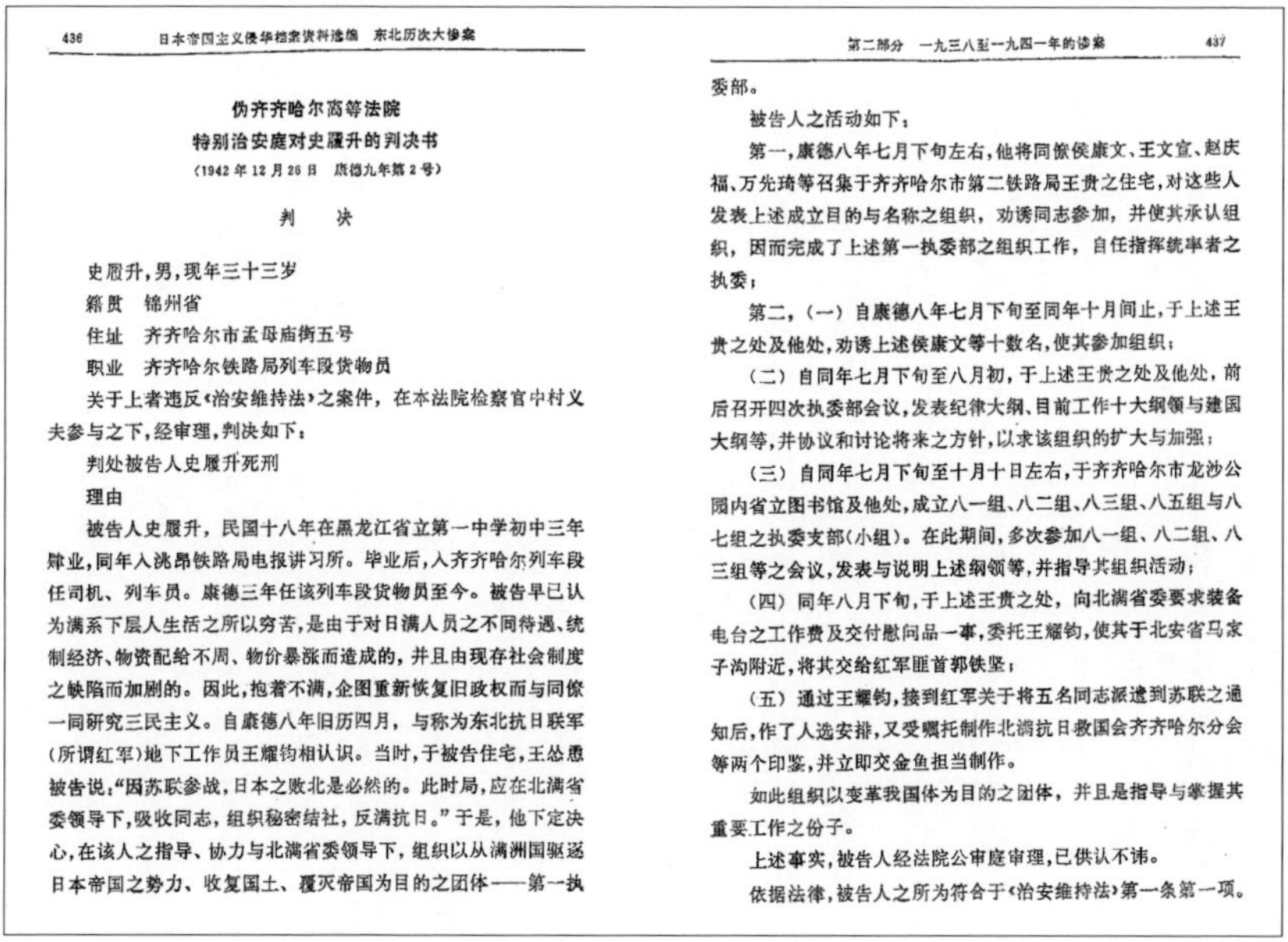

436　日本帝国主义侵华档案资料选编　东北历次大惨案

伪齐齐哈尔高等法院
特别治安庭对史履升的判决书
（1942年12月26日　康德九年第2号）

判　　决

史履升，男，现年三十三岁
籍贯　锦州省
住址　齐齐哈尔市孟母庙街五号
职业　齐齐哈尔铁路局列车段货物员

关于上者违反《治安维持法》之案件，在本法院检察官中村义夫参与之下，经审理，判决如下：

判处被告人史履升死刑

理由

被告人史履升，民国十八年在黑龙江省立第一中学初中三年肄业，同年入洮昂铁路局电报讲习所。毕业后，入齐齐哈尔列车段任司机、列车员。康德三年任该列车段货物员至今。被告早已认为满系下层人生活之所以穷苦，是由于对日满人员之不同待遇、统制经济、物资配给不周、物价暴涨而造成的，并且由现存社会制度之缺陷而加剧的。因此，抱着不满，企图重新恢复旧政权而与同僚一同研究三民主义。自康德八年旧历四月，与称为东北抗日联军（所谓红军）地下工作员王耀钧相认识。当时，于被告住宅，王怂恿被告说："因苏联参战，日本之败北是必然的。此时局，应在北满省委领导下，吸收同志，组织秘密结社，反满抗日。"于是，他下定决心，在该人之指导、协力与北满省委领导下，组织以从满洲国驱逐日本帝国之势力、收复国土、覆灭帝国为目的之团体——第一执

第二部分　一九三八至一九四一年的惨案　437

委部。

被告人之活动如下：

第一，康德八年七月下旬左右，他将同僚侯康文、王文宣、赵庆福、万先琦等召集于齐齐哈尔市第二铁路局王贵之住宅，对这些人发表上述成立目的与名称之组织，劝诱同志参加，并使其承认组织，因而完成了上述第一执委部之组织工作，自任指挥统率者之执委；

第二，（一）自康德八年七月下旬至同年十月间止，于上述王贵之处及他处，劝诱上述侯康文等十数名，使其参加组织；

（二）自同年七月下旬至八月初，于上述王贵之处及他处，前后召开四次执委部会议，发表纪律大纲、目前工作十大纲领与建国大纲等，并协议和讨论将来之方针，以求该组织的扩大与加强；

（三）自同年七月下旬至十月十日左右，于齐齐哈尔市龙沙公园内省立图书馆及他处，成立八一组、八二组、八三组、八五组与八七组之执委支部（小组）。在此期间，多次参加八一组、八二组、八三组等之会议，发表与说明上述纲领等，并指导其组织活动；

（四）同年八月下旬，于上述王贵之处，向北满省委要求装备电台之工作费及交付慰问品一事，委托王耀钧，使其于北安省马家子沟附近，将其交给红军匪首郭铁坚；

（五）通过王耀钧，接到红军关于将五名同志派遣到苏联之通知后，作了人选安排，又受嘱托制作北满抗日救国会齐齐哈尔分会等两个印鉴，并立即交金鱼担当制作。

如此组织以变革我国体为目的之团体，并且是指导与掌握其重要工作之份子。

上述事实，被告人经法院公审庭审理，已供认不讳。

依据法律，被告人之所为符合于《治安维持法》第一条第一项。

チチハル高等法院治安庭の史履升（「田白工作事件」）判決、1942年12月26日
『東北歴次大惨案』

なった錦州高等法院の判決の結果は不明であるが、より重い量刑となったと推測される。

前述の「田白工作事件」のなかで、チチハル高等法院治安庭が史履升に下した死刑判決をみよう（『東北歴次大惨案』所収）。

この治安庭の審判長となった横山光彦は「供述書」において、「田白工作事件」の内容を「革命志士王耀均等二十八名が千九百四十一年秋頃迄に、満鉄斉斉哈爾《チチハル》鉄道局列車区を中心として満洲鉄路中国共産党北満省委員会第一執委部の組織を確立し、其の組織により斉斉哈爾、洮南、白城子等に於て反満抗日運動を為した」こととする。事件全体の判決の結果は責任者王耀均と組織者史履升、組長周善恩が死刑、六人が無期徒刑、一人が徒刑二〇年、三二人が徒刑一五年から一〇年、一一人が徒刑五年から三年未満だった。上告はなく刑は確定し、まもなく死刑はチチハル監獄で執行された。

後述の特別治安庭が裁判官一人で一日五〇人に判決を下すという乱暴さがあったのに対して、史履升に対する審判は高等法院の治安庭でおこなわれた。起訴は七月六日で、判決は一二月二六日に言い渡されている。審判長は横山、審判官は沖内昇と安倍武、検察官は中村義夫である。

判決文によると、チチハル鉄道局の車両基地貨物係員だった三三歳の史履升は鉄道局の電報講習所に入学し、卒業後は運転士兼車掌を経て列車の貨物担当員となっていた。「被告は長い間、満洲の人々が貧しい生活をしているのは日本と満洲人の異なる待遇、経済統制、物資配給不足、および価格の高騰によるものとし、さらに現状の社会制度の欠陥により悪化した」と考え、その不満を抱きながら「旧体制の復活を試み、同僚と三民主義を研究し」ていた。四一年旧暦四月以来、東北抗日連合軍の地下工作員王耀鈞と知り合い、「ソ連が参戦した以上、日本の敗戦は必至だ。この状況で北満省党委員会の指導の下に同志を募り、日本と戦うために秘密結社を組織しよう」という勧誘を受けた。被告は王の指導の下で「大日本帝国の軍隊を満洲国から追放し、国土を回復し、大日本帝国を滅ぼす目的で団体、つまり第一執委部会を組織することを決心し」たとされる。

ついで、同志の勧誘・獲得、執委部会の開催、北満抗日救国会チチハル分会の組織などの活動を列挙したうえで、これらの組織は「国体」変革を目的とする団体であり、被告はその中心的役割を果たしたとされた。これらの事実は審判における陳述によって証明されたとする。「法律」に照らすに、として治安維持法第一条第一項――「国体」変革を目的とする団体の指導、「要務を掌理」――が適用され、死刑が言い渡された。

巴木東事件

次節で述べる西南地区粛正工作が大々的に実施される一方で、ハルビン高等法院・検察庁管内の北満地区粛正工作が一九四三年に実施された。四〇年から四一年にかけての「三肇事件」の弾圧によって一時下火になっていた反満抗日運動が再び盛り返してきていた。四三年九月八日、ハルビン高等検察庁の畠中二郎治安検察官は本項が主題とする巴木東事件後の状況報告をするなかで、その事件前の情勢を次のように語っている（『東北歴次大惨案』所収）。

康徳六年〔一九三九年〕頃、北満省委員会はハバロフスクに駐留していたソ連極東軍の指揮下にあったようである。そこで省委員会と抗日軍は日ソ戦争に備えて大衆の心をつかむために奔走し、打倒日本・満洲という罪深い宣伝活動を行い、人民の心を攪乱させ、その上で救国会や武装組織などを組織及び指揮した。その指揮を受け入れた人々の大多数は無知な農民である。無知な農民は我々の経済的支配、穀物調達の強化、開拓団による土地の購入を理由として、抗日軍の犯罪的宣伝活動を容易に受け入れていると考える。その中には地元でかなりの地位があり、過去に満洲国建設の功績で何度も表彰された者もおり、現在も自衛団長などの地位に留まっている。しかし、彼らは抗日軍に従うことを信条としており、警察官や検察官の目の前で最後まで堂々と法廷での自分の行動の正しさを主張し続けている。これらの恐れを知らない人々の言動は本当に驚かされる。

この報告の最後でも畠中は共産党に「内通する協力者の数は計上し難い」ほどの多さだとして、「まさに背筋の凍る思い」ともいう。反満抗日運動の頑強さとその背後にある一般民衆の言動の真意に脅威と恐怖を感得するがゆえに、しゃにむに弾圧を加えていった。

ここからはハルビン高等検察庁次長杉原一策の「巴木東弾圧事件に関する供述書」（一九五六年五月三〇日、『日本侵華戦犯筆供選編』9）にそって、事件の司法処分の状況をみよう。まず、杉原は四三年二月上旬、「抗日連軍第三路軍に対する武力討伐及同軍の領導下に一般人民大衆の間に組織された抗日救国会に対する剔抉逮捕について謀議する」会議が開催されたことから始める。治安部警務司、浜江省・北安省各警務庁警備科（討伐関係）・

特務科（剔抉関係）などとともに参加したハルビン高等検察庁（杉原と畠中）は、討伐・剔抉後の検挙者の「弾圧処理に要する検察陣容」を準備して待機することになった（西南地区粛正工作に全力をあげている憲兵は参加せず）。

三月一五日に第一次の一斉検挙が断行され、警察での検挙者の取調がはじまると、杉原は畠中を主任検察官とする検察官五人を派遣する。ハルビン地方検察庁の亀岡忠彰や溝口嘉夫らが応援に加わった。「警察官が先づ取調を行い、法律違反の事実ありと認むるときは、その軽重を問わずこれを検察官に引渡して受理するので、検察官は更に再調を行い、起訴、不起訴を決定する」という順序で進められた。杉原も督励のために現地に二度出張して、自らも取調にあたっている。

第一次検挙の検察庁への送致は浜江省で三二七人、北安省で八六人におよんだ。三月下旬から四月末にかけて取調をおこなった。事件の監督指導のためにハルビンに出張してきた最高検察庁の野村佐太男検察官との間で、次のような「処理標準」が作成された。

(1)抗日救国組織に加入した者、又は組織に加入せずとも組織の行動を積極的に援助した者は全部起訴
(2)組織の幹部又は幹部でなくても、組織加入者で行動の活発な者は死刑
(3)幹部以外の加入者で、行動が比較的活発なる者は無期徒刑
(4)その他の組織加入者は有期徒刑
(5)組織に加入せず、行動微弱なる者は不起訴

応援に派遣されたハルビン地方検察庁の溝口嘉夫は五五人の取調を担当したが、監獄で四人が死亡したと供述している。「警察に於て取調をうけた愛国者は拷問のため身体が弱り、健康を害して」いるにもかかわらず、療養させることもなく「そのまま監獄に勾禁してこの人達を殺した」とする（『日本侵華戦犯筆供選編』12）。杉

原一策も、拘留期間中の生活条件不良や警察の拷問を原因に約二〇人の死亡者があったと供述している（同上9）。

前述の畠中検察官の報告に付された表によれば、第一次の四一三人に加えて、五月二五日の第二次検挙では一三九人が検察庁に送致された。起訴者数は第一次では二八一人、第二次では一三九人となる。その八割が農民だった。ハルビン高等法院治安庭での審判は八月一二日に終結した。判決結果は六六人が死刑、六〇人が無期徒刑、二〇年から一五年の徒刑が二三人、一五年から一〇年の徒刑が五一人、一〇年から五年の徒刑が七一人、五年以下の徒刑が九〇人となった。

北安地区粛正工作が治安庭の判決によって一段落した時点で、ハルビン検察庁は巴木東事件の総括をおこない、畠中検察官が捜査・検挙にあたった警察関係者に対して「今日の会議に出席している多くの方々はこの粛清工作に勇敢に立ち向かった戦士であり、不眠不休、疾病感染の危険を顧みずたゆまぬ努力を重ね、統計表のとおりの結果が得られました。本事件で五五二名を送検した戦績はこの会議を開催するのにふさわしく、心からお祝いを申し上げたい」と称賛し、ねぎらった。と同時に依然として「抗日軍の活動は横行して」いること、その背後の多数の「内通する協力者」が存在することに注意を再喚起している（以上、『東北歴次大惨案』）。

戦時下末期の思想事件の処理状況

一九四四年七月、奉天省警務庁長に着任した際、三宅秀也は職員に「日満一徳一心」にもとづいて「満洲国」の「国力」の一切をあげて日本を支援しなければならないと訓示した。「敵性国家」はあらゆる方法によって最大の重工業地区である奉天省の「工業生産力を破壊せんとするは極めて明瞭」であるとして、奉天省の「治安維持」を図るために「陰に陽に反抗する人民を徹底的に弾圧」することが「真に重大」とする。なかでも「国民党を初め《ママ》反満抗日思想を有する中国愛国者の活動も益々熾烈化せんと」するという見通しのうえで、特務科の任務の重大性を強調する。

　こうした戦時下末期の治安状況の一層の緊迫化は日満軍警の特高警察機能・思想検察機能の最大限の発揮をうながした。解学詩『歴史的毒瘤』は「統治の終末期」の三大重点が「国民党地下組織と抗日連軍、そして熱河地区に進出した八路軍」にあったと指摘する。その全体の把握は困難であるが、四四年以降の規模の大きな弾圧事件として記録されたものをあげてみよう。『東北歴次大惨案』では巴木東事件についで、通河事件・「桃園」工作事件・「暁工作」事件をとりあげている。

　四・六事件とも呼ばれる通河事件からみよう。これは抗日連軍への弾圧である。巴木東事件の捜査中に三江省警務庁特務科が通河県の抗日運動を探知し、特捜班を編成して一九四五年二月中旬に三江省を中心として二七八人の大検挙をおこない、通河県の矯正輔導院に勾留した。とくに検察官の厳重な取調により二四人が拷問死となるなどの事態に、四月六日、通河県警務官の王金財が起ち上がり、矯正輔導院に勾留されていた人々を救出し、さらに県公署などを占領した。これに対して日満軍警は激しい討伐活動を展開し、ほぼ一カ月後に鎮圧した。五二年の中国側の調査には交戦中の射殺六五人、餓死や重傷による死亡二二四人、投降後の拷問による死亡二七人のほか、牡丹江高等法院分院（佳木斯）の治安庭の審判では三一人が死刑を科されたとある。

　牡丹江高等法院の審判官を兼任していた井上松治郎は、迅速な審判を図るため高等法院と地方法院で同時に開廷し、自らは高等法院の陪席審判官として一〇人の死刑、五人の無期徒刑などの判決にかかわったと供述している（『東北大歴次惨案』）。

　四四年七月の「桃園工作」事件について、奉天省警務庁長となった三宅秀也は「中国愛国者約三百名を「検挙」致しました。「検挙」後、「それら中国愛国者に対し、殴打、灌水、電気拷問等に依る「取調」を行い、「治安維持法」を適用、偽検察庁に送致しました」と供述している（『日本侵華戦犯筆供選編』8）。奉天省地方保安局（局長は警務庁特務科長の兼務）の探知による国民党東北部の抗日組織への弾圧で、七つの国民党組織と三つの外廓団体が破壊された。奉天市のほか本渓湖市・営口市・開城県・盖平県などにおよび、三一八人が検挙された。一〇〇人以上が検察庁に送致され、約一〇人が死刑となり、他は有期徒刑となった。

「暁工作」事件も奉天省における国民党に対する弾圧事件で、四五年五月に治安部警務総局および最高検察庁がそれぞれ召集した会議で、指示が出された。奉天省では「暁工作」と呼んだ。三宅警務庁長は「桃園工作」に引続き、「更に徹底せる「検挙」を行い、完全に国民党組織を消滅せしむる方針の下に「暁工作」を計画」し、特別捜査班を編成した。四四年九月の国民党員六〇人の検挙後は「温存培養」方針をとったうえで、四五年五月末、全省一斉検挙を実施した。検挙者は三二二人におよび、一三一人が検察庁に送致されたが（『日本侵華戦犯筆供選編』8）、「満洲国」崩壊とともに起訴・審判に至らないで終わった。

また、国民党関係の検挙では「蓬工作」事件、「紅葉工作」事件、「露営工作」事件もあった。国民党が基盤をおいた学生組織も大きな弾圧を受けた。四四年四月の「黎春工作」事件は奉天第四国民高等学校の学生愛国組織興志会を、四五年四月の「嶺雲工作」事件は奉天第三国民高等学校の学生愛国組織復興会を破壊した（以上、解学詩『歴史的毒瘤』）。

次に戦時下末期の思想事件の司法処理の状況をみよう。ハルビン地方検察庁在勤中に巴木東事件にもかかわり、一九四四年一〇月からハルビン高等検察庁に勤務した溝口嘉夫と四四年五月からハルビン高等法院次長を務めた横山光彦の供述にもとづく。

溝口がハルビン高等検察庁の主任検察官として指揮したのは双城事件、三路軍事件、教会事件など四件であり（『日本侵華戦犯筆供選編』12）、いずれもハルビン高等法院次長の横山光彦が治安庭の審判長として判決を下した（同上9）。

双城事件は四四年一〇月、双城県五家の警察署を襲撃した三路軍の領導下にある自衛団・救国会員四〇人を浜江省警務庁特務科が検挙し、高等検察庁に送致してきたもので、二六人を起訴した。高等法院治安庭の判決では九人が死刑に、一七人が一五年以上の徒刑となった。

三路軍事件は北安省警務庁特務科の指揮で、四四年一二月に断行された。抗日連軍の孫国棟らが綏稜・慶安県下に救国会を組織し、「衣服、食糧等を提供し、その他の方法を以て抗日連軍第三路軍を支援し、日帝の打倒のために闘争」したとされて約五〇人が検挙され、四五年五月、ハルビン高等検察庁に三五人が送致となった。ハルビン高等法院の判決は七月一〇日で、孫国棟ら一五人が死刑、二〇人が徒刑一五年から三年を言い渡された。横山の「供述書」には死刑は約一〇人、無期徒刑または一〇年以上の徒刑約二五人とある。なお、孫らの死刑が「満洲国」崩壊時に強行されたことはⅦで述べる。

教会事件では四五年一月、浜江省警務庁特務科により五〇人が検挙された。二七人が起訴された。横山の供述によれば、「全東北に散在せる邪教、孔教、道徳教、一心天道龍華政教会等を利用したる中国の愛国人民たる国民党々員は、千九百四十四年冬までの間に哈爾浜及浜江、北安各省地区に於て右各教会々員中に、国民党の反満抗日組織を確立して其拡大強化を図り、党員の獲得、宣伝、情報蒐集、連絡等の反満抗日愛国運動を成した」というもので、七月中旬の治安庭審判で三人が死刑に、二七人が一五年以上の徒刑を科せられた。八月一〇日から一三日の間に三人の死刑が執行された。

宗教関係では、解学詩が四四年一一月の延辺の二〇〇人以上の「青林教人」大検挙をあげる（『歴史的毒瘤』）。溝口はハルビン高等検察庁検察官として上記の三事件のほかに延安の地下工作員事件（三人を起訴。判決では一人が死刑、二人が徒刑一〇年）を加えて九四人を起訴し、二八人が死刑判決を受けたと供述する。また、横山の場合、ハルビン高等法院次長として上記の三事件のほかに二つの事件を合わせて死刑の言い渡しが三二人となったという。

四 西南地区粛正工作と特別治安庭の活用

古海忠之の熱河省出張

一九四〇年後半から国境地帯の反満抗日運動対策を迫られた熱河省では四一年九月から「特別粛正工作」を開始して成果をあげたかに見えたが、対米英開戦とともに抗日運動は勢いを盛り返した。このため関東軍を主体とする軍事的討伐と並行して、関東憲兵隊は西南地区での思想的討伐＝西南地区粛正工作に全力をあげることになった。熱河省の治安回復は「満洲国」全体にとっても重要課題であった。

総務庁次長の古海忠之は「偽満洲国の所謂治安粛正工作に関する罪行」と題する撫順管理所における「供述書」において、東辺道の治安粛正工作に目途がつくと、「一九四二年以後に於ては治安工作の重点を熱河省に指向し」たとして、次のように記している。

所謂熱河粛正工作は一九四二年頃より関東防衛軍参謀長片倉衷及独立混成旅団（後《のち》岩井師団）指導の下に日満軍警及偽満洲国熱河省公署各県を総動員し、八路軍を中心とする愛国工作を徹底的に阻害覆滅せんとし、残虐無恥非道なる処置を敢行した。日満軍警が愛国集団及愛国工作に攻撃を加え屠殺をなしたることは元より、一九四三年に入っては青龍、興隆、承徳、隆化等華北接壌地帯に於て無住地帯を設定して住家を焼却略奪し、各県に於て数多の集家部落の建設を急行して住民の生活を破壊し、又山岳地帯に於て警備道路の苛酷な建設労働に住民を駆立て、徹底的労力搾取を図った。而《しか》も其間愛国者又は無辜《むこ》の人民を屠殺、拷問其他残忍な危害を加え、特別治安庭に送致して何等の救済法なき非道なる裁判制度に依り極刑を科した

これらを実施するために、年二五〇万円の治安粛正工作費を支出していた。四三年六月には古海自らが現地軍および省の要請により治安工作地帯視察のため、熱河へ出張（同行者渋谷三郎治安部次長、岸谷《きしたに》隆一郎総務庁地方処長ら四五人）し、「現地満洲官吏を督励し、状況の報告を受けた」。帰京後には「治安工作費追加予算（百八十万円）編成、決定」した。また、熱河省及公署首脳の人事異動を画策し、岸谷を熱河省次長に、皆川富之丞を熱河省警務庁長に任命した（四三年九月）。いずれも通化省などにおける治安粛正工作の功労者であった（以上、『日本侵華戦犯筆供選編』7）。

古海は「満洲国」政府の日本人官僚のトップの一人として政策全般の決定と実行にかかわっていたが、熱河省の西南地区粛正工作では自らが視察に赴き、督励するほどの重要性があると認識していた。

「集団部落」の建設

中国共産党・八路軍は一九四〇年四月と七月の日満軍警による討伐を受けたあとも「満洲国」への侵攻を進め、地下活動組織を育成し、勢力拡大をつづけていた。四一年九月、関東軍・「満洲国」政府は熱河省の西南地区の徹底的な粛正をおこなうため、安藤忠一郎西南防衛司令官の指揮の下に現地の各機関を総動員した粛正

工作を開始した。それには、すでに間島や東辺道地方の治安粛正工作のなかで成果をあげていた「集団部落」（集家部落）の建設と「無住地帯」の設定が含まれていた。

四三年の「熱河省特別工作実施要領」は「軍事作戦に適応し、五つの国境県と隣接する治安不良の地域を中心に警備力の増強と強化を実施し、匪賊を人々から徹底的に分離し、その他地域を含めた政治経済対策を実施する」というものであった。「(1)すべての地方行政はまず治安第一を原則とする」、「(4)警察体制及び警備施設の維持・拡充。その主な項目は交通網と通信の警備を強化し、警備隊を設置し、自衛団の活動を強化し、青少年組織――青少年行動隊と地域の有力者を活用する」、「(5)警察対策の重点は、政治・経済の重点地区に確立された勢力圏と集家工作の隠蔽に注意すること」、「(6)あらゆる戦略が「軍事勢力圏――治安圏」に集中し、徐々にさざ波のように周辺へと浸透すること」などの項目が並んでいる。

治安の現状により西南防衛軍は青龍・興隆・光頭山地域（承徳県の北部と南部を含む）に重点的に配置された。第三期の前半（一月と二月）は「討伐作戦を重点とし、匪賊を捉え、その軍事力を破壊することを主な目標」とする。第三期の後半（三月と四月）は「治安不良の地区及びその周辺で大規模な集家工作を行う」。警備隊は分散型体制を採用した。

治安工作としての「集団部落」建設では「盗匪工作員潜入の途絶、盗匪糧道の切断、盗匪宿泊地の消失、盗匪情報の断絶」などの「盗匪と民衆の分離」とが重視された。しかし、耕地と「集団部落」の距離が離れていること、「無住地帯」の設定による耕地の縮小や禁種地区の実施などは民衆に大きな負担を強いることになり、「民力枯渇」をさらに悪化させ、治安粛正工作の遂行そのものも困難にした（「満洲国」軍事部思想戦研究部「南西地区治安問題の考察」〔一九四四年四月〕、『東北「大討伐」』所収）。

「集団部落」の建設は四三年六月までに集中的に推進された。熱河省公署「防衛集団部落建設指針」によれば、二一二七部落・約一六万戸を対象に、百戸以上を基準とする建設位置は県・旗長・防衛連絡会議で決定するものとし、耕地との距離はおおよそ六キロとした。連座制の励行を規定している。当初の一六万戸は再調査後、一八万戸に増加した。これにともない、軍事対策重点指向の五地区が「無住地帯」とされ、そこには特定の許可証がなければ出入りと耕作が禁止され、違反者は「盗匪」とみなされた。実際には僻地での調査はむずかしく、散在している戸数も予想外に多く、地形なども加わって、「盗匪討伐の対策効果」は十分にはあがらなかった（以上、司法部刑事司「中国共産党の対満策動及び其の治安対策――冀〔河北省〕東、熱河を中心に」『思想特別研究』第一号〔一九四四年二月〕、『東北「大討伐」』所収）。

四三年六月分の承徳憲兵隊『思想対策月報』では「国境地区住民は集家工作並無住地帯設置に伴う他省移住に関し、嫌忌的動向濃厚なるものあり」（『日本関東憲兵隊報告集』I―⑦）と観測している。

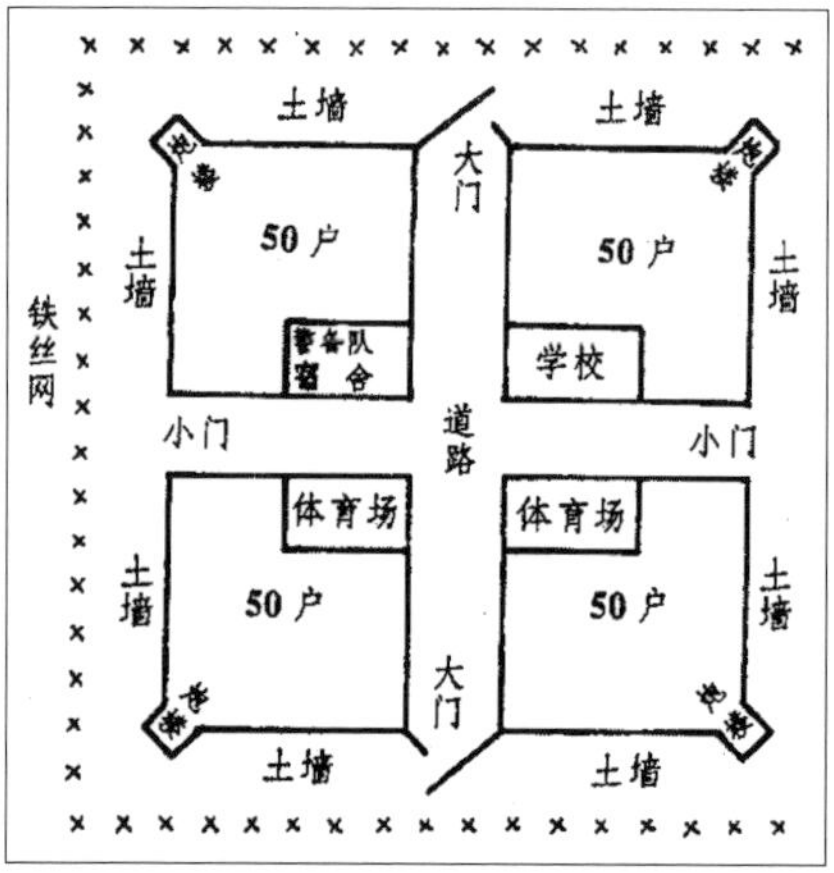

図6　集団部落設計図
解学詩『歴史的毒瘤』

承徳県などの光頭山地区での八路軍との「集団部落」をめぐる抗争について、四三年八月の熱河省警務庁の報告が残されている（『東北歴次大惨案』）。四二年一一月以来、共産党は「近々八路軍が日本の軍や警察を攻撃し、新政権を樹立する。早く満洲国から脱出して八路軍に従え」、「満洲国の集団部落工作に断固反対する。応じる者がいれば、その家を必ず破壊する」などの宣伝活動を活発化させ、四三年五月から六月にかけては六〇〇人の「共産党集団が五家と七家地区で三〇以上の集団村落を攻撃した。壁の半分以上を破壊し、集団部落の責任者三人を誘拐した」。熱河省警務庁はこれに対抗して出動し、「これらの不良な要素を一掃したため、効果は極めて大きかった。さらに釈放者を指導し、その後、彼らはいずれも地元の軍隊と警察に真摯な懺悔を表明し、集団部落工作と自衛強化などの活動を積極的に支援するようになった」とする。

「無住地帯」の設定

一九四二年三月、西南地区防衛委員会の会議で安藤忠一郎西南軍防衛司令官は「八路軍は山塞を利用するから無住地帯を作って糧道を遮断する。一切の糧食は八路軍に食わせてはならぬ。八路軍は一人も逃さず殲滅せよ。熱河省の各警務機関は安藤憲兵隊長の区署《ママ》を受け八路軍の地下組織を剔抉すべし。熱河省長は別に示した要綱に従い無住地帯を設定すべし」（木村光明〔承徳憲兵隊特高課長〕「無住地帯」、中帰連平和記念館所蔵）という指示をおこなった。

前述の刑事司「中国共産党の対満策動と治安対策」によると、「無住地帯」（無人、耕作禁止）の設定は「原則として軍事対策に重点を置いた地域」で、「国境と味方の勢力圏の外、さらに匪賊団の根拠地になる可能性がある地域」とする。「無住地帯」設定に伴う転居世帯の取扱いについては、現地の親族と同居させる工夫をするほか、労働者または国内移民となるよう斡旋するなどの方針で進めた。具体的には「原則として軍事対策に重点を置いた地域、すなわち都山地区（青龍県）、五子山地区（青）、五龍山地区（承徳県、興隆県）、五指山地区（承、興）、光頭山地区（承、喀喇沁《カラチン》中旗、喀喇沁右旗）及び現地において必要と認める地域」を「無住地帯」とした。

国境地域の山岳地帯は範囲が広く、住民の管理が困難で、匪賊団の温床となっているとみなされ、それらを「無住地帯」に指定し、住民は労働者や農業移民として処理しなければならないとする。指定された「無住地帯」

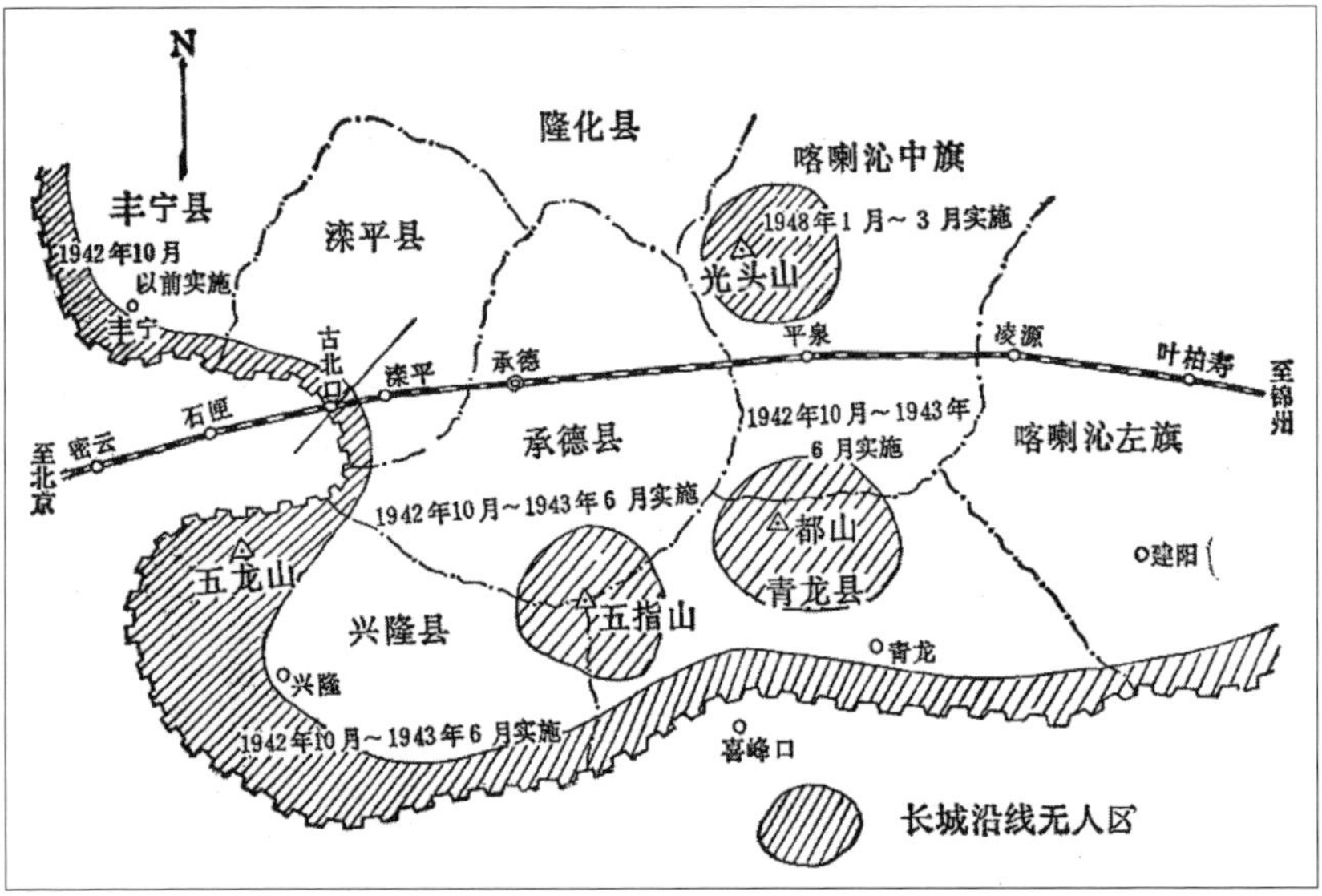

図７　熱河省内無住地帯設定要図
『東北「大討伐」』

には立ち入りや耕作を禁止し、「違反者は匪賊として厳罰に処する」とした。

しかし、この「無住地帯」を十分に徹底的に管理することはむずかしく、「匪賊に活動地盤を与える恐れ」があり、「一部の国境地帯では住民たちは軍警が進駐中には逃走し、撤退時に戻ってくるという極めて不徹底な状態が出現している」とする。したがって、「無住地帯化を完全に実現することは困難であり、完全無住地帯化しても、事後の管理次第では匪賊が自ら進駐し、耕作することは想像に難くない」という見通しであった。四四年三月分の承徳憲兵隊『西南地区粛正月報』に「冀熱中共は無住地帯残存の反集家民衆に対し生活必需物資及春耕資金等を貸与、下山阻止に努むると共に之が武装化を図りあり」（『日本関東憲兵隊報告集』Ⅱ―①）とあるように、民衆の争奪をめぐってしのぎを削っていた。

それゆえに八路軍の「討伐」に躍起となった。治安部警務司警務科長だった三宅秀也は、「満洲国」軍の西南地区特務憲兵隊（隊長憲兵少校橋本岬）が警察援助の下に四二年秋から四三年七月に至るまでに、熱河省の無住地帯設定区域内において検挙した中国人は一三三〇人に達し、九一〇人を検察庁に送致したと供述している（『日本侵華戦犯筆供選編』8）。

四四年一月の西南地区防衛委員会の会議で熱河省の岸谷次長は「集団部落」や「無住地帯」について、豊寧・灤平県では九〇％、興隆・青龍・承徳県では八〇％が完成しているが、喀喇沁中旗はまだ一部の完成にとどまっていると報告したという（『東北「大討伐」』）。

西南地区粛正工作の検挙者総数

関東憲兵隊司令部「満洲共産抗日運動概況」（一九四二年上半期、『東北「大討伐」』所収）では南西部国境地区の憲兵が討伐隊行動に協力しておこなった粛正工作の重点は、「興隆県と青龍県の中共系組織を破壊し、各地で厳重な偵察をおこない、敵の組織を萌芽のうちに削除し、敵に大打撃を与える」ことにあったとする。一月から四月までは興隆県周辺に、四月下旬以降は青龍県西部一帯に重点をおいた。

四二年時点で関東軍の熱河地区の総兵力は二万六三七〇人であり、西南地区には四八〇〇人が配置されていた。「粛正工作」の主力となる承徳憲兵隊の規模は、それまでの二〇〇人前後から四二年度には急増して五七〇人となっていた。憲兵隊本部に約二〇〇人、古北口分隊に約一二〇人、承徳分隊に約一五〇人、喜峰口分隊に約一五〇人、赤峰分隊・平泉分遣隊に各五〇人という規模である。そのほかに鉄路警備隊七〇〇人、熱河省警察五〇〇〇人、「満洲国」軍憲兵一五〇人、「満洲国」軍一五一五人という規模である（『東北「大討伐」』）。

「満洲共産抗日運動概況」に記された四二年上半期の検挙者総数は一二九二人にのぼる。「共匪」五一一人、「共産組織関係者」五〇人、「群衆」九八一人、「通匪」二一一〇人である。処分の内訳は検察庁送致五一一人、「特移送」

表14　西南地区粛正工作の一斉検挙状況

種別／報告	検挙者数	検察庁送致数	釈放者数	検挙日時	報告日時
承徳憲兵隊長報告	423	150	273	1942.1.22	1942.9.16
熱河省警務庁長報告	153	40	113	1943.5.24～8.3	1943.8.18
熱河省警務庁長報告	958	456	425	1943.9.11～9.20	1943.11.5
熱河省警務庁長報告	292	68	224	1943.10.16～10.19	1943.11.2

『東北「大討伐」』

四人、「利用」九一人、釈放者六八六人である。釈放者の多さは抗日運動と無関係な民衆が一斉に検挙されたことを推測させる。

これにつづき、『東北「大討伐」』には西南地区粛正工作の検挙状況に関する承徳憲兵隊長や熱河省警務庁長からの報告が収録されている（**表14**）。**表14**の四つの報告にある検挙者数は単純に合計しても一八〇〇人以上となり、検察庁への送致数も七〇〇人を超える。

「満洲国」警務総局特務処『特務彙報』第四号（一九四三年、『治安維持法関係資料集』第四巻所収）の巻末には「特高関係主なる検挙者一覧表」がある。四三年一月から三月までの期間の各省警務庁などからの報告で、検挙者総数では熱河省だけで八三四六人となる（「満洲国」全体では約八八〇〇人。処分の内訳は不明）。大部分は「共産党関係」であり、しかも熱河省関係が全体の九割以上を占める。そのなかで規模の大きいのは一月一〇日から二八日にかけての承徳憲兵隊による「第一次基号作戦期間に於ける中共党政匪関係者検挙」一六五五人、二月一日・二日の「承徳県上板城、下板城地区中共党政匪関係者検挙」四九〇人、二月九日から一一日にかけての省県合同検挙班による「興隆県半壁山地区中共党政匪関係者検挙」五九六人、承徳憲兵隊による二月一日から二八日にかけての「承徳・青龍・興隆県・喀中旗地区中共党政匪関係者検挙」五〇四三人という数値である。

熱河省西南地区粛正工作を通しての総検挙者数は、現在知りうる上記の数値は相互に重複しているとはいえ、一九四二年から四三年までの間でもおそらく下限でも約一万人にのぼる。これらは網羅的なものではないので、実際にはさらに大きい数値となるだろう。

関連して、二つの数値がある。一つは四二年八月から四四年九月の間、古北口憲兵分隊長・熱河第一遊撃隊長として最前線で「特別粛正工作」を遂行した長島玉次郎が、その全般について次のように証言した数値である（一九五四年六月一七日、『東北「大討伐」』）。

熱河地区で、憲兵、偽満警察、鉄道警備軍に逮捕された中国人民革命戦士、愛国農民は合わせて一万六六五六人であり、そのなかで熱河特別治安庭で審判されたのは約三六〇〇人、死刑となったのは九八〇余人で、投獄されたのは二六〇〇人あまりである。（略）獄中で拷問死となったのは五〇％以上で、秘密裡に殺され、あるいは人体解剖で死亡した人もいた。これは、抗日愛国人民を全部死刑にすることが、さらに人民大衆の反攻を勇気づけ、制御できないことを考慮して、公開での死刑執行数を減らすことにより秘密に法令によらずに殺害したのである。

もう一つは、撫順戦犯管理所で憲兵隊関係者が執筆した「熱河に於ける憲兵の罪行」（中帰連平和記念館所蔵）中の数値である。一九四二年一〇月から四五年七月の間に憲兵が統制指揮し、または独自で熱河省全域及河北省で「中国人民を逮捕した人数は約一万三〇〇〇余名で、この中約四〇〇〇名を偽熱河特別治安庭に送致し、約一〇〇〇名を殺害し、約三〇〇〇名を投獄し、虐殺し、其の殆んどを死の道に陥れた」とある。この約一万三〇〇〇余人という数値は、長島の示す数値には含まれていない四四年一〇月以降分を加えると、確実性の高いものといえよう。

ただし、ここには「厳重処分」の数値は含まれていない。一九三〇年代後半のような「厳重処分」の頻発という事態こそ見られなかっただろうが、西南地区粛正工作でもそれを類推させるものがある。熱河省警務庁偵牒班による四三年六月から八月の「共産党及外廓団体組織破壊」の統計表では、九四人が「銃殺」とされている（検挙者は二六六三人、ほかに「投降」二九六人、『東北「大討伐」』所収）。これは検挙時の交戦におけるもので、「厳重処分」といってよいだろう。また、憲兵隊や警察における取調中の拷問による殺害もあったはずである。

粛正工作の実態――一九四一年〜四二年

西南地区粛正工作は具体的にどのように実施されたのだろうか。

承徳憲兵隊は一九四一年下半期の『思想対策半年報』の「思想対策服務成果」として「特に敵企図の封殺、諜報網の破壊、謀略宣伝等弾圧を徹底強化」することに重点をおき、「敵側の秘設外廓団体は殆んど検挙弾圧するに到りたる」と誇る。古北口分隊が九月一九日に密雲県下で救国会・自衛軍・村公所などの主要分子一四六人を検挙した事例では、六月より偵諜をつづけ、まず関係者一人の検挙取調によって「之が全貌把握し、日軍の武装掩護下に日満警務機関を区処し」、一斉検挙を断行したとする。

「思想対策成果一覧表」には、七月から一二月までに一九六三人（「共匪」二一人と「通共」一九四二人）を検挙とある。八月の四九八人、一〇月の七三九人が多い。「匪賊治安攪乱事象統計表」には「襲撃」五三回、「交戦」（日満軍警の「積極的討伐」）三二四回とあり、それらによって一四〇五人を射殺し、一七九人を検挙したとする。「我方」の損害は戦死八八人などである。

半年報では「将来に対する判断並対策」として「当隊に於ては西南防衛地区隊の治標工作に即応し、治本工作の一翼を担当し、積極的に敵の企図を封殺すると共に、秘設外廓団体を徹底的に検挙弾圧し、敵側の思想宣伝謀略諜報網の破壊に任じ、顕著なる成果を収め殆ど潰滅し得る」としている（以上、『日本関東憲兵隊報告集』Ⅰ―⑮）。

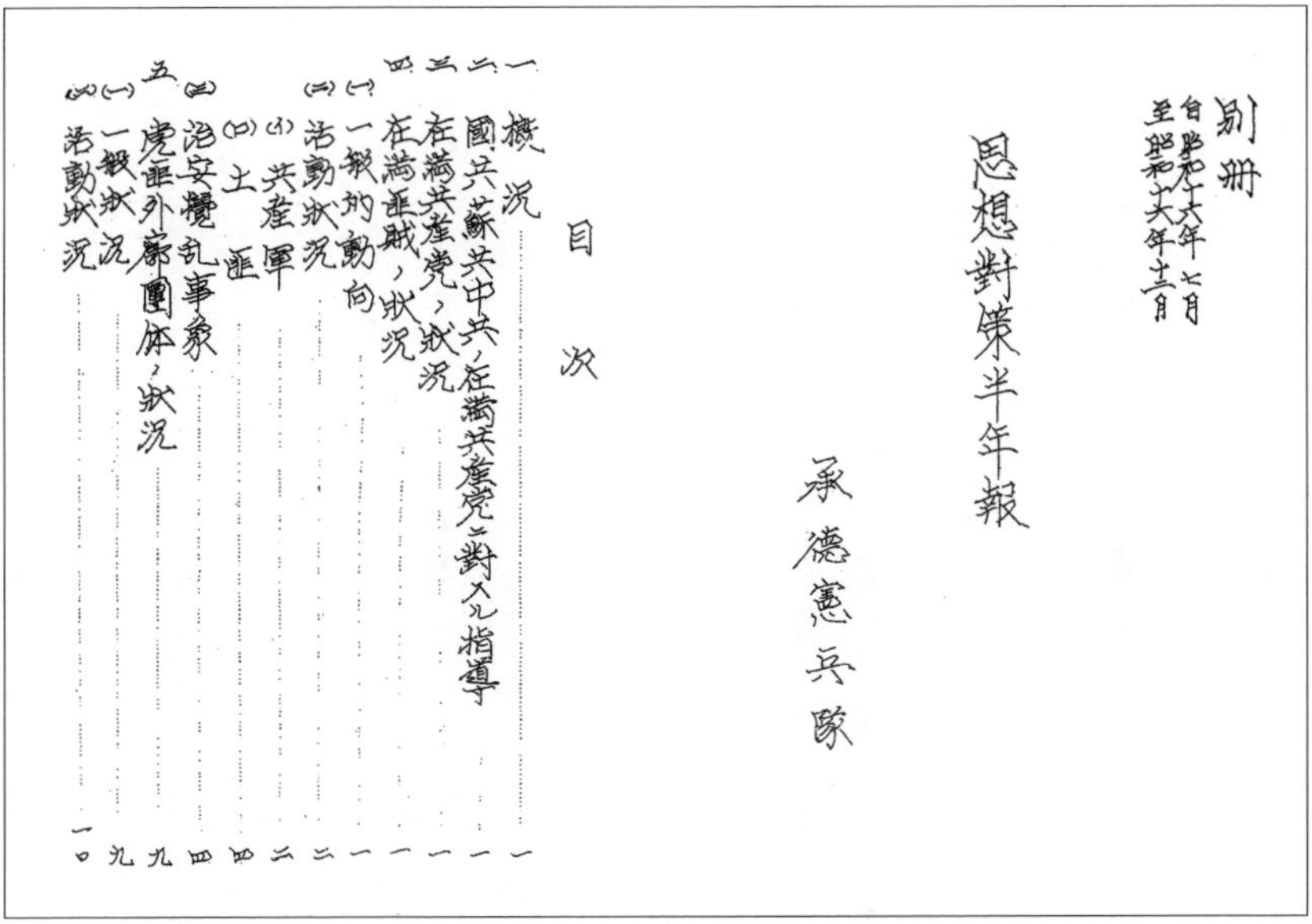
別冊
自昭和十六年七月
至昭和十六年十二月
思想對策半年報
承德憲兵隊

目次

承徳憲兵隊『思想対策半年報』表紙・目次、1941年7月～12月
『日本関東憲兵隊報告集』第1輯5

しかし、むしろ四二年以降に中国共産党・八路軍の「満洲国」進攻は激化したため、関東軍・「満洲国」政府は本格的な西南地区粛正工作を実施することになった。

前掲の関東憲兵隊司令部「満洲共産抗日運動概況」（一九四二年上半期）には「粛正状況」として興隆県と青龍県の事例が記されている。四二年一月二二日の興隆県南東部地区の地下組織一斉検挙事件をみよう。検挙のきっかけは前年一一月の日本軍と共産軍との戦闘の際、押収した文書から「承興工作団系統の地下組織が存在し、承徳憲兵隊の偵察を経て主要分子の状況を明らかにした」というもので、承興工作団系の二四の青年報国会などを破壊し、四二三人を検挙したという。承徳憲兵隊での尋問の結果、一五〇人を検察庁に送致した。内訳は工作員と「共匪」が各二人、組織の幹部級六一人、構成員一四人、「通匪」七一人である。二七三人は訓戒して一月二九日と二月一〇日に釈放された。

青龍県は国境五県のなかではもっとも平穏であったが、四一年半ば以降、「匪賊」の一部が都山地区に潜入して青年工作団を組織するなど暗躍するようになってきたため、憲兵隊では「先制攻撃の方法を採用し、偵察網を配置し鎮圧した」という。二月下旬に八路軍が国境地域に迫ると潜伏していた工作員も急に活動的になり、青龍県西部だけでなく東部正面地域も油断できなくなった。さらに偵察網を強化した憲兵隊は選択的に検挙したのち、六月四日から八日にかけて一斉検挙を断行した。二三の救国会、七つの報国会を破壊し、検挙は一三六人にのぼった。承徳憲兵隊による尋問の結果、六月一六日に八五人を検察庁に送致し、五一人を釈放した。

関東憲兵隊司令部の平山一男曹長は、「熱河省の満支国境で討伐部隊協力憲兵として服務した当時の経験」を『憲友』別冊に寄稿している（「体験に基く部隊協力憲兵の服務要領」、四二年一二月）。「配属憲兵」とは異なり、指揮系統は本属の憲兵分隊長にある「協力憲兵」の任務として「其特有する技能及識量を有機的に発揮し、部隊の行動を側面的に援助す」、「部隊協力の機会を利用し、警察目的を達成す」などをあげる。「部隊長期駐屯間の服務」の一つだった「匪分子の検挙」について、「有力なる匪団の討伐は部隊に於て任ずるも少数人員、殊に隠密行動を主とする工作員の検挙は憲兵の任務とすべきである、匪分子の検挙取調より得る資料は最も確実性あり、且之が検挙が民衆に及ぼす影響は亦重大なるものあるを以て、憲兵は常に之等匪分子の検挙に重点を指向すべきなり、優秀諜者の獲得、警察官の利用も帰する所は匪分子検挙の一手段に過ぎない」と記している。

粛正工作の実態——一九四三年以降

一九四三年一月、関東軍の一部の南方転出にともない、熱河省国境地帯の治安が急速に悪化した。これに対して、承徳憲兵隊長安藤次郎は「之は憲兵の責任だ。八路軍は一人残らず殲滅せよ。八路軍に高粱や粟等食糧を与えた者も皆死刑にせよ」（木村光明「無住地帯」）という命令を発したという。それが具体的にどのような「服務実績」としてあらわれたかについて、関東憲兵隊司令部『思想対策月報』をみよう。

まず四三年一月分では「熱河省に於ける第一号基号作戦間（自一月一日至一月二八日）に於ける憲兵の服務実績の大要」として、「工作員」一〇人、「共匪」一一人、民衆地下組織一六五五人、その他九八人を検挙したとする。一月分の「処分別」をみると、検察庁送致五〇七人、「利用」一人、「宣撫放遣」一〇九五人、取調中五二人である。二月分には「西南部地区党匪の策動は依然衰退せず」、「本期基号粛正に依り根拠地の大部は覆滅せられたるも、依然我警戒網を脱出し、執拗巧妙なる策動を継続し、春季攻勢を企図しあるは厳戒を要す」（『日本関東憲兵隊報告集』Ⅰ―⑪）とある。

承徳憲兵隊『思想対策月報』の二月分には第一次基号作戦間は青龍県地区に、第二次基号作戦間は承徳県南部および興隆県一体にわたって「中共党匪の有力分子並地下組織の剔抉芟除に重点を指向し、敵糧道遮断を併行実施し、概ね所望の目的を達せり」（同Ⅰ―⑥）とある。これらの数値は、前述した「満洲国」警務総局特務処『特務彙報』第四号（一九四三年）の「特高関係主なる検挙者一覧表」と合致する。

この大検挙は「二・一事件」と呼ばれる。『中日関係辞典』には青龍県・灤平県・興隆県・承徳県・喀喇沁旗などの八路軍と反満抗日組織の活動が非常に活発だったため、「二月一日、これらの地区の抗日組織を破壊、反満愛国運動を鎮圧するため、承徳日本憲兵隊本部特高課は「二・一」鎮圧計画を樹て、上記地区での大規模逮捕を実行した。逮捕された八路軍関係者と抗日人員は一〇〇〇余人で、そのうち二五四人は殺害され、残りの者は承徳特別治安法廷に送られ処理された」とある。

その後も鎮圧活動はつづいた。五月分の関東憲兵隊『思想対策月報』には「西南部地区中共党匪は依然民衆工作に狂奔しあり」として、注意すべき傾向を次のように列挙する。

1、紅槍会、大刀会等の邪教団体懐柔利用
2、有力匪団の青龍県東部錦熱省境侵入に伴い、同方面の策動強化
3、日文（語）を以てする対第一線日軍宣撫工作
4、武力を以てする集家工作の妨害強化
5、軍警に対する士兵工作、特に民族意識の挑発乃至利慾を以て懐柔せんとする傾向

この五月分の検挙者は二二人ながら、一月分以来の累計は七〇四五人に達している。六月分では「西南地区中共の策動は依然たるものあり、近時内部機構の整備強化、幹部の訓練素質の向上、今後の実態に対処するため徴兵、拡軍工作並民衆工作鞏化《きょうか》等に努め、以て総反攻準備態勢の整備を企図しつつあるものの如し」（『日本関東憲兵隊報告集』Ⅰ―⑬）となっている。これに日本側憲兵は新たに配属を受けた補助憲兵をあわせ、「依然重点地区への分散配置を為し、軍の行う集家並に無住工作推進援護に伴い、抜本的党匪地下策謀の究明弾圧、工作員の捕捉検挙に任じ、全面的企図封殺に鋭意努力中なり」（承徳憲兵隊『思想対策月報』四三年六月分　同Ⅰ―⑥）と対峙する。

田井久二郎は四三年五月から四四年四月まで熱河省警務庁特務科特務股長兼偵諜隊長を務めたが、この治安粛正が「所謂「匪民分離工作」」と称して、特務科直轄の偵捜隊（普通、特捜隊と称す）及各県旗特捜隊によって中国共産党並に八路軍を援助する抗日愛国地下組織に対する諜報と「検挙弾圧」」であったと供述する。警務庁長の発案で発足した偵捜隊（日本人八人と中国人三〇人で組織し、六組を編成）の活動が中心となった。具体的な諜報方法は隊員を便衣とし、一般商人、旅行者其他に偽装して「聴込捜査」によって抗日愛国運動者及地下組織の実体を突き止める事に努力し、之等容疑者（愛国者）名簿は常に有村警尉によって作成整理され、何時でも「逮捕」の出来る様に準備され、私は之を掌握するは勿論、省警務庁長に一〇日に一

回位報告致して居ります。一斉検挙は之等容疑者名簿によって警務庁長は承徳検察庁須藤検察官と連絡、共同の指揮命令によって行います

一斉検挙の事例の一つとして四三年八月、喀喇沁右旗西南部地区で中国共産党・八路軍の指導下にある抗日地下組織および党・軍などに対して「金品其他の経済的援助を為し、又は道案内、宿舎提供、其他党軍の活動を容易ならしめる行為者等」約一五〇人を検挙し、一五人から二〇人を治安維持法違反として承徳検察庁に送致したことをあげる。一年間の在任中、警務庁直轄の偵捜隊によって約六〇〇人を検挙し、六〇人から八〇人を検察庁に送致したとする。また、各県旗にも特捜班が設けられ、それらによる検挙者は合わせて約四〇〇〇人、検察庁への送致は二〇〇人から二五〇人となるという。警察における取調中に直轄偵捜隊では三人が、県旗特捜隊では三五人が殺害された。田井はそれを拷問による「傷害致死」だったとする。

なお、田井は警務庁直轄の警察討伐隊についても供述している。約二〇〇人を単位に四隊から五隊が編成されて活動していたが、皆川富之丞が警務庁長に就任するにともない、通化省で治安粛正に成果をあげた旧部下の討伐隊を呼び寄せ、再編成した。この新討伐隊は四三年一一月から翌年にかけて興隆県長城線地区に根拠において活動し、「八路軍並に中国共産党抗日武装団体人員に対する殺人数約五〇〇名」、「抗日愛国人民並に一般中国平和人民に対する殺人数約一〇〇〇名」におよぶ。各県旗の警察討伐隊も約八〇〇人を殺害したとする（以上、『日本侵華戦犯筆供選編』10）。

ここまで一九四三年までをみてきたが、その後も弾圧取締は継続された。史料が乏しくなるが、四四年前半にはほぼ組織的な抵抗を封じ込め、治安「改善」の見通しを立てたと推測される。三月分の関東憲兵隊『西南地区粛正月報』には「本期間に於ける西南地区蠢動匪団は略《ほぼ》前期同様にして大匪団は策動を見ざるも、民衆武装を根幹とする小数分散匪は依然活発なり」とある。「捕獲実績」は「中共系」一〇件・三八人（ほかに「自首」

が一件・一二三人）であり、前年に比べると大幅に少なくなっている（『日本関東憲兵隊報告集』Ⅱ—①）。

「遊撃隊」と「対共調査班」

西南地区における関東憲兵隊（特に承徳憲兵隊）の活動状況を別の観点からみておこう。

一つは一九四三年の「遊撃隊」の編成である。関東憲兵隊司令部『思想対策月報』二月分には「憲兵は部隊の粛正工作に即応し前期に引続き一部兵力を部隊に協力せしむる外、主力を以て遊撃憲兵隊を編成し、中共党政軍中核体分子の捕捉並民衆地下組織の剔抉に努めあり」（『日本関東憲兵隊報告集』Ⅰ—⑪）とある。これに関連して、『日本憲兵外史』は次のように記述している。

昭和十八年三《ママ》月初旬、承徳憲兵隊は全満各憲兵隊より憲兵の増援を得て、憲兵を基幹とした遊撃隊、熱河特別警備隊を新たに編成した。その編成は次のとおりである。

警備隊本部（承徳憲兵隊本部）　本部長　安藤次郎憲兵中佐
第一特別警備隊　隊長　生田省三憲兵大尉
第二特別警備隊　隊長　笠井種雄憲兵中尉
第三特別警備隊　隊長　長島玉次郎憲兵中尉

（略）

隊員は隊長以下全員が便衣（満服）を着用し、主として担当地域内に侵入した八路軍遊撃隊、武装工作隊の捕捉、撃滅、さらに地下組織の剔抉に任じた。しかも、昼夜の別なく果敢に武力遊動を実施したため、八路軍にとってたちまち恐怖の的となり、敵の作戦行動および情報活動を大いに牽制、封殺することになった。したがって、特別警備隊が作戦上敵の本拠を求めて長城線を越えて華北地域に侵入することも珍しくはなかった。

編成兵力は第一特別警備隊が承徳分隊を中心に増援憲兵を含めて約五〇人、第二特別警備隊が青龍憲兵分隊を中心に約三〇人、第三特別警備隊が古北口憲兵分隊を中心に約三〇人で、『日本憲兵外史』は「全員第一線級の実力憲兵の集団」であったとする。

この「遊撃隊」=「特別警備隊」の活動状況は、先の関東憲兵隊『思想対策月報』二月分の「実績状況」から判明する。全体の検挙者数五〇四三人のうち三四三四人が「遊撃憲兵」による（その約八割が「民衆地下組織」の「会員級」、つまり一般民衆である）。部隊に配属された「直協憲兵」は四〇七人の検挙にとどまる（「満警」は一一三八人を検挙）。

遊撃隊長の一人長島玉次郎は四三年二月、承徳県南方の部落での行動を次のように供述している（『日本侵華戦犯筆供選編』82）。


隊員百名を指揮し、中国人民平和農民二十歳以上五十歳以下の男約百六十名を逮捕、承徳に連行、日本軍自動車隊兵舎に約一週間監禁し、熱河特別治安庭検察官中島茂より渡された名簿に照合し該当者約二十名を策出し、中島検察官に送致した結果、熱河特別治安庭で審判され、約五名が死刑となり、他は投獄されました。尚残りの百四十名は隊長中佐安藤次郎の命令に依り、熱河省協和会事務長に送致し、協和会は反共宣伝を実施、帰宅させたと聞知します

もう一つは「対共調査班」で、四三年七月頃に設置された。「西南防衛地区対共調査班設置要領」によれば、「西南防衛地区に於ける八路匪及中共党軍政外廓団体活動の現況に鑑み、之等実態調査並我が方工作の実績蒐集を組織化して対策樹立の基礎資料を提供し、以て関係機関の施策の適正化と之が徹底に資し、速に治安粛正の完遂を期す」という方針のもと、日満治安機関を動員して三組体制をとった。その第一組の第一期（七月・

八月）の作業内容は「中共党、軍、政、民衆組織の実態調査」、「中共に策応し、又は其の虞れある邪教結社、其の他の実態調査」、「一般民心の動向調査」のほか、「偵諜、検挙、取調技術の研究」にまでおよぶ。第二組は「過去五ヶ年に亘る西南地区粛正工作の実績の検討に主眼を置」くほか、「集団部落建設地帯の実態調査」（以上、『満鉄与侵華日軍』第二一巻）も任務とした。

承徳憲兵隊特高課長を務めるとともにこの第一組長を兼務していた木村光明は、蒐集した「資料の中には司令部から移送された八路軍の捕虜、其の他の戦死者の日記の中にあったとか、北支等より日軍から来た戦斗教訓等もあり、管下関係機関に通報しました」と供述している（『日本侵華戦犯筆供選編』10）。

検察庁における取調と拷問

西南地区粛正工作においては関東憲兵隊を主力に、「満洲国」警察や憲兵、鉄路警護軍が関東軍の支援をえて討伐行動をおこない、中国共産党員・八路軍軍人、「通共」「通匪」などとして八路軍にかかわるとみなした農民・学生らの一般民衆を多数検挙した。その数は前掲「熱河に於ける憲兵の罪行」によれば、約一万三〇〇〇人前後に達し、約四〇〇〇人前後が検察庁に送致されたと推測される。

錦州高等検察庁の書記官だった板橋潤の「供述書」によれば、検察への送致者の処分について「八路軍、中国人民愛国者を対象者とし、「粛正」することが最大の目的であり、極刑を以て臨み、是が徹底を期する為、総ての取扱いを日本人の検察官、書記官、通訳官、審判官を以て弾圧を実行」するという方針は一貫し、徹底していた。また板橋の手記「特別治安庭」（中帰連平和記念館所蔵）には錦州高等検察庁に赴任した際、次長の村口康次郎が「我々の現在置かれている任ムは非常に重要だ、若し之が失敗したら大陸の交通はおろか戦争は負けになる」と強調したとある。

旭川地方裁判所検事局書記官だった板橋は直属の検察官望月武夫にしたがって「満洲国」入りし、長春の司法部訓練所で一カ月ほどの研修を受け、四二年七月に錦州高等検察庁書記官として赴任し、思想課に配属された。「中国共産党八路軍、国民党抗日愛国者、中国人民愛国者に対する弾圧の為、思想検察官亀岡忠彰を補佐し、被害者の投獄、監禁、取調及屠殺を目的とする一切の事務を取扱いし、又熱河省全地区に亘る中国人民愛国者の「大粛正」の為の「西南粛正工作に基く特別治安庭」なるものの組織業務（「粛正」の為の所謂現地派遣者の為の物資調達準備、屠殺報告書の整理、弾圧統計資料の作成等）を担当」するほか、治安機関相互の「特務情報」の事務取扱にもあたった（「供述書」『日本侵華戦犯筆供選編』99）。

　必要に応じてどこでも開廷される特別治安庭では検察官も現地に出張し、取調も地方法院や区の検察庁や憲兵分隊などでおこなった。犯罪とされた多くの容疑は「愛国組織の村長、屯長、牌長及び日本軍の道路破壊、電柱切断及び八路軍に物資の提供等」とされた。

　検察庁の取調においても拷問が日常的にあったことを、自らも拷問にかかわった一人として板橋潤は供述している。四二年九月、熱河省平泉区検察庁で農民王某に対して板橋は「机の前に座らせ、机の足に縛りつけ、ローソク火を鼻下に突きつけ拷問したるも反抗するので、今度は弁髪に火をつけ、火は次第に頭上に近づき身の危険を感知させ、遂に偽の事実を自白」させたという。四三年九月上旬の青龍県冷口村及都山周辺地区の「中国農民愛国者」二〇〇人と八路軍軍人三人の取調では、「私外二名は竹刀で被害者二十名に対し処《ところ》かまわず殴りつけ拷問し、私は直接被害者五名に対し竹刀で処かまわず

板橋潤
『日中戦争と治安維持法　ある検察書記官の記憶から』

数十回殴りつけ拷問しました」と供述している。

さらに自らの「殺人の罪行」として、検察庁での取調中、「憲兵の拷問虐待の為衰弱し、徒歩困難な状態にありたるにも不拘、之を投獄監禁し三日后獄死」させたことや、錦州監獄に監禁して取調中に「常時不衛生な監房に起居させ、発疹チブス及腸チブスに罹《かか》らしめ」、五人が死亡したことも供述している。

拷問によって作成された虚偽の調書が、特別治安庭における有罪の証拠となった。板橋は四二年九月、「罵倒し乍ら泥靴で踏む、蹴るの拷問」を加えたうえで「「こいつは牌長で、当然責任があるのだ」と事実無根の調書を作成」し、特別治安庭に送ったと供述する（以上、『日本侵華戦犯筆供選編』99）。

再び板橋の手記「特別治安庭」によれば、「被害者の方が憲警に捕われて「特別治安庭」まで送られる期間は十日以内」に処理され、それは八割にあてはまるという。「此の短い期間であるが、「特別治安庭」に送られた時は誰一人としてその被害者には満足な身体で居る人はなく、顔にはあの逞《たくま》しいなごりは幾分残って居るが、眼はくぼみ、衣はボロボロとなり、身体は一面にみみずばれして、全く見る影もないファシストのあくなき拷問の許すことのできない罪行」が刻み込まれていたとする。

板橋はこうした拷問の結果、獄中死を招いたことを「殺人の罪行」として認罪する。四三年六月、検察庁取調室で四〇歳位の男性に対して「机の足に捕縄にて縛りつけ、薬缶を以て水を十回程つげ込み水攻め拷問を為し、瀕死の状態に陥し入れ、監禁殺害しました」など、四件四人の殺害にかかわったと供述する（『日本侵華戦犯筆供選編』99）。

特別治安庭の審判

特別治安庭は「一地方の治安が攪乱され、急速に其の恢復を必要とする様な情勢」では、高等法院の所在地以外のいかなる場所でも開廷できること、一審かつ終審で非公開、審判官・検察官がすべて日系であること、弁護人抜きが可能であること、死刑判決の執行は銃殺が認められていることなど、すべてが西南地区粛正工作の司法処理に対応したものであり、実際に熱河省で集中的に開廷された。

板橋潤「供述書」によれば、設置した箇所は一五程度で、「特に承徳は普遍的に設置」されていた。飯守重任の「供述書」には一四カ所で二五回開廷されたとあり、特別治安庭で審判にあたった錦州高等法院次長（桑山栄吉・横山光彦・今井〔不詳〕）のほか錦州地方法院次長・審判官の名前、錦州高等検察庁次長（杉原一策・西川精開・村口康次郎）のほか錦州地方検察庁次長・検察官の名前、そして臨時応援の最高検察庁検察官の玉沢光三郎の名前が列挙されている（『東北「大討伐」』）。

承徳憲兵隊古北口分隊長などを務めていた長島玉次郎も、常置といってよい承徳地方法院のほか二五回・三九件の開廷があったとする。一九四二年と四三年に集中している。四二年六月と四三年二月には「満洲国」外の河北省遷安県喜峰口憲兵分隊内で、四三年八月には河北省密雲県古北口憲兵分隊内で開廷されたという。古北口分隊内設置の特別治安庭では交戦中に負傷して検挙された紅軍兵士三人に死刑を科した。この審判長は錦州地方法院次長内藤庸男だが、二人の審判官は異例にも中国人だったとする（「長島玉次郎証明書」、一九五四年六月一七日、『東北「大討伐」』）。

やはりここでも板橋の手記「特別治安庭」が次のように具体的な状況を伝える。

所謂検察官が此の「特別治安庭」へ起訴された被害者がその「処刑」を受けずにして返された方は一人も居らず、憲警から審判に到るまで一人の被害者の方に対し、五枚の紙で処理されてしまったのが多く有りました。そしてその審判は一人一人をやって居らず、通常五人十人と云う具合に審判官の前に被害者を並べて置いてなんの発言も許さず、審判官は検察官の「起訴状」を読み上げ、それによって適当な残酷な刑を科して居りました。例えば一九四三年十月偽青龍区法院に設置された「特別治安庭」で山田通審判官一人で一日五十人の被害者の方を重刑に処して居ります。従って「判決書」には被害者の名前を五人も十人も記載してあり、その内容たるものが如何に非人間的な罪行をデッチ上げして居るかは目を覆うものがあります（中略）

検挙後の警察・憲兵の取調から検察庁への送致、取調と特別治安庭への起訴と審判、判決を「五枚の紙」のみで処理してしまうことは、しかも「一日五十人」という単位もあったことは、特別治安庭による処断が治安粛正工作という流れ作業の最後の段階を形式的に締めくくるものであったことをよく物語る。こうした審判では「八路軍に粟一升やったと云うこと丈で徒刑十年」、「八路軍五人を宿泊させた理由の下で徒刑二十年」、「生きんが為に部落の人々を集めて話合った」というだけで死刑となる。八路軍と何かつながりがあると認定される場合もほとんど死刑となる。

二〇〇五年に刊行された板橋『ある検察書記官の記憶から　日中戦争と治安維持法』では四五年五月のこととして「平泉の特別治安廷には五日ぐらいいた。八路軍と密通したとかしないとかいう部落の人を憲兵が連れてきた。連れてこられたのは農民ではないかな。ふつうの人さ、あそこらへんの農家の人ばっかりだよ。あまり反抗しないで、素直に名前とか住所とかを言った。人数も少なくて、十名いなかったんではないかな。憲兵に渡して、承徳の法院に送った。一番重いので八年ぐらいの求刑。素直に言ったし、人数も少ないから拷問はしなかった。あの頃で言ったら、ぜんぜん残酷でない、へでもない量刑さ。感覚が麻痺するんだ」と語っている。

治安維持法違反事件の特別治安庭による処断がさらに重要性を増してくると、その運用をより簡略化し効率的にするために、四四年五月一日、「治安庭の設置並に之に伴う特別手続に関する件」を改正した。改正点は三点で、まず第二条第二項にあった「犯罪の態様、地方の情勢、其の他の事情に因り治安維持上特に重要にして、且急速に処置することを要する事件を処理す」を「特に重大にして治安維持の為、急速に処置することを要する事件を処理す」へと変更する。地方の治安情勢などへの考慮を要しないこととなり、どこでも開廷可能となった。

二つ目は「治安の状況、其の他の事情に照し、已むことを得ざる事由ある場合に於て」は、三人の合議制ではなく一人の単独審判を可能としたことである。三つ目は、死刑の執行を「監獄又は其の他適当なる場所に於て銃殺して之を為すことを得」とした。改正前は、その執行は「司法部大臣に依り其の指定したる場所」に限られていた。特別治安庭による処断のハードルがどんどん下がっていった。

高等法院次長横山光彦の審判

横山光彦が一九四〇年からチチハル高等法院次長として暫行懲治叛徒法違反事件の審判をおこなったことは前章で論じた。ここでは四三年五月から四四年四月までの錦州高等法院次長在任中の治安維持法違反事件の審判をみていく。錦州に転任するまでにチチハルでも「満洲国」治安維持法違反事件の審判をおこなっているが、それについては後述することとする。

一九五六年七月五日、瀋陽軍事法廷で横山についての被疑事実の調査がおこなわれ、裁判官から訊問を受けている。特別治安庭の任務を問われると、「例えば討伐隊に従って移動して高等法院のない所で起訴を受理した場合、現地で「特別治安庭」と呼ばれる治安法廷を設けました……非常に機動性があり、日本軍国主義が中国人民を弾圧する上で大きな威力を発揮しました」と答えている。治安庭審判と区別して、錦州高等法院では「巡回特別治安庭」とされた。

答：私が組織した「巡回特別治安庭」は一九四三年八月に承徳の省公署で開かれた西南地区の「治安粛正委員会」で出された決定であり、「治安粛正委員会」の通知を受けた時点で、討伐隊の行動に従った「特別治安庭」をいつでも派遣することになりました。一回目は青龍、興隆地区で、二回目は平泉、古北口地区でした。いずれも討伐隊の行働に従い、現地で起訴された中国の抗日運動家を裁判にかけました。

問：いわゆる「特別治安庭」では、こうした活動が頻繁に行われていたのですか？

答：はい、高等検察庁の思想検察官は承徳に常住していて、抗日運動事件で中国人を逮捕し、その人数が相当数に達すると、承徳に「特別治安庭」を開くように求めました。承徳には裁判官が二人しかいなかったので、錦州から裁判官が派遣されました。彼らはいずれも錦州高等裁判所を兼務する裁判官で、彼らが承徳で「特別治安庭」を開いてこれらの事件を処理することになりました。私の在任中、このようなことは大討伐のほかに一、二回ありました。

錦州高等法院次長としての職務を述べている横山の五四年六月二八日「供述書」をみよう（『日本侵華戦犯筆供選編』9）。「実に各高等法院の事実上の長官」であった次長として、思想事件には「特に関心を払」っていたとする。高等法院次長として熱河西南地区防衛委員会の委員に指名され、四三年八月の委員会では「九月に行わるべき熱河地区の大検挙に付、一般的事項の外に錦州高等法院特別治安庭が如何にしてこの検挙に協力し得るかを研究討論」した。瀋陽軍事法廷における第一次検挙にともなう特別治安庭の開廷状況について、「私は青龍に派遣した特別治安庭をして、青龍に於て起訴の都度公判を開き審判せしめたる後（約六十件）、之を興隆に移動せしめ、興隆に於ても起訴の都度公判を開き、審判せしめたのであります（約十二件）」とする。起訴者は第一次検挙で四五六人に、第二次検挙で六八人となった。

特別治安庭は承徳地方裁判所の内藤俊義次長、田場川裁判官および錦州地方裁判所の山田裁判官によって構成され、横山自身も裁判長として判決を下したことがある。「事件の内容」は次のようなものであったとする。

八路軍幹部革命志士に付ては千九百四十三年九月までの間、熱河省西南地区に於て其部隊を指揮し、日満軍、憲兵隊、熱河省警務庁特務、司法警察隊との戦闘を指導したという事実、八路軍革命戦士に付ては同上期間同上地区に於て、日満軍、憲兵隊、熱河省警務庁特務、司法警察隊との戦闘を指導したという事実、中国共産党責任者、党員に付ては同上期間同上地区に於て八路軍に協力し、愛国人民に付ても同上期間同上地区に於て抗日救国会に組織し、又宣伝、情報蒐集、連絡等を為したという事実、愛国人民に付ては同上期間同上地区に於て抗日救国会を通じて八路軍革命戦士に糧食、宿泊所、情報の提供、道案内等の抗日愛国運動を為したという事実であります

判決の結果は青龍においては死刑四人、無期徒刑または一〇年以上の徒刑一二〇人、一〇年未満の徒刑約六一人、興隆においては死刑一人、無期または一〇年以上の徒刑約三〇人、一〇年未満の徒刑約一〇人であった。承徳において自らが審判長として審判した人数は「供述書」では六〇人となっており、一五人を死刑に、一五人を無期徒刑に、三〇人を一〇年以上の徒刑としたとする。

横山はこれ以外にも大きく五つの事件を錦州高等法院特別治安庭で処断したことを供述し、一覧表（**表15**）を作成している。判決結果の合計は死刑五四人、無期徒刑三〇人、一〇年以上の徒刑五〇四人、一〇年以下の徒刑二六七人となる。そのうち自らが審判長となった事件では死刑二二人、無期徒刑一五人、一〇年以上の徒刑八六人、一〇年以下の徒刑二九人とする。特別治安庭の設置について「熱河対策が其主要原因を成して居ることは謂うまでもありません」と断言する。

表15　横山光彦　錦州高等法院次長在職中の治安庭・特別治安庭審判

事件名／人数・事件数	カラチン右・中旗・平泉・奥地・事件	光頭山地区事件	第一、二回大検挙（延安党校党員の事件を含む）事件	無電技術者の事件	八路軍関係の事件	国民党関係の事件	合計
死刑	7	5（2）	38（16）		1	3	54（22）
無期徒刑			30（15）				30（15）
有期徒刑十年以上	120	35（12）	305（30）		24	20	504（86）
有期徒刑十年未満	73	20（6）	151	1		22	267（29）
合計人員	200	60（20）	524（61）	1	25	45	855（152）
事件数	60	15（5）	164（20）	1	7	12	259（45）

括弧内の数と無電技術者、八路軍関係、国民党関係の項数目は横山が審判長として審判したもの。
『日本侵華戦犯筆供選編』9（『侵略の証言』）
（注）カッコ内の数字は横山の記述通りである。

西南地区粛正工作の死刑判決数

飯守重任は撫順戦犯管理所における手記「カトリック教徒たる親友に宛てた手紙」のなかで、司法部参事官として立案にかかわった「満洲国」治安維持法により「いわゆる熱河粛正工作に於いてのみでも、中国人民解放軍に協力した愛国人民を一千七百名も死刑に処し、約二千六百名の愛国人民を無期懲役その他の重刑に処している」と記している。

のちに帰国後に飯守はこれを虚偽としてひるがえすが、管理所における一九五六年六月二〇日付の「供述書」では「一九四二年四月前後から四五年「八・一五」戦争が終結した三年余りの間、この特別治安廷では熱河省の愛国人民一七〇〇人を処分した。多くは死刑であり、裁判ではかつてない大虐殺を実行した。そして、二六〇〇人以上の愛国人民に無期懲役と二〇年、一五年、八年などの重刑で投獄し、数百人が帝国主義の刑務所内で栄養不良のために死亡した」（『偽満傀儡政権』）と述べている。

西南地区粛正工作において「満洲国」治安維持法による一七〇〇人という死刑判決があったという飯守の証言は、果たして真実であったのだろうか。

この飯守「供述書」に照応するものとして、板橋潤の手記「特別治安庭」（中帰連平和記念館所蔵）がある。そこには「「特別治安庭」が設置され、敗戦に到る期間、死刑にされた中国愛国者の方は一七〇〇名以上、無期及び有期徒刑二九〇〇名以上に達しております、合計四六〇〇名以上の方々の尊い生命を奪って居ります」とある。この数値は、四四年一〇月より板橋自身が「満洲国」建国一〇周年記念の特赦についての事務をおこなうために調査したものであり、確度は高い。おそらく飯守もこの数値にもとづいての供述や「手記」だったと推測される。

一方、板橋は「供述書」（『日本侵華戦犯筆供選編』99）において、錦州高等検察庁思想科の統計書からの推計として、西南地区粛正工作にもとづく特別治安庭では約三五〇〇人が起訴・審判を受け（検察庁送致は約四〇〇〇人）、約七〇〇人が死刑、約七〇〇人が無期徒刑、約五〇〇人が徒刑二〇年、約八三〇人が徒刑一五年、約七七〇人が徒刑一三年から二年で、少数の執行猶予者・無罪があったとしている。これは板橋自身の「手記」、そして飯守の供述にある一七〇〇人の死刑とはかなり開きがある。一つ考えられることは治安維持法による死刑判決は特別治安庭のみだけでなく、高等法院の普通の「治安庭」の審判でも言い渡されていることであるが、その数はそれほど多くない。今のところ、板橋の示すこの死刑判決数の乖離がなぜ生じているのか、判断できない。

板橋「供述書」では、錦州高等法院の普通「治安庭」と西南地区粛正工作に付随した各地での特別治安庭が区別して述べられている。四二年三月七月から四四年一一月までの間、「錦州高等検察庁書記官として検察官亀山忠彰外二名と共に偽錦州高等法院の審判官を経由して投獄」した事例として、中国共産党関係三件・四三二人が検察庁に送致され、そのうち三二五人を錦州高等法院の普通「治安庭」に起訴し、三五人が死刑判決を

	1043年9～12月			1944年1～4月				合計			
	死刑	無期及び有期	判決結果不明者	審判総数	死刑	無期及び有期	判決結果不明者	審判総数	死刑	無期及び有期	判決結果不明者
	28	99		27	4	23		197	36	161	
	5	35	40	1			1	441	40	310	91
	30	160	32	6			6	333	65	230	38
			110					110			110
								80	30	50	
	30	160	142	6			6	523	95	280	148
	7	14						21	7	14	
								125	20	105	
	10	21						31	10	21	
	17	35						177	37	140	
								40	15	25	
			100	209	66	143		389	66	223	100
								3	3		
	80	329	282	243	70	166	7	1,770	292	1,139	339

受けたとする。ほかに抗日国民党関係として、送致された一二人のうち一〇人が有期徒刑を科されている。

西南地区粛正工作による検挙者は各地の特別治安庭で審判されたが、板橋が直接取調をおこなって起訴となったのは四件・二八四人で、合わせて二三人が死刑になったとする。

古北口憲兵分隊長・熱河第三遊撃隊長の長島玉次郎は四二年八月から四四年九月までの西南地区粛正工作において一万六五六人を検挙し、熱河特別治安庭では約三六〇〇人を審判し、九八〇人が死刑となり、二六〇〇人が投獄されたと供述している(「長島玉次郎証明書」)。

もう一つ、『東北「大討伐」』には撫順戦犯管理所における長島・板橋ら七人による共同作業で作成された

表16 「偽満錦州高等法院、特別治安庭審判」の統計表（1956年12月2日編制）

地点＼刑別＼時間		1943年5月				1943年6~8月					
		審判総数	死刑	無期及び有期	判決結果不明者	審判総数	死刑	無期及び有期	判決結果不明者	審判総数	
錦州		43	4	39						127	
承徳		160	15	95	50	200	20	180		80	
青龍	青龍	105	35	70						222	
	寛城									110	
	龍須門	80	30	50							
	小計	185	65	120						332	
興隆	興隆									21	
	半壁山					125	20	105			
	鷹手営子									31	
	小計					125	20	105		52	
喜峰口		40	15	25							
平泉						80		80		100	
古北口						3	3				
総計		428	99	279	50	408	43	365		691	

『東北「大討伐」』

「偽満錦州高等法院、特別治安庭審判」の統計表が収録されている（**表16**）。四三年五月から四四年四月の間のもので、死刑二九二人、徒刑一一三九人となっている。

このように供述や史料は断片的な期間の数値にとどまるが、飯守供述や板橋「手記」に示された一七〇〇人の死刑ということは上限の可能性としてはありうるものと推測される。

また、この西南地区粛正工作での死刑判決に加えて、熱河省以外の治安維持法違反事件での死刑判決は前述のような北満地区粛正工作（六六人）、通河事件（三一人）、桃園工作事件（約一〇人）などを加えてみると合計では二〇〇人に近い数値となる。さらに未確認のものを含めれば、「満洲国」治安維持法による死刑は二〇〇〇人に達するという推定も決して荒唐無稽のものとはいえないだろう。なお、板橋「供述書」の「約七〇〇人」を取ってみても「満洲国」全体では一〇〇〇人という死刑判決となる。これでも途方もない数値であることは間違いない。

五　在満日系共産主義運動の弾圧

合作社事件の内偵捜査

満鉄調査部事件の取調に目途の立った一九四三年八月、「思対〔思想対策〕下士官集合教育資料」として関東憲兵隊司令部の武本実中尉が作成した「最近に於ける日系共産主義運動と捜査着眼」〔小林英夫・福井紳一『満鉄調査部事件の真相』（二〇〇四年）所収〕によれば、「建国初期に於ける満洲国治安の特性上、軍警の主力は陽動的兵匪の掃蕩、直接行動的共匪、共産党、或は反満抗日諸団体の剿滅に指向せられありたる為、日系共産主義運動の如き合法場面に寄生して展開しありたる陰性思想運動の剔抉は勢い思想対策の重点目標外に置かれありたる」状況であった。

満鉄調査部事件・合作社事件の総括報告書というべき関東憲兵隊司令部編『在満日系共産主義運動』（一九四四年、復刻版〔一九六九年〕）でも「日系左翼運動再燃の憂なし」と楽観し、「専ら建国匆々《そうそう》の国民民族的対象に集中」していたとある。こうした状況は「満洲国」の「建国初期」から一九四〇年前後までを指すだろう。

それでも関東憲兵隊司令部が管下各憲兵隊などからの報告を総合してまとめた『思想対策月報』では一九三九年以降、「コミンテルン並蘇共、日共の策動状況」という項目が立ち、「日本共産党（含左翼）の策動状況」への警戒がはじまっていた。三九年二月分には「某地協和会職員某は蘇連の対日政策を紹介する目的」で、コミンテルン執行委員会の機関誌から「岡野参次《ママ》」の「悪質激烈なる論説」を翻訳印刷し、各地に郵送したことを取りあげる。さらに四月分には「日共乃至左翼運動者の表面的策動として特記すべき事項なきも、近時要視察（含注意）邦人の満洲移住乃至来往する者漸増の傾向にありて、而《しか》も移住者中社会的に相当重要なる地位を獲得しつつある者多き」とある。

五月分にも「未転向思想要注意人及左翼文芸関係者にして転向を装い、暗に同志と密絡策動しあるやの傾向を窺知せらるる」とあったが、七月分ではそれらの「大部は所謂思想転向者にして、概《おおむ》ね正鵠に時局を認識し過去の非を悟り、各々正業に精進しありて特殊の状況を認めず」となり、以後は「特記すべき事象なし」がつづいた（以上、『日本関東憲兵隊報告集』Ⅰ—⑩）。それは『在満日系共産主義運動』にある「支那事変勃発を契機として協和会に、農事合作社に、或は満鉄調査部に職員として渡満して来た日系左翼前歴者の行動に対して、一部世評に兎角の風説が生ずるに至」り、「言論界の風潮に正常ならざるものあるを感じ、秘かに其の據《よ》って来る根源の究明に意を注ぐに至った」という叙述と照応する。四〇年前後、関東憲兵隊全体としては「日共の策動」に関心を持ちつつも、具体的な端緒をつかみかねていたといえよう。

そのなかで新京憲兵隊特高課が「日系左翼前歴者の行動」を追いつづけ、やがて「合作社」に到達する。四〇年七月、警視庁による協和会中央本部の平賀貞夫検挙を直接的契機に独自の内偵捜査を進め、「農事合作社に於ける左翼前歴者の集団的策動の背後に、思想関係が伏在しありとする容疑極めて濃厚なる結論」を導きだした。これにつづけて『在満日系共産主義運動』は、次のように記している。

十二月、時の新京憲兵隊本部特高課長は支那事変、特に思想事犯取締の重要性に鑑み、断乎不逞思想の根源を摘発すべく決意し、事件の性質上予め長期間偵諜を覚悟し、本部特高課に少数精鋭なる人員を以て特別工作班を設け、爾来有能なる連絡者の獲得操縦に、或は関係情報並確証の収集把握に直接指導督励すると共に、更に臨時郵便物検閲班を編制し、関係者の発受信を極秘厳密裡に速写せしむる等、係員の全捜査技能を之に集中発揮せしめ、約一年に亘る組織的偵諜活動を実施した……昭和十六年六月頃に至り遂に農事合作社及協和会を温床として合作社運動、協和運動等の国策に便乗して行われありたる在満日系共産主義運動の実在を確認するに至った

ここで「関係者」として新京憲兵隊の「偵諜」対象となったのは、佐藤大四郎や情野《せいの》義秀ら「農事合作社に於ける左翼前歴者」であった。尾行や身辺調査、「有能なる連絡者」＝スパイによる言動の逐一把握、「臨時郵便物検閲班」による信書類の「速写」などをおこなって、交友関係や思想動向の把握に努めた。

新京憲兵隊本部特高課思想対策係であった今関喜太郎曹長は、四一年五月頃より「哈爾浜を中心とする興農合作社関係日本人共産主義運動に対し、（一）新京興農合作社中央会理事佐藤大四郎を中心とする愛国者九〇名の交際関係及び経歴　（二）興農合作社機関誌「興農合作社報」、雑誌「満洲評論」に投稿宣伝状況　（三）郵便検閲に依る相互連絡状況　（四）興農部理事官向井某を利用し、愛国者佐藤大四郎、情野義秀を中心とする会合連絡言動状況を提報せしむる偵諜を行」っていたと供述している（『日本侵華戦犯筆供選編』93）。

しかし、おそらく関東軍司令部の意向を受けて、「在満邦人は元より、異民族に及《およぼ》す反響の甚大なるを考慮し、弾圧方法には慎重なる考慮」（『在満日系共産主義運動』）を払わざるをえなくなる。さらに、「満洲国」内外の情勢変化により「再検討」の指示もなされ、内偵作業も停滞してしまっていた。

合作社事件の検挙

一九四一年一〇月一三日、新京憲兵隊は「偵諜補足の為の抽出検挙」の「絶好の機会」として、公金横領の容疑で情野義秀を検挙するという独断的行動に出た。新京憲兵隊本部思想対策班の一員で、情野検挙の「実行者」である川戸武は撫順戦犯管理所で「それは憲兵隊として窮余の策であったと言える。その訳は、今まで事件中、中心格の人物と目星を付けて「偵諜」をやっていた情野義秀が涜職《とくしょく》行為の暴露を恐れ、一旦日本に引上げた上、職を求めて広東に赴くとの情報を得、此の際検挙しなかったなら、機会を逸する必要に迫られたからである」と供述している。思想対策班班長の大島英雄が実行していた「偵諜工作」も、実際には「判《はっき》りと根拠の上に立っての「自信満々」では無かった」という（松村高夫「フレーム・アップと「抵抗」」（松村・柳沢遊・江田憲治編『満鉄の調査と研究』、二〇〇八年）より重引）。

松村高夫が指摘するように、「思想関係の検挙理由や確証なし」の「綱渡り的検挙」「見込み検挙」だった。「偵諜工作」の不調に加え、関東軍司令部内の根強い検挙反対の空気もあった。合作社事件検挙に新京憲兵隊特高課防諜班班長として加わっていた工藤胖《ゆたか》は著書『諜報憲兵』（一九八四年）において、「一斉検挙に際しては事前に関東軍の了解を得ていたが、軍第四課だけは満州国政治指導担当の立場からこれに強く反対した」と記す。取調が難航すると「もともと最初からこの捜査にまっ向から反対していた軍第四課の参謀をはじめ、グループに同情的であった軍内外の右翼運動者までが騒ぎ出し、事件は憲兵のでっち上げであるとの声さえあがるにいたった」という。

情野は「公金費消の事実」を認めたのち、「更に二日を過して心機一転し、従来の偵諜内容に符合する在満日系左翼前歴者を中心とする一・二八工作事件の実体を供述するに至った」（『在満日系共産主義運動』）。一〇月二〇日頃のことである。川戸「供述書」はこの間の経緯を詳細に記している。情野は検挙の三日後から陳述をはじめ、自筆「手記」に五つのことを書いたという。公金横領の事実以外に、「満州に来て以後、満州評論社及満鉄調査部から発行している図書の中にマルクス主義が巧妙に織り込まれている事を知り、それ等の執筆者の多くが転向者であり、マルクス主義を捨てきっていない事を感じて、大いに啓蒙された」こと、平賀・情野・進藤甚四郎・岩間義人・井上林《りん》・田中治の六人で「浜江グループ」を結成したこと、そして「浜江コース」の開祖である佐藤大四郎が「その労作『満州に於ける農村協同組合運動』『満州農事合作社運動』の中で満州の農業政策はマルクス主義に基いて実施さるべき事を判《はっき》りと述べている」こと、「意識的連繫のある者」は平野や情野ら六人に限られることを記したという。

「浜江コース」支持者のうち、「意識的連繫」をもつ六人が「非合法運動」であることを自覚して「中核体」を結成した、というのが情野陳述の核心である。憲兵検挙直後の供述や「手記」執筆という状況ゆえに「非合法活動」という認識があったのかは留保する必要があるが、おそらくマルクス主義の信奉という「意識的連繫」にもとづく「浜江グループ」を何度かの会合の結果として組織したことは確かであろう。ここが、後述する満鉄調査部事件で同様に「中核体」「新京グループ」という「非合法活動」が最終的に認定されないこととの大きな差異となる。

新京憲兵隊では「偵諜工作」で知り得なかったこれらの内容を検討した結果、川戸「供述書」によれば「中核体を結成した六名は、秘密結社の組成分子と看做《みな》され、彼等に啓蒙的作用を及した満州評論同人、満鉄調査部、協和会及政府機関の一部進歩的分子を共産主義者と認め、彼等に対する検挙名簿と理由書が関東軍司令部に提出された」。しかし、関東軍は一斉検挙者のリストから満鉄調査部関係者を除くことを指示し、事件の立証に失敗した場合には「憲兵隊長以下の責任を問う」という条件を付したという。なお、この経緯を『在満日系共産主義運動』は「秘密結社中核体」出現の報告に「関東軍に於ても事態を重大視し、慎重審議の結果、断乎弾圧するに決し」たと記述する。

条件付ながら関東軍司令部の了解を得ると、事件は「一・二八工作事件」と名づけられ、「検挙並に処理に関しては関東憲兵隊司令官の統轄下に、満洲国側関係機関を協力せしむること」(『在満日系共産主義運動』)になった。新京憲兵隊は是が非でも「秘密結社中核体」と「浜江コース」を事件として立件し、しかも重大事件に仕立てあげることに迫られた。フレーム・アップに一路邁進することになる。

四一年一一月一日、関東憲兵隊司令部警務部長を長とする「臨時捜査部」を編成、四日に一斉検挙が断行された。憲兵隊による検挙者は二六人にのぼり、重要人物とみなした清野・岩間義人・佐藤大四郎・深谷進・大塚譲三郎らが含まれている。新京以外で検挙した井上林・新藤甚四郎・田中治は新京に連行された。動員された「満洲国」警察は二五人を検挙した(『在満日系共産主義運動』)。「満洲国」治安維持法違反として、合作社事件の検挙者は五〇人を越えた。

一斉検挙が終了すると、「臨時捜査部」の統轄班は直接取調を担当するハルビンなどの各隊特高課長を集めて事件の詳細を説明するとともに、「各隊に於ける取調担任官中、先任者各一名を司令部に集め、約一週間に亘る取調教育を実施し、且新京憲兵隊本部に於ける取調を実地見聞せしめて其の要領を会得せしむる等」の実地訓練を施した。関東憲兵隊全般では、「在満日系共産主義運動」に対する認識と経験が乏しかったためである。

新京憲兵隊では応援を得て「処理班」を編成し、「文字通り不眠不休の取調を続行した」。関東軍に在籍していた元東京地検の思想検事中村哲夫が関東憲兵隊司令部勤務となり、「事件処理を指導することとなった為、取調は一段進捗するに至った」。憲兵隊関係では大半を新京高等検察庁に送致している。憲兵隊関係の起訴者は一〇人、警察関係の起訴者は二人となった。

関係者とみなした全員を勾留したうえで、まず「中核体」関係者と目された情野ら五人の取調が優先的・重点的に進められた。三カ月余の取調を経て、四二年二月二八日、新京憲兵隊長から平賀を除く「中核体」関係者五人が新京高等検察庁に「送致」された。事件の重大性から考えると、かなりのスピードが求められたといえよう。その拙速さは、「満洲国」治安維持法第一条第一項「団体結成罪」の適用＝「満洲帝国の国体の変革を目的とする結社を組織」（「意見書」）という、強烈なインパクトを狙ったことにも関連するだろう。『在満日系共産主義運動』で合作社事件をあつかう第九章の「緒言《しょげん》」には、「本事件取調の進捗」にともない、「政府並関係諸機関に大なる衝動」を与えたとある。

合作社事件の治安維持法による処断

検察庁「送致」後の司法処分状況をみると、「当時司法部思想科長兼職中の新京高等検察庁藤井勝三検察官以下極めて少数の検察官を以て、憲兵隊に於ける捜査に積極的協力をなすと共に満洲国警察の直接指導に当り、而も事件送致以後は多数関係者の取調を一手に引受け、複雑なる諸関係を短時日の間に解決せざるを得ない実情にあった」（『在満日系共産主義運動』）。「憲兵隊に於ける捜査に積極的協力をなす」とあるように、「偵諜工作」から検挙・取調という段階から憲兵隊と検察の協力態勢が確立していた。「送致」後も、憲兵隊による「浜江コース」との関連取調もあり、一カ月ほどは関東憲兵隊内で検察官の訊問がおこなわれていた。藤井勝三の前職は広島地裁検事局の思想検事であった。

藤井ら治安係検察官による訊問と「手記」執筆を経て、一九四二年四月一四日、「中核体」関係者五人が新京高等法院に起訴された。短期間での起訴処分は、やはり治安維持法の「団体結成罪」適用というインパクトを重視したからであろう。「世界革命の遂行の為には、先づ日満支に於て右両党の有期的連携を通して各其《おのおの》の地に於ける同時武装蜂起を決行することを以て先決条件」として、その目的実現のために四一年四月の「天満ホテル会談」において「現に分散状態に在る我国日系共産主義運動の指導統一を図る為の中核体たる「核」を結成」し、当面の運動方針として「在満日系共産主義者及満系優秀分子、就中満洲国軍、満系警察官、其の他満系青年優秀分子等を漸次獲得して組織の確立を図ること」にあったとされた。これが「我国の国体変革を目的とする無名の秘密結社の組織を為したるもの」という犯罪事実となった。

「浜江コース」の中心人物佐藤大四郎の起訴は九月一九日で、その前後に被疑者の多くは起訴猶予となっている。四三年一二月三〇日にようやく起訴猶予となる大塚譲三郎のように、長期間、未決監に勾留される場合もあった。

『在満日系共産主義運動』は本件の「検挙以来、司法当局に於ては事犯の重要性に鑑み急遽思想検察陣の強化を企図し、国内思想検察官を動員して事件に対処すると共に、日本内地より専掌検事の出向を求め、陣容の整備強化を期し、以て非常時局下、此の種運動に対し断乎剔抉方針を以て臨むこととな」り、「昭和十八年五月内地より専掌検察官三名増強せられ、検察官、憲兵一体となり、相互密接なる連繫の下に終始円滑に事件処理に当った」とする。ただし、日本国内からの増強は四三年五月だったため、その効果は主に満鉄調査部事件で活かされることになった。

合作社事件全体のなかでまず起訴された五人の「中核体」関係者については四二年六月以降、新京高等法院の治安庭において公判が開始され、八月二八日、「治安維持法第一条第一項の所謂団体結成罪として一率《ママ》に無期徒刑の判決が確定し」(『在満日系共産主義運動』)た。判決文は不明である。

合作社事件を「在満日系共産主義運動」弾圧の嚆矢とし、「国体」変革の団体として「中核体」を仕立てあげることは、「満洲国」治安維持法の第一条第一項「団体結成罪」の適用を意味する。暫行懲治叛徒法の第一条では「首魁は死刑」「役員其の他の指導者は死刑又は無期徒刑」とされていたから、「旧法たる其れ等の法律に定めたる刑より重く処罰することを得ない」とされていたものの、実質的には治安維持法の第一条第一項を適用する以上、選択肢は「死刑又は無期徒刑」以外になかった。さすがに実態のほとんどない「中核体」結成の「首魁」とすることには躊躇があり、また「日本人」ゆえ「転向」可能という判断があったためだろう、「死刑」ではなく「無期徒刑」が選択されたと思われる。

高等法院治安庭は第一審であり、最高法院への上告がありえたはずであるが、『在満日系共産主義運動』の「関係者中一人として不服を申出ずるものなく、却って今回を最後の獄中生活として真に後生を意義あらしめ度いとする誠意を訴え、潔く服罪し、係官を感激せしめたと伝えらる」という記述によれば、上告はなされず、高等法院の判決が確定判決となった。「誠意」や「潔く服罪」をそのまま信じることはできない。上告断念を強要されたか、上告の無用さに諦観したためかと推測される。

佐藤大四郎への判決

一九四三年四月一五日になされた「浜江コース」六人への判決は治安維持法第五条第一項の宣伝罪を適用したもので、佐藤大四郎が徒刑一二年（求刑は徒刑一五年）、他は七年から三年の徒刑だった。これらの治安庭における審判長は佐藤竹三郎（前職は札幌地裁予審判事）、検察官は藤井である。

佐藤大四郎に対する判決文は日本司法省『思想月報』第一〇二号（一九四三年五月）に掲載された。「内地に於て治安維持法違反の罪に依り執行猶予の判決を受けたる後も理論的には共産主義を信奉し、昭和九年五月渡満後、具《つぶさ》に満洲農村の実体を観るに及び、満洲農民を左翼的に指導する所謂「北満型農事合作社運動方針」（又は「浜江コース」）なる理論を構成し、之が普及浸透に努むると共に該理論に基き農事合作社を利用して農民

佐藤大四郎
田中武夫『橘樸と佐藤大四郎』、龍溪書舎

の左翼的啓蒙に努めてきたもので、同事件には左翼の前歴を有する多数の日本人が関与して居たことは注目すべきことである」という前文が付されている。

判決では佐藤が唯物史観の立場より農村社会を分析し、「農村協同組合運動の中心目標を勤労階級たる中貧農に置き」、「信用、購買、販売、生産利用等の諸事業を通じ、極力是等階級の農民を寄生的地主及商業高利貸資本家等の搾取より擁護し、其の経済的文化的水準を昂《たか》むると共に、階級的自覚を促し、半封建的支配に反発する気運を醸成してブルヂョア民主主義革命に導き、次に起るべきプロレタリヤ革命の客観的主体的諸条件の成熟に寄与せしむるに在り」として、「鋭意「浜江コース」の普及浸透に勉め」てきたとする。ここで日本国内の治安維持法運用では常套手段というべき「窮極に於て」を用いて、佐藤の言動は「我が国体を変革して共産主義社会を実現せんことを企図」するものであったと断定する。その具体的な行動としてパンフレットの刊行と配布、機関誌『農事合作報』などの刊行、『満洲評論』へ寄稿などをあげている。

上告せず、刑が確定した。佐藤はこの判決からまもなく五月二〇日、奉天監獄で栄養失調に肋膜炎を併発して獄死する。

関東憲兵隊の描く「在満日系共産主義運動」の構図

後述する満鉄調査部事件が一段落した時点（一九四四年後半）で編纂された関東憲兵隊司令部『在満日系共産主義運動』は、その「緒言」で合作社事件を「農民左翼組織を企図する北満型合作社運動、日共再建を目指す中核隊《ママ》組織並協和会関係左翼運動等の全貌が白日下に曝《さら》し出され」たものとする。その第九章では「所謂一・二八工作事件」＝合作社事件を「便宜上佐藤大四郎を中心として漸進的、一種の人民戦線戦術を巧みに採用したる浜江コース関係と、かかる運動に尚一抹の慊《あき》たらぬものを感じて之とは別個に急進的左翼運動を企図した情野義秀、平賀貞夫一派の中核体結成事件及之等の運動に相呼応しつつも、未だ直接の連繫を保つに至らざりし鈴木小兵衛《こへえ》等の協和会、満洲評論同人、満鉄部内に於ける左翼グループ活動」と描いた。つまり、「北満型合作社運動」＝「浜江コース関係」、「中核体」関係、これらとまだ未連繫だったいくつかの「左翼グループ」活動という三つの集まりととらえた。

「浜江コース」は「究極に於ては共産主義社会の実現を意図するところに其の本質がある」とし、「中核体」の性格は「日本共産党の流れを汲み、共産主義世界革命の一環として日・満・支同時武装蜂起に依る暴力革命の意図を内蔵していた」とみなしている。ただし、その「活動」は「比較的貧弱なる活動に終った」という。三つ目の「協和会内部の左翼運動」は「未だ端緒的段階」だったとはいえ、「軈《やが》ては国策の企画面をも左翼化すべく虎視眈々たるもの」があり、「浜江コースに劣らざる危険性」をはらんでいたとする。

ついで、それらがいかに「運動の危険性」を有していたかを指摘する。第一はそれぞれが「強烈なる左翼意識」を有していたことで、「中核体」の場合、平賀の検挙がなかったとすれば「寒心すべき実を結んで居た」とする。「浜江コース」の場合、「建設過程に於ける満洲国重要政策の空隙に乗じて全面的左翼運動に押し進めんとする深謀は、其の潜在意識の強烈なる点に於て寧ろ前者中核体運動に勝るものあり」と重大視する。

第二に「巧妙なる戦術手段」であったとする。ここでも「浜江コース及鈴木小兵衛等協和会関係者の合法運動は「軈て機の熟するを俟《ま》って中核体に勝る強力過激なる指導的組織体を期待せんとする巧妙且陰険なる左翼実践運動」に進んでいったとする。そして、佐藤の落とした「一粒の種」は「彼の巧妙なる宣伝に培われて」、

「国策面に深く根を下して将来に伸びんとして居る」という位置づけとなる。ここから佐藤に対する判決の「徒刑一二年」という重さが引き出された。ほかに「運動の危険性」として、「関係者の牢固たる社会的地位」と「地域的関係よりする危険性」があげられている。

このような関東憲兵隊の描く構図からいえることは、三つのグループのそれぞれに重要性があったということである。それでも全体として「浜江コースを紐帯とする拳固なる同志的結合を背景」とするように、合作社事件の中心におかれたのは「浜江コース」であり、佐藤を理論・実践面の指導的人物とした。「浜江コース」は合法的・漸進的ながら、「国策」的な重要政策にかかわるだけに「脅威」「危険」とみなした。「中核体」は「浜江コース」から出発しつつ、急進的・暴力革命の実践を志向しており、日本共産党再建運動と接点をもつとみなした。「之を放置せば嘗ての日本共産党満洲事務局（一九三一年）の如きものに発展する可能性は充分包蔵して居た」と観測した。

鈴木小兵衛らの協和会関係者は、「浜江コース」関係者の取調を通じて浮上したもので（中間検挙）、「国策の企画面をも左翼化すべく」活動していたがゆえに、そこに潜在的な脅威・危険を見出した。「鈴木小兵衛、佐藤春生、花房森は取調の結果、満鉄調査部に於ける共産主義運動の一味なる事実判明」したとされ、満鉄調査部事件への接続という点で重要な意味をもった。

関東憲兵隊司令部からの報告を受けて憲兵司令部が作成したと思われる「在満思想運動の推移と特質」（憲兵司令部「コミンテルンの解散と共産主義運動の将来性」所収、一九四三年八月、名古屋大学法学部図書室所蔵）では、「第一、共産運動の推移概況」として「鮮系共産運動」「在満蘇聯共産党」「在満中国共産党」について「在満日系左翼運動」を取りあげている（「第二　反日民族運動の概況」、「第三　蘇聯の対日満策動」とつづく）。「思想前歴者の来満増加」傾向に注目し、「政府機関、共和会《ママ》及び興農合作社、若くは満鉄調査部等に就職」、「所謂合法場面を利用とする共産主義的活動が盛ん」となってきたとしたうえで、「所謂合法運動として国策に併行しつつ行われるために之を暴露摘出することが極めて困難となっていること」を強調する。

合作社事件に言及する箇所では（四三年八月時点のために満鉄調査部事件については検挙事実のみの記述）、運動そのものの危険性という点では合法運動としての「浜江コース」を「中核体運動に勝るものあり」とみている。「一見左翼的に混同せられ易い国策に着眼して所謂「北満型合作社運動方針」を提唱」しつつ、「裏面的には唯物史観――「マルクス主義」の立場から満洲農村社会を分析」し、「表面的方針の実践過程に於て封建的勢力を打破し、中貧農層の協同組織を拡大強化」を図り、「其の社会的階級的自覚を促し、社会主義革命の遂行に備えんとする企図」をもっており、合作社社員に思想前歴者を「殊更に」採用し、「常に共産主義の意識を注入し啓蒙」していたとする。

ついで「中核体結成事件関係者」については、「「浜江」グループ」などの「左翼「グループ」を横断的に連絡して在満日系共産主義運動の強力なる発展を図るべく、哈爾浜に於て無名の秘密結社を設けたもの」とみなし、「官憲に暴露し難かった」とする。四二年八月二八日の「中核体」関係者に対する判決については言及していない。

これら二つのグループ以外の関係者も「何れも国家的要請に添いつつ、裏面で独自の左翼的活動を為しつつあった」、「各々「エキスパート」として重宝がられ、相当の信用を博していた」というとらえ方をしている。これらから導く教訓は「左翼分子の偽装、合法運動は大いに警戒を要する」ということであり、その例として「「ゾルゲ」事件の尾崎秀実の如き事例」をあげている。

「中核体」とは何か

「合法非合法結合形態」としての立件、さらに「中核体」というかたちのフレーム・アップは合作社事件固有のものではなく、つづく満鉄調査部事件でも実行されようとした。

合作社事件で「中核体」とされた六人について、「満洲国」最高検察庁は「情野義秀に対する治安維持法違反被告事件」などを個人別に作成した（これらは『合作社事件関係資料』として復刻〔二〇〇九年〕）。関東憲兵隊・新京高等検察庁の事件関連資料を網羅し、大部な資料にまとめあげること自体、「満洲国」治安機関にとって「中核体」事件が特別な意味をもっていたことをうかがわせる。情野・進藤・井上・岩間・田中の場合、主な内容は次のようになっている。

新京憲兵隊長事務取扱門田善実（憲兵中佐）の「犯罪事件送致書」（新京高等検察庁宛）

門田善実の「意見書」（新京高等検察庁宛）

「手記」（憲兵隊、情野の「手記」は欠如）

「訊問調書」（憲兵隊）

「訊問調書」（検察庁）

「手記」（検察庁）

新京高等検察庁検察官藤井勝三「起訴状」（新京高等法院宛）

ほかに各被告に関する「身上照会」「始末書」などが含まれている。平賀貞夫については新京高等検察庁から東京刑事地裁検察局に対して「共助事件」として取調要請がおこなわれたため、その「共助事件回答書」や「聴取書」（東京刑事地裁検事局岡嵜格）が主となる。

「中核体」が出現してくる状況をみよう。「抽出検挙」された情野の上述の陳述からみても、情野への追及によって「中核体」像をまず固め、それをもとに残る五人の「供述」を引出していったことが推測される。情野の憲兵隊における「訊問調書」は二〇〇丁におよぶ。また、検察の「訊問」の回数も情野が九回と最も多く、念入りに取調がおこなわれたことをうかがわせる。ついで進藤の取調が重視された。

「中核体」の萌芽は一九三八年八月頃の東京・阿佐ヶ谷における平賀・進藤・情野の集まりにあったとされる。いずれも渡満後にハルビンの興亜塾で再会し、三九年八月と四〇年一月の「綏化会談」には井上が加わる。そして、四〇年三月の「栄屋ホテル会合」（ハルビン）と四一年四月の「天満ホテル会談」（ハルビン）に岩間と田中が参加する。この「天満ホテル会談」に六人全員が参加し、無名の秘密結社「中核体」が結成されたことになる。情野の憲兵隊「訊問調書」には「昭和十四年九月頃から中核体の必要性につき、平賀、進藤、私の三名の間で問題にされて居ましたが、中核体組織化までの及組織化以後の指導者は平賀であります」とある。また、進藤の検察「訊問調書」では、「斯くして私は平賀貞夫を中心として左翼「グループ」の結成に向った訳であります」とされる。

情野の供述をもとに憲兵隊・検察庁の描いた「中核体」像は平賀を軸としている。それは平賀の信念から発するとされ、情野と進藤を渡満させ、在満日系共産主義者を「糾合《きゅうごう》」し、「満洲国」内における共産主義運動の統一発展を意図したもので、潰滅に瀕した日本共産党再建をめざしたという構図が描かれる。「中核体」結成とされる「天満ホテル会談」について、情野は「既に綏化会合以来数次に亘る私達の会合によって平賀の話した核なるものの性格は、即ち在満共産主義運動の指導体であると云う事は誰にも判って居た事と思います」と供述している（検察「訊問調書」）。

さらに情野は「中核体の性格に対する認識」のなかで、「コミンテルン「日本共産党、中国共産党」との関連性」について「中核体の機構」という図解を用いて説明する。

情野は憲兵隊「訊問調書」において、「天満ホテル会談」の「協議及決定事項」の第一に図解「中核体の機構」

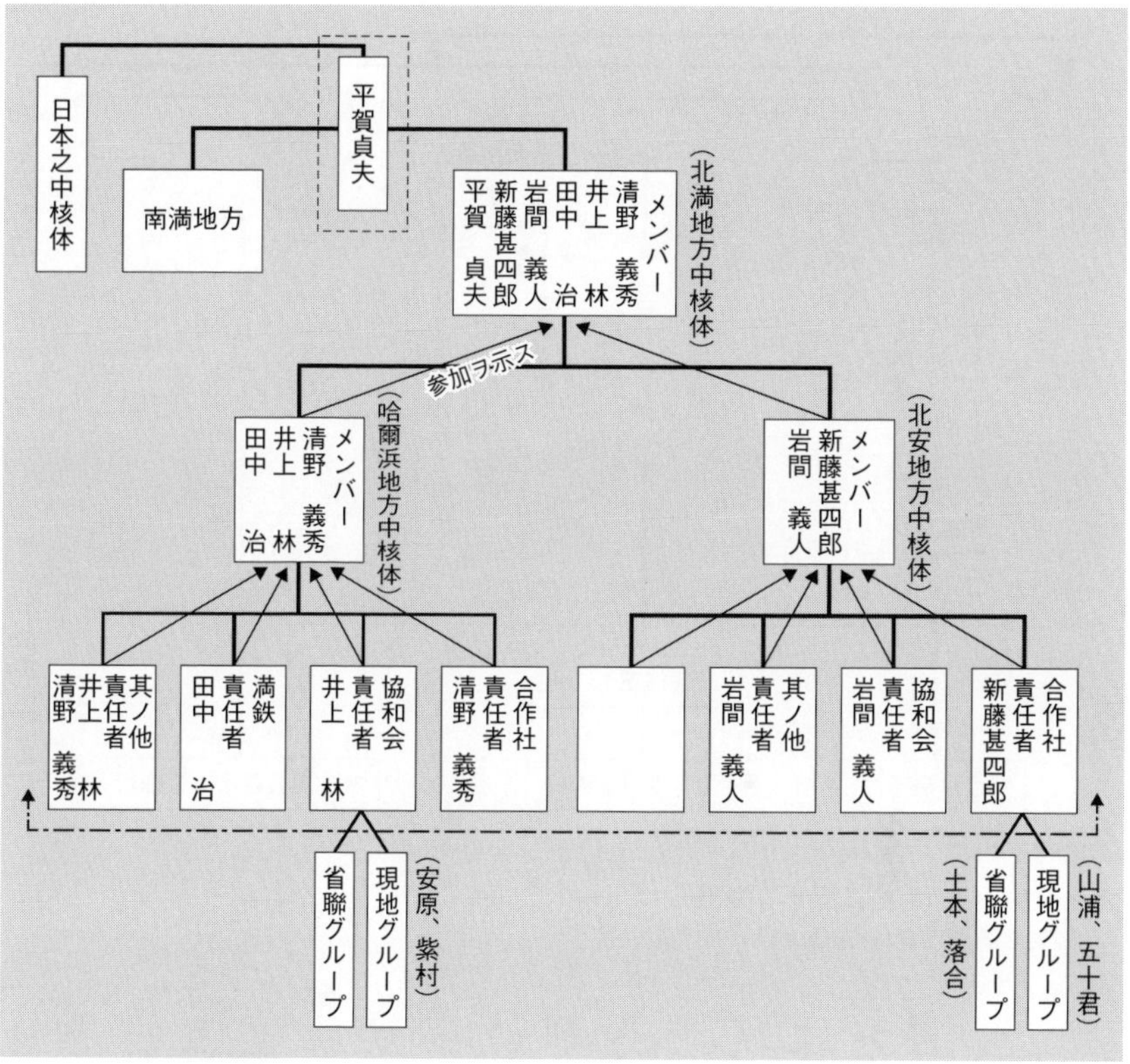

図8　中核体の機構
(『合作社事件関係資料集』第一冊より作成)

を示し、「指導部の機構」を説明する。「哈爾賓地方中核体」と「北安地方中核体」を統合した上部機関として「北満地方最高指導部」を設け、これを「所謂中核体」とする。平賀を通じて「南満地方」、さらに「日本之中核体」と連携するという。二つの「地方中核体」の下に、合作社・協和会・満鉄という部門「責任者」がおかれる。これとほぼ同じ図解が『在満日系共産主義運動』中の情野「手記」にもある。進藤の検察「訊問調書」にもこれを簡略化した図が描かれている。

このうち、「満洲の場合」は「在満の共産主義者は日本

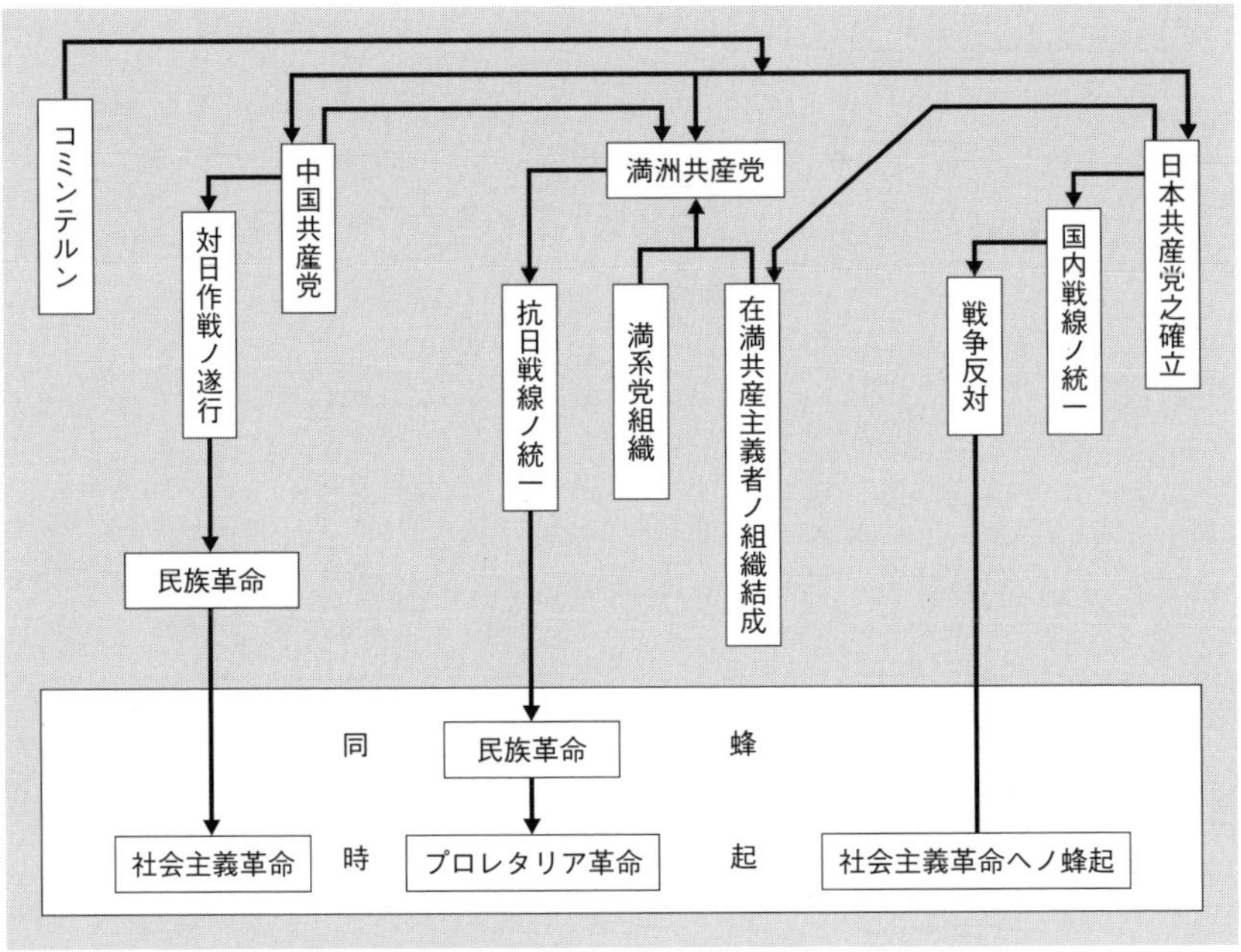

図9　中核体の性格に関する認識
（『合作社事件関係資料集』第一冊より作成）

との関連性に於て政治的指導体を組織し、既に存在する満洲共産党との組織的連絡の下に抗日民族戦線を統一して満洲に期待する日本の経済的、政治的意図を粉砕し、日支戦争での日本の全面的敗北に助力する」という。しかし、これは情野の個人的な作文といってよく、他のメンバーに共有されていたわけではない。井上は検察「訊問調書」でみると、「中核体の性格」について問われるなかで、たとえば中国共産党との関連性について「多分日本共産党を通して間接的に繋がって居るものと想像して居る丈けで、詳しい具体的な事は知りません」と答える程度だった。情野の「訊問調書」には**図9**のような「中核体の性格に関する認識」に関する図が載っている。

「中核体」の何が問題とされたのか

平賀貞夫を除く「満洲国」在住の五人が

治安維持法違反で「無期徒刑」とされた「中核体」は、では何が問題とされたのだろうか。新京憲兵隊が検察庁に送検するにあたって付した「意見書」（一九四二年二月二八日）には「六名を以て日本及中国に於ける共産主義運動と相呼応し、満洲国に於ける日系共産主義運動を指導する無名の秘密中核体を結成し、以て満洲国の国体の変革を目的とする結社を組織したるものなり」とあったが、新京高等検察庁の井上林に対する起訴状（四二年四月一六日）では次のような捉え方となる。

日本帝国主義の我満洲国及支那に対する熾烈なる攻勢は各其の地に於ける被圧迫大衆の窮乏化を激成し居るものと判断し、斯る情勢下に於ける世界革命の遂行の為には先づ日満支に於て右両党の有機的連携を通して、各其の地に於ける同時武装蜂起を決行することを以て先決条件と解し、茲に其目的実現の為、志を同じくせる平賀貞夫、情野義秀、進藤甚四郎、田中治、岩間義人等と共に……現に分散状態に在る我国日系共産主義運動の指導統一を図る為の中核体たる「核」を結成し……共に我国の国体変革を目的とする無名の秘密結社の組織を為したるものなり

憲兵隊の送致段階の「意見書」では日中の共産主義運動の「相呼応」という把握だったが、検察官の「起訴」段階では「同時武装蜂起」とされた。『在満日系共産主義運動』では「日・満・支同時革命の構想を抱きつつ、在満日系共産主義者の結集並に各地共産党との横断的連繫を意識するに至った」、「日本共産党の流れを汲み、共産主義世界革命の一環として日・満・支同時武装蜂起に依る暴力革命の意図を内蔵していた」とさらにエスカレートする。前述の情野の**図9**「中核体の性格に関する認識」は、こうした「同時武装蜂起」を強調して「中核体」の危険性を増幅させることに憲兵隊および検察庁が躍起となっていたことを示そう。

東京刑事地裁検事局に対する平賀貞夫の「捜査嘱託」に際し（後述）、新京高等検察庁が求めたのは「在満日系共産主義運動の指導体たる中核体を結成するに至りたる事情」やその性格・展望・活動、そして「右合作

社運動を中核体に如何に結び付けんとしたるや」であり（『合作社事件関係資料』第二冊）、「中核体」の認定に力点が注がれていた。

後述する満鉄調査部事件でも関東憲兵隊司令部は「非合法運動」として「中核体」を出現させ、治安維持法第一条の「団体結成罪」を適用しようとするが、検察庁送致後、「中核体」は消えてしまう。それと比較すると、合作社事件の場合、「中核体」は事件の一部として成立した。「中核体」は憲兵隊から検察庁、そして法院でも一貫して認定され、断罪された。

「中核体」の実態

「手記」や「訊問調書」から浮かびあがる「中核体」の実態は茫漠としたものである。その形成途上の一つとされる一九四〇年一月の第二回「綏化会談」（井上・進藤・平賀）で合意されたことは、「グループを作り、皆な集って目標を決めること」（井上「手記」）、「グループを作ることによって個人の生活を建直すこと、合作社事業方針を足並揃えて進むこと、尚最後には組織的運動の足場ともなるであろうと一石三鳥の効果を思って……大体最初はそんな軽い気持で……」（進藤「手記」）という程度にすぎなかった。

さらに「中核体」の結成と目され、最初で最後となる六人全員が揃った四一年四月の「天満ホテル会談」における状況について、情野は「平賀から抽象的ではありましたが、運動の正しい発展の為には政治的性格を有する核を持たなくてはならないと切出しました、平賀は夫以上《それ》、核の性格に付ての基本的な説明は行わず、又誰からも之に対して質問も出ませぬでした」（検察「訊問調書」）という。

肝心の「中核体」の定義についても、メンバーのなかで微妙に異なっている。平賀は「満洲に於ける共産主義運動の中心指導体」としたが、情野は前述の図解のところでは「北満地方最高指導部」を「中核体」とする。

検察「訊問調書」でも「全満的なものではなく、哈爾浜を中心とする北満地方を政治的地盤とする存在であります」とする。これに対して、進藤は「満洲に於ける最高の中心指導体、最高水準の左翼組織」（検察「訊問調書」）、井上は「満洲に共産主義的気運を醸成し、共産主義に基く運動を展開し、其に基く革命を用意準備する、即ち共産主義運動の唯一の最高指導体である」（於憲兵隊「手記」）という認識である。岩間と田中においても同様である。「北満」に限定的な情野と、「満洲」全体とする平賀・進藤らとは、微妙ではあるが明らかに重要な部分でくいちがっている。それは「中核体」の存在自体が虚構の産物であったことを推測させる。

「中核体」結成後の活動について、平賀は「核結成後の活動は内地同志との連絡、運動資金の方面では可成り進みましたが、我々の分担した研究テーマは未だ少しも研究出来ず、従ってそれに付ての会合も持たなかったのです。又同志の獲得も情野から田中を紹介された丈けで具体的には進んで居りませぬ」（「聴取書」）と述べ、井上は「中核体として差当りお互に是と云った具体的な行動はない」（「手記」）と記している。強制的に書かせた「手記」にしても、その「活動」はこのように「比較的貧弱なる活動に終った」（『在満日系共産主義運動』）とせざるを得なかったのである。

その程度のものにすぎなくても、関東憲兵隊・新京高等検察庁の手により日中両共産党の「同時武装蜂起」のための「中核体」結成に仕立て上げられてしまった。そもそも「中核体」は取締側による虚構の産物であったと断言できよう。

にもかかわらず、六人の「聴取書」や「手記」からは戦時下の日本および「満洲国」の国民の社会的不安・動揺について彼らが認識を共有していたことが読みとれる。四〇年三月の「栄屋ホテル会談」についての進藤に対する検察の「訊問調書」には、平賀が「日本に於ては最近愈々物資が不足して国民生活も低下し、又日支事変が長期化したので国民には厭戦的空気が漲って来たのみならず、一方産業資本家は政府の態度に悖《もと》らず《ママ》協力を拒む様な傾向があって、戦争一本槍で進まんとする軍部が之れに憤慨して居る、斯様な諸事情が交錯して次第に社会的不安が生れ、国民も動揺して来た」と語ったとある。

また、「グループを作ることによって個人の生活を建直すこと、合作社事業方針を足並揃えて進むこと、尚最後には組織的運動の足場ともなるであろうと、一石三鳥の効果」（進藤「手記」）とあるように、彼らのなかに左翼運動再興の志があったことも確かと思われる。取締当局にとっては「合法場面に寄生して展開しありたる陰性思想運動」（「最近に於ける日系共産主義運動と捜査着眼」）、あるいは「国策」に便乗した巧妙な運動と組織という独断が危機感を増幅させ、虚構の産物たる「中核体」を生み出し、まだ萌芽的な活動にとどまっていた「在満日系共産主義運動」への容赦のない弾圧に駆り立てた。

なぜ無期徒刑の重罰だったのか

「中核体」とされた五人に下った無期徒刑という厳罰の意味を考えてみよう。「浜江コース」事件では佐藤大四郎の徒刑一二年を筆頭にすべてが徒刑三年以上の実刑となっており、全員が執行猶予付となった満鉄調査部事件と比べると、合作社事件全体の有罪の程度ははるかに重い。とりわけ「中核体」の無期徒刑は突出している。

無期徒刑となるのは、「満洲国」治安維持法第一条の「団体結成罪」の適用を受けたからである（「浜江コース」の場合は治安維持法第五条第一項〔宣伝〕の適用）。その母法たる日本の一九四一年「改正」後の治安維持法の適用においても、大半は第一条後段の「目的遂行罪」の適用となるが、国内の朝鮮独立運動関係の結社として認定した場合（「朝鮮独立の素地を作ることを当面の任務とする結社竹馬楔を組織し」、四三年一二月二四日、『大審院刑事判例集』第二二巻）でも懲役四年の判決だった。

「在満日系共産主義運動」弾圧の嚆矢として合作社事件を立件し、「満洲国」の「国体」変革の団体として「中核体」を仕立てあげることは、自動的に治安維持法の第一条第一項の適用を意味した。関東憲兵隊の強硬な姿勢は「中核体」関係者の検察庁送致に際しての「意見書」において、「厳重処罰の要ある」だけでは飽き足らず、その上に「最も憎む可べきものにして」を付していることに明らかである（井上のみは「厳重処罰の要」だけ）。また、『在満日系共産主義運動』では「天満会談」の記述の最後にある「闘志満々たる之等同志」、「白昼堂々、而も哈爾浜市内目抜の繁華街に位置する天満ホテルの客室に布陣してかかる不穏極まる謀議をなしたるは、如何に満洲取締官憲を軽視しあるかを裏書する」などには、面目を失ったと考える関東憲兵隊の憤怒ぶりを見てとれる。

暫行懲治叛徒法を継承する「満洲国」治安維持法が、その制定時において想定していたのは反満抗日運動弾圧であり、在満日系共産主義運動の取締は想定されていなかった。ただし、前述のような理由と経緯により「中核体」を弾圧の俎上にのせた際、「国体」変革を目的とする団体結成を処罰するには、治安維持法は牛刀をもって鶏を割くほどの絶大の威力を示した。

「満洲国」治安維持法により情野ら五人が無期徒刑となったことと比べて、東京刑事地方裁判所における平賀貞夫の量刑が日本の治安維持法により懲役七年にとどまったことを、『在満日系共産主義運動』は「日・満に亘る此の種思想運動取締に対する統一性の欠如」と批判的に記している。「事件処理関係官として、国家的良心に於て、将又《はたまた》一般社会に及ぼす影響に於て、慎重考慮を要する問題には非ざる乎」と不満を漏らすのである。

なお、「浜江コース」事件も佐藤大四郎の徒刑一二年を筆頭にすべて実刑判決であったことは、治安維持法第五条第一項の「宣伝」罪の適用が「死刑又は無期、若は三年以上の徒刑」という規定の適用からしても十分に重い。『在満日系共産主義運動』では佐藤は「浜江コースの提唱者であり、且終始運動に於ける中心的存在であった本事件の立役者」と位置づけられ、「浜江コースは其の実践に於て社会主義革命の成功的発展に寄与し、究極に於ては共産主義社会の実現を意図するところに其の本質がある」とされ、徒刑一五年が求刑されていた。「中核体」と「浜江コース」との関係についても、情野らをして「今日かくあらしめたるは、本来の左翼意識と其の後に於ける相互間の連絡奔走に俟つところ多しと雖も、之を培養し、其の母体をなしたるものは実に浜江コースに外ならない」とする。

さらに、『在満日系共産主義運動』は佐藤らをことさらに陰険・悪質な存在ととらえる。たとえば、浜江省連合会主事の要職につく佐藤の「心中にはかかる好機に乗ぜんとする恐るべき策謀が秘められていた」とみる。また、金融・農事合作社の統合により「運動に対する無言の鉄槌」が下った際、「彼等は此の様な当局の親心を機会に、具《つぶ》さに過去の行為を省み思想清算を誓うべきであった」が、その後も「執拗陰険に策動の継続を意図していた」とするのである。このような佐藤への敵対視は、そのまま検察庁・法院でも共有され、徒刑一二年という厳罰となったと思われる。

満鉄調査部事件への接続

合作社事件の「浜江コース」関係者の取調を通じて鈴木小兵衛らの協和会関係者が浮上し（中間検挙）、満鉄調査部事件に接続していった。『在満日系共産主義運動』によれば、一九四二年四月頃からの鈴木の「供述」を機に、合作社事件の「関係者を以てする在満日系共産主義運動の母体なるものが満鉄調査部にあり、と推定し得る多数の供述を得た事」が事件の出発点となった。四三年八月一一日の日付のある関東憲兵隊司令部の武本中尉が作成した「最近に於ける日系共産主義運動と捜査着眼」（『満鉄調査部事件の真相』所収）にも「九、二一事件〔満鉄調査部事件〕発覚の端緒は一、二八工作の捜査中に於て副次的に把握し、主として容疑者の執筆投稿せる左翼論文の検討に依りて確信を得」とある。

『在満日系共産主義運動』は二つの連続する事件を「理論と実践の関係」ととらえた。合作社事件が「実践活動」であり、満鉄調査部事件が「主として理論活動」である。そして、両者の結節点に佐藤大四郎を据え、「浜江コース」の提唱者・指導者・実践者とする。佐藤の提唱する「年報理論は、一般左翼分子、就中農民運動に挺身せる一・二八工作事件関係者に対し影響を及ぼしたるは又疑の余地なく、人的関連に於ても相互密接なる交友関係持続せられあり、茲に必然的に本家、分家の関係が生ずるに至った」とする。もちろん関東憲兵隊の見るところ、「本家」は満鉄調査部であり、「分家」は佐藤・「浜江コース」関係者である。それは調査部を「在満日系共産主義運動」の「母体」とみることと重なる。

したがって「在満日系共産主義運動」の本命であり、えぐり出しの最大の標的は満鉄調査部に向けられた。そのために四二年七月一〇日、関東憲兵隊は司令部警務部内に松本満貞少佐を長とする「思想班」を設置し、検挙に向けて一元的な統制・指揮の態勢をとった。合作社事件においてなされた「関係隊に各処理班を置き、司令部に其の統制班を置くが如き分散的処理」に齟齬や不都合が生じており、改善が求められたのだろう。川戸「供述書」には「此の事件は一・二八事件以上に複雑困難であり、且つ訊問は可成り長期間を必要とする見越を付け、事件処理は憲兵隊司令部が担当する事と成り、松本少佐以下一・二八事件処理班の大部分は司令部に転属、新に特別班を設けた」とある（これが「思想班」か）。川戸は「此の事件は一・二八事件被検挙者の陳述書が基礎になって証拠がためがされた為、「偵諜工作」は全然やっていない」ともいう（松村「フレーム・アップとしての満鉄調査部弾圧事件」より重引）。尾行・スパイの使用・信書類の検閲などをおこなわなかった、ということだろう。

ここまでの合作社事件捜査の延長線上で、「満鉄調査部関係左翼分子大部の運動形態は、合法場面を利用する所謂人民戦線戦術に據《よ》り国策調査に便乗し、専ら調査執筆活動を通じ、主義の宣伝啓蒙をなしある」という判断を得ていた。新設の「思想班」では「物的証據の収集検討」に着手し、満鉄調査部関係の出版物・印刷物の「精細厳密なる検討」を加えた。「被疑者をして索出論文の検討に協力せしめ」とあるように、鈴木小兵衛について深谷進らもその作業に動員された。今関喜太郎の供述によれば、鈴木・大塚譲三郎・花房森らを脅迫し、「満鉄調査局《ママ》内における共産主義者の氏名、活動状況を供述せしめ、『満鉄調査月報』などにおける投稿内容を検討し、愛国者八〇人を索出し、内四〇人の被逮捕者名簿を作製し、之により一斉逮捕を実行」したという（『日本侵華戦犯筆供選編』93）。

『在満日系共産主義運動』にはその検討例が二つ収録されているが、鈴木が「研討者」となった石田七郎「満洲工業生産に於ける動向」（一九三四年版『満洲経済年報』掲載）の場合、「山田盛太郎の「日本資本主義分析」の工業分析による強き影響が示されている」として、「それは皇道発揮をもって単なる資本の運動となし、其の結果としての工業畸形化を示して、その支配への不満を表せるもの」とみなした。これらにもとづき、「人的、物的資料の綜合整理をなすと共に検挙予定者の決定」へと進んだ。鈴木の「供述」以来、「僅か半歳」で事件の概要を把握したとする。

九月一七日、「一・二八工作に依り満鉄関係者の共産主義運動の全貌判明せり」として、加藤泊治郎関東憲兵隊司令官による第一次検挙命令が発せられ、二一日に一斉検挙が実行された（以上、『在満日系共産主義運動』）。

満鉄調査部事件の構図

『満鉄調査部事件』（解学詩・宗玉院編『満鉄内密文書』第三〇巻、二〇一五年）の新たな刊行によって、一九四二年九月二一日の一斉検挙後、加藤泊治郎関東憲兵隊司令官名による「九・二一事件（満鉄調査部職員を主とする在満日系共産主義運動）検挙に関する件報告（第一報）」が九月二三日に発せられていることがわかった。この「第一報」は、検挙時点での内偵を通じて組み立てた満鉄調査部事件の見取り図といえる。検挙者名簿が付されている。

まず冒頭「要旨」では合作社事件の取調進捗にともない、「在満日系共産主義運動は概ね満鉄調査部に発芽せる」ことが判明し、満鉄調査部の関係者二五人の検挙がなされたとする。本文では満鉄調査部について「満洲建国当時より左翼分子の巣窟となり、在満日系共産主義運動の貯水池的役割を果し」ていたとみる。『満鉄経済年報』などの論文類が「実は其の大多数が共産主義の立場より執筆せられ、同主義の宣伝啓蒙の効果を具有するものたるの事実」があったという。そして、「所見」として「今次検挙者の共産主義運動は合法場面利用の文化運動なるも、取調の進捗に伴い「グループ」結成、其他非合法運動の存在を予期せられ、且前記九十余名の容疑者中、所謂「ゾルゲ」事件に連坐して既に検挙せられたるもの、尾崎秀実を始め合計六名を算しある実情に照し、同事件との関連をも予期せらる」と記載している。

「合法場面利用の文化運動」という把握は、すでに前述のように七月頃には固められていたものだった。注目すべきはこの一斉検挙の時点で「グループ」の結成のほか「非合法運動の存在」も「予期」されて、事件拡張の方向が示されていたことである。いうまでもなく合作社事件において「中核体」を剔抉したように、「二四目のドジョウ」を狙った。また、事件拡張のもう一つの方向としてゾルゲ事件との「関連」も追及していこうとしていた。被疑者に対する取調の焦点がこれらに据えられていった。

「第一報」から三カ月後の四二年一二月二四日、関東憲兵隊司令官は「第二報」として「九、二一事件に関する件」を報告する。冒頭には「目下事案の全貌把握を主眼として鋭意取調実施中」として、「各種集団的又は個別的左翼活動の事実は既報本事件に対する見透を裏書しつつあり」とある。

「所見」の「1．左翼運動上の地位」では「満鉄調査部左翼分子」の活動が「合作社、協和会等に於ける左翼運動（一二八工作）の如き、満洲に於ける各種日系左翼運動の母体をなし、又共産党運動にも利用せらるる可能性大なりしもの」であったとするが、ここではまだ「中核体」や「新京グループ」は登場していない。つづく「2．運動形態」には「今次事件は巧に合法場面を利用して其運動を展開する」とともに「其の究極意図を秘匿し、非合法性を露呈せざるが故に長期間弾圧を免れ来れるもの」とみなす。このような形態の運動の発見は困難かつ危険性に富むが、これまでは軽視看過せられがちだったとし、それは非合法の運動と比較しても「遥《はるか》に悪質危険なる運動」という見方をしている。

「遥に悪質危険なる運動」という断定は、この事件の「反国家的有害影響」の強調につながる。事件は「聖戦の新意義を歪曲否定し、満洲建国、新中国建設の理念を混乱に陥れ」るだけでなく、国家体制に対する「不安不信の念」を強め、「階級的観念」を培養し、さらに「各種不逞運動の素地」の醸成を導くとする。そこから調査部の「左翼調査方法の誤謬」――「資本主義の矛盾面の剔抉指摘に終始する公式的一面的調査方法の偽《ママ》瞞」――を指摘したうえで、次のように満鉄首脳部をはじめとする「国家的調査機関」の責任を追及する。

　之を要するに、今次事件責任の大半は左翼理論及左翼的調査方法を許容せる満鉄首脳者に在りと言わざるべからざる実状に在るも、満鉄以外に於ても左翼分子を利用するもの多く、且之をして調査を担当せしめある傾向多きに鑑み、本事件の徹底的究明により其欺瞞性と危険性を認識せしめ、特に国家的調査機関に於ける監督を透徹して左翼分子の欺瞞を看破し、建設部面に於ける彼等の策動の余地なからしむるの要、切なるものありと思料す

「本事件の徹底的究明」による「左翼分子の欺瞞」性と危険性の未然防止こそが、関東憲兵隊が満鉄調査部

事件に求めたものといえよう。それは満鉄調査部の解体をもたらしたことで一定の目標を達成させた。のちほど、あらためて満鉄調査部事件の意味を考えることにして、その後の憲兵隊の取調の経過を追おう。「合法場面利用の文化運動」の断罪にとどまらず、事件の拡張が企図された。

ゾルゲ事件への拡張の模索と頓挫

一九四二年一二月二四日の「第二報」には「本事件首脳者の取調に依り既に満内に於ける運動の全貌を把握し、引続き日支に於ける運動の真相を究明中なる」という一節があった。「日支に於ける運動の真相」究明の方向、すなわち「第一報」にあったゾルゲ事件や中国共産党諜報団事件との結合の可能性が模索されていたと推測される。

ゾルゲ事件との関連で検挙された宮西義雄（満鉄調査部東京支社調査室）の証言が、その手がかりとなる（井村哲郎編『満鉄調査部：関係者の証言』、一九九六年）。

満鉄調査部事件で捕まった人のなかには、尾崎秀実のことを追及された人は二人や三人ではないのです。まったく関係のない人でも、たとえば下条英男君さえ尾崎秀実とのことを追及されています。小泉吉雄君は、はっきり自分でも、尾崎との関係の取り調べで気が狂うようになったということを書いていますね。ですから、尾崎秀実事件に引っ掛けようと思ったけれども、だめである、中西事件（中国共産党諜報団事件）でも満鉄調査部で検挙されたのは六人だったと思いますが、これも尾崎秀実との関係を調べたけれども直接の関係は出てこない。

具島兼三郎の回想にも「わたしは突然呼び出しを受けて、取調ることになった。ところが取調の内容は、当初わたしが予想していたものとは全く異なっていた。わたしに対する訊問は尾崎秀実や中西功との関係に集中されていたからである。なんでこの二人との関係を執拗に訊くのかと思った」(『奔流――わたしの歩いた道』、一九八一年)とある。

調査部関係者のなかには一斉検挙を前にゾルゲ事件や中国共産党諜報団事件との関連を追及されるのでは、という懸念を持つものもあった。『回想　満鉄調査部』(一九八六年)で野々村一雄は「尾崎秀実＝ゾルゲ事件と中西功等の対敵通報事件とが、調査部事件の原因、根拠であることは否定できないと思う。僕がこれらの事件のあとで調査部の弾圧を必至と考えたことによって、僕のまわりに「火の車」がぐるぐると廻り出したと感じたのも、その理由の一つはここにある」と述べている。

後述する四三年三月二五日付の関東憲兵隊司令官「九、二一事件に関する件」の「第四報」(『満鉄調査部事件の真相』所収)は渡辺雄二と「中核体」結成についてのものだが、そこでは渡辺が尾崎から「満鉄調査部内左翼分子の結集組織方を示唆」されたと記している。また、満鉄上海事務所調査室などに勤務した加藤清(起訴猶予となる)に対する関東憲兵隊司令部の検察庁宛「意見書」(同前所収)には、「支那抗戦力調査」において「中西功の指導の下にマルクス主義的観点より支那抗戦の発展過程並特質を明瞭にする」行動などがあったとの一節がある。さらに『在満共産主義運動』の「新京グループ」の結成経過の記述にも、松岡瑞雄が尾崎らより「満鉄調査機関内左翼分子の組織方を暗に慫慂せられたる結果」とある。

このように、関東憲兵隊司令部では調査部事件を「日支に於ける運動」、具体的には尾崎や中西と結びつけようと努めた形跡が濃厚である。関東憲兵隊による「本事件の徹底的究明」の重大性と画期性を示すには、それが「日支に於ける運動」に広がっていたことを提示することが有効と考えたからであろう。しかし、この結合の試みは頓挫する。四三年八月一一日付の関東憲兵隊司令部「最近に於ける日系共産主義運動と捜査着眼」では、調査部事件を「建設途上に在る大陸を安固なる舞台として之を開拓し、日系左翼運動上に於ける強靭なる基礎を着々構築しありしもの」と位置づけており、もはやゾルゲ事件などへの言及はみられない。遅くともこの「捜査着眼」が作成された四三年八月時点では、「日支に於ける運動」への拡張の企図は断念されていた。

「中核体」・「新京グループ」の出現

「日支に於ける運動」への拡張の模索と同時に、もう一つの事件拡張の試みもなされていた。「日支に於ける運動」ともからめて、満鉄調査部のなかにも「中核体」と「新京グループ」という「非合法運動」を出現させる方向である。

事件に対する関東憲兵隊司令部の「第三報」は発見されておらず、一九四三年三月二五日付の「第四報」に飛ぶ（『満鉄調査部事件の真相』所収）。この報告は「要旨」の第一に「被疑者渡辺雄二は昭和十五年春、同人首謀の下に左翼中核体を結成せることを自供せり」とあるように、渡辺の供述が大部分を占める。ここに初めて「中核体」が登場する。「中核体結成の動機」の一つは、日中戦争長期化にともなう経済破綻の危機に対処するため、三九年一一月、東京において渡辺が尾崎秀実より前述のような「示唆」を受けたためという。「中核体の性格」は「調査部マルクス主義者グループの組織中心体たると共に、尾崎秀実を通ずる日本共産党の外廓団体たらしめんと構想せるもの」とされた。構成メンバーは渡辺のほか野間清・松岡瑞雄・石田七郎・三輪武の五人とされ、四〇年三月、大連本社における業務主任会議に参集したことを機に「結成を完了」したとする。

「第四報」の出される直前の四三年三月二三日、応召中の松岡は「任意留置」され、検挙された。松岡の所属した新京調査室、石田の所属した北京調査室に「左翼組織」が結成されていたとし、その「真相及中核体との関係追究中」とある。三輪については「応召南方に出征中」のため、その「取調方法研究中」という（四月二六日検挙）。このような経過をみると、「第一報」で「予期」した「非合法運動」が「中核体」として浮上してきたのは、一斉検挙からしばらく経過して四三年に入ってからと思われる。「所見、処置」に「中核体メンバーたる石田七郎、野間清及謀議参与者稲葉四郎の供述は右渡辺雄二の供述と大綱に就き一致しありて、中核体結成の事実は確実と判断せられ、引続き詳細取調中」とあることも、それを裏づけよう。

「第四報」では、「中核体」について「日本共産党の外廓団体たらしめんと構想せるもの」と記述する。それは、八月一一日付の「最近に於ける日系共産主義運動と捜査着眼」でなされる「大連本社、新京、北京、上海各地調査員五名を以て調査部マルクス主義者グループの組織中心体たると共に日共の外廓団体たらしめんとの意図を以て、大連に於て結成せられたる」という位置づけと同じである。また、「首謀」者と目された渡辺の手記「中核体に就て」（一九四三年三月、『満鉄調査部事件の真相』所収）では、「党の影響下に其の左翼的意図、即ち危機の発展を激化し、革命の為の客観的条件の成熟に貢献せんとすること」が「調査部マルクス主義グループ中核体の任務」とされている。

関東憲兵隊司令部から新京高等検察庁への事件送致は、四三年五月八日の吉植悟と狭間源三を手始めに、一〇日には下条英男と吉原次郎とつづいた。新京支社調査室に属するこの四人は「集団（新京グループ）活動」とされ、もう一人のメンバーとされた米山雄治の送致は七月三日となる。米山を含め、「非合法運動」として「新京グループ」がまず「処理」された事実は注目に値する。

『在満日系共産主義運動』は、「新京グループ」の組織者を松岡瑞雄としている。松岡が「当時の急迫せる客観情勢に対処して、社内に於ける左翼分子の結集と調査視角の統一を期して、自己の提唱する総合調査の強力なる推進を図るべく、新京支社調査室内優秀左翼分子四名を糾合し、当面新京調査室員を組織する為の第一段階として結成したる法律上所謂集団である」とする。

なお、三輪武は「関東憲兵隊の話では、第一次検挙ではぼくや松岡瑞雄とか和田耕作とかは召集されており、軍籍があるものですから、手続き上、将校は陸軍大臣を通らないと検挙できないので、半年くらいのズレができたのだということを聞きましたね」と語る（満鉄調査部事件『満鉄調査部：関係者の証言』所収）。確かに松岡瑞雄の検挙は一斉検挙から半年後の四三年三月二三日であるが、「新京グループ」四人の検察庁送致が五月上旬であることは、まだ不自然さが残る。三月二五日付の「第四報」では松岡の所属した新京調査室や石田の所属した北京調査室について「真相及中核体との関係追究中」とあり、それが急進展して五月上旬の「新京グループ」送致となったとは思えない。

四四年半ば以降の編纂と推測される関東憲兵隊司令部『在満日系共産主義運動』は、松岡を「新京グループ」の組織者に仕立てあげているが、おそらく四三年五月上旬の送致時点では「新京グループ」は松岡との関連なしに取調が進んだことが考えられる。「最近に於ける日系共産主義運動と捜査着眼」は、そのことを推測させてくれる。そこでは「重なる運動形態」の四番目に「左翼グループ及中核体の形成」をとりあげ、まず「新京グループ」の結成について、「新京調査室に於ける左翼分子四名に依り左翼活動を通しての国体変革を究局《ママ》の目標として結成せられたるものなり」と記している。この「左翼分子四名」に松岡は含まれておらず、吉植・狭間・下条・吉原を指すと思われる。

三輪武は、この「新京グループ」や「中核体」出現の発端が鈴木小兵衛の「創作」だったと証言している。満鉄調査部事件についての座談会（『満鉄調査部：関係者の証言』）での発言である。

新京グループをまず作って、それで松岡君や吉植悟君が中心になって業務担当者会議を動かしていたというように書かれていますが、その理由付けなどを見ても、やはりぼくは鈴木小兵衛君が創作したのだと思います。業務担当者会議というのは、ある意味では調査部運営の中心だったのですから、業務担当者が中核体であると言われてもやむをえないところもありますが、取り調べの際に見せられたリストのことから考えて、このような考え方というのは鈴木小兵衛君から出たのだと思います。

この三輪の証言に信を置けば、一斉検挙直後の「第一報」にある「取調の進捗に伴い、「グループ」結成其他非合法運動の存在」の「予期」は、鈴木の「創作」にもとづいていたといえそうである。

「中核体」・「新京グループ」立件化の挫折

関東憲兵隊司令部が「満洲国」治安維持法の第一条＝「団体結成罪」関連として送致した満鉄調査部事件の「中核体」メンバーの「処理状況」「適用法律」「処理年月日」（検察庁への送致日）は、次のようになっている（『在満日系共産主義運動』）。

野間　清	「結社（中核体）並単独活動」	第一条第一項後段・第五条第一項	四三年七月三〇日
渡辺雄二	同	第一条第一項前段・第五条第一項	八月二〇日
三輪　武	同	同	九月一六日
石田七郎	同	同	一〇月二日
松岡瑞雄	同	同	一〇月二日

関東憲兵隊司令部は『在満日系共産主義運動』のなかで、「今次事件関係者はマルクス主義の世界観に基き、究極に於ては満洲帝国の国体を変革して共産主義社会を実現せんことを目的」としていたと概括した。一九三〇年代後半以降、えぐり出した「共産主義者」を治安維持法によってからめとるために特高警察・思想検察によって開発された手法である「究極に於て」がここでも用いられている。その際には「「コミンテルン」に対する認識」および「日満支に於ける共産主義運動に対する認識」が、取調や「手記」の焦点の一つとなった。

では、「中核体」として何が問題とされたのだろうか。『在満日系共産主義運動』「第二編　事件処理状況」

において、「中核体」について次のように記している。

この非合法組織たる中核体は、当時満鉄調査部第一班業務係主任であった渡辺雄二が日本内地の左翼分子の影響を受け、日・満・支に亘る客観情勢の緊迫感より之に対処し得る主体的条件の緊急組織の必要を感じ、新京、北京、上海、東京等各満鉄現地機関の有力分子を以て組織員となすべきことを意図し、昭和十五年三月中旬頃、業務担当者会議を機に大連市大和ホテル松岡瑞雄止宿室に於て、前記渡辺、松岡、石田、三輪の四名を以て中核体を結成し、爾来右中核体の拡大強化の為諸般の活動を為したるもの
野間清については、渡辺から協力を求められたものの渡辺との「感情的憤懣より積極的態度を示さざるのみならず、中核体結成に当っては巧に参集を回避し、自らは右中核体の外廓として之を側面より支持」したとする。したがって、渡辺ら四人を治安維持法第一条第一項前段の「団体結成罪」に該当させるのに対して、野間の場合は同第一条第一項後段の「要務掌理罪」の該当とされた。

なお、これら「中核体」関係者はその結社前の各種の「刊行物を通じ共産主義思想の啓蒙に努め、或は調査部左翼勢力拡大強化の為、諸般の活動を展開し来りたる」という「擬装合法活動」については、治安維持法第五条第一項後段の「宣伝罪」に該当するとされた。

『在満日系共産主義運動』「第一編　運動の状況」では「中核体」を「調査部左翼分子全体を将来の組織目標とし、当面経調派を第一段階として結成せられたる秘密の左翼結社」と定義し、「当面の任務」が「(一) 経調派を対象とする組織活動の展開」、「(二) 調査部運営の左翼化」、「(三) 左翼調査研究の確保推進」、「(四) 調査成果の国策への反映に依る左翼意図の実現」にあったとする。しかし、「渡辺の組織的政治手腕に比し、野間の事務家的潔癖性、松岡、三輪の中途に於ける応召」などにより、「中核体としての活動は所期の進展を見るに至らなかった」とする。

にもかかわらず、もし放置すれば「運動の将来発展性」において重大な局面を迎えたはずだとする。「中核体」の危険性は「将来日共との連繋に成功し、日共に対し唯一の温床体となる外、之が指導下に現在迄採りつつありたる合法擬装場面利用の運動を更に積極化し、左翼調査を通じて国策の企画中枢に進出し、以て日・満・支に亘る革命の客観情勢の促進に努むると共に、満鉄並在満の左翼分子を傘下に結集して、主体的条件を強化し、革命に備えること」と予測されている。

関東憲兵隊自身が指摘するような渡辺・野間の疎隔などにみられる「中核体」の人的結合の弱さ、「政治的実践運動の指導組織」としての活動が「所期の進展」を見るに至らなかったと認めざるをえないこと、「日共」の存在を前提に推論することなどを考えれば、「中核体」を浮上させたこと自体が絵空事であった。関東憲兵隊司令部内部では可能だったフレーム・アップ化も、事件送致後、新京高等検察庁では認められなかったことが、その虚構性を裏づける。

『在満日系共産主義運動』の「新京グループ」の項でも、「中核体」の場合と同様に松岡瑞雄が中心人物とされ、治安維持法第一条第一項の適用が想定された。吉植は「松岡が同志を糾合して所謂新京グループ結成を企図しあるを察知し、且右グループなるものが究極に於て満洲国の国体を変革して共産主義社会建設を意図するものたるの情を知りながら之に参加し」、さらに松岡応召後は「自ら其の指導的地位を掌握し、団体の要務を掌理した」として第一条第一項の「要務掌理罪」に該当するとする。下条・狭間・吉原は第一条第二項の「団体の参加罪」にあたるという。米山は『満洲評論』などを通じて「左翼理論の啓培」に努めたことが第五条第一項の「宣伝罪」に、「新京グループ」への参加が第一条第二項の「参加罪」にあたるとする。

関東憲兵隊司令部では「非合法運動」として「中核体」と「新京グループ」を出現させ、この二つを関連づけるために松岡を位置づけようとした。しかし、松岡を接点として両者を十分説得的に結びつけることはできなかった。松岡の検察庁「送致」の意見書には、「グループ」結成による「新京調査室の中心的推進力」の形成、「農業近代化論」提唱による「新京グループの推進的理論」化、戦時経済調査における「新京グループの指導権確立」など、「新京グループ」に比重におかれている。「中核体」については、「左翼調査員組織化運動の推進指導に任ずべき秘密組織」という位置づけである（『満鉄調査部事件』）。

では、「新京グループ」として何が問題とされたのだろうか。『在満日系共産主義運動』「第一編　運動の状況」において「新京グループ」を前述のように位置づけたうえで、その「主なる活動」として「左翼調査の推進と之が政策への反映」、「左翼理論の昂揚並視角の統一」、「同志の結集と指導権の確保」の順で例示する。それらは「従来の調査部の左翼運動を強力に推進せしむる」ことにほかならず、「彼等の左翼活動の大半は亦本グループとしての活動でもあった」とする。ようするに満鉄調査部事件の本質である「合法場面利用の文化運動」の「大半」は、非合法運動たる「新京グループ」の活動でもあったことになる。

この項の冒頭には「所謂中核体及グループ活動は、会社機構内に於ける地位を利用し結成せられたるものにして、表面合法的に存在し、其の活動に至っては殆んど擬装合法運動であった。此の意味に於ては、之等の結成行為も擬装合法運動と云い得るのであって、彼此確然たる区別を付することは困難である」という一節もあった。調査部の調査・研究・評論活動を、表からは「擬装合法運動」として、裏からは「非合法運動」として把握しようとする。二つを区別しうるのは「中核体」および「新京グループ」ともに「共同の不逞目的を有し、共産主義運動上に於ける主体勢力確立という非合法意識が存在していた」点である。

「最近に於ける日系共産主義運動と捜査着眼」は、治安維持法第一条の「団体結成罪」に相当するかどうかについて、「中心的分子」の固定、「構成員」の特定、「結合力」の強さ、客観的な「共同目的一致」という要件から判断できるとする。「新京グループ」「中核体」はこれらの要件を「充足」するとして、規模は「弱小」

ながらも「団体結成罪」を構成するとみなしている。また、二つの「非合法団体」結成について、「客観的社会情勢緊迫せりとの観察より爾後の直接行動展開の準備たりしもの」とする。しかし、「擬装合法運動」でもあり、「非合法運動」でもあるという説明は、「団体結成罪」の構成要件の点からしても、やはり説得力に乏しいといわざるをえない。

満鉄調査部事件の起訴処分

関東憲兵隊司令部は一九四三年一二月二七日までに四〇人を新京高等検察庁に送致し、事件を一段落させた。『満鉄調査部事件の真相』および『満鉄調査部事件』所収の関東憲兵隊司令部「意見書」をみると、「処罰に関する意見」として「厳重処罰の要」と「相当処罰の要」の二つに分かれる。おそらくこれに対応して、前者の稲葉四郎や松岡瑞雄らは「起訴」され、後者の林田了介・加藤清の場合は「起訴猶予」となっている。『在満日系共産主義運動』では事件送致の「計四十名は悉《ことごと》く厳重処罰の意見を附し」とあったが、実際にはやや軽微とみなした場合には「相当処罰の要」とされて、「起訴猶予」処分となった。

四二年九月二一日の一斉検挙組の一人、野々村一雄の場合、四三年七月三日に新京高等検察庁に送致されたあと、一〇月から検察官の取調がはじまり、一二月まで集中的につづいた。検察官は吉岡隆直が主任で、ほかに大越・大川が担当した。野々村は「例によって例のごとく、憲兵隊で書いたとほぼ同じ趣旨の手記を書かされた。最初に検察官から与えられた手記の必要項目も、関東憲兵隊本部で高橋曹長からもらった形式とまったく同じであった」と回想し、「検察官が憲兵の予め敷いたライン以外の線で、われわれを取調ることは思いもよらなかったであろう」と推測する（野々村『回想　満鉄調査部』、一九八六年）。

伊藤武雄は獄中でわずかな情報の断片から、「取調の進行状況」を次のように推測したと記している（『満鉄に生きて』、一九八二年)。

われわれを検挙したものの憲兵隊側では非常に困惑したらしい。逮捕した以上なにかやったことにしなければひっこみがつかない。だがスパイ事件を構成するにはちゃんとした証拠が必要です。その点、思想問題にきりかえればなんとかつじつまをあわせやすい。それで事件を検察側にうつして、われわれが満鉄の調査部内にあって調査活動を将来の革命に役立てるように計画立案していたという筋書きをつくり、この線で検挙したわれわれの身柄に結着をつけようとしました

このおおよその把握は、ゾルゲ事件などのように「スパイ事件」としての立件がうまく行かず、「思想問題」にきりかえて「なんとかつじつまをあわせ」たという点でほぼ的を射ているといえる。一方で憲兵隊の「困惑」や検察側への委任という推測はおそらくあたっていない。上述のように関東憲兵隊は周到な準備を整えたうえで「満鉄調査部」の弾圧・解体を実行し、検察側は「憲兵の予め敷いたライン」で司法処理を進めたとみることができる。

一九四四年夏頃と推定される新京高等検察庁の「起訴」をめぐる「処理状況」表が『在満日系共産主義運動』に掲載されている(「処理」日は四三年一一月三〇日から四四年六月二九日まで)。鈴木小兵衛・花房森・佐藤晴生という合作社事件からの編入三人を含めた二八人のうち、大上末広ら五人は獄中で病死している。残り二三人中、加藤清ら八人が起訴猶予となり、一五人が起訴となった(佐藤晴生は起訴直後に病死)。このなかには下条・吉原、そして米山の「新京グループ」とされた三人、「中核体」メンバーとされた石田七郎が含まれている。野々村が新京監獄で起訴状を受け取ったのは四四年三月二一日であった。その後、公判までは九カ月近くを獄中で過ごした。

小泉吉雄が証言した関東軍司令部爆破計画に関連して検挙(四三年一一月一日)された枝吉勇は、「入獄一〇

〇日、読書、書状、面会一切禁止で外部との交渉は全く断たれ」た状況のなかで、憲兵隊の取調を受け（検察庁への送致は一二月二七日）、四四年四月中旬から検察官の取調となった。四四年七月末、「自由主義左派であり、時局に合うものではない」という理由で起訴猶予となる。その際、「お前は何もしていないが、意識は高いと評定されていた」（『調査屋流転』、一九八一年）という。

九月には小泉も起訴猶予、即時釈放となる。その際、検察官の「若し君が釈放になったら、国家の命令ならどんな危険でも構わずにやってくれるか」という質問に、小泉は「何事であれ、身を挺してやることを誓った」（小泉『愚かな者の歩み』、小泉吉雄、一九七八年）。

注目すべきは、ここまでに起訴された一五人すべてに適用されたのは「満洲国」治安維持法第五条第一項であり、「新京グループ」「中核体」に対して関東憲兵隊が適用すべきと想定した第一条第一項の「団体結成罪」ではなかったことである。「起訴」処分の遅れた「新京グループ」「中核体」の残るメンバーについても同様であっただろう。第五条第一項の条文は「第一条又は第三条の目的を以て其の目的たる事項の実行に関し協議し、若は煽動し、又は其の目的たる事項を宣伝し、其の他其の目的遂行の為にする行為を為したる者は死刑又は無期、若は三年以上の徒刑に処す」であり、「起訴」にあたっては「国体」変革に関わる「宣伝」が適用されたと推測される。

これは、新京高等検察庁の段階で、関東憲兵隊とは異なり「非合法運動」の存在を否定したことを意味する。「日本内地より専掌検事」三人の出向者を増強し（四三年五月）、「検察官、憲兵一体となり、相互密接なる連繋の下に終始円滑に事件処理に当った」（『在満日系共産主義運動』）が、「非合法運動」の存在を認めて治安維持法第一条第一項の「団体結成罪」を適用するか否かという点で、明らかに見解の相違があった。関東憲兵隊は四四年後半と推測される『在満日系共産主義運動』編纂時点でも「非合法運動」＝「団体結成罪」として「中核体」

と「新京グループ」の立件化を主張していたが、この「非合法運動」=「団体結成罪」の一点に限って、検察は関東憲兵隊の意向に従わず、第五条第一項の「宣伝罪」適用を押し通した。

満鉄調査部事件の判決

合作社事件から予想外に出現した「中核体」の断罪に味をしめて「二匹目のドジョウ」を狙った満鉄調査部事件において、検察庁送致後に「非合法運動」のフレーム・アップが頓挫してしまった理由はどこにあるのだろうか。おそらく合作社事件の「中核体」がそれなりに数次の会合の結果として組織されたなどと説明されたのに比べて、フレーム・アップ化の出来の悪さがどうにもならなかったということに尽きるだろう。もっともらしいフレーム・アップとするに十分な「意識的連繫」や数次の会合の実績などが、満鉄調査部事件においては決定的に不足していた。「新京グループ」は憲兵隊自身が認めるように「擬装合法運動」とも「非合法運動」ともいえる「ぬえ的」(得体の知れない存在)な位置づけであり、その中心人物と目した松岡瑞雄の役割も無理なこじつけに終わった。また、「中核体」についても「所期の進展を見るに至らなかった」とせざるをえない程度の組織と活動だった。

この「非合法運動」否定について不満は残るとしても、関東憲兵隊にとって本命ともいうべき「満鉄調査部」の断罪は満足すべき成果であり、自らの存在を誇示するうえでも十分な意義をもった。合作社事件で「中核体」をフレーム・アップしたことを調査部事件でも再現しようと、再び「非合法運動」を無理やりにひねりだしたものの、それはいわば欲張った産物であった。したがって、検察庁・法院段階でその存在を否定されても甘受せざるをえなかったと推測される。

さらに考えられる可能性として、関東憲兵隊司令部・新京高等検察庁などを上回る権力、具体的には関東軍司令部が満鉄調査部関係者を「満洲国」治安維持法第一条第一項の「国体」変革の団体での極刑に近い司法処分をすることを押しとどめた、あるいは忌避した、ということも考えられないだろうか。合作社事件の場合に「中核体」とみなされた六人は「合作社」関係者であり、関東軍司令部が直接関わる組織ではない。満鉄調査部と関東軍の関係は密接なものがあり、それを断罪の対象とすることに関東軍司令部は躊躇し、消極的であったことは確かである。

もし「非合法運動」の存在を認めれば、それは「国体」変革の「団体結成罪」を適用することになり、「指導者」とされれば「死刑又は無期徒刑」に、加入とみなされるだけでも「無期徒刑又は十年以上の有期徒刑」となるわけだから、あまりにも苛酷な刑罰であり、関東軍および満鉄の理解は得られないと考えたのではなかろうか。

このように考えると、「巷間動《やや》もすれば今次の如き擬装され、合法化されたる共産主義運動を其の本来の目的意図を看破し得ずして寧ろ国策型進歩分子を以て遇し、今次検挙を無用視するものがあるが如きは認識不足も甚だしきもの」という『在満日系共産主義運動』の一節は、被疑者を「国策型進歩分子」と厚遇し、「検挙を無用視する」ほど非協力的・消極的であった関東軍および満鉄の各首脳部に対する痛烈な皮肉とも読みとることが可能である。

野々村一雄の場合、新京高等法院（審判長飯守重任）で一九四五年一月に三回の単独公判があり、その後に保釈となった。五月一日、野々村を含む二〇人の最後の公判があり、吉岡検察官は「被告たち一同が日本共産党、中国共産党との直接の連絡はないが、これらが主体となっておこなわれるプロレタリア革命の展望を予め確立しておくために綜合調査をおこない、またそのために宣伝活動をおこなったことがいけない、これが一種の人民戦線的な運動である」という趣旨の最終論告をおこなったという（以上、野々村『回想　満鉄調査部』）。求刑の内容は不明である。

判決はすべて「宣伝罪」の適用となった。「宣伝罪」適用でも条文上は「死刑又は無期、若《もしく》は三年以上の徒刑」であるが、実際には大半の判決（二〇人中一六人）は「徒刑二年、執行猶予三年」となった。松村高夫は「裁判官の裁量による減刑は可能であり、その結果「二年」の徒刑となった、と考えられよう」としている（「フレーム・アップと「抵抗」」『満鉄の調査と研究』）。何より重要なことは、有罪という断罪を下すことであった。それゆえ重い判決は必要がなく、条文の規定以下の「徒刑」と執行猶予が付された。

具島兼三郎は「裁判長はわたしを有罪とすることによって関東軍《ママ》憲兵隊の顔を立て、執行猶予とすることによってわたしに実質的な自由をあたえたのであった」と回想する。その理由として、具島は「憲兵隊や検察庁段階でわたしがいくら口を酸っぱくして説明してもわからせることの出来なかったこと（「三国同盟に反対した動機」）を、歴史はその偉大な説得の力を通して、いとも簡単にわからせてくれたから」（『奔流』）と解釈する。

残る四人は渡辺雄二と松岡瑞雄が「徒刑三年、執行猶予五年」、吉植悟と稲葉四郎が「徒刑三年、執行猶予三年」とやや重くなった。稲葉を除いて「中核体」「新京グループ」の構成員とみなされたからと考えられる。同じ「宣伝罪」の適用でも軽重がつけられた。「非合法運動」に固執した関東憲兵隊への配慮があったともいえる。検察庁送致の「意見書」にあった「厳重処罰の要」と「相当処罰の要」の差が、徒刑五年などと徒刑二年の差に響いてきているといえよう。

関東憲兵隊司令部の検察庁送致に付した四三年六月二五日付の稲葉についての「意見書」（『満鉄調査部事件の真相』所収）には、渡辺から「所謂旧年報グループ員を中心として之が秘密指導体たる所謂「ケルン」を結成するの企図」を知らされ、それが「非合法組織の確立」を企図したものであることを理解したうえで「支持承諾」したという一節があり、「中核体」の近くに位置づけられていた。さらに「処罰に関する意見」では「満鉄調査部に於ける左翼理論水準の最高峰として理論的指導者的地位に在りたる」ことが指摘されて、「厳重処罰の要」が求められていた。また、四三年三月の事件報告「第四報」では「謀議参与者」となっていた。このように稲葉も中心人物の一人と目されたことが、徒刑三年・執行猶予三年という判決になったと思われる。

なお、満鉄調査部事件でも最高法院への上告はありえたはずであるが、すべて新京高等法院の判決が確定判決となった。それはすべての被告が「思想清算」の完了者とみなされ、国家に反攻する「上告」はありえないとされたからである。

「思想清浄」

満鉄調査部事件弾圧を考える手がかりとして、『在満日系共産主義運動』の第三編におかれた「事件処理より得たる教訓及将来の対策」がある。その「第一章　思想対策に就て」に「憲兵の行う思想対策は其の有害思想を根底より覆滅掃蕩し、清浄なる状態に帰せしむる所謂抜本塞源的措置でなければならぬ」、「大東亜指導民族として発展しつつある今日、我民族間に於ける思想清浄は急務中の急務」という一節がある。「有害思想」として「思想清浄」の対象となったものは「左翼分子の巣窟」であり、「在満日系共産主義運動の貯水池的役割」(関東憲兵隊司令部「第一報」)を有するとみなした満鉄調査部そのものであった。

この「思想清浄」という言葉から連想されるのは、石堂清倫の証言である(満鉄調査部事件『満鉄調査部：関係者の証言』所収)。「単独犯の治安維持法違反というのは、組織的行為のない組織体ということになります。行為がないから、将来その人の精神または思想が、行動を起こす可能性に対して未然に懲罰するという、予防的な措置でしかなかった」として次のようにつづける。

私は長いあいだそれを誤解していまして、憲兵隊や検察官の取り調べのときになにもやっていないと抗弁しました。けれども、それを向こうの方ではせせら笑って取り上げない、彼らはこう言うのです。君たちの考えはまったく甘いものだ、今はもうやれないことは、こちらが百も承知している。しかしこの国家非常の時局に銃後を固める当局としては、将来万一の点から見ると、お前たちの抗弁する態度自体が大いに危険なのだ、行為にたいしてだけ罪を問われると思うのは間違いである、すすんで服罪して同胞の警戒心をたかめることが求められるのだ、ということであったと思います。そういうことを憲兵隊でも検察庁でも放言しておりました

総力戦体制を揺るがす恐れのある言動だけでなく、被疑者・被告にはその根源にある「精神」や「抗弁する態度」を一掃し、天皇・国家に帰一する「精神」「態度」に完全に転回することまでが求められた。『在満日系共産主義運動』の冒頭「諸言」には、関東憲兵隊の取調において「熱誠と温遇を以て彼等の迷蒙を解き、皇民意識に大悟して思想清算への努力を誓約せしめ」とある。それは「第三編　事件処理より得たる教訓及将来の対策」において、より詳しく述べられる。取調当初は「自己を守り、同僚先輩を庇護して左翼調査の継続発展を擁護せんとする心境態度にあったもの」が、「取調官の熱意と時日の経過」により「遂に国家と共に自己の罪悪は勿論、凡て其の知悉しある左翼運動を剔抉芟除して国家の安泰を希求し、自己を懺悔するの心境に立至りたる」という経過をたどったとする。これが求める「思想清算」であり、「思想清浄」であった。

石堂清倫
『十五年戦争と満鉄調査部』、原書房

新京高等検察庁に送致された満鉄調査部事件の四〇人の「被疑者の悉くは真に思想清算を誓い、堅実なる甦生の第一歩を踏

出した」という。すなわち、「マルクス主義を捨て、啓国の大精神の実現のために立上がることが出来ます……日本精神に立脚する新たな学問体系樹立の手初めとして必ず合理主義思想の批判をします」（石川正義「取調に対する自己の心境」、四三年八月一〇日、『満鉄調査部事件の真相』所収）、「日本精神を体得し、日本精神に立脚する真に日本的な大東亜共栄圏経済学の一大理論体系を樹立することにより、理論の面に於て国家に報いんことを期しております」（石田精一「現在の心境に就て」、四三年七月八日、同前）という段階までの「転向」が不可欠なものとされたのである。

合作社事件と満鉄調査部事件は、「思想清浄」のための第一弾・第二弾として実行された。「思想清浄」の言葉どおり、取締当局が「共産主義思想」を依然として把持しているとみなせば、それを洗い去り、「清浄」にすることが「急務」となった。そこにフレーム・アップはたやすかった。

それゆえ、先鞭をつけたこれらの事件について「担任者の辛酸努力は遂に克《よ》く之が真相を究明し、不逞目的を未大に防止し得たるものにして、憲兵の真価に更に光輝を添えたるもの」（前掲「最近に於ける日系共産主義運動と捜査着眼」）と自画自賛した。その自賛は『在満日系共産主義運動』でも「各隊共に班員の大部分は共産主義理論に対する認識未だ漸く初歩的段階にあったにも拘らず、能《よ》く所期の目的を完遂し得たることは実に班員の旺盛なる責任感と勤務に対する熱意の然らしむるところ」（合作社事件）、「其の労苦たるや、想像に余りあるものがあった」（満鉄調査部事件）となされている。

「左翼運動発生の母体」とみる満鉄調査部自体の「思想清浄」も必要とされた。一斉検挙時には満鉄調査部総務課長の職にあり、最後の調査部事件検挙者となる枝吉勇は「そもそも満鉄事件は東条（英機）が大村（卓一）総裁に伝えたように、戦争計画遂行のための思想清掃作業が本態である」と回想する（『調査屋流転』）。「事件の片鱗を推知し、其の広汎重大性に狼狽動揺を生じ、事件の拡大を虞《おそ》れ」た満鉄では「未検挙左翼分子に対しては調査部門よりの転出、非役、謹慎等の行政的措置」を講じた。四三年五月、調査部は調査局に縮小された。四三年六月二四日付の調査局長「指示事項」には「一、調査局の業務は悉く戦力増強に資すべきこと」のほか、「既往に於ける不祥事を将来絶対に再発せしめざらんが為には、反国家的思想を抜本塞源的に芟除するは勿論、是等思想の根源となる自由主義思想を抱懐するを許さず、牢固なる態度を以て部内の粛正に全力を尽すこと」という、「思想清浄」に相当する項目もあった（『在満日系共産主義運動』）。

松村高夫の指摘するように、「関東憲兵隊の弾圧と、満鉄自身の内部「粛正」により、満鉄調査部（局）は著しく弱体化した。ここに満鉄の自立的な調査活動は、事実上の終焉を余儀なくされた」（「フレーム・アップと「抵抗」」）。関東憲兵隊にとって、調査部事件を通じて十分に満鉄自体の「思想清浄」を果たしたといえる。

では、なぜ「思想清浄」が急務なのか。対米英戦という文字通りの総力戦下であることに加えて、「満洲国」という地勢的位置への強い警戒感があったというべきだろう。それは「最近に於ける日系共産主義運動と捜査着眼」の「結言」の一節――「満洲の多角的民族構成に因る思想戦力の弱体、中共の□□□□〔判読不能〕ソ連の策謀強化、在満日人の特殊的地位、大東亜戦局に依る内外情勢の緊迫化、特に民族運動蜂起の危険増加、加うるに運動戦術の益々巧妙悪質化するに対し思想警察力の質的低下等々に相到するとき、将来に於ける在満日系共産主義運動は尚幾多の問題を孕胎《ようたい》し、其の発展性は今後情勢推移の如何に懸りありて、遽《にわか》に予断を許さざるものあり」――によくうかがえる。合作社事件・満鉄調査部事件への弾圧を経て、なおこの四三年八月の時点で潜在的な「在満日系共産主義運動」のえぐり出しをつづけなければならないとしている。

さかのぼるが、合作社事件でも「地域的関係よりする危険性」があげられていた。『在満日系共産主義運動』では「国境接壌諸国の動向並満洲国々内情勢、国民の素質、特に其の思想傾向等」をあげて、「誤まれる世界観の下に現存社会秩序を否定し、国家を公敵視する本事件関係者の為には、之等の諸情勢が運動に有利なる条件として益々其の左翼的情熱を駆立てた」とする。さらに「在満中国共産党」との連絡提携、「謀略敢行に虎視眈々たるソ聯の野望」にも警戒の目を向けていた。

反満抗日運動処断との落差

関東憲兵隊にとって、合作社事件と満鉄調査部事件という「在満日系共産主義運動」の弾圧はどのような意味をもつのだろうか。

一九四〇年五月、関東憲兵隊司令官は「昭和十五年度関東憲兵隊思想対策服務計画」を策定する。そこでは、第一に「治安不良地区では、これまでの対策を引続き強化する。特に軍隊の討伐工作に協力する」、第二に「治安不良地区に接する地区では、潜伏する共産党匪賊、交通連絡員および物資供給ルートを積極的に強化する」とあるように、反満抗日運動への思想対策が「本年度各隊の主要目標」となっていた。「一般的に明らかにする事項」においても、「満洲、朝鮮、蒙古などの民族の反日思想動向」や「経済界の動揺により引き起こされる民心不安の状況」に焦点をあてている（中央档案館・中国第二档案館・吉林省社会科学院編『偽満憲警統治』、一九九三年）。

七月一八日制定の関東憲兵隊司令部「思想対策服務要綱」も「第一　方針」として、まず掲げるのは「日満共同防衛上有害なる思想的策動、特に共産並反日思想の警防弾圧に任ずると共に、保安に影響を及ぼすべき各種事象に留意査察を加え、以て平戦両時を通じ満洲国の保安確保に遺憾なからしむ」である（関東憲兵隊司令部『思想対策月報』一九四〇年七月分、『日本関東憲兵隊報告集』Ⅰ―⑭）。

合作社事件の一斉検挙後、四二年一月に策定された関東憲兵隊司令官「昭和十七年度思想対策服務の要点」では、次のようになっている（『偽満憲警統治』）。

1、ソ連・中国ら敵側の満洲国に対する策動を警防・鎮圧する。
2、満洲人中の知識人と学生の共産抗日組織を重点的に捜査・鎮圧する。
3、各民族の思想動向の調査を徹底する。特に大東亜戦争勃発に伴い、満洲・蒙古・朝鮮各民族の反日、親ソ、親米・英・蒋の思想動向を警防・鎮圧する。
4、大東亜戦争勃発に伴い、経済を攪乱することを警防・鎮圧する。

四一年一一月四日の合作社事件の一斉検挙がここに反映してもよさそうだが、痕跡すら見えない。意図的に隠蔽した可能性も考えられなくはないが、むしろ関東憲兵隊全体の「思想対策要務」としては、それ以上に重視すべきものがあったとみるべきだろう。

このように、関東憲兵隊全体としては「満洲国」治安維持のために一貫して「有害なる思想的策動、特に共産並反日思想の警防弾圧」に全力をあげ、さらに対米英開戦後には防諜態勢の確立が重視された。「満洲に於ける憲兵制度及其運用の実績」(「極東国際軍事裁判弁護関係資料」七一　国立公文書館所蔵)によれば、「大東亜戦勃発後一年半、憲兵隊の制度上に何等の変化なし、軍命令により服務の重点を防諜に指向し、相当の成果を収めたり」という状況だった。

「在満日系共産主義運動」に対峙しているのは、関東憲兵隊司令部と新京憲兵隊の一部だった。合作社事件の一斉検挙前に司令部警務部長を長に編成した「臨時捜査部」の規模は約四〇人(下士官以上)だった。満鉄調査部事件ではやはり警務部に「思想班」を設置し、「既往の思想事件処理に関与せる憲兵」が集められたが、「業務分担表」に載るのは約二〇人(下士官以上)である。これらは三〇〇〇人前後を擁するこの時期の関東憲兵隊の総数(定員は三〇二〇人〔四〇年七月〕、三三七一人〔四二年三月〕であり、四〇年一二月時点の実員は二四八三人、ほかに憲兵補〔朝鮮人〕九〇人と憲補〔中国人〕二四〇人、『偽満憲警統治』)と比べると、少人数が割かれたといってよい。この大小は、関東憲兵隊が直面する反満抗日運動・思想と対ソ・対中防諜、「在満日系共産主義運動」の質・量を客観的に反映している。

関東憲兵隊（さらに検察・法院も含めて）が直面する反満抗日運動・思想の弾圧と合作社事件・満鉄調査部事件について、何よりも落差をみることができるのはそれぞれに対する「満洲国」治安維持法の運用状況である。そもそも「満洲国」治安維持法の制定は、アジア太平洋戦争下の「満洲国」治安確保を目的に、「有害なる思想的策動、特に共産並反日思想の警防弾圧」をより広汎に加速度的に遂行するために暫行懲治叛徒法・暫行懲治盗匪法を衣替えしたものだったことはすでに述べた。反満抗日運動の処断において、法規に則るという形式的な体裁と手続きを整えることが急がれた。

「在満日系共産主義運動」への治安維持法の適用は想定外だったと思われるが、「日本人」を処断するにあたり、それまでの日本国内の治安維持法事件と同じ手続きをとることには異論がなかった。合作社事件の「中核体」関係者への法規上の体裁と手続きにおいて、憲兵隊による捜査・取調、検察への「送致」・起訴から公判に至る手続きは綿密だった。満鉄調査部事件では憲兵隊・検察庁における「留置」と取調について、関東軍からの指示もあり、「取扱を慎重にし、物心両面に亘り無用の苦痛を与えざること」（『在満日系共産主義運動』）として物理的な拷問を加えなかったとされるが（実際には長期の「留置」や厳寒などは肉体的・精神的に大きな苦痛を与え、獄死者も出た）、それは反満抗日運動に関わったとみなした被疑者・被告への拷問・虐遇と対照的である。

この圧倒的な落差は、被疑者・被告が「日本人」であるかどうかに由来する。「中核体」関係者五人に「無期徒刑」を言い渡す容赦のなさを指摘できる一方で、「死刑」を回避した理由の一つは五人が「日本人」であるゆえに「転向」の可能性に期待したからであろう。満鉄調査部事件においても拷問・虐待の禁止が厳命されたのは、「今次検挙の終局目的は、彼等の誤れる世界観を根底より打破して、真の日本人として甦生せしむるにある」（『在満日系共産主義運動』）とされたからである。一方、反満抗日事件の処断にあたり、一審・一回のみの公判で五〇人あまりも一挙に死刑を含む厳罰を言い渡す容赦のなさは、憲兵隊から検察・法院を通じて非「日本人」ゆえに抹殺することに何らの躊躇がなかったからである。ときには検察庁への送致から判決、刑の執行までが、たった五枚の書類のみでおこなわれた。

一九四三年七月七日の満鉄調査部事件第二次検挙者の一人であった石堂清倫は、関東憲兵隊・新京高等検察庁の取調を通じて、「私たちのあいだに同志的な結合や連帯意識が存在していなかった」と証言するとともに、「私たち満鉄調査部事件での下獄者と、新京監獄で見た建国大学の中国人学生の受刑者とは好対照でした。彼らには団結があり、連帯心がありました」とも語る（満鉄調査部事件『満鉄調査部：関係者の証言』）。

これまでの満鉄調査部事件についての石堂をはじめとする当事者の証言・回想、それらにもとづいて積み重ねられてきた多くの研究は、どのようにどのような意図のもとにフレーム・アップされたのかを明らかにしようとしてきた。

しかし、それらの証言・回想や研究には二つの大きな見落としがあった、と言わねばならない。一つは、石堂が「好対照」とみる「建国大学の中国人学生の受刑者」、すなわち反満抗日運動に関する何らかの事件で検挙され、拷問と厳罰を受けた人々への想像力が欠如していたことである。具島兼三郎は監房の壁の上に刻まれていた「抗日徹底」「打倒日本帝国主義」などの文字を見つけると、「当時日本の関東軍が満州の地下工作を主導していた中国国民党や中国共産党の党員狩りに血眼になっていたことを思えば、その網にひっかかった不幸なこれら党員中の誰かが書いた」（『奔流　わたしの歩いた道』）ことに想いを及ぼし、自らの弱々しさへの励ましとしたとする。実はこうした反満抗日運動の取締・弾圧こそ関東憲兵隊の本領であり、そこに大部分の活動が振り向けられていた。

もう一つの見落としは、満鉄調査部事件に先行し、その導火線ともなったというべき合作社事件において、無名の秘密結社「中核体」関係者とみなされた五人に治安維持法第一条を適用して「無期徒刑」の厳罰が下されたことである。合作社事件においては、その理論的指導者佐藤大四郎に関心があつまりがちだった。満鉄調査部事件においては、その解体という衝撃とは別に、判決はすべて「宣伝罪」が適用され、執行猶予付だった。この二つの事件の間の大きな落差にもかかわらず、合作社事件の「中核体」に対する「無期徒刑」という厳罰への注目は弱かった。

Ⅵ

治安体制のなかの行刑・矯正輔導
——一九三四〜一九四五年

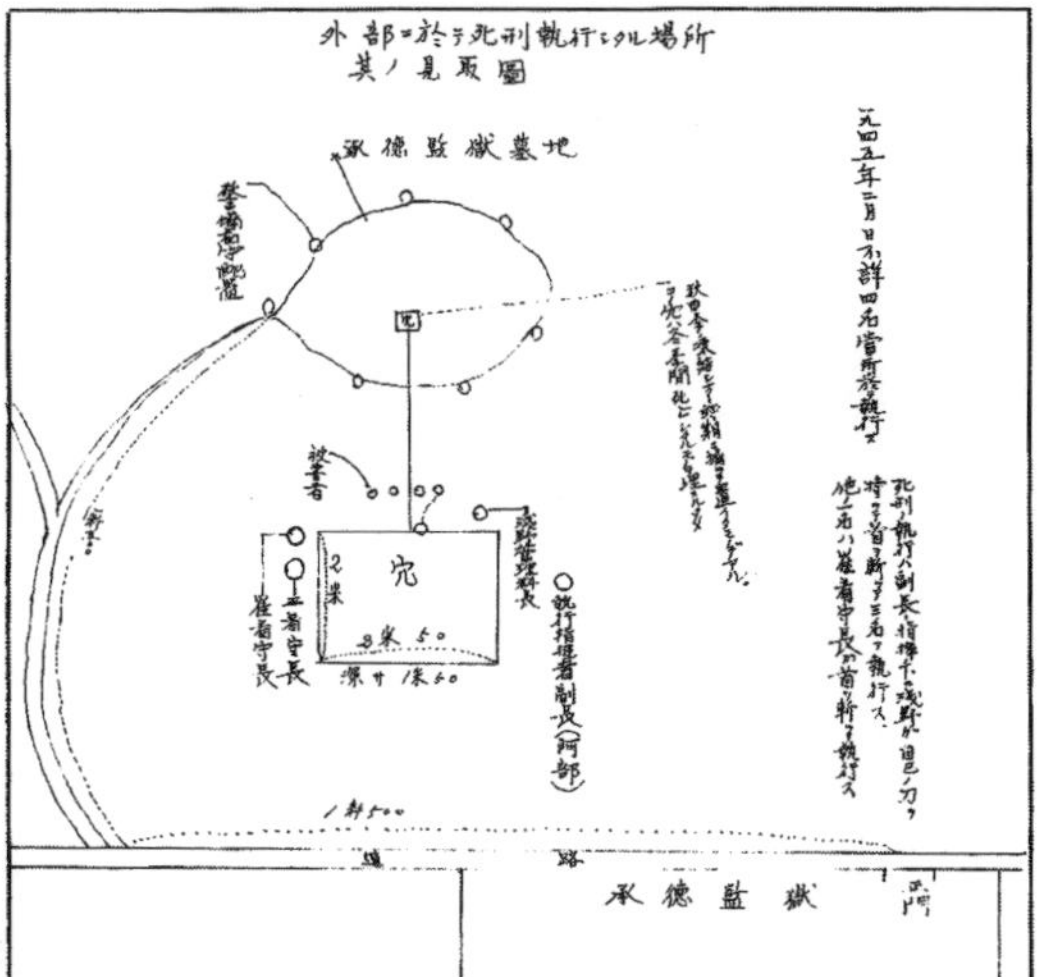

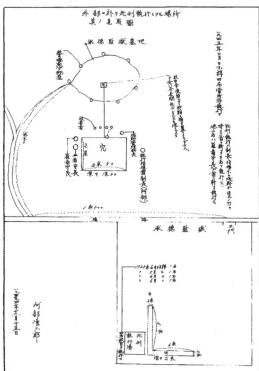

死刑執行場所の見取図　承徳監獄

阿部源三郎「供述書」『日本侵華戦犯筆供選編』82

一 「王道行刑」の実態

「監獄は刑場と同様」

公安部档案館編『史証』の「偽満司法部の罪行」の最後には「監獄は刑場と同様」として、「満洲の監獄は刑場と呼ばれる。拷問、過重労働、劣悪な食事、狭小な監房、貧弱な衣類などで死亡者が続出した」とあり、次のような事例をあげる。

一九三八年初め、佳木斯監獄の監房は非常に狭かった。「犯人」は昼夜にかかわらず座るしかなく、身動きがとれなかった。監獄に入って半年以上経過した「犯人」はほとんど全部死亡したそうである……一九四三年前後、吉林監獄の五人の未決「犯人」は虐待を我慢できずに逃亡したが、そのうち四人は再検挙された。副典獄長の古川英治が絶対生かしておかないと叫んだ結果、まもなくこの四人の死亡認定書が法院に渡された……一九四三年前後、敦化監獄では監房に等級をつけ、条件がよい監房に行きたい「犯人」は監獄職員に相当なお金を渡さなければならなかった

そして「こうした監獄の条件の下では量刑の重さは関係なく、監獄に入る限り〔死刑の〕刑場にのぼることと違いがない」と断言した。これは一般刑事事件の受刑者を含めた状況であるが、暫行懲治叛徒法や治安維持法違反の被告・受刑者のおかれた状況がさらに苛酷で惨酷なものであったことは想像に難くない。治安事件の

受刑者は全体の二割前後と推測される。

横浜刑務所看守部長から一九三五年一二月に「満洲国」司法部の看守長となった阿部源三郎は「新たに収容したる被告人には、逃走を防止する為め全部足枷《かせ》をかけました」、「刑が確定したる場合、刑期二年以上のものには全般的に足枷をかけました」と供述する。また、収容者が多数死亡したことについて「主な原因は監獄の食糧給与が悪かったため栄養失調になり、且つ病気になっても栄養になる食物の給与も出来なかった」ことや「警察、憲兵、〔鉄路〕警護団が凡ゆる拷問をなしたる為め、肉体的精神的に大きな打撃を受け、収容当時、既に足腰が立たず、直に病室に入るもの少くなかった」ためなどとするとともに、その根底に「中国人民に対する蔑視観、中国人民に対する圧迫、奴役、搾取の野望」が横たわっていたとも指摘する（『日本侵華戦犯筆供選編』82）。

阿部は『追想録　動乱下の満州矯正』（一九七七年）に寄せた「思い出すままに」では、最初の赴任となる奉天第一監獄の場合として「当直すると、一夜のうちに必ず一人か二人の死亡者が出るのである。死亡者は脚にむくみを呈する脚気様の症状をしめしていたので原因は野菜不足にあるのではないかと考え、献立の改善をはかってみたものの、死亡率は容易に下らなかった」と記している。また、森本重一は四五年四月に本渓湖監獄庶務科長として「赴任した頃の死亡者は、一日二十五人ないし三十人を数えたが、終戦直前は、それが一月三十人程度に激減していた……労務管理が漸く軌道に乗りつつあった」と語る（『追想録　動乱下の満州矯正』）。

座談会「満州矯正の回顧」のなかで、奉天第一庶務科長だった牛山美雄の「受刑者の平均収容人員は当時約二万人でしたから、一年で二万人がそっくり入れ替ったことになる。平均寿命は一年ということですね」という発言に応えて、司法矯正総局総務科長だった松岡功は「刑期一年以上は死刑と同じで、裁判で言い渡された有期刑が矯正の段階で生命刑に転化する」と語っている（『追想録　動乱下の満州矯正』）。

「安東監獄の沿革の概略」（矯正図書館所蔵「正木亮文庫」）に三七年八月三〇日時点の同監獄の行刑資料が付さ

れている。三六年の同監獄の死亡者は四五人、三七年では八月までに四二人となっている。死因の最多は肺結核である。同監獄には定員五八〇人のところ、八五五人が収容されており、この収容過多も衛生状況悪化の一因だろう。

司法部参事官・司法矯正総局長というトップに立った中井久二は三八年から四四年の間の既決犯・未決犯の合計約九万三〇〇〇人という数字を示し、死亡率は「毎年監獄を出入する収容者の推定総人員二十万人に対する千分の三〇から千分の一〇〇の高率に上った」とする。それらの半数は未決拘禁中の死亡であり、既決犯の場合も「裁判を受けて間もなく死亡した人が多かった」。それは「警察に於ける犯罪者の取調が留置場の長期不法拘束と拷問を伴う苛酷なものであったかを証明するもので、警察から監獄に送致されて来た人がバタバタと死亡して行く人が多かった」と供述する（『日本侵華戦犯筆供選編』8）。

撫順戦犯管理所に収容された行刑関係者（阿部源三郎を含むだろう）による共同手記「偽満監獄罪悪史」（後半部欠、中帰連平和記念館所蔵）によれば、年間の監獄収容総数三万五〇〇〇人に対して罹病者は常に七〇〇〇人以上で、毎月の死亡者は六〇〇人以上に達したという。そこに「王道行刑」と裏腹の実態があらわれていると して、監獄内における行刑諸法規の運用は「日本の監獄に比して更に一段と輪をかけた残忍非道な植民地奴隷化的テロル」であったとする。

監獄では死刑が執行された。中井久二は、司法部参事官と司法矯正総局長在職中の四一年七月から四五年八月までの死刑執行数を毎年一〇〇人前後、総数で約四二〇人と推定する。そのうち二割から三割が「政治犯」、つまり暫行懲治叛徒法違反および治安維持法違反であったという（『日本侵華戦犯筆供選編』8）。ここには前述の特別治安庭における死刑判決の執行は含まれていないだろう。

四二年四月から四三年三月まで未決監のみを収容するハルビン分監長を務めた阿部源三郎は、在職中に六〇人の死刑を執行し、そのうち約四〇人が「愛国者」だったという。法院で死刑が言い渡されて刑が確定すると、検察官の指揮・立会により絞首刑が執行された（『日本侵華戦犯筆供選編』82）。判決後、短期間で執行された。

監獄法の施行

「満洲国」建国からしばらくは監獄の看守などは外務省警察官や満鉄職員によって代用されていた。司法部行刑司は刑政科・保護科・監獄科から成る。

一九三四年春から司法部の整備が古田正武総務司長と前野茂人事科長らによって進められるなかで、行刑司は刑政科・監獄科・保健科・会計科に再編された。司法省行刑局長塩野季彦と司法書記官正木亮らとの協議によって「満洲国」に送り出す行刑関係者の人事が固められ、刑政科長には上田茂登治（奈良刑務所長）、監獄科長には泉顕彰（小田原少年刑務所長）、保健科長には関屋秋次郎（満鉄奉天病院医師）、会計科長には中島睦彦（満鉄奉天本部参事）、庶務股長には横畑武吉（奉天領事館警察署特高係巡査部長）、経理股長には越田利一（川越刑務所看守長）という顔触れとなった。

三四年一二月、日本の行刑官吏中から一〇〇人余の看守長・看守部長を送り込み、二一監獄と二分監に配置した。それぞれ典獄佐（副所長）と看守長となる。三六年一月にはさらに六〇余人を増員した。その時点での日本人監獄職員は典獄佐二三人と看守長一六八人を数えた。しかし、「飛躍的に増大する作業と、中国人の犯行斗争の激発」に対応するため、下級職員として軍隊除隊の兵士を毎年五〇人から六〇人、数回にわたって採用したという（以上、「偽満監獄罪悪史」）。

三六年六月一日現在の「日系刑務官」は二二一人となっている。典獄佐は一七人、看守長は九二人である（満洲国司法部『司法制度整備概況』、一九三六年六月）。安東監獄では所長は「満洲国人」だが、日本人一〇人が典獄佐・

奉天第二監獄
『法曹雑誌』第5巻第3号、1938年3月

看守長・主任看守という中級幹部以上を占める（全体の定員は一〇三人、前掲「安東監獄の沿革の概略」）。日本国内の刑務官が応募する動機の一つは、やはり高い給与だった。千葉刑務所木更津支所勤務だった清水鵬太郎は「給与が三倍になるという好条件だったので、それには大きな魅力があった」と語る（『追想録　動乱下の満州矯正』）。三五年末の受刑者総数は一万一三八二人である（ほかに未決の収容者がいる）。暫行懲治叛徒法違反は七四人だったが、暫行懲治盗匪法違反は二四一〇人と多い（国務院総務庁統計処編纂『第三次満洲帝国年報』、一九三六年）。治安事件の受刑者の割合は約二二％となる。

建国当初は中華民国期の行刑法規が援用されていた。前野は「建国後二年を経た一九三四年当時でさえ、満洲国の監獄は旧政権当時そのままで改善の跡は殆ど見られず、塀を高くして囚人の逃走を防げば事足れりという状態」であったと回想する（『満洲国司法建設回想記』）。監獄制度の改善策として、三四年八月、司法部大臣は各高等検察庁長に監獄における応報懲戒主義をあらため、教誨訓戒の必要を訓示し、その励行を指示した。三七年には治外法権撤廃に向けて、日本人・外国人専用の奉天第二監獄を建設した。

前野や上田刑政科長らを中心に監獄法の起草が進められ、三七年一一月二九日に公布、一二月一日から施行された。従来の中華民国期の援用法規は「国情に合致せざる点少からず、且《かつ》既に刑法、刑事訴訟法施行せられたるを以て其の精神に則り」という制定理由である。その骨子には「刑の執行に付ては勤労を主とする教育刑主義を基調とする」、「懲罰及戒護に於ける非人道的、若くは非衛生的な手段を排除する」（司法部『司法部現勢』）などがあったが、実態とは大きくかけ離れていた。

三八年三月の『法曹雑誌』第五巻第三号は「行刑特輯号」とされ、その巻頭で参議となっていた古田正武は「満洲国行刑は今や法制整い、昔日の醜体《ママ》は急速度を以て排除せられんとしている」と監獄法の施行を評価した。行刑司長の程義明は「監獄法に於ける王道精神の顕揚」と題した論で、「新監獄法の施行を見、茲に刑事法規は始めて有終の美を挙げ得たものと云うべく、行刑統一の効果も亦《また》大いに顕現されんとするに至った」と歓迎する。最後は「我が国は王道楽土を以て建国の理想とするものであるから、王道行刑の責任は行刑職員の双肩に係るものと言うべきである」と結ぶが、監獄法施行の前後を通じて「王道行刑」の実態が惨憺たるものとなったことは後述の通りである。

行刑理論・行政の第一人者と自他ともに認める正木亮（大審院検事）もこの特集に「行刑の世界性と極東監獄会議の提唱」を寄稿しているが、ここでは「今後のわが行刑立法の参考となるべき点」を論じた「満洲国監獄法の新色数点」（『刑政』第五一巻第四号、一九三八年四月）をみよう。

まず「満洲国」監獄法が第一条で監獄の範囲を「徒刑監」や「禁錮監」だけでなく、「拘留場」「労役場」、そして警察の「未決拘禁所」までを含むことに注目する。できるだけ既決囚に絞り、監獄の観念を限定することが世界の潮流であり、正木の持論でもあったが、この逆行を「広く之を国家防衛の手段とすれば、そこに何等の異議を挟むの余地がない」と是認する。また、監獄法第四五条が「作業賞与金の額は作業の成績を基礎とし、行状を斟酌《しんしゃく》して之を定む」と規定して能率主義の立場に立ったことも、正木は従来の監獄立法とは異なる「新色」と評価する。この監獄作業の「能率主義」を組み込むのは、後述する「監獄特別会計制度」の実施を踏まえていた。

正木は「懲罰の惨虐性を除去しようとする」監獄法の求める方向から「満洲国」監獄法が逸脱しなかったとして評価する。懲罰主義の適例として減食罰が監獄法の草案段階で組み込まれていたこと――八月一六日付の「草案」では懲罰として「七日以内の糧食の制限」が入っていた（矯正図書館所蔵「正木亮文庫」）――を「一大逆行」とみなしていたが、それが最終的に削除されたことに安堵し、「新興国の新色の一つ」と歓迎した。ただし、この監獄法の実際の運用にあたり、規定に反して懲罰主義が広くおこなわれていたことは後述する承徳監獄の実態などからも明らかである。

最後に正木は監獄法第九六条が監獄の長の権限によって「満期釈放者を保護在留の名目の下に拘禁し得ることと為した」ことに注目する。治安犯でいえば非転向のまま満期釈放を迎えても、監獄の長の判断でさらに一年間の拘禁を可能とした。それは本来、刑法に保安処分として規定されるべきとしつつ、「事実に於て満期釈放時に於て危険なる者を放置することは国家にとりて有害であること論を俟たない」とするように、緊急避難的にこの「罪刑法定主義を度外視して国家利益の現実を重視する」規定を是認する。ただし、「予防拘禁」の先取りともいってよい保安処分が実際にどの程度実施されたかは不明である。非転向者の場合、長年の苛酷な獄中生活により衰弱し、死亡するケースが多かっただろう。

三七年末の監獄法の施行は正木が「今後のわが行刑立法の参考となるべき点が多い」と記すように、日本国内ではまだ抵抗感のあった監獄観念の拡大や保安処分の実施などを「満洲国」では先取りして一挙に実現したといえる。

「監獄特別会計制度」の実施

一九三九年時点で司法部行刑司長は程義明、第一科長滝沢勝司、第二科長井出廉三、第三科長梁又新という陣容だった（『司法部現勢』）。三八年末の監獄職員は三四二七人で、日本人が四四七人、「満洲国人」が二九八〇人となっている。所長にあたる典獄は二三人中二二人が「満洲国人」だが、副所長の典獄佐は日本人二四人（二八人中）で、分監を除く看守長も日本人九四人に対して「満洲国人」は八七人となっていた。監獄の運用の実権は日本人に握られていたといえよう。在監人員は二万一一三六人で、受刑者は一万四九四六人だった。収容者の地方別ではハルビン管区、奉天第一管区、新京管区、吉林管区の順となっている（国務院総務庁統計処編纂『満洲帝国統計摘要』一九三九年版）。受刑者の罪名別をみると、三九年末では暫行懲治叛徒法違反が四〇四人と増加し、暫行懲治盗匪法違反は三四三六人だった（『満洲帝国司法要覧』、一九三九年一二月現在）。受刑者総数のなかでの治安事件の割合は二二％である。

三七年度より自給自足を目標として「監獄特別会計制度」を実施した。三七年一二月の監獄法施行は、この制度実施と歩調を合わせていた。前野の回想によれば司法部次長古田正武の強い主唱のもとに実現にこぎつけたもので、「この制度採用については教育刑主義の立場から強い反対があったけれど、日本と満洲では国情が異なる上に、囚人作業を合理化すれば教化目的を達成でき、囚人搾取の非難を打ち消すことができるという主張が勢力を占めた」という（『満洲国司法建設回想記』）。

座談会「満州矯正の回顧」で、出席者は「満州矯正の特色といえば、やはり監獄特別会計を実施して作業重点の矯正運営をしたことでしょう」、「特別会計にはじまって特別会計に終った。作業にはじまって作業に終ったという感じがしますね」と語る。国務院総務庁次長の岸信介から持ちかけられた古田次長は慎重だったが、「いざ蓋をあけてみると、案じるより生むが易しで、短期間に予想を上回る急成長をしたんで、いいだした岸さんはびっくりもしたり、またよろこびもしたというんです」という。また、制度導入に消極派だった行刑司第一科長の上田茂登治が退き、三九年に滝沢勝司が就くと、「行刑司の空気も一変して特別会計一色にかたまりました」とある（以上、『追想録　動乱下の満州矯正』、一九七七年）。

三九年八月の司法部「康徳七年度重要企画事項」（「太田耐造文書」、国立国会図書館憲政資料室所蔵）には「行刑関係」として、「司法保護政策の確立」と並んで「監獄作業の合理化（囚人労働力の国家産業への利用）」があった。

行刑司事務官の林英雄が「満洲国監獄作業の概況」を『刑政』に連載している。四〇年五月の監獄長会議で説明されたもので、その第一回（第五三巻第九号、一九四〇年九月）によると、監獄作業自体は三四年から「手工業的施設を一変し」、新京・奉天各監獄に木工や印刷機械を設置して実施されていた。三七年には作業歳入額は二〇〇万円を超え、一日就業人員も八〇〇〇人を越えた。これは収容人員の六四％にあたる。四〇年の作業歳入額は約一九〇〇万円を、就業人員は約一万五〇〇〇人、収容人員の八一％を動員する予定になっている。林は「かくて我が国監獄作業は漸次其の官業たる性質を認識せられ、其の法制化へと歩を進めることになりつつある」と述べる。

前野茂は「この制度採用のおかげで、以後数年の間に監獄作業は飛躍的に発展し、監獄設備の改善に、衛生管理の充実に大きく貢献した」と自賛するが、「偽満監獄罪悪史」はその対極の見方をする。「監獄の一切の所要経費を作業利潤によって自給自足することを目標」としたものゆえに、「一切が在監者の労働力搾取をあてにして計画された」。この実施以前は表面的には罹病率や死亡率の多さは芳しくないこととされていたが、その実施以後は「只管《ひたすら》支出を縮減し、在監者を酷使できるだけ酷使し、作業能率を上げ、収入を増加する」ことに狂奔するようになったとする。それは「全くの搾取行刑、否死刑行刑となった」。

外役作業の拡大

満洲国通信社編『満洲国現勢』の康徳一〇年(一九四三年)版の司法部「行刑制度」では、教育刑を指導方針とし、「その内容において満洲国独自の建国理想を行刑の契機として犯罪者に浸透せしめん」としているとする。その特色として「第一は行刑教化の目標が消極的な社会復帰より一歩進んで国民適格性の創造にあり、その二は作業の強化と監獄特別会計制とで、第三は保護在留である」とする。

「保護在留」については監獄法にもとづくが、その実施程度は不明である。第一と第二については、新たに司法部参事官となった中井久二の指導のもとで展開された。錦州地方法院や延吉地方法院の審判官を経て黒河省次長を務めていた中井が、このポストに就いたのは一九四一年七月だった。行刑司長は王夢齢だったが、実質的に監獄行政の実権を握った。第一科長滝沢勝司、第二科長吉川栄之助、第三科長薛蜀屏という陣容となる。四二年時点で、「満洲国」には監獄二四、分監八四、外国人監獄二(奉天・延吉)が設置されていた。

中井の参事官就任時点で監獄の収容者総数は二万八〇〇〇人、そのうち既決の受刑者が二万二〇〇〇人、未決は六〇〇〇人だった。作業の就業者は監獄付設の作業場に約七〇〇〇人が従事するほか、外役作業として遼陽監獄鞍山製鋼所作業場に約五〇〇人、奉天監獄本渓湖煤鉄公司宮原作業場に約四〇〇人が動員されていた(中井「供述書」、『日本侵華戦犯筆供選編』8)。

監獄内の工場作業では一監獄一業種が強力に推進された。座談会「満州矯正の回顧」には「奉天第一の縫製、新京の印刷、ハルピン、吉林の木工、鉄嶺の靴と防具、安東のゴム、牡丹江の窯業、瓦房店の織物などがほぼ一監一業種の理想に近いところまでいっていましたが、奉天第一などでも、きれいに並んだ数百台のミシンが、リズミカルな音を奏でているところはちょっとした壮観でした。あれだけの設備をもった縫製工場は当時の満州では他になかったんじゃないですか」という発言がある。

監獄外の外役作業は四〇年からはじまっていた。「監獄作業の生産力は国家的生産機関の一単位として登場しつつあるのみならず、国家的企業として我が国産業、経済政策上占むる使命は漸次重きを加うる」という判断に立って、監獄外の作業に進出しはじめていた（林英雄「満洲国監獄作業の概況（一）」）。前野『満洲国司法建設回想記』にも「監獄特別会計制度を取り入れて以来の監獄作業の発展はめざましく、重工業に主力を置き軽工業に目を向ける余裕のなかった国家の政策に助けられ、軽工業部門に於ける監獄作業は一大特殊会社なみの地位に達する可能性があるように思えてきた」とある。

新京監獄の作業状況
『法曹雑誌』第5巻第3号、1938年3月

参事官となった中井久二は「多数の未就業者ある実情」に満足せず、「（一）已決《きけつ》犯人の作業就業率を増加し、監獄作業収入の増加に依り監獄の人的物的施設の改善、収容者の処遇改善を図ること、（二）作業を通して已決犯人の職業輔導と思想改善（帝国主義的観点の）を図ることの主要方針」の決定を主導し、合わせて主要監獄の拘禁過剰の状態を打開しようとした。監獄の新設や増築の予算獲得は見込めなかったため、「漸次、労働力の不足」を生じていた民間企業と交渉し、外役作業の拡大を実現する。企業側が収容所や必要な資金・資材を提供し、一般労働者並みの工賃を保障する代わりに、

監獄側は収容者の労働力を提供した。
中井の供述によれば、四三年四月までに鞍山製鋼所や本渓湖煤鉄公司のほかに新たに撫順炭鉱、大石橋マグネサイト会社、阜新炭鉱を加えて一日二二〇〇人から三二〇〇人の外役作業をおこなった。四二年には鞍山製鋼所の収容所が鞍山監獄に、本渓湖煤鉄公司の収容所が本渓湖監獄に昇格した。また、「一九四一年七月以降、一九四三年五月迄の間、平均一日八千名の、約十八ヶ所の主要監獄の已決収容者を監獄付設の作業工場に於て一日十時間以上の労働に服せしめて、監獄会計の収益増加を図っ」たという（以上、『日本侵華戦犯筆供選編』8）。

承徳監獄の実態

一九四一年一二月の「貞星工作事件」で検挙された李蘭田が瀋陽軍事法廷で憲兵隊による自身への拷問について証言したことは前述したが、それに先立つ五四年六月三日の「告発状」では有期徒刑で収容されたチチハル監獄の状況を次のように記している（『東北歴次大惨案』）。

監獄は長年補修されていない荒れ果てた部屋で、極寒でも暖房が無く、中も外も非常に汚く、悪臭が漂っていました。この監獄に閉じ込められ、寒さと飢え、拷問の傷の痛み、拷問器具で体を束縛され、この鉄格子の窓に閉じ込められた夜に大声で泣く者もいました。看守はその音を聞くと、すぐに彼らを侮辱して鞭打ちましたが、誰もあえて抵抗しませんでした。一九四二年の夏から秋にかけて、伝染性の発疹チフスが発生しました。長期間カビの生えた高粱を食べたことや絶え間ない拷問によるものでした。監獄には医療施設がありますが、治療を受けられず、監獄内で多数の中国人が死亡しました。私やその仲間も感染し、数人が死亡しました。

前述の西南地区粛正工作には行刑当局も深くかかわった。四三年二月の司法部内会議に出席した参事官の中井久二は、粛正工作の実施にあたり「被検挙者は千数百名の予定である、行刑司は承徳監獄に命令して之を収容する準備をせよ」という指示を受けたと供述する。承徳監獄の現収容者を急いで鞍山、本渓湖などの監獄に移送したうえで、大検挙の実施による収容者は五月、六月頃までに千名を超えたという（『日本侵華戦犯筆供選編』8）。

西南地区粛正工作実施による検挙者を約一万三〇〇〇人とする数値にしたがうと、約四〇〇〇人が起訴、そしてほとんどが有罪となり、その三割から四割が死刑に処せられ、残る無期・有期徒刑を科せられた人々は監獄に入れられた。この承徳監獄の実態を、四四年一二月に承徳監獄副所長となった阿部源三郎が詳細に供述している。着任時に約六〇〇人を収容しており、そのうち約四〇〇人が共産党関係者だったという。その後約三〇〇人（約二〇〇人は共産党関係者）が新たに収容された。在職中に虐待や衛生・食事の環境劣悪、医薬品不足などのために一七二人（共産党関係者約一一五人）を死亡させたとする。

また、四五年二月の「農民風」の共産党関係者四人の死刑執行について、「死刑は刑場に於て執行すべきなるも、違法とは知りながら墓地に於て執行することを決定」し、監獄外の「屠殺現場より三十米離れた地点四周に七名の看守を警戒に就け、かねて丘の西側の斜面に用意してあった穴（縦二・五米、横二米、深さ一・五米）の淵に目かくしをさせて座らせ、私の指揮の下に浅野看守長が日本刀を抜き、一名宛《ずつ》首を斬って三人を執行し、他の一名は崔看守長が浅野看守長の刀を以て首を斬って執行しました。其の上に若干の土をかけて帰還したのであります」と供述する（本章扉の図参照）。承徳監獄在職中の死刑執行は一一五人で、そのうち「共産党関係者」は五二人、「愛国者」が四〇人だったとする。

承徳監獄戒護科長だった中村松太郎は、承徳地方法院次長内藤俊義が三年間の在任中に「判決を言い渡した死刑囚の数は実に夥しいもの」があったとして、「その執行はもちろんわれわれ刑務官のしごとですが、時に一日に五十人にも及ぶこともあって、刑場の構造上四人が限度でしたので大変なことでした」と回想する(『追想録　動乱下の満州矯正』)。内藤は四六年三月、八路軍の「民衆裁判」によって死刑判決を受け、執行された(後述)。

また、錦州高等検察庁の書記官板橋潤の手記「特別治安庭」には「無期並に有期徒刑に処せられた人々は先づ偽承徳監獄に集中され、その后、阜新、鞍山、本渓湖と云う順位で、最も刑の重い方を重工業地帯の監獄に移管し、全満の監獄に送られ、苛酷な労働の下に酷使され、敗戦時にはその三分の二以上の方がその尊い生命を奪われて居りました」とある。板橋の「供述書」では四五年五月実施の恩赦に向けた調査でわかったこととして、承徳監獄など一七カ所の監獄の粛正工作による収容者は約四〇〇〇人を数え、劣悪な環境と拷問の後遺症などで約八〇〇人が獄死しているとする(『日本侵華戦犯筆供選編』99)。

二　矯正輔導への拡充

保安拘置処分の導入へ

一九四三年四月二七日、司法部行刑司に代わって司法矯正総局が司法部の外局として新設され、局長には参事官であった中井久二が就任した。行刑司第一科長として設置にかかわった吉川栄之助が「司法矯正総局設置の経緯について」を書いている（『弼教《ひつきょう》』第六巻第六号、『動乱下の満州矯正』に転載）。これによれば、行刑司の外局案は四〇年頃から抬頭していたという。監獄特別会計の実施が好結果をもたらしているという判断から行刑司を外局とし、「行刑に関する諸事務を総合処理し、もって監獄作業の刑事政策的、国家企業的使命の達成をはからんとする気運」が醸成されたものの、日本国内でも朝鮮・台湾でもみられない行刑観念の膨張だったため、まだ「満洲国」政府全般の理解を得るには時期尚早だった。

吉川は「ところが昨年（一九四一年）の秋、犯罪前歴者、労働嫌忌者、浮浪者等で罪を犯す虞れのある者を対象とする保安処分が計画され、その執行が行刑部門に委ねられることが決定した結果、急転的に外局案が進展」することになったとする。「急転的に外局案が進展」するうえで大きかったのは、関東軍の意向とそれに対応する総務庁次長の古海忠之の存在である。

司法部大臣閻伝紱《えんでんふつ》は矯正輔導院や保安矯正法などの制定について形式的に関与しているが、その見聞として関東軍司令官が総務庁長官の武部六蔵や次長古海忠之らに持ちかけ、古海らが前野司法次長や太田刑事司長らと連絡し、合意のうえに進行したと撫順戦犯管理所における「供述書」で述べている（中央档案館編『偽満洲国の統治の内幕――偽満官員供述』、二〇〇〇年）。

古海は「一九四一年十一月末以来、総務庁次長として此等の期間を通じ労務動員計画の決定、勤労部及国民勤労奉公局の設置、司法矯正総局、保安拘置制度等労務諸制度の審議決定をなし」たと供述する。そして、一八にのぼる「供述書」の九を「司法矯正総局に関する罪行」とする（『日本侵華戦犯筆供選編』7）。これにもとづいて、どのように外局案が急浮上し、実現に至ったかをみよう。

四一年九月に決定した「労務新体制要綱」を実現に移すときにアジア太平洋戦争が開戦し、「労力需要激増」したために「満洲国」では「戦時緊急物資の緊急増産、対日援助の増大」に邁進する必要があった。古海の言を借りると、ここに「司法部帝国主義者は満洲社会に於て浮浪者無頼の徒が存在する事実と犯罪予防と言う司法行政の一部とを無理に結合して強制労働制度」の実現をめざした。それまでの「不確実な華北労工依存」に代わるものを探していた総務庁・古海は、これを「国内資源として確実且《かつ》安価なる搾取の好対象」とみて飛びついた。

古海によれば司法部で中心になっていたのは次長の前野茂で、「強力に提議」したという。赴任直後の刑事司長太田耐造や司法部参事官中井久二らが加わってまとめられた。四二年一〇月、司法部原案が総務庁企画処に提出され審議を経て了承されると、これに向けた四三年度関係予算も編成された。前野茂は『満洲国司法建設回想記』で次のように記述している。

大東亜戦争が末期に近づき、満洲国では労働強化のため各街村に対し労働供出が強行される段階に達すると、こうした街村のあぶれ者は都会に流れ込み、その盛り場を埋めるようになってきた。これは労働確保の点から、また都市治安維持の点から放置することを許さぬ問題であった。そこで地方行政機関では警察力を用い盛り場を包囲して浮浪者狩りを行い、捕えた浮浪者をアンペラ小屋の臨時収容所に収容し、次いで労働現場に送り込むという乱暴な措置に出ることが多かった。裏付けされる法的根拠もない上に、善良な市民と浮浪者との選別がルーズであったり、収容後の管理が悪くて病気にかかる者が多く、その上事件が発生し囂々《ごうごう》たる非難が巻き起こった

司法部ではこの事態に対処するため、こうした人々は犯罪に密着しその温床を為すものであると断じ、犯罪予防措置として本法を立案制定したのである

前野は「都市治安維持」や「犯罪予防措置」、そして法的根拠にもとづく保安拘置処分の面を強調している。吉川も「時局下国家の総力をあげて高度国防国家建設に邁進すべき秋《とき》、国家生産機関の一として、財政に産業

に寄与貢献しつつある監獄に対し、従来の監獄なる観念を是正」する絶好の機会と、前のめりになっていた。

中井は四二年秋頃のこととして、前野次長が民生部労務司長田村仙定や関東軍と協議し、「一面偽満洲国の治安維持の目的と、又一面当時の偽満洲国に於ける戦時生産事業に必要なる労働力の不足の補充に資する目的」で保安処分の法規を制定する方針を立て、「各方面の反対を説得し」、司法部内もまとめたと供述する。保安矯正法などの法規案の起草は太田刑事司長に命じたという（『日本侵華戦犯筆供選編』8）。『動乱下の満州矯正』掲載の中井の遺稿「満州国矯正概観」には「関東軍はこれら浮浪者の労働力を軍需物資の生産部門や鉄石炭などの増産にふり向けることを考え、その具体化を司法部に対して強く要請してきた」とあり、司法部はその要請を受けたかたちになっている。

太田刑事司長は四三年六月、「現下内外の情勢を勘案」し、「犯罪を未然に防遏するの手段を講ずるの必要が痛感され、茲に刑罰の補充的制度としての保安処分制度が要請せらるるに至った」と述べている（「刑事司法の運用」、満洲産業調査会編『満洲国政指導総覧』）。

司法矯正総局の設置

司法部行刑司を外局化するにあたり、その名称をめぐる議論があった。当初は「行刑総局」ないし「刑務総局」という名称だったが、「いずれも保安処分執行部面を包括した名称としてはふさわしくない」とされ、「司法矯正総局」に落ち着いた。司法部から総務庁に予算折衝する段階では官房・輔導処・行刑処の下に合わせて九科をおくというものであったが、全体的な「行政簡捷化」方針に従わざるを得ず、総局長—副局長の下に総務・経理・保健・刑務・作業・輔導の六科をおくことで発足した（吉川栄之助「司法矯正総局設置の経緯について」『動乱下の満州矯正』）。

一九四三年四月二七日、司法矯正総局官制が公布施行された。発足時の陣容は総局長中井、総務科長米田正式（ハルビン地方法院次長）、経理科長戸畑豊吉（司法部理事官）、保健課長松岡功（司法部技正）、刑務科長白国政、輔導科長吉川栄之助で、作業科長は中井が兼務した。「満洲国」崩壊時は総務科長松岡、刑務科長劉玉栄、作業科長（欠）、経理科長越田利二、輔導科長早川義彦、保健課長（張某）という顔ぶれだった（中井「満州国矯正概観」）。

司法矯正総局開庁記念
『追想録　動乱下の満州矯正』

古海の供述によれば四三年度の司法矯正総局費は五〇万円、矯正輔導院関係の経費が約二五〇万円で、監獄関係の経費と合わせると司法矯正総局の特別会計は二八〇〇万円から三〇〇〇万円程度だったという。そしてこの予算編成時に想定された矯正輔導院の拘置予定人員は一万二〇〇〇人から一万五〇〇〇人とされていた（『日本侵華戦犯筆供選編』7）。

中井はこの司法矯正総局長として局内の各科、監獄、矯正輔導院を次のように統率したと供述する（『日本侵華戦犯筆供選編』8）。

（一）監獄に於ける、已決犯収容者及矯正輔導院収容者の作業就業率を増加して、監獄特別会計の収益増加を図り、以て監獄及矯正輔導院の人的及物的施設の整備改善を期すること、（二）作業を通して、監獄及矯正輔導院収容者の職業輔導と思想改造（帝国主義的観点の）を図ること、（三）監獄及矯正輔導院に作業場を新設することは、資材資金の関係上実現困難なるを以て、日本帝国主義企業体と交渉し、（イ）企業体に於て、監獄又は矯正輔導院よりの出役者の収容施設の建物と、之が改善に要する資材及資金の一部を負担すること、（ロ）監獄又は矯正輔導院の出役者に対し、一般工人に近い工賃を支払うことの条件を以て、外役作業を拡張し、外役作業出役者の収容所は、漸次監獄又は矯正輔導院に昇格《ママ》する方針を定め

在任中、中井は二度の監獄長（刑務所長）及矯正輔導院長会議において「収容者に対する拘禁の確保と作業の強化を強調し、更に収容者をして労働を通じ日満一徳一心の本旨に基き、日本帝国主義侵略戦争に寄与せしむべきであるとの趣旨」の訓示をおこなったという。

四三年には食料の自給自足を目的に、龍江省泰来県泰康に農業監獄を設置することを計画し、用地を確保し整備を進めたが、実現には至らなかった。

四四年五月、監獄法を改正し、監獄の名称を刑務所にあらためた。このとき、本渓湖・鞍山・大石橋の外役作業場が刑務所に昇格している。中井は「満洲国」崩壊時、三〇の刑務所、八〇の刑務支署、十数か所の代用監獄（警察署留置場）に既決囚約二万人、未決囚約一万一〇〇〇人が収容されていたとする（「満洲国矯正概観」）。「供述書」ではさらに詳しい数字を述べている。司法矯正総局長在任中、監獄の外役作業場（製鋼所や採鉱、紡績工場など）は一八カ所あり、合計で毎日六四〇〇人の既決囚が動員されていた。また、監獄内の付設工場（洋裁、木工、印刷、製材、石鹸製造など）においては平均毎日七〇〇〇人から八〇〇〇人の既決囚が作業にあたっていた。矯正輔導院では一三の炭鉱・製鋼などの作業に合計で毎日平均三七〇〇人から五六〇〇人が出動していた。

参事官と司法矯正総局長在任中の死刑執行数は三二〇人前後で、そのうち二割から三割が「政治犯」だった

という。また、三八年から四四年までの監獄における既決囚・未決囚は約九万三〇〇〇人で、「監獄を出入する収容者の推定総人員」は二〇万人におよんだ。その死亡率は三%から一〇%という高率になる。矯正輔導院での死亡者数は千数十人という（『日本侵華戦犯筆供選編』8）。

なお、ハルビン高等検察庁次長の杉原一策は、四五年五月の恩赦実施に際して「治安維持法（暫行懲治叛徒法を含む）違犯及刑法違犯中特種のものに就ては減刑せざることを原則とし、例外的に刑務官より特に減刑の申請ありたる者に就てのみ減刑の可否を審査決定する方針を採った」と供述している（『日本侵華戦犯筆供選編』9）。このときの恩赦は二八万人余の復権、二万人余の減刑、二千人余の釈放であったが、治安維持法違反や不敬罪などは対象に含まれていなかった。

矯正輔導院の設置

外局としての司法矯正総局はそれまでの行刑制度＝監獄の運用にあたるほか、新たに保安拘置処分の執行機関として矯正輔導院を設置した。一九四三年四月二七日、矯正輔導院官制が公布施行された。官制上の定員では輔導官一二人が矯正輔導院長を務めるほか、輔導官佐が二六人、主任輔導士が五〇人となった。院長や主要課長、主任輔導士は日本人が占めた。

この保安拘置処分の根拠法となる保安矯正法と思想矯正法の施行（四三年九月一八日）をみないままで、見切り発車としてまず奉天・ハルビン・本渓湖・鞍山・撫順の五カ所の施設設置が急がれた。その設立準備中に労働者を一刻も早く保安拘置し、労役につかせるために「満洲国」警察による「浮浪者狩り」がはじまった。四三年四月から六月にかけて奉天では三回の大捜索が実施され、四月二七日には三五七六人、五月四日に三二六人、六月二二日三五〇〇人を検挙した（解学詩『歴史的毒瘤』）。李茂傑「日偽統治時代の「矯正補《ママ》導院」」（植民地文化学会編『近代日本と「満州国」』、二〇一四年）には「集中逮捕ではほとんどの人に「浮浪」の罪名をかぶせた……本当の無職の遊民はごくわずかしかおらず、大多数の者が貧困層の労働者だった」とある。

七月一日から七日にかけて鞍山市は毎日道路を遮断して「浮浪者」を検挙する、いわゆる「防犯週間」を実施したという（『歴史的毒瘤』）。

首都警察庁副総監及新京地方保安局長であった三田正夫は、四三年五月、「犯罪予防を名目」に「浮浪者」約一三〇〇人を検挙し、市の土木工事や炭鉱に送り込んだと供述する（『日本侵華戦犯筆供選編』90）。

奉天市朝日警察署特務係だった蔵田功は四三年五月、視察中に挙動不審として三人を検挙して撫順炭鉱に送るほか、七月には露店商人ら八〇人を治安妨害との理由で検挙し、五〇人を矯正輔導院に送付したと供述する（『日本侵華戦犯筆供選編』82）。

矯正輔導院の設置については中井の供述が詳しい。最初の設置は四三年六月のハルビンで、当初約三〇〇人から四〇〇人を収容する。八月設置の本渓湖では約一〇〇〇人を収容し、数か所の作業場が設けられた。鞍山の設置は九月頃で、一〇〇〇人から一二〇〇人を収容する。九月には鶴崗炭鉱内に五〇〇人から七〇〇人の規模で開設された。一〇月の撫順炭鉱では一〇〇〇人から一二〇〇人の規模で設置された。一一月に阜新に開設された輔導院は約八〇〇人を収容する。奉天での開設はやや遅れて翌四四年二月となった。当初約四五〇人の規模であったが、三カ所の作業場が加わり、約一〇〇〇人の収容となった。その後、大石橋マグネサイト会社構内に、八月に新京に、九月にチチハルに、一〇月に和龍県三和炭鉱内にも開設された。四三年度末は六カ所で総計約四〇〇〇人が、四四年度末には一二カ所（ほかに分院もある）で総計約七〇〇〇人が収容され、四五年八月には約八〇〇〇人が在院していたという。なお、中井「満州国矯正概観」（『動乱下の満州矯正』）では矯正輔導院が一八カ所、その分院が十数カ所あり、合わせて約一万三〇〇〇人が収容されていたとする。「供述書」

によれば、矯正輔導院での死亡者は一〇〇〇人を超える。

矯正輔導院の開設が進んだ四三年一二月一日、矯正輔導院令が制定施行された。全一二章八三条におよぶ詳細さで、第一条は「矯正輔導院は拘置者をして建国の精神を体得し、勤労の気風を振起して作業に精励せしめ、以て其の心身を錬磨し、速に健全なる国民に更生せしむるを目的とす」となっている。第九条では「拘置者の教導、其の他の事由に因り必要あるとき」郊外作業場の設置を可能としているが、実態は製鋼所や炭鉱などでの労役が恒常化していた。

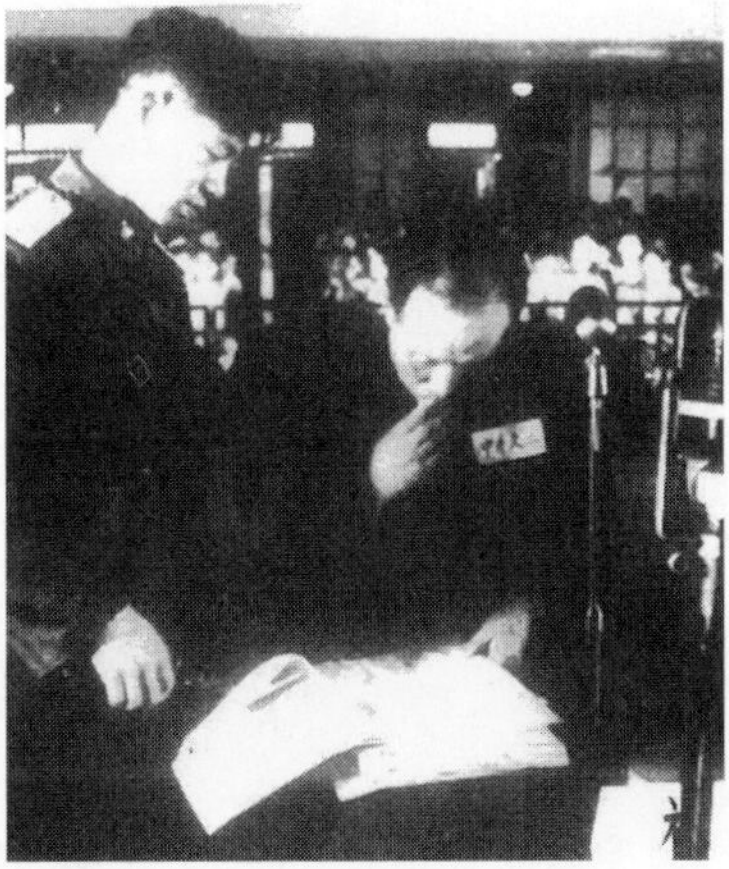
中井久二　瀋陽軍事法廷
『罪悪的自供状』

捕縄や防声具・保護衣などの身体を拘束する「械具《かせ》」の使用や懲罰における「五日以内の減食」などもあり、監獄とほぼ同様な措置が規定されている。第五条は「収容者には其の健康を増進するに必要且適当なる給養及衛生上の処置を施すべし」とされていたが、死亡率の高さからみても飾りの条文だった。

被収容者は一〇〇人単位で分隊を編成し、分隊は二〇人前後を単位に数班に分けられた。班長は被収容者の中から選ばれ、分隊長は輔導士が担当し、分隊長の上には中隊長（主任輔導士）、大隊長（輔導官佐）がおかれた（蘇崇民・李作権・姜璧潔編著『労働者の血と泪』、一九九五年）。

四五年三月には撫順に少年矯正輔導院が開設され、一六歳から二〇歳未満の虞犯《ぐはん》少年五〇〇人を収容した。撫順炭鉱機械製作所などで補助的な作業をおこなった。矯正輔導院令第八三条には「特に心身の発達に留意し、国民的基礎訓練を施して之を健全なる第二国民に育成するに努むべし」とあったが、実態は労働力としての酷使だった。

保安矯正法

一九四二年一〇月に保安拘置処分の導入へと舵を切った司法部では太田耐造刑事司長を中心にその根拠となる法案の立案を急ぎ、四三年四月一五日、参議府会議で「保安拘置並思想矯正制度要綱」が決定された（未見）。太田は「刑事司法の運用」（満洲産業調査会編『満洲国政指導総覧』）において、次のように論じている。

保安拘置制度は刑罰法令に触るる行為を為した犯罪前歴者又は労働嫌忌者、若くは浮浪者等に対し、本人の性格、習癖、環境其の他の情況に照し、犯罪を犯す虞《おそれ》あるとき、之を矯正輔導院に拘置して労作に従事せしむる等の方法に依て心身を錬磨し健全なる国民に更生せしめ、併せて其の労働力を国家産業に動員して現下時局の要請に応ぜしめることを目的とするものであって、この制度に依て犯罪前歴者の再犯を防止し、又大都市其の他に於て徒食浮浪し、動《やや》もすれば犯罪に依て徒食せんとする徒輩を一掃し、以て治安を鞏固ならしめ、国民生活の明朗化を招来し得るものと考えるのである

これにつづけて太田は「本制度の運用に付て慎重を欠き、又は之が濫用に陥るときは却て人心に不安衝撃を与え、其の弊害実に恐るべきものあり」と自戒の言葉を述べて、司法部は万全の配慮を心掛けているとする。しかし、後述するようにこの運用が弊害だらけとなり、大きな犠牲を強いたことは明らかであり、「万全の配慮」は皆無だったといってよい。

「満洲国」司法と関わりが深かった弁護士の黒沢子之松は日本弁護士協会録事『法曹公論』第四七巻第五号（一九四三年五月）に「満洲国に実施されんとする保安拘置並に思想矯正の両制度」（『治安維持法関係資料集』第四巻収録）を寄せている。思想矯正制度も含めて、これらが実施される背景として「危険性を多分に持ちながら一般社会に生活しているものや浮浪者又は労働嫌忌者の中には罪を犯す傾向を帯びた者が多数あって、更に文

字を解すること不能な者も我々の想像以上だから、之等の者を放任しておいては一朝有事の際、速やかに治安の確保が維持されない複雑性がある」とする。慎重な運用を心がけなければ「人権蹂躙の不祥事が起き易い」ので、「飽くまでも公平厳正なる態度」が必要としつつも、こうした「法制の整備は時局に適するもの」と肯定するところに黒沢の本意がある。黒沢は保安拘置制度が労働力の動員にあるという本質を捨象し、論点を「治安の確保」に限っている。

九月一八日、参議府の諮詢を経て保安矯正法が公布施行された。全三二条から成る。第一条は「保安矯正法は犯罪予防の為、錬成輔導の必要ありと認むる者を拘置し、其の矯正を図り、以て治安の保持に資することを目的とす」となっている。第二条では刑の執行終了者・執行猶予者・不起訴者のうち「其の環境、性格、習癖、其の他の情況に照し更に罪を犯すの虞あるもの」や「浮浪者又は労働嫌忌者」で「罪を犯すの虞あるもの」を対象と規定する。

保安矯正に付すべきかの「偵査」を検察官・警察官がおこない、保安矯正に付すべきか否かの「裁決」は検察官がおこなう規定になっている。検察官の「裁決」に不服の場合は法院に「抗訴」することができることになっているが、実効性はない。保安矯正の期間は二年で、継続の必要があるとされると更新され、「情状」が良好と認められると満了前に釈放となる。同日、保安矯正手続令が施行された。

「保安矯正法解説」が四三年一〇月の『法曹雑誌』（第六巻第一〇号）に掲載された。執筆は司法部参事官の伊達秋雄で、当然この立案起草に参画しているだろう。伊達はまず制定の理由として「最近に於ける国内農村事情に基く離村又は北支方面の治安不良、生活難等の原因に基いて都市に蝟集《いしゅう》せる無為徒食の浮浪者群の激増の結果、更に一段と拍車を掛けられつつあるものの如く見受けられる」として、「有効適切な犯罪の防遏対策を急速に確立することは焦眉の急務として其の解決が迫られつつあったところ」と述べる。ここでも治安対策の観点に立っている。

「保安矯正の対象」として矯正輔導院の拘置能力の限界から「対象者の全部を拘置し得ない」ため、「重点を其の対策の最も必要な浮遊労働者、及之に準ずる者」に絞り、一定の職業ある者や相当の資産を有する者、有識者階級に属する者、労働能力無き者は「当分の間」は適用を除外するという。保安矯正に付せられると、矯正輔導院に拘置して「規律ある訓練を施し、労作に従事せしむる」。

さらに、対象者は「個別的索出」と「都市に蝟集する浮浪者等に対する一斉索出」による。前者は犯罪の前歴者らに対する警察の「偵査」によるもので、人数は限られる。一方、後者が矯正輔導院収容の大部分を占めるだろう。これについては各機関から委員を集めた検察庁主宰の「刑事矯正連絡会」という「拘置設備、拘置者に対する食糧其の他の生活物資の確保、就労の基礎訓練其の他の処置に関する事項等」について協議する場が設けられるとする。「一斉索出」の時期や範囲、方法などは検察庁と警務庁の協議による。

しかし、こうした伊達の解説も机上の空論だった。チチハル矯正輔導院の庶務課長として勤務していた秋田進は「時々龍江省管下の刑事警察官連絡会議（時に保安矯正法関係会議）に出席したが、ここでこの矯正法の対象者、範囲、逮捕の時期などが、各県の刑事科長、経済保安係官等に指示されていた」とし、「対象者は虞犯者、労働嫌忌者、常習犯、暴力団員あるいは街のダニ的な存在、その他戦争の非協力者と見られた者はすべて入っていたように思う」と回想する（『動乱下の満州矯正』）。炭鉱や製鋼所などの企業側から必要な労働力を提示されると、こうした連絡会議を通じて各警察機関に割当てがなされたというのが実態であろう。

新京高等検察庁次長だった杉原一策の供述によれば、保安矯正法施行後まもなく司法部は主要地区の地方検察庁と各高等検察庁の次長を召集し、前野司法部次長と太田刑事司長が「本法の運用につき訓示、指示」をおこなっている。その直後、杉原は新京高等検察庁管下の各地方検察庁次長を集めて「本法の運営につき協議」

するなかで、「労働力なき者」を除外する方針を指示したという。この場で、おおその割当ても決まっただろう。四三年末までに管下の区検察庁が「裁決」した矯正処分者は約一三二〇人におよんだとする。杉原は運営の監督指揮の責任者として、この制度が「中国人に労働を強制する法令」であることを理解していた。治安維持を目的とするならば「これに要する相当施設に備えるため、国家予算の支出があるべきに拘らず、何らその措置に出づる事な」く、労働力の強制が目的だったとする（『日本侵華戦犯筆供選編』9）。

ハルビン高等検察庁の溝口嘉男は矯正輔導院の「収容者は約千名でありますが、収容者は固定せず矯正総局の命により全東北の各地の作業現場に送られ、看守の監視の下に労働せしめられます」とし、「従前無罪又は起訴猶予の理由によって釈放された人も検察官の独断によって輔導院に収容され、監獄に収容されると同様の実害を受けたのであります」（『日本侵華戦犯筆供選編』12）と供述している。ハルビンの矯正輔導院は作業訓練の施設と位置づけられ、各矯正輔導院に送り出す供給源となっていた。

龍江省警務庁長今吉均は四三年九月、中央の警務庁長会議で保安矯正法施行に関する指示を受けると、すぐに省内の警務科長並日本人首席警察官の会議を開催し、「戦時下の治安を確保するため、反満抗日「分子」の掃滅を期する目的を以って矯正法の施行に格別努力する様に指示」した。その結果、二一〇〇人前後を矯正補導院に送ったという。また、保安矯正法施行前のこととして、訥河県警務科に県独自の収容所の設立を命じ、四、五〇人を「収容監禁し、農業に従事せしめて居」たとも供述する（『日本侵華戦犯筆供選編』10）。

錦州地方検察庁では錦州市警察局や錦州鉄道警護隊と協議し、四四年七月、市内駅前や列車内の「浮浪者」を一斉検挙し、合わせて三〇〇人の大半を「北満の軍事工事に連行し、強制労働に酷使」したと同検察庁書記官の板橋潤が供述している（『日本侵華戦犯筆供選編』99）。

思想矯正法

一九四三年九月一八日、思想矯正法も保安矯正法と同時に公布施行された。保安拘置処分の主眼は保安矯正法とそれを根拠として大量に収容した矯正輔導院の運用にあったが、「予防拘禁」と「保護監察」を内容とする思想矯正法には前史があった。

三九年一一月の日満司法事務共助連絡会議において、平田勲最高検察庁次長は「満洲に於ては日本人以外に他の諸民族が居りますが、これ等の一般釈放者と云うものに対しても、同様の保護監察制度を布くべき事が更に満洲国建国の精神であり、民族協和の大精神を実践する一つのよき政治形態ではなかろうか」と発言していた。平田は「満洲国」赴任前、東京保護観察所長として「保護観察」の具体的実施の最前線に立っていた。なお、この会議では関東州の検察官が三九年一月から「日本人の思想犯人に留らず、中国共産党に関係した満洲人の思想犯人で、刑を終えて出所した者、或は仮釈放者に対して保護監察を為し、その思想の善導に努力している」とも述べていた（『日満司法事務共助連絡会議録』）。

四二年三月開催の第一一次司法官会議においては、「思想犯保護監察制度の確立」の要望が各地方法院・検察庁から寄せられていた。

いうまでもなく、思想矯正法は四一年一二月公布施行の「満洲国」治安維持法において未実施であったもの、すなわち母法である「日本」治安維持法（思想犯保護観察法を含む）から積み残していた「予防拘禁」、そして「保護監察」の実現を図ったものである。「満洲国」司法官僚は、完璧な治安法制の整備に躍起となっていた。

司法部事務官の稲田正人は「思想犯の錬成輔導について」を四三年一月の『法曹雑誌』（第一〇巻第一号）に寄せている。そこでは「治安攪乱の方法が武力游撃戦術より進んで更により思想工作的性格に発展する以上、単にこれを検挙し処罰することによって現われ来る事象を芟除すること以外に、思想そのものを未然に防止し、或は純化してゆくことが考えられなければならぬ」として、「刑事政策を通じての思想犯罪者の錬成輔導」を論じていた。注目すべきはその「錬成輔導」の理念として「日本精神」を掲げ、次のように展開することである。

> 満洲国こそ日本　御皇室の八紘一宇の大精神の中に包容され、生成化育されるものである。日満一体不可分離の原則と民族協和の理想は、明《あきらか》に日本精神にほかならないのである。日本精神の包容性の中に帰一することは、即ち満、漢民族が真に東洋民族としての世界史的使命を分担する所以である。従って満洲の思想犯罪者の転向原理は建国精神を把握し、日本精神そのものを理解し、これに帰一することに在る

「日満一体不可分離の原則と民族協和の理想」がなぜ「日本精神」にほかならないかは自明の理とされて説明されず、それへの「帰一」のみが絶対視される。

前掲「満洲国に実施されんとする保安拘置並に思想矯正の両制度」で黒沢子之松は「大東亜戦争完遂のため日満一体、国力の一切を傾けて驀進《ばくしん》をしている今日、此の大戦遂行をさまたげるような言動をするものや敵性思想の包蔵者等の罪を犯す危険性のある者を未然に防せぐ保安拘置並思想矯正の如き法制の整備は時局に適する」(『法曹公論』第四七巻第五号、一九四三年五月)と述べていた。

前野茂司法次長は前掲「戦時下の司法行政」において、「思想犯の前歴者を我が的確なる視察下に置き、之を矯正して健全なる国民に更生せしめ、更に進んで之を大東亜新秩序建設の為の挺身分子たらしむることにより、始めて国策的解決を達し得る」という見地から、「急速に思想矯正制度を制定し、再犯の虞ある思想犯前歴者に対し拘禁錬成、監察保護の処置」を準備していると記していた。また、太田耐造刑事司長も「健全なる国民」への更生に言及していた(以上、『満洲国政指導総覧』)。この「健全なる国民」とは、稲田のいう「日本精

神」への帰一と同義といってよい。それは「満洲国人」の意識と大きな隔絶があった。

保安矯正法の管轄は主に司法矯正総局となるが、思想矯正法の管轄は司法部刑事司となった。それまで民政部であつかっていた司法保護事業の移管を受けて、新たに刑事司に保護科を新設した。その分掌には「保安矯正に関する事項」や「思想矯正に関する事項」などがあった。

思想矯正法は全四〇条から成り、その第一条は「本法に於て思想矯正とは予防拘禁及保護監察を謂う」となっている。「予防拘禁施設」においては非転向者に対して「其の思想を矯正する為、必要なる処置」を、「保護監察所」においては転向者に対して「其の思想及行動を監察し、必要なる保護」を加えると規定する。いずれも高等検察庁が「裁決」する。「予防拘禁」の期間は三年、「保護監察」の期間は二年で、更新あるいは満了前の釈放がありうる。同時に思想矯正手続令が施行された。

日本国内の「保護観察」も次第に監視機能を強めていったが、「満洲国」思想矯正法では初めから監視機能に重点を置いていた。また「予防拘禁」とともに「裁決」を検察官がおこなうとした。九月二〇日、保護監察所官制が公布施行された。所長は高等検察庁検察官が兼務する。保護監察官は一八人定員で、「思想錬成に経験を有する者」に委嘱される規定となっている。

「思想矯正法解説」を司法部参事官の伊達秋雄が四三年一〇月の『法曹雑誌』に載せている。「本法制定の理由」として「時局の緊迫化と共に共産主義的、若《もしく》は反満抗日思想犯罪、又は反国体的宗教犯罪等各種の思想事犯の頻発を見る」現状にあっては、「之が対策は従来の如く犯罪の発生後に於てのみ単に刑罰を以て之に臨むことを以てしては充分でなく、更に進んで犯罪の発生前、之が予防的処置を講ずる必要の存する」ためとする。その予防的処置は一般犯罪の場合にくらべてはるかに重要とする。さらに、「最近我が国に於ても学生、青年層等の知識層間に於て本格的な思想運動が漸次抬頭して来て居る」ことに言及し、この制度の持つ意義は大きいとする。伊達に限らずだが、「満洲国」司法部においては罪刑法定主義の原則は一顧だにされないものになっていた。

こうした詳細な規定が設けられても、実際には思想矯正法の発動はあまりなされなかったと思われる。反満抗日運動の中心的・指導的な人物はすでに暫行懲治叛徒法や治安維持法により「厳重処分」ないし死刑・無期徒刑となっており、「予防拘禁」の実際的な必要性は低かったはずである。予算不足もあって「予防拘禁施設」は独自には設けられず、付則で「当分の間、矯正輔導院に拘置して之を為すことを得」となっていた。

「予防拘禁」の運用では、「裁決」が下されると矯正輔導院に収容されることになっていたが、管見の限りその事例はまだ見出せない。「満洲国」崩壊の少し前に開設された牡丹江矯正輔導院の収容者では「思想矯正法該当者は在院せず、保安矯正法該当者八十三人(うち鮮系二十一)がそのすべてであった」という(重松政治「牡丹江矯正輔導院始末記」『動乱下の満州矯正』)。

「保護監察所」について、李茂傑「日偽統治時代の「矯正補導院」」は新京・奉天・ハルビン・錦州・牡丹江・チチハルなどに設けられたとする。このうち、錦州高等検察庁書記官の板橋潤が錦州保護監察所について供述している。四四年六月から一一月までの在任中、「満洲国」治安維持法事件で不起訴になった約三〇人に対して「思想動向」や生活状況について村長・学校長・地主らから成る司法保護委員に「視察」させ、「常時其の活動を保護監察官へ報告させ」たというものである(『日本侵華戦犯筆供選編』99)。おそらく収容人員は少なく、存在意義も小さかった。

反満抗日運動や諜報にかかわるとみなされた対象者はそれまでに根こそぎに検挙され、ささいな言動でも有罪となって監獄・刑務所に収容されていたはずだから、新たな「保護監察」の対象者も少なかったと思われる。

矯正輔導院の実態

解学詩は『歴史的毒瘤』において、矯正輔導院の実態を「矯正輔導院の中には日本人の院長と輔導官、中国人の漢奸輔導主任と輔導士がいて、彼らはすべて刀と銃を携え、迫害された「矯正」者にとっては大小の閻魔大王であった。ファシストの仲間とその監督下で「矯正」された者は紫や黄色の番号のついた服を着て、重い足枷をはめ、終日労働に服し……矯正輔導院の生活条件は極めて劣悪で、寝泊まりするのはアンペラ小屋で、食事はとうもろこしの饅頭だった……通化矯正輔導院には五〇〇人余りが収監されたが、死亡率は四〇％に達していた」と記している。

『労働者の血と泪』は撫順矯正輔導院を例にとり、四五年二月一日時点での収容者一四九八人のうち罹患者が二四一人で一六・一％、一月中の死亡者が三九人で二・六％だったとする。その撫順矯正輔導所の状況について、李秉新他編・山間歩訳『中国侵略日本軍暴行総録①中国東北編』（二〇〇九年）は『撫順文史資料選輯』第六輯から次のように引用している。

「被補導者《ママ》」の監舎と「外での使役」の場所はみな高いかこいの堡塁で、幾重にも鉄条網・電気を通じた鉄条網があった。監舎の鉄門・窓は夜間は錠をおろし、便所に行くにも門をでられなかった。門外には固定の見張り所と移動見張り所が設けられ、警戒は厳重で、日夜看守されて「被補導者」は厳重に監視されて逃がれがたかった。

「被補導者」の中で、もし「思想不良」で労役にでたがらない者が発見されれば、刑罰に用いる道具をつけられ苦役に服させられた。やや反抗があれば、ただちに「精神訓練」と「矯正補導」がなされた。「ベンチにあげる」・「指にはさませる」・「皮の鞭でたたく」・「冷水かけ」・「逆さつるし打ち」等々の手段で拷

問を進めた。補導警察の銃剣・乗馬鞍・皮の鞭の取り立ての下、「被補導者」の労役は一〇―一二時間に達した

ハルビン高等法院次長だった横山光彦は四四年一〇月、高等法院・検察庁次長会議で「司法保護事業と矯正総局設置問題」について司法部から説明を受け、討論したという。そのうえで「二つの事項は何れも弊害を生じ、前者は事実上検察庁の営利事業〔監獄特別会計を指すと思われる〕と化し、後者は労働力の来源と見るような傾向になりましたので、是も亦偽満洲国司法部の欺瞞的な罪行になり終ったのであります」と供述する（『日本侵華戦犯筆供選編』9）。在任中からこうした厳しい見解を有していたのか断定はできないとはいえ、これらの実際的な運用を近くで観察しうる立場から違和感を覚えていたことは確かのように思える。

矯正輔導院に勤務していた行刑関係者も、戦後に批判的な回想を『動乱下の満州矯正』に残している。本渓湖やチチハルの矯正輔導院開設にあたった秋田進は「当時の払底した労働力を補うための人権を無視した強制労働以外のなにものでもなかった」と記し、司法矯正総局作業科経営第一股長だった北川又は保安矯正法について「真のねらいは治安の確保というよりも、むしろ戦時下の払底した労働力を補うということにあったことはかくれもない事実であり、しかも虞犯者とはいっても実際に警察や検察庁のやったことはその辺の浮浪者（中には八路軍の通諜者などもいたが）をかき集めて、うむをいわせず輔導院へ送りこみ、炭鉱などの強制労働にかり立てるという、きわめて安直略式のものであったので、これは中国人の恨みを買わない筈はありません」という。

撫順矯正輔導院塔連分院長であった寺沢好秋は「この法令ができたとき、満州国でも無理なことをするものだと、心中ひそかにおもったものである。名目は虞犯者の保安処分で、筋は通っているものの、実質は軍需産業への強制就労が目的だったようにおもわれる」とする。奉天矯正輔導院輔導科長だった堀忠は「逃走者の多

かったことが、今でも頭にのこっている。施設そのものが脆弱だったことがあるが、輔導院へ収容されること自体が収容者には理解できなかったのでないかとおもう。外塀はなく、かなり強い電流を通した鉄線で周囲をめぐらしていた」と記している。

一方、矯正輔導院を肯定的にみる見解もある。四四年秋から鞍山矯正輔導院に勤務した稲葉孝は「わが矯正輔導院もその一翼を担い、他の一般労務者に比して、いささかも遜色のない、いやそれを上廻る成績をあげ、数次にわたって表賞をうけるなど、士気きわめて旺盛なものがあった」とする。『動乱下の満州矯正』収録の矯正輔導院関係の追想のいくつかは、敗戦とそれにともなう混乱が大変だったという「始末記」となっている。

矯正輔導制度の積極的な推進者であった前野茂の場合、保安矯正法について「本法は日本にもない満洲独特のものであったため、警察官にも検察官にもとまどいがあり、その適用ははなはだ不十分であった」という評価を下している（『満洲国司法建設回想記』）。大きな犠牲が生じたことは前野の視野に入っておらず、しかもその「不十分」な要因を警察官や検察官の理解不足に求めるように自らの責任には無痛覚のままである。

Ⅶ

「満洲国」治安体制の崩壊——一九四五年

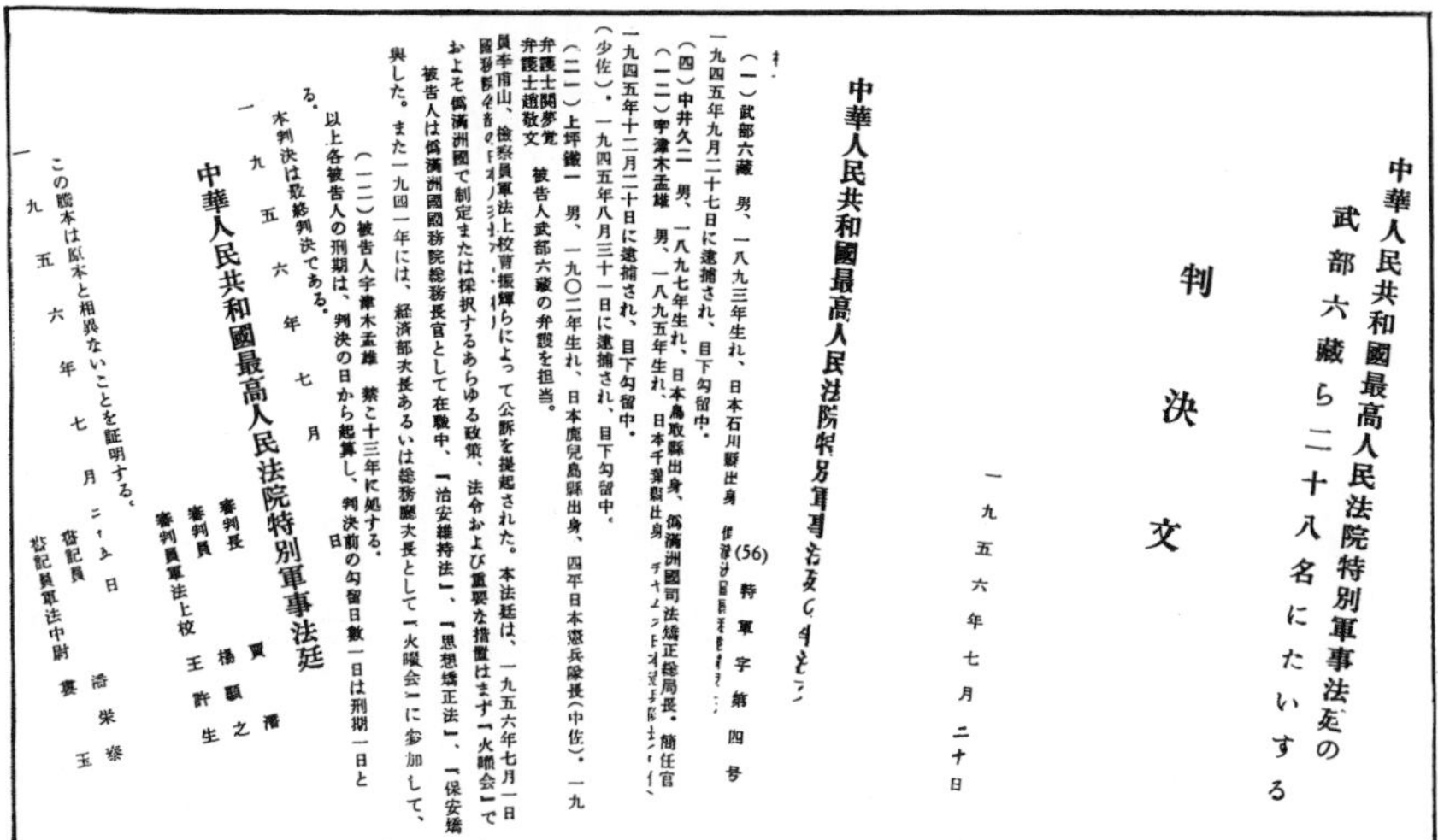
中華人民共和國最高人民法院特別軍事法廷の
武部六藏ら二十八名にたいする
判決文
一九五六年七月二十日
(56)特軍字第四号
(一)武部六藏　男、一八九三年生れ、日本石川縣出身
一九四五年九月二十七日に逮捕され、目下勾留中。
(四)中井久二　男、一八九七年生れ、日本鳥取縣出身、僞滿洲國司法矯正総局長。簡任官
(一二)宇津木孟雄　男、一八九五年生れ、日本千葉縣出身
一九四五年十二月二十日に逮捕され、目下勾留中。
(少佐)。一九四五年八月三十一日に逮捕され、目下勾留中。
(二一)上坪鐵一　男、一九〇二年生れ、日本鹿児島縣出身、四平日本憲兵隊長(中佐)、一九
弁護士關夢覚
弁護士趙敬文　被告人武部六藏の弁護を担当。
員李甫山、檢察員軍法上校曽振輝らによって公訴を提起された。本法廷は、一九五六年七月一日
およそ僞滿洲國で制定または採択するあらゆる政策、法令および重要な措置はまず「火曜会」で
被告人は僞滿洲國國務院總務長官として在職中、「治安維持法」、「思想矯正法」、「保安矯
與した。また一九四一年には、経済部次長あるいは総務廳次長として「火曜会」に参加して、
(一二)被告人宇津木孟雄　禁こ十三年に処する。
以上各被告人の刑期は、判決の日から起算し、判決前の勾留日数一日は刑期一日と
る。
本判決は最終判決である。
中華人民共和國最高人民法院特別軍事法廷
審判長　賈潜
審判員　楊顯之
審判員軍法上校　王許生
一九五六年七月　日
この謄本は原本と相異ないことを証明する。
一九五六年七月二十五日
書記員
書記員軍法中尉

中华人民共和国最高人民法院特别军事法庭审判被告人武部六藏等二十八名战争犯罪一案的判决书日文本照片

(『正義的審判』コラージュ風に配置)

関東憲兵隊の動揺

一九四四年後半になると、関東軍とともに関東憲兵隊自体の弛緩が表面化してきた。その対策の一つとして関東憲兵隊司令部は『軍紀風紀月報』を刊行し、士気の引締めを図った。

四五年一月、チチハル憲兵隊長は隊内に「特に複合民族国家の満洲各民族の思想動向は東亜共栄圏内に於て実に重大なる地位を有す。故に思想戦的立場より軍並国内各層の思想的動向に格段の注意を払い、特に経済等の関係を併せ勘考し、帝国の施策に協力せしむる如く不断の観察を怠るべからず」という関東憲兵隊司令官の憲兵隊長会議での訓示を伝えた（関東憲兵隊司令部『軍紀風紀月報』一九四五年一月分、『日本関東憲兵隊報告集』Ⅱ—①）。四月分の『軍紀風紀月報』では、満洲第三六五部隊配属憲兵から「動々《やや》もすれば厳粛なる内務服行の不確実、治安の表面的小康に依る志気の沈滞化並戦地気分の醸成等、軍紀風紀を紊《みだ》る虞《おそれ》なきにあらず」という現状が報告されている。

関東軍の主力の転出にともなって「満洲国」内の根こそぎ動員が実施されると、兵士の質の低下が顕著となり、憲兵隊の軍事警察としての役割は増した。その一方で、関東憲兵隊の崩壊まで反満抗日運動の弾圧取締はつづいた。満洲第三六五部隊配属憲兵は「依然前月（三月）同様、治安粛正の為部隊の討伐戦に即応、敵党匪の地下進行破砕に重点を指向」して（以上、『日本関東憲兵隊報告集』Ⅱ—①）、活動していたのである。

四四年一〇月から四五年七月にかけて東安憲兵隊長を務めた上坪鉄一は、「一九四五年二月頃以前より平陽分隊にて工作中の「ソ」諜並に道徳会の名目の下に反満抗日運動を策動しありたる事件の一味十数名を検挙せしめ」、石井部隊に「特移送」したと供述している。また、四五年四月から八月にかけて錦州憲兵隊長であった堀口正雄の供述にも「錦州省一帯、特に鉄道線に沿う地帯に於ける思想対策、即ち愛国分子の地下組織を見出すことに努める」とある（以上、『日本侵華戦犯筆供選編』12）。

対「ソ」防諜を通じて、関東憲兵隊ではソ連軍の進攻が迫っていることをつかんでいた。『日本憲兵外史』は「関東憲兵隊司令部はソ満国境のソ連軍の急激な増強に早くから八月危機説を主張していたにもかかわらず、関東軍司令部はこれを軽視した」と述べる。「八月危機説」を軽視しながらも、関東軍司令部は対ソ戦に向けて関東憲兵隊の大改編を断行した。関東軍主力の転出・弱体化を補うために約二〇〇〇人の憲兵を転出させ、新たに特別警備隊の編制を図った。まず七月一日から基幹要員養成教育のために各憲兵隊から要員将校二〇人が召集され、「各国秘密戦の実情、満洲国内の防衛態勢の現況、特別警備隊編成企図の内容等」（『日本憲兵外史』）について特別教育が実施された。特別警備隊は「ソ連後方の都市・村に潜入して遊撃戦を実施」（公安部档案館編『史証』）することを目標に、一九四五年八月三日より編制開始、一〇日までに完結予定という慌ただしさだったため、編制は未完におわり、ソ連進攻という事態の混乱に拍車をかけた。

この準備を急がせたのが、「満洲国」全般の治安悪化への危機感であった。七月頃、関東軍参謀大森光彦・関東憲兵隊司令部松本満貞らが設けた秘密工作室で、次のような治安情勢が語られたと撫順戦犯管理所における共同手記「敗戦と憲兵」（中帰連平和記念館所蔵）は記している。

「中共（中国共産党）の東北失地回復の運動は益々激しくなってきています。奉天や牡丹江では経済警察が袋叩きにされたり、電柱に縛りつけられたりしているし、特に百姓の抗日感情が表面化してきています。もしも大々的に叛乱や暴動が起きたら、北支同様徹底的な殺戮焦土戦術の方法をとるより手がない。こうなると特別警備隊編成が緊急な仕事ですなあ」……

「兎に角ソ軍参戦の場合は交通通信機関や主要建物を破壊《はさい》してしまい、場合によっては軍の作戦方針に基いて広範囲な地区で鼠一匹、いや生物という生物は虫けら一匹生かさない方法も辞せられませんなあ」

チチハル憲兵隊の土屋芳雄についての『聞き書き　ある憲兵の記録』（一九八五年）には、「チチハル市在住の中国人たちの民心は、すでに日本から離れていた。「解放の日は近いぞ」という、彼らにとっての吉報が、土屋たちにとっての流言飛語が、乱れ飛んでいた。その発生源を調べるといった力は、すでに憲兵隊にはなくなっていた」とある。

防諜・保安関係を特別警備隊に移譲した結果、関東憲兵隊の役割は軍事警察に限定された。四五年七月一〇日の編制下命時の定員は、二〇〇〇人以上減って三三一九人となった。一六あった憲兵隊は、新京・チチハル・ハルビン・牡丹江・通化・奉天・大連・錦州・興安の一〇憲兵隊と教習隊に縮小され、国境付近の憲兵隊はなくなった。創設以来の大改編によって、「この非常の時局上、関東憲兵隊の業務は八月三日以降ほとんど停止してしまった」（『日本憲兵外史』）のが実情であった。「八六部隊」も第一特別警備隊へ移り、「無線探査隊」と改称された。

大改編にともなって消滅する憲兵隊・分隊・分遣隊では、この段階で文書の焼却がおこなわれた。虎林分隊では八月三日、分隊長の「機密漏洩防止のため、直ちに文書類を焼却する」という下命があったが、「文書焼却班は容易ではなかった。分隊の焼却炉だけでは間に合わず、分隊裏に穴を掘り、さらに炊事場のかまどまで使って焼却したが、二日間燃やしつづけであった」（『日本憲兵外史』）という。

「満洲国」治安体制の要となっていた関東憲兵隊の動揺は大きく、急速に無力化しつつあった。

「戦時有害分子」の検挙・殺害

関東憲兵隊は一九四〇年段階で「戦時有害分子処理要綱」にもとづき「容疑要視察人」の名簿登録を準備していたが、対ソ戦の可能性が高まるなかで各憲兵隊や警察ではあらためて「戦時有害分子」対象者のリストアップを完了させていた。

四五年七月に警務総局警務処長となった今吉均はソ連進攻を知ると八月九日、「予ねて示達しある「戦時有害分子処理要綱」を憲兵隊・特務機関と協議の上、現地の実情に即応して適宜実施せられ度し」と打電したと供述する。「一級者は殺害、二級者は抑留監禁、三級者には尾行を付し、四級者は秘密裡に監視する」という「処理要綱」だった（『日本侵華戦犯筆供選編』10）。

前掲『聞き書き　ある憲兵の記録』には、次のように記述されている。

どの憲兵隊にもあったはずだが、土屋がいたチチハル憲兵隊では、この名簿と要綱〔検挙の方法を説いた「戦時有害分子検挙実施要綱」〕は最高の軍事機密として隊の金庫の奥深くにしまわれていた。この名簿は、主に土屋たちが街に放った密偵の情報をもとに作成した。「〇〇は、反戦ビラを持っていた」とか、「反日的な話し方をしていたのがいる」など挙げたらきりがない。それを土屋たちはいちいちリストアップし、対象者の家の地図だけでなく見取り図や、検挙の際の要員配備計画まで添付してあった。反戦思想の持ち主となれば共産党員がまっ先にリストアップされそうだが、土屋の記憶では一人もいなかった。そのはずで、これまでに見たように党員と分かれば名簿どころか、たちどころに捕えられていた。だから名簿にのっているのは、その容疑者や朝鮮独立運動関係者、旧軍閥の反日思想の持ち主、などが主だった
「ソ連軍が国境線を越えた日」、名簿にもとづいて「有害分子」を一斉に検挙した。「憲兵隊や警察の留置場はたちまちいっぱいになり、チチハル陸軍監獄まで使った」という。「多くは密偵や土屋たちのノルマ稼ぎ的な名簿作りで載せられていた」。状況によって殺害もされている。「大興安嶺の真ん中というべき博克図憲兵分遣隊はソ連軍の進路になるため、避難しなければならなくなり、それまでに検挙、留置していた戦時有害分子を裏山で銃殺した、と土屋は聞いた」という。前掲「敗戦と憲兵」には、チチハル憲兵隊本部に引き揚げてき

た分隊長が「俺あ六人の戦時有害分子を防空壕の中で殺《や》って、分隊庁舎にだけどうにか火を放ってきた」と語ったと記されている。

チチハル憲兵隊の昂々渓分隊長だった綾《あや》真喜雄の供述によれば、八月九日から「警察を統括指揮し、戦時有害愛国者を憲兵分隊に於て白系露人二名、中国人五名を検挙留置し、警察側に於て中国人約十三名余を検挙留置」していたが、一五日に全員釈放したという。

チチハル憲兵隊本部の「戦時有害分子」も釈放された模様である。

東安憲兵隊戦務課長だった長島玉次郎は四四年度の「東安憲兵隊戦時防衛年度計画」として作成されていた「戦時有害分子処理規定」にもとづき、日ソ開戦時に「中国人、朝鮮人で中国抗日運動参加の経歴者及ソ同盟に居住経歴者約八十名を一斉に弾圧し殺害する」計画を立てていたが、ソ連軍の「国境進攻が急なりし為」、実行できなかったと供述する（以上、『日本侵華戦犯筆供選編』82）。

奉天の状況について三宅秀也は「一九四五年八月十日、偽奉天警察庁は奉天日本憲兵隊の指揮の下に之に協力し、偽奉天市内に居住する「戦時有害分子」たる「白系露西亜人」二十八名を「抑留」致しました」が、それらは「停戦後釈放されました」と供述する（『日本侵華戦犯筆供選編』10）。

関東憲兵隊の崩壊

一九四五年八月九日、間島では「憲兵隊長白浜重夫大佐からソ連参戦が通告され、直ちに民情の視察など情報の収集と管下各分隊以下の連絡を密接にする命令が出された」。また、牡丹江の特別警備隊第三大隊は独立守備隊・特務機関・憲兵班の三班体制となっていたが、「憲兵班は全員満服に着替え、旧市街（満人街）一帯の住民の動向査察、その他情報収集に出動して行った」（『日本憲兵外史』）。ハイラル憲兵隊・牡丹江憲兵隊の一部はソ連軍と交戦している。

ソ連進攻時の関東憲兵隊司令部は大改編の直後でもあったが、八月一〇日に通化に移転、一七日に四平で業務停止、二九日に四平で武装解除となった。ここに関東憲兵隊は崩壊した。

撫順戦犯管理所での手記「敗戦と憲兵」には、関東憲兵隊司令部の河村愛三総務部長から司令部の全書類の焼却を命ぜられた藤本吉一少尉の姿が記述される。


このでっかい三階もある司令部の書類を全部焼くんか、大変なことになったと思いながら、下士官と兵隊を集めて地下室のボイラー室に運搬させた。司令部の各課や各室の戸棚から極秘書類、軍事機密書類が無雑作に麻袋に詰められて地下室に運ばれた。……ボイラーの前には山のように書類が運ばれて来る。中国人の二人の暖房夫を下士官がつきっきりで追立て乍ら、バラバラした書類をボイラーの中に投げ込んでいるが、仲々減って行かない。むっとするボイラー室で藤本は全満の「戦時有害分子名簿」や「特務扱《ママ》名簿」（石井部隊に送って細菌試験にした人々の名簿）等、自分の関係した事件と自分の名の載っている書類は自分の手でボイラーに投げ込んだ。


各地の憲兵隊でも同様に全書類の焼却がおこなわれた。間島分隊長石田伝郎は八月一五日から一六日にかけて「自隊保存中の軍事機密書類（暗号、地図）。人事秘密書類。機密費書類。経理、兵器、物品、馬匹書類。戦時有害分子名簿。要注意軍人名簿。右翼将校名簿。警務書類綴乙（特高関係）。警務書類甲（一般警務関係）。留置人名簿。発翰、受付簿等一切の書類」を構内庁舎の裏馬場で隊員一〇人によって焼却したと供述している（『日本侵華戦犯筆供選編』50）。

関東憲兵隊司令部での焼却作業はボイラー室以外にも構内に穴を掘ってなされた。それらの焼却が不完全なまま地中に埋められてしまったため、その後、焼焦げなどの痕跡を残しながら「発掘」され、吉林省档案館などに所蔵された。その一部は本書でも活用している『日本関東憲兵隊報告集』として刊行されている。

八月九日から一五日頃の関東憲兵隊について、撫順戦犯管理所の元憲兵は「敗戦時に於ける憲兵の醜体《ママ》」（大連憲兵分隊三尾豊）、「敗戦時憲兵上層の醜態」（牡丹江憲兵分隊久保田辰美）、「敗戦前后憲兵の醜態」（関東憲兵隊司令部平木武）、「関東憲兵隊の醜態」（新京憲兵隊長平林茂樹）という「手記」を残している。それらでは周章狼狽し、先を争って逃亡を図った大木繁司令官や河村愛三総務部長らの「醜態」を糾弾している。

さらに平林の「手記」には関東憲兵隊司令部内の自らも含む「醜態」が、次のように生々しく記されている。

その状況は各憲兵隊においても同様であった。

憲兵隊司令部内に於ても新京憲兵隊内に於ても敗戦と聞いて恐れ、おののき、新京憲兵隊の浜場准尉は病気入院と隊長をだましてそのまま、大あわてで逃げ出してしまった。本部の岡部（召集の判官）上等兵も

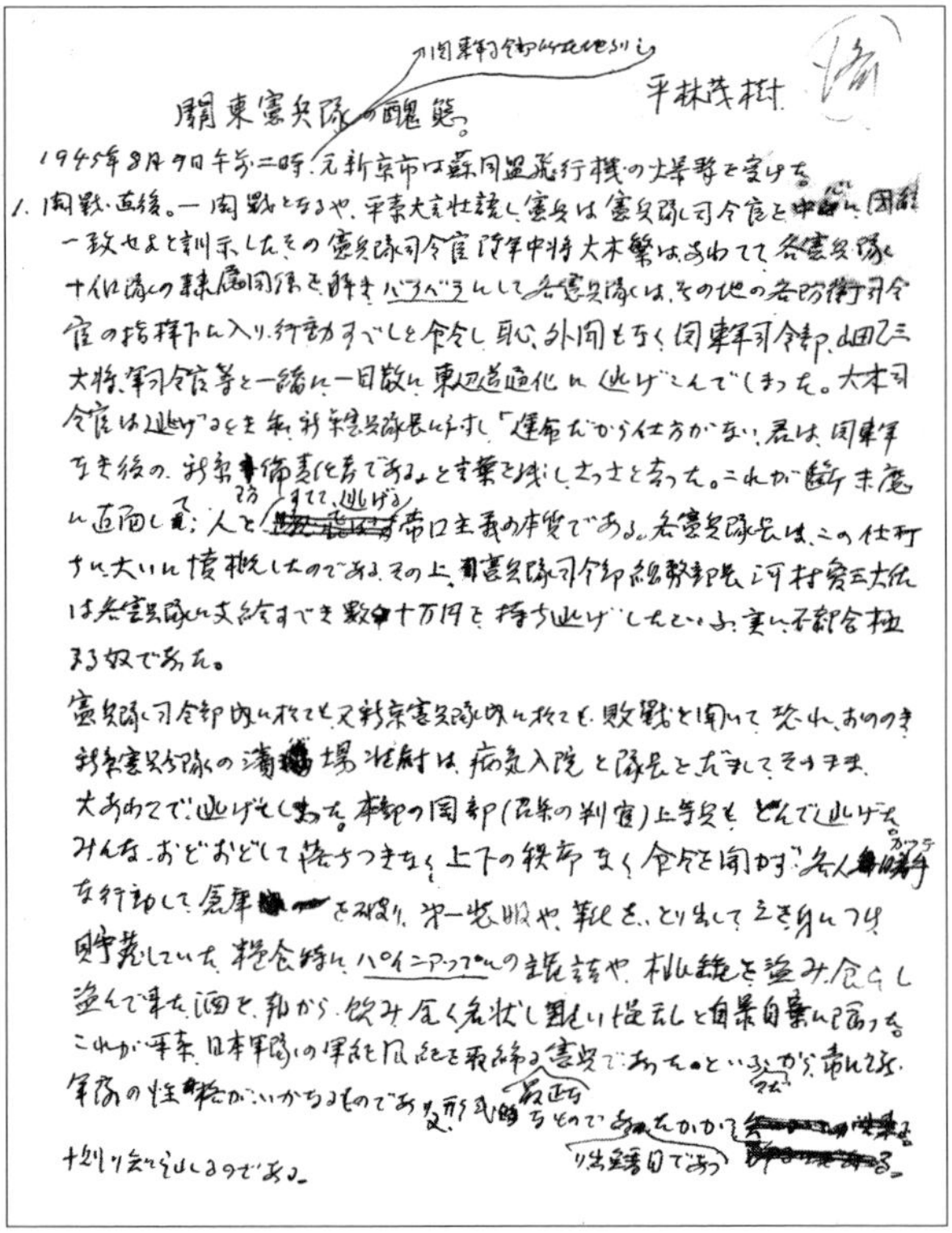

関東憲兵隊の醜態。
平林茂樹
1945年8月9日午前二時、元新京市は蘇同盟飛行機の大爆撃を受けた
憲兵隊司令部内に於ても又新京憲兵隊内に於ても敗戦と聞いて恐れ、おののき
新京憲兵隊の浜場准尉は病気入院と隊長をだましてそのまま

平林茂樹手記「関東憲兵隊の醜態」
（中帰連平和記念館所蔵）

とんで逃げた。みんな、おどおどして落ちつきなく、上下の秩序なく、命令を聞かず、各人勝手な行動して倉庫を破り、第一装服や靴をとり出して之を身につけ、貯蔵して来た糧食、特にパインアップルの罐詰や桃罐を盗み食いし、盗んできた酒を朝から飲み、全く名状し難い混乱と自暴自棄に陥った

これらの「手記」によれば、憲兵隊の崩壊後、ソ連軍に拘留されても一部の隊員は経歴を隠したままだったという。

「満洲国」司法の最期

一九四五年六月、高等検察庁治安検察官会議が開催され、司法部刑事司長の杉原一策は「時局緊迫の際、敏速に治安事件の処理を終え、突発的事件発生に備えること、処分の千篇一律の弊を避け、個別的特殊性を把握して処断すべきこと等」を指示したと供述している。「時局緊迫」が予想されるなか、「突発的事件発生」への準備が急務とされた。また、治安事件の審判が「千篇一律」と評されるような、型どおりの書式の処断で一般化されていることもうかがえる。

杉原が「八月十五日の最後局面に直面するまで弾圧継続の方針を堅持し、遂に最後まで拘禁弾圧し、尚死刑に致さしめた」と認罪するように、反満抗日運動への司法処分は最期までつづいていた。四五年一月から八月までの在任中に各高等検察庁から報告してくる治安維持法違反事件は約三〇〇件にのぼったという。五月には牡丹江高等検察庁から約六〇人にのぼる救国団体――「牡丹江省下に活動する抗日連軍を援助し、且機を見てこれに呼応して起義せんとして組織」――事件について死刑約二〇人、無期徒刑約一〇人などの処断方針に意見を求められ、刑事司長としてこれに「同意」した。同高等法院治安廷では検察庁の求めた通りの判決を下し、八月一五日の「緊急措置」として死刑を執行したと推測されると供述する。

また、七月には同様な救国団体関係者約三〇人が牡丹江省警務庁から高等検察庁に送致され、取調中との報告に杉原は接していた。この事件に関して、検挙された県在住の日本人開拓者団の代表者二人が司法部に「当該県開拓団の男子は殆んど全部出陣して不在であり、残された婦人、児童は本件の検挙弾圧によって生じた不穏の形勢に不安を感じているから、可能な限り寛大なる処置を採る様にせられ度し」という陳情があったとする。司法部と最高検察庁の協議の結果、「取調終了後の情況によって前後措置《ママ》を決定する」とされたが、やはり八月一五日に四、五人の指導者が死刑に処せられただろうと推定している（以上、杉原「供述書」『日本侵華戦犯筆供選編』9）。

ハルビン高等法院次長の横山光彦の供述によれば、四五年六月、七月に中国共産党員閻継哲ら一六、一七人に判決を下し、「愛国人民を抗日救国会に組織し、情報の蒐集、宣伝、連絡等を為し」たとして閻ら二人を死刑に、約一〇人を無期または有期徒刑一〇年以上に処したとする（『日本侵華戦犯筆供選編』9）。

ソ連進攻という「時局緊迫」に際して、司法部次長辻朔郎は「八月十二日頃、各高等検察庁次長に対し、未決拘留中の治安維持法違反者中の重要人物、或は刑法違反者中死刑に処すべきを相当とする者に対しては現地の実情に応じ、判決の確定を待たず、死刑処分に付して差支えなき旨指示」した。この違法措置に杉原刑事司長は同意した。まだ裁判で確定していない約五〇人の殺害が強行されたと杉原は推測する（『日本侵華戦犯筆供選編』9）。

司法処断追及の責任から逃れるために、司法部・各法院・各検察庁なども検察・裁判書類の焼却処分を急いだ。横山の供述によれば、「自己の法院に於て、自ら執行し、又他の審判官をして執行せしめた各種罪行の暴露を恐れ、証拠となる一切の書類を焼却しておうと考えました……偽満洲国成立以来の民刑事記録、判決原本謄本の綴込、事件簿及統計表等罪行に関係ある一切の書類帳簿を焼却したのであります」という。杉原も八月一九日、「中国人民に対する罪行の証拠を湮滅するため、一切の証拠書類を焼却」したと供述する（『日本侵華戦犯筆供選編』9）。

「満洲国」崩壊と同時に、司法部と各法院・検察庁もなし崩し的に解体となった。

孫国棟の殺害

「満洲国」崩壊に際して、憲兵隊による「戦時有害分子」の拘留・殺害や未決拘留中の治安維持法違反事件の被告の殺害以外にも、既決死刑囚の死刑執行が断行された。死刑執行には司法部大臣の了解が必要とされていたが、「時局緊迫」と「現地の実情」を理由に死刑執行が強行された。前述の牡丹江高等検察庁の二つの抗日救国会関係者の死刑執行はこれに相当するだろう。

ハルビン高等検察庁の溝口嘉夫は「抗日連軍第三路軍孫国棟副官殺害」について、「私は日本帝国主義が敗戦し、孫国棟副官のような指導者が釈放されるようになったら、事件主任検察官である私自身にとっても日本にとっても極めて不利であると考え、偽満司法部大臣の許可がないのに拘らず、一九四五年八月十四日午後三時頃、右哈爾浜刑務署道裡《ママ》支署に行き、支署長奥園に殺害を命じ、孫国棟副官を殺害しました」と供述する（『日本侵華戦犯筆供選編』12）。

この殺害について、ハルビン高等法院次長の横山は「八月十五日か其翌日、哈爾浜高等検察庁西川次長の部屋を訪れた時、西川が「日本が無条件降伏したので、監獄に居る犯人を釈放しなければならない。しかし重罪犯人を殺さないと危険だから、殺せと命令したいが、分監長某が斯様な事態になって殺すことは出来ないと云うて反対して居るので困った」と申して居りました」と供述している（『日本侵華戦犯筆供選編』9）。

のちにこの殺害事件を起訴事実の一つとして、溝口は瀋陽軍事法廷において裁かれていくが、一九五六年七月四日、「中国の抗日連合第三路軍の孫国棟はどのように処刑されたのですか」と問う裁判長に次のように陳述している（『正義的審判』）。

一九四五年八月、戦況は日本にとって非常に不利で、ソ連も参戦しました。その当時、日本は負けるだろうと私は思っていました。孫国棟をはじめとする中国の抗日連合軍や抗日救国人員がこのまま生きていれば、私の命が危なかったのです……私は孫国棟事件の主要な責任者の一人だったので、孫国棟氏を殺そうとより強く考えるようになりました。彼を殺害しなければ私の命が危険だったからです……〔八月一四日〕午後三時、私はハルビン道裡監獄に行き、二階で奥園所長に会い、刑務所内の死刑囚を皆殺しにするようにと言いました。奥園所長は彼ら全員を殺すことは不可能だと答えました。刑務所の看守らがこの命令に従わないからだと。私は彼にそれではダメだ、少なくとも共産主義者、特に抗日連軍の指導者である孫国棟は殺されなければならないと命令しました。そして私は彼に刑務所で殺すことができなければ、警察特務を呼んで殺害させると言いました。私はその時銃を持っていました。私は銃を突き付けて奥園所長に厳しく命じました。結果的に彼は命令に従いました。彼は部下に孫国棟を刑務所から連れ出し、ハルビン刑場で絞首刑にするよう命令しました。私はその現場にいました。孫氏は中国共産党万歳と処刑場で叫んでいました

溝口はさらに別の死刑囚の死刑執行も計画したが、未遂に終わった。瀋陽軍事法廷には元看守が証人として出廷し、「溝口嘉男が刑務所に来て、孫国棟を一三番の部屋から連れ出すよう命じました。その時、孫国棟は憤慨して言っていました。「逮捕された友たちよ、私は今日でお別れだ。これから日本賊に殺される。肉体は滅んでも魂は永遠だ」と。彼は獄房を出ると、抗日歌を歌いながら刑場へ行きました。絞首されるとき、彼は中国万歳！　共産党万歳！　と叫びました」と証言した。裁判長からこの証言について問われて、溝口は「目

撃者が今言ったことはすべて真実です」と答えた。

承徳刑務所副長の阿部源三郎は死刑執行が未遂に終わったことを供述する。八月一五日、検察庁での釈放打合の際、「浅野〔監獄科長〕が共産党関係者を釈放すると、私（浅野）は殺される、先んずれば人を制す、だから殺さねばならぬと主張した。私は制止し反対した。処が浅野は俺だけ殺されるのではない、副長も殺されると云う。野田次長も制止すべきにも拘らず却って浅野に同意し、副長は軟弱だ弱虫だと云った。私は遂に同意した」。その後、死刑執行は警務庁長高比虎之介の忠告で中止となったという（『日本侵華戦犯筆供選編』82）。

敗戦時の刑務所・矯正輔導院

司法部・各検察庁の解体とともに指揮命令系統を失うと、受刑者を抱える各刑務所や強制労働の場となっている各矯正輔導院ではそれぞれの判断によって新たな事態に対応することになった。

司法矯正総局長の中井久二の供述するところによれば八月一八日、「奉天第一監獄に於て数百名の収容者、暴動闘争を企てたる際、同監獄職員は其の収容者を鎮圧の為に九名を殺傷」したという（『日本侵華戦犯筆供選編』8）。ただし、こうした暴動にまで至る事例は少なく、ほとんどの刑務所では事態の緊迫化のなかで受刑者や勾留者の釈放を余儀なくされたと推測される。ここからは『追想録　動乱下の満州矯正』収録の追想を手がかりに見ていこう。

奉天第一刑務所勤務の岡本保は八月一五日についで一九日に二度目の暴動・逃走がおこると、幹部職員の協議で受刑者の解放を決定し、実施したという（「一炊の夢」）。用度科長だった鎌田雄治は「非常召集と同時に、刑務署《ママ》周辺にいた官舎居住の日系部長や看守長が、さっそく駆けつけた。持参の日本刀で、逃走者に斬りかかる者、署内から外へ逃走できずにいる者を捜し出す者、肩先を、腹を、また片腕を、足を切られ、うごめく者など、実にものすごい様相だった」と証言するが（「貧乏っ子物語」）、それは中井供述の場面と重なる。

日本人受刑者を収容する奉天第二刑務所では検察庁と協議して「一日三十人ないし五十人の釈放指揮書をもらいうけ、逐次収容者を釈放していった……長期囚の中には、順番を待ちきれず、塀を越えて逃走する者も何人かはあったが、あえて追うようなことはしなかった」と刑務所副長であった小寺廣幸は回想している。この釈放者のなかに合作社事件で「中核体」とされた情野ら五人がいた。釈放指揮にあたった満系検察官は「たとえ釈放されても、君達が中国にいる限りは思想活動をしないで欲しい」と訓示したという（「私の満州矯正始末記」）。

新京刑務所では八月九日にソ連軍の空襲で被害を受けると一般受刑者の仮釈放の手続きをはじめ、一四日に解放した。同日深夜、思想犯受刑者四十数人は吉林への移送途中に解放された（村川一男「苦難の思い出」）。

八月一五日以降、「満系職員は次第に日系職員のいうことを聞かなくなり、敬礼もしなくなった」という状況は一般的なものとなっていた。営口刑務所の副長だった仲川新作は「終戦二、三日後から営口の治安が急速に悪化した」ため、「当時営口刑務署の収容人員はその三分の一が共産党員であるといわれていたので、警察や検察庁からは、治安維持上共産党員を釈放しないで欲しいとしきりに電話がかかってきた。しかし、私としてはもはやここに至ってはそんなことをいっておれなくなった。後日のためにも、釈放は急いだ方がいいのだ。私は独断で刑務署の裏門から、すこしずつ収容者を釈放していった。重罪犯は後に残し、軽い刑の者から釈放していったが、別に暴動のような騒ぎはおきなかった。」と回想する（「脚鐐をはずす」）。

約二〇〇〇人を収容していた本渓湖刑務所では「終戦後日を経るに従って衆状は次第に険悪化し、騒然たる状況を呈するにいた」ったため、二〇日に収容者を全員釈放した（原田勉「本渓湖刑務署の終戦」）。

これに対して、矯正輔導院の場合はほとんどが八月一五日の事態急変を受けて収容者の解放をおこなっている。ハルビン矯正輔導院和龍作業所では一六日、「浜田署長（ハルビン矯正輔導院長）とのかねての打合わせ通り、その日の午後一時を期して収容者全員を解放することにした」（佐藤助蔵「和龍作業場の終戦」）。奉天矯正輔導院では「治安維持上解放を認めるわけにはいかない」という検察庁次長の意向にそって、「行状不良」とみなした四五人を第一刑務所に移送する。一五〇人余の受刑者については「日が経つにつれて、舎房には不穏の空気が漲り、次第に騒然となってきた」ため、釈放となった。ここでも「重要書類を焼却し、身辺の整理をした」という（清水鵬太郎「満州矯正回想」）。

密山炭鉱地帯の雞寧矯正輔導院では八月九日、ソ連軍による飛行機や戦車の攻撃が迫ったため、輔導院長宮廻久次郎は一〇日に収容者を解放した（「雞寧矯正輔導院始末記」）。通化省の石人矯正輔導院では「日本の敗戦を知った収容者たちの釈放を求める声で、施設は蜂の巣をつついたような騒ぎになっていた」ため、一七日に全員を解放した（望月芳三「石人矯正輔導院始末記」）。

一方で、撫順矯正輔導院や鞍山矯正輔導院千山作業場では暴動が発生し、収容者の集団逃走になす術がなかった（照井明次郎「撫順矯正輔導院の終戦」、錦織誉富「鞍山矯正輔導院千山作業場の終戦」）。

『追想録　動乱下の満州矯正』では刑務所や矯正輔導院の解散後、ソ連に抑留されたり、中国側によって検挙されたりした体験も語られる。そのなかで本渓湖刑務所副長だった岡本藤一郎と宮原矯正輔導院長の桑原辰雄が八路軍に戦犯容疑者として検挙され、四六年三月の「民衆裁判」で死刑を宣告され、即日銃殺刑に処せられたことが回想されている。この「民衆裁判」では奉天高等法院次長の内藤俊義と憲兵隊長・同曹長（氏名不明）も死刑判決を受け、執行されている（中村松太郎「悲劇の回想」）。

あとがき

「満洲国」建国まもなくの暫行懲治叛徒法および暫行懲治盗匪法から一九四一年末の「満洲国」治安維持法に至る時間を縦軸とし、憲兵・警察による捜査・検挙・取調、検察における取調・起訴、法院における公判と判決、そして監獄における死刑執行を含む行刑、矯正輔導に至る各「現場」を横軸として、本書は「満洲国」治安体制を解明することを主題としてきた。

「治安維持法の歴史」シリーズとしてこれまで論述してきた日本国内および植民地朝鮮・台湾と比べると、関東州を含めた「満洲国」は憲・警組織が錯綜していることに加えて、残された各「現場」の史料の絶対的な不足により本書の論述には必要とする多くのピースが欠落しており、「満洲国」治安体制の全体像を浮かび上がらせたとはいいがたい。

それでも実質一三年半にわたる「満洲国」治安体制を通史的に概観することによって、「王道楽土」「五族協和」「安居楽業」などと喧伝した「満洲国」の虚偽性・傀儡性を治安の観点から少しは明らかにすることはできたように思う。また、撫順戦犯管理所における「供述書」や「手記」という治安当事者の肉声を読み込むことによって、各「現場」の臨場感や細部の状況を幾分かは感じとれるようになったのではないか。

おもに一九三〇年代前半の暫行懲治盗匪法による「臨陣格殺」や「裁量措置」を名目とする「厳重処分」、四〇年前後の暫行懲治叛徒法・治安庭をセットとする厳罰、さらに四一年末以降の西南地区粛正工作を中心とした治安維持法・特別治安庭をセットとする「法の大暴風」は、日本国内および朝鮮・台湾で治安維持法が有した暴力性をはるかにしのぐものといえる。これに匹敵するのは、一九〇〇年前後の台湾において猛威を振るった匪徒刑罰令のみであろう（拙著『台湾の治安維持法』参照）。それから三〇年以上を経過して近代的法治国家という体裁で糊塗した「満洲国」は、「法の暴力」を発揮させるがための治安機構・治安法制の整備厳重化を急ピッチで進め、全面的に機能させることに汲々とした。

粗い概観にとどまったものの、このような「満洲国」治安体制を視野に入れない治安維持法論はありえないと断言しうる。それは能勢克男のいう治安維持法の「いわれいんねんの、いちぶしじゅう」のなかでもっとも重要な位置を占めることになる。

憲兵や警察による反満抗日運動に対する弾圧が、朝鮮・台湾の場合と同じく、民族的偏見と日本「国体」への絶対的な崇拝のために苛酷・残虐を極めることになったことはまだ想像しうる。しかし、検察官や審判官による司法処分の峻烈さには言葉を失う。それは朝鮮・台湾の検察官・裁判官にも共通することとはいえ、質的苛烈さや件数の膨大さにおいて「満洲国」の場合は突出しているといってよい。たとえば最高法院に対する上告において拷問による自白強制の違法性を訴える被告らの痛切な願いを一蹴し、平然と拷問の事実を否定する。また、西南地区粛正工作における特別治安庭でごく簡単に死刑判決を頻発する。そうした判断を下す精神構造には慄然とするほかない。

本書でも触れたように、学生時代には社会運動にも近接し、日本国内の司法の空気に窒息気味となって「満洲国」司法に希望を抱いてやってきた横山光彦や溝口嘉夫らが、なぜ反満抗日運動弾圧の最終段階においてその仕上げにまっしぐらに進むことになったのだろうか。この隔絶を理解することは困難とはいえ、解明しなければならない課題である。

もっとも横山や溝口らは「満洲国」日系司法官としてはむしろ例外的な存在で、大勢は飯守重任のように日本での治安維持法事件でとった峻厳な処断の姿勢がそのまま「満洲国」の治安裁判でも持続・一貫しており、不変だったとみるほうが適当かもしれない。

このような考えに至ったのは、脱稿後、関東州の思想検察官の職にあって大連抗日放火団事件などの捜査・検察にあたった田中魁《かい》の「中共抑留記」(『法曹』一三九号～一五一号、一九六二年一月～六三年五月)に気づいたからである。田中はこの回想の執筆と掲載の意図を「中共の抑留に関しては、これまで、法曹関係の誌上、まとまった報告が為されておらず、そのため抑留生活の実状が、知られていないようである。法曹関係の各位にも、中共抑留生活、殊に「思想改造の強要」と「戦争犯罪認否」の実態を知って貰い度いと切に希望していたからである」(一三九号)と述べている。

「関東州は、国際法上適法に日本が中国より租借権を得たもので、終戦迄日本は此地に絶対的主権を有していたので、これに基いて日本の国の法律に従って裁判検察の職務を執ったわれわれの行為は戦争犯罪を構成せぬ」という立場をとる田中は、撫順戦犯管理所で始まった検察官の取調に対して、当初「思想検事の経歴や思想事件の取扱については、空トボケて何も言わず、只普《ただ》通の検事として、窃盗詐欺などの刑事事件を取扱ったに過ぎぬと頑張った」という。

ところが、検察側が集めた文書類などの多くの証拠や田中の近くにいた警察・検察関係者の供述、被害者の家族らの告発によって、もはや思想検事として関わった事件については認めざるをえなくなった。それでも検察側が把握していない案件については自ら供述することはなかった。「取調官が証拠を持っていないことが明確で、関係者が、わたくし以外に抑留されていない、二つの思想関係の事件は最後まで言わずに帰国したのは愉快である」とする(この二つのこととは「北京の「滅共対策会議」出席の件と、朝鮮の独立運動関係者を処罰したこと」)。検察官の訊問で「軍国主義、資本主義に関する考え方、日本が中国に対して行った今回の戦争に対する考え方」

について聞かれると、田中は「こんな形式的・思想的なことは、現在の境遇上摩擦を避けて、先方のお気に召すように言ってやれ」というスタンスで臨んでいた。「盲従的坦白を潔しとせず、レジスタンスをおこなっていた」のであり、中国側の意図が「思想改造の強要」にあるとみなしていた（以上、「中共抑留記」『法曹』一四二号、一九六二年八月）。長年の検察官としての経験がこうした場面で最大限に発揮されたことになる。九月に田中は起訴免除となり、日本に帰国後は司法界に復帰し、福岡高等検察庁検事などを務めた後、公証人となった（田中の「供述書」はまだ公開されていないが、『東北歴次大惨案』には一九五四年八月二六日付の検察官による訊問「口供書」や四二年三月一五日の大連抗日放火団事件に対する関東地方法院判決（死刑一二人など）が収録されている）。

著書『満洲国司法建設回想記』の叙述ぶりからみて、撫順戦犯管理所には送られずにシベリア抑留から帰国した前野茂の場合も同様な心性であっただろう。そして飯守重任はもっとも鋭角的に転回したといえる。さらにいえば、「認罪」を方便とし、中国に対する戦争責任・統治責任について拒否を貫き通した司法官の「中共抑留記」を長期連載した雑誌『法曹』も、戦後司法界の立ち位置を象徴するものとみえてくる。

＊

そもそも「満洲国」に治安維持法が存在したことを知った経緯については記憶が曖昧になっているが、一九九六年の『治安維持法関係資料集』第四巻（一九九六年）に「「満洲国」の治安法」として基本史料を収録し、「解説」では飯守重任「手記」にも触れている。

その後、瀋陽軍事法廷で有罪判決を受けた四五人の撫順戦犯管理所における「供述書」を検討する侵略史研究会に参加し、憲兵・警察・司法関係を担当した。この共同研究の成果は岡部牧夫・荻野・吉田裕編『中国侵略の証言者たち――「認罪」の記録を読む』（岩波新書、二〇一〇年）として刊行され、私は「第2章　日本は「満州国」で何をしたのか」の「「満洲国」の治安体制」を執筆した。

二〇〇八年からは合作社事件研究会に参加している。新たに出現した「合作社事件」関係資料を読み進め、在満日系共産主義運動に対する関東憲兵隊や「満洲国」高等検察庁作成の「訊問調書」、「意見書」(憲兵隊)、「起訴状」(検察庁)などの「満洲国」治安維持法違反事件の具体的な処分状況を理解できるようになった(資料は復刻版『「合作社事件」関係資料』として刊行(二〇〇九年))。この研究会の成果は、荻野・兒嶋俊郎・江田憲治・松村高夫『「満洲国」における抵抗と弾圧——関東憲兵隊と「合作社事件」』(二〇一七年)にまとめられた(私は「関東憲兵隊史」と「「合作社事件」から「満鉄調査部事件」へ」を執筆)。

先の四五人の戦犯「供述書」を含む撫順・太原戦犯管理所の八四二人の「供述書」が『日本侵華戦犯筆供選編』として公開されたことを受けて、二〇一九年からは市民有志による「「供述書」を読む会」に参加している。この会で担当した憲兵・警察・司法関係者の「供述書」からの知見は、本書の論述に直接反映することができた。

この間、二〇一四年には中国・延辺大学における豆満江フォーラムで「間島と関東憲兵隊」を報告し、二〇二一年には刑事司法及び少年司法に関する教育・学術研究推進センターの講演会「満洲国と日本の司法　今考えるべきこと」で、「「満洲国」の治安法」を発表している。

以上のような、直接的にはここ一〇年来の「満洲国」治安体制への関心の持続を通して、「治安維持法の歴史」シリーズの最終巻として本書の構想が固まってきた。なお、本書では拙著『外務省警察史』(二〇〇五年)、前掲の「関東憲兵隊史」・「「合作社事件」から「満鉄調査部事件」へ」、『日本憲兵史』(二〇一八年)の叙述の一部を活用している。

＊

校正中に小野寺拓也・田野大輔『検証　ナチスは「良いこと」もしたのか?』(岩波ブックレット、二〇二三年)

を読み、触発されるところが多かった。同書にならっていえば、「治安維持法には「良いこと」もあったのか？」、そして「歴史学や法学などからみて治安維持法に評価できる点はあるのか？」ということになるだろう。

おそらく現在では治安維持法＝「悪法」という評価は定着していることから、その擁護論・肯定論はほとんど聞こえてこない。かつて一九七七年に国会審議において治安維持法肯定論が登場したものの、それは痛烈な社会的な批判を受け、大きなものとはならなかった。清水幾太郎は一九七八年の論文「戦後を疑う」のなかで治安維持法肯定論を主張したが、その論拠は独断的で、支持を得ることはできなかった。

横浜事件再審の長期にわたる粘り強い努力を経て、不十分ながらも裁判所は事件が拷問によるフレーム・アップであることを認めざるを得なくなり、あらためて拡張解釈された治安維持法の問題点が社会的に認知された。さらに、手前味噌になるが、本シリーズにより朝鮮・台湾において、さらに「満洲国」において治安維持法の運用が「法の暴力」として猛威を振るったことが明らかになった以上、これまでの「悪法」という評価はさらに否定しえないものとなったといってよいだろう。

しかし、「ナチス」の亡霊が間歇泉のように吹き上がったように、治安維持法の復活を導き出しかねない事態がこれまでもしばしば生じてきた。古くは一九五〇年代の破壊活動防止法の制定時において、近年では二〇一〇年代、それまでの懸案だった特定秘密保護法や共謀罪法の強権的な成立施行時において出現したように、それらが政府当局によってなされたところに根深い問題がある。前者では「治安維持法の再来」、後者では「現代の治安維持法」というアピールが社会的に反響を呼んだために、政府は躍起となってそれらが治安維持法とは異なることを強調した。反対運動の高揚もあり、今のところそれらは慎重な運用にとどまっているが、「新しい戦前」に結びつく治安法制発動の芽が地表下に埋め込まれていると見るべきだろう。

そして政府の姿勢として注目すべきは特定秘密保護法・共謀罪法の審議において見られたように、治安維持法との類推を否定する一方で、治安維持法についての評価を問われると「悪法」とする立場はとらず、「国の体制を変革することを目的として結社を組織することなどを取り締まるために、これを処罰の対象とした」（二〇〇五年七月一二日、南野知恵子法相）とするように、合法的に成立し運用されたものであるという見解を堅持しつづけていることである。

ここからは大胆な言い方になるが、治安維持法についての現在の「悪法」という大方の認識の大部分を占めるのは、その拷問をともなった取調などとともに、運用後半の一〇年の際限なき拡張解釈の下でフレーム・アップが頻発したというところだろう。とすれば、運用前半一〇年の日本共産党とその周辺の運動に対する治安維持法をもってする抑圧取締については、積極的に擁護・肯定はしなくても、当時としてはやむを得なかったという意識が含意されている可能性がある。

もう少し突っ込んでみれば、戦前治安維持法の運用を合法とし、国家の謝罪も必要としないという政府見解の背後には、おそらく日本共産党が暴力革命をも辞さない革命結社ゆえに弾圧は必要で必然であったという見方があるだろう。はたして日本共産党は実際に暴力革命を企図し、実行したのだろうか。仮にそうであったとすれば、合法的に成立した治安維持法によるあのような取締・弾圧は許容されるのか。別の言い方をすれば、拡張解釈しない段階での治安維持法の適用は許容されるのか、ということになる。

もはや本書においてはこれ以上進むことはできないので、「治安維持法の歴史」シリーズの到達点としてこの問題提起をすることにとどめ、あらためて考える機会をもちたい。

＊

本書で依拠した主な史料群は『日本関東憲兵隊報告集』と『日本侵華戦犯筆供選編』でしたが、中央档案館・中国第二歴史档案館・吉林省社会科学院合編『東北「大討伐」』『偽満憲警統治』『東北歴次大惨案』『細菌戦与《と》毒気戦』（『日本帝国主義侵華档案資料選編』）などの史料集や解学詩『歴史的毒瘤――偽満政権興亡』・公安部档案館編『史証』などの中国における先行研究の活用も不可欠でした。それらのなかの関連史料・論述の翻訳を佐々木真理子さんにお願いをすることができ、何よりも大きな助けとなりました。このご協力がない限り、本書の成立はおぼつかないものでした。橋渡しをしていただいた佐々木宏さんとともに、心からのお礼を申しあげます。

撫順戦犯管理所における「供述書」や「手記」をはじめ、本題にかかわる中国側史料の所在や評価などについて懇篤なご教示をいただいた張宏波さんと石田隆治さんに深く御礼を申し上げます。

また、「満洲国」司法部・最高法院の建物の挿絵を描いてくださった細川清和さん、「在満朝鮮人」の名前の読みをご教示くださった芳賀普子さんにも厚くお礼を申しあげます。

これまでと同様に史料の収集・閲覧にあたって便宜を図っていただいた多くの図書館・文書館にお礼を申しあげます。なかでも撫順戦犯管理所において作成された「手記」の閲覧と活用の便宜を図っていただいた中帰連平和記念館に深甚の謝意を申し述べます。

最後に、本書を含め「治安維持法の歴史」シリーズの刊行を勇断し、つねに的確で丁寧な編集を進めていただいた六花出版の山本有紀乃さん、黒板博子さん、岩崎眞美子さんに深くお礼を申しあげます。

二〇二三年八月一五日

荻野　富士夫

ら

わ

や

は

ま

な

た

さ

か

主要人名索引

あ

は

ま

や

ら

な

た

さ

索引

主要事項索引

あ

か

［治安維持法の歴史Ⅵ］「満洲国《まんしゅうこく》」の治安維持法《ちあんいじほう》

著者――荻野富士夫
発行日――二〇二三年一一月二五日　初版第一刷
発行者――山本有紀乃
発行所――六花出版
〒一〇一―〇〇五一　東京都千代田区神田神保町一―二八　電話〇三―三二九三―八七八七　振替〇〇一二〇―九―三二三五二六
校閲――黒板博子・岩崎眞美子
組版――公和図書デザイン室
印刷・製本所――モリモト印刷
装丁――臼井弘志

著者紹介――荻野富士夫（おぎの・ふじお）
一九五三年　埼玉県生まれ
一九七五年　早稲田大学第一文学部日本史学科卒業
一九八二年　早稲田大学大学院文学研究科後期課程修了
一九八七年より小樽商科大学勤務
二〇一八年より小樽商科大学名誉教授
主な著書　『特高警察体制史――社会運動抑圧取締の構造と実態』せきた書房、一九八四年／増補版、一九八八年／増補新装版　明誠書林、二〇二〇年／『戦後治安体制の確立』岩波書店、一九九九年／『思想検事』（岩波新書）二〇〇〇年／『特高警察』（岩波新書）二〇一二年／『日本憲兵史』日本経済評論社、二〇一八年／『よみがえる戦時体制』（集英社新書）二〇一八年

ISBN978-4-86617-192-0　

治安維持法の歴史シリーズ　全6巻

治安維持法一〇〇年を前に シリーズ完結！

著▼荻野富士夫

帝国主義戦争の遂行に必須の思想弾圧のための法律＝治安維持法。天下の悪法が日本国内のみならず、植民地台湾、朝鮮、傀儡国家「満洲国」において展開したすさまじい暴力性を膨大な資料を駆使して明らかにする。

合法的に人々の思想を裁き、その肉体をもためらいなく死に追いやった治安維持法の実体に迫る決定版！

国家による法の暴力は現代日本そして世界と無関係かを問いかける！

A5判・並製・平均400頁
各　巻　2,500円+税
全巻揃　15,000円+税
ISBN978-4-86617-198-2

シリーズ I
治安維持法によって市民はどう裁かれたのか
治安維持法の「現場」
治安維持法事件はどう裁かれたか
ISBN978-4-86617-134-0

シリーズ II
天下の悪法・治安維持法はいかにして成立し、都合良く改変されたのか
治安維持法
その成立と「改正」史
ISBN978-4-86617-167-8

シリーズ III
悪法のさらに上を行く　植民地での治安維持法
朝鮮の治安維持法の「現場」
治安維持法事件はどう裁かれたか
ISBN978-4-86617-165-4

シリーズ IV
日本国内よりも過酷だった朝鮮の治安維持法
朝鮮の治安維持法
運用の通史
ISBN978-4-86617-159-3

シリーズ V
植民地化に抵抗する台湾の人々を時に死をもって徹底的に弾圧した「法の暴力」
台湾の治安維持法
ISBN978-4-86617-169-2

シリーズ VI
植民地をもしのぐ傀儡国家「満洲国」での「法の大暴風」
「満洲国」の治安維持法
ISBN978-4-86617-192-0